피파세대
소비심리를읽는힘

피파세대
PIPA GENERATION
소비심리를읽는힘

저성장·장기불황을 이길 최후의 블루오션, 일본의 시니어마켓 보고서

· 전영수 지음 ·

라의눈

| 서문 |

피파세대, 그들의 시니어마켓
— 일본의 경험과 한국의 미래

가랑비에 옷 젖는 법이다. 한국사회는 이제 거부하기 힘든 고령이슈에 직면했다. 장수사회·고령대국·백세시대 등 누구도 낯설어 하지 않는 수식어의 안착이 이를 뒷받침한다. 활자화된 글자만이 아니다. 사회곳곳의 제반풍경은 무게중심이 '청년→고령'으로 옮겨지고 있음을 확인시켜 준다. 거리간판과 사람면면을 보건대 14%(고령인구/전체인구)에 육박한 고령사회의 개념정의와 정확히 일치한다. 유치원보다는 휴양병원이, 결혼식보다는 장례식이, 산부인과보다는 정형외과·치과가 더 자주 목격된다. 이로써 한국사회는 '늙어가는 국가'라는 평가에서 결코 자유롭지 않게 됐다.

한국사회에서 '늙음'은 십중팔구 부정적이다. 수명연장이 축복보다 재앙에 가깝다는 냉정한 선행경험 탓이다. 근로소득 단절에 따른 특유의 노후불안을 경감시켜줄 사회적 흡수장치와 개인적 준비상황이 미미한 까닭에서다. 비 오기 전에 우산을 준비해야 하건만 절대다수는 무방비로 환갑이후를 맞는다. 설마했던 가랑비에 충분히 젖은 다음에야 비로소 축축함을 깨닫는 낭패경험이 많다. 그러니 잉여인간·하류노인·노후파탄 등의 레테르가 붙는다. 당연히 개인책임의 영역은 넘어선다. 준비할 수 없는, 준비하기 힘든 사회구조적인 한계가 빈곤·질병·고립의 고령인구를 양산한다. 경고는 일찌감치 시작됐다. 애써 외면했지만 이젠 목에 찼다. 늙음을 공론화해 실효적인 대안을 모색할 때다.

위기는 기회일 수 있다. 고령사회가 일방향의 폐색적인 미래불안만 의미하지는 않는다. 활용여하에 따라 불행은 행복으로 치환될 수 있다. 현명한 지혜보물과 인생의 숙련선배답게 건강하고 밝으며 적극적인 행위주체로 인생후반전을 즐기는 주인공이 될 수 있다. 지금 어렵고 희박하다고 그 확률에 실망·포기해서는 곤란하다. 미력하나마 결정적인 한 걸음부터 시작, 은퇴생활의 백미를 실현하려는 노력이 필수다. 여기에는 개별대응뿐 아니라 사회전체의 체계·구조적인 지원체제가 전제된다. 인생항해 중 어차피 닥칠 파고라면 이를 뛰어넘을 획기적인 발상전환이 요구된다.

시니어마켓은 그 기회를 타진하는 대표적인 관심지점이다. 수명연장·거대인구·내수확대 등 시장성장의 잠재력과 당위성을 감안할 때 고령화가 안겨줄 유력한 기회실현의 무대가 시니어마켓 앞에 펼쳐질 수 있어서다. 특히 한국경제의 비정상적인 수출과 대기업·제조업 편향적인 산업구조를 내수·중소기업·서비스업으로 절충시키는 방안도 시니어마켓에서 시도될 수 있다. 생산·소비를 아우르는 고령인구의 부가가치에 대한 주목이다. 부가효과는 적잖다. 고령빈곤의 최대원인인 고용창출이 가능해지면 '빈곤→고립→질병'의 악순환을 원천적으로 봉쇄할 수 있다. 길게는 내수확대와 연결된다.

그럼에도 '지금대로라면' 어렵다. 헛된 망상에 불과할 따름이다. 되레 기대가 큰 만큼 실망은 더 위협적일 수 있다. 고령사회의 난맥상을 해결할 새로운 부가가치로 무장한, 미래사회의 유일무이한 블루오션으로 평가받는 시니어마켓이지만 실상은 꽤 딱딱하고 싸늘하며 매섭기 때문이다. 쉽게 웃어주지 않는 공주, 아무리 찍어도 넘어가지 않는 나무로 비유해도 무방하다. 하물며 이렇다 할 시장조성의 노력조차 없이 대목이 서기를 기대하는 지금대로라면 날카로운 부메랑에 베이기 십상이다. 어떤 시장보다 애정을 갖고 묵묵히 장시간 러브콜을 날려도 될동말동한 상대라는 얘기다.

선행경험은 이 녹록찮음을 여실히 보여준다. 한국에서 자주 언급되는 일본의 시니어마켓 접근경험과 타개노력이 그렇다. 성장한계·인구악재·재정압박 등 무겁고 어두운 거시환경의 먹구름 양상이 대단히 닮은(일본의 오늘이 한국의 내일이라 불릴 만큼) 일본은 고령소비와 관련한 천국과 지옥을 모두 경험했다. 절대비중의 고령인구가 늘어나고 평균수명마저 길어지면서 일본재계는 애초 시니어마켓을 유력한 블루오션 후보시장으로 명명, 경쟁적인 시장선점 노력에 나섰다. 평균적인 소비여력(연금소득·축적자산)까지 높아 현역인구를 대체할 알짜배기 미래시장으로 인식한 결과다.

다만 환상이었고 착각이었다. 정황증거로는 충분히 만개할 시장인데 실제로는 거의 열리지 않았다. 소문난 잔치에 먹을 게 없듯 본전도 못 찾고 철수한 기업·사업마저 부지기수다. 최대이유는 고객을 이해하지 못했기 때문이다. 잠재고객이 어떤 상황에 처했으며, 어떤 생각을 하는지, 어디가 가려운지를 정확히 분석하지 못한 결과다. 예전 선배세대가 그랬듯 '나이가 들었으니 당연히 이런 제품·서비스가 필요하겠지' 하고 손쉽게 접근한 게 패착의 원인이었다. 꽤 까다로운 미시수요의 집합인구임을 확신하지 못한 것이다. 더구나 있어도 안 쓰려는 장수위험의 불확실성도 간과했다. 변명의 여지는 없다. 젊어지려는 할머니 속내도 모르고 힘차게 할머니를 불러 세운 반발과 반성은 컸다. 지금 일본의 시니어마켓은 다시 꿈틀댄다. 반면교사의 정밀분석으로 신중한 시니어시프트 Senior Shift의 시도와 확산을 꾀하고자 다각적인 노력 중이다.

우리는 갈 길이 더 멀다. 그나마 다행인 건 앞서 길을 걸어본 선행사례의 존재다. 일본적 교훈은 그래서 값지고 효과적이다. 차이점이 많지만 그나마 한일양국만큼 닮은꼴인 국가도 별로 없다. 비난할 건 하더라도 배울 건 배우는 게 낫다. 때문에 미래시장을 원한다면 시니어마켓을 둘러싼 선행경험에서 실패원인·성공전략을 분석하는 건 필수다. '고성장→저성장'으로 요약되는 거대한 패러다임 전환 앞에 선 한국으로선 거대한 인구집단이 포진한 소비시장을 결코 놓칠 수 없다. 물론 대단히 어렵고 복잡한 길이다. 손쉽게 주어질 시장은 결코 아니다. 한국은 일본보다 상황이 더 나쁘다. 잠재고객인 고령인구의 생활환경이 열악해서다. 복지난맥·소득단절·무연사회·피로급증 등 생활품질을 악화시키는 다종다양의 악재 속에서 고군분투하는 고령인구가 태반이다. 필자가 이들을 이른바 '피파PIPA=Poor, Isolated and Painful Aged세대'로 부르는 이유다.

그럼에도 걸어가지 않을 수 없다. 개별적으로는 수익확대를, 사회적으로는 미래지속을 위한 꽤 괜찮은 대안카드가 시니어시장인 까닭이다. 빈곤·고립·고통의 피파세대지만 이들도 결국 소비인구일 수밖에 없다. 베이비부머 등 소비여력을 갖춘 후속세대가 고령인구로 편입, 절대규모를 키운다는 점도 고무적이다. 일상생활을 위한 필수소비부터 자아실현을 위한 가치소비까지 시니어마켓의 넓이와 깊이는 확장될 수밖에 없다. 2020년 베이비부머의 맏형(1955년생)부터 65세(정년연장의 연령시한)로 접어들면 이후 대략 10년에 걸쳐 1,000만 인구가 시니어마켓의 잠재고객으로 합류한다. 이런 거대시장을 방치할 이유는 없다. 되레 선제·미시적인 접근전략이 서둘러 필요할 때다. 주지하듯 시니어마켓은 초기시장이다. 시장성이 확인된 일부영역이 있지만, 수면아래에 잠복한 소비니즈의 절대다수는 발굴하지 못한 상황이다. 심증적인 시장형성에는 동의해도 물증적인 수요확신이 부족해 대부분 플레이어는 개전총성이 울리기를 바랄 뿐이다.

이래서는 선점효과를 누릴 수 없다. 없는 길도 만드는 기업가정신을 볼 때 적극적인 시장조성으로 잠재니즈를 실물지출로 끌어내는 혁신적인 도전력이 요구된다. 고령사회에 진입한 서구선진국의 경우 그나마 시니어마켓은 일정부분 형성된 상태다. 다양한 고민 끝에 도출된 공급측면의 변화노력 덕분이다. 즉 가능성을 믿고 꾸준히 분석·투자, 주저하던 고령인구의 지갑을 끄집어냈다. 원하던 걸 제공하면 시장은 만개할 수밖에 없다. 첫걸음은 시니어마켓의 참여여부를 결정짓는 경영판단이다. 될성부른 떡잎이라고 무작정 영양분을 투여해서는 곤란하다. 현역시장이 힘드니 고령시장을 노려보자는 피상적인 접근전략도 위험하다. 사활을 거는 건 기본이다. 상당량의 회사자원을 투입하고 간절하게 노력해도 어려운 법이다. 중요한 건 고객을 속속들이 이해하는 것이다. 소비자분석이다. 잠재고객의 내재성향은 물론 외부환경까지 정확하고 확실히 읽어내는 게 시급하다. 고객을 알아야 소구지점도 파악할 수 있다. 성공사업의 본질은 여기에 있다.

책은 2부 체계로 구성된다. 1~5장은 이론파트, 6~10장은 사례파트로 나뉜다. 전자는 시니어마켓의 의미와 상황을 고령사회의 거시악재와 맞물려 부각시켰으며, 그 현재적 한계를 뛰어넘기 위해 필요한 범용적인 독법안내 및 탈피노력 등에 집중했다. 이후 후자는 피파세대의 소비욕구를 5단계로 구분해 단계별로 시장파이·소구전략·개별사례 등을 집중적으로 소개했다. 한국형 피파세대에서 목격되는 현존하는 공통적인 기초욕구(그럼에도 '욕구→소비'로의 연결지점이 부드럽지 못한)부터 상위단계 생활수요를 하나하나 금전여력·신체건강 등에 맞춰 키워드로 발전시켰다.

즉 1단계 소비욕구는 생활Life로 살아내야 할 최소한의 기초수요를 뜻한다. 2단계 소비욕구는 건강Health이며 무병장수를 찾아 떠나는 길에서 필요한 제품·서비스를 정리했다. 3단계 소비욕구는 관계Relation인데, 촘촘하게 연결안전망을 다짐으로써 고령생활의 불편·불안·불만을 승화시킨 소비키워드다. 4단계는 행복Happiness이라는 소비욕구로 웃으며 즐기는 생활유희를 거들어주는 일련의 공급체인이다. 마지막 5단계 소비욕구는 희망Dream으로 적극적인 자아실현을 위한 지출지점에 초점을 맞쳤다. 공통적인 출발과 근거는 모두 일본사례에서 비롯된다. 책에서 거론되는 사업모델은 초기단계를 지나 일정부분 성공한 것으로 평가받는 개별사례를 5단계별로 각각 4개씩 범주화한 결과다. 당연히 '1단계→5단계'로 넘어가면서 소비욕구가 고도화 및 세분화되는 과정을 통해 우리가 기대하는 진정한 의미의 시니어마켓이 실체화된다.

책은 많은 한계와 단점이 있다. 특히 한국에서는 확인되지 않은 미증유의 제품·서비스를 단계별 소비욕구에 맞출 때 적잖이 작위적인 해석이 동원됐음을 고백한다. 일본적 특수성이 반영된 사업이 한국에 먹혀들지도 의문이다. 요컨대 정밀하고 치밀한 통계분석에 따른 기술이 아니라는 의미다. 그럼에도 일부모델은 한국에서도 확산되고 있어 전혀 맥락성이 없다고 보기는 힘들다. 어쨌든 책의 불편한 해석과 성글은 연결은 전적으로 필자개인의 탓임을 밝힌다. 부족한 부분은 후속작업을 기대하며 갈음한다. 다만 책을 통해 한국에서 시니어마켓과 고령인구의 생활·환경·소비·의향 등에 대한 본격적인 담론이 가능해진다면 그걸로 충분히 족하다. 이들을 둘러싼 이슈가 충분히 시급함에도 불구, 여전히 사회 전체의 의견조율·공감형성으로 연결되지는 않았다고 봐서다. 책에 도움을 준 많은 분들이 계신다. 일일이 열거하기 힘들지만 이들 모두에게 지면을 빌어 감사의 말씀을 올린다.

전영수

차례

서문 | 피파세대, 그들의 시니어마켓 • 5

1부
시니어의 지갑을 어떻게 열 것인가?

1장 왜 지금 시니어마켓인가?

1 고령 사회, 시니어마켓에 주목하라 • 21
2 시니어마켓, 신기루일까 파랑새일까? • 24
3 노후불안이 시니어마켓에 미치는 영향 • 31
4 마켓 활성화로 다가올 불황을 극복하라 • 38

2장 고령 사회, 세 가지 위험 신호를 읽어라

1 저성장 : 디플레의 경고등이 켜진다 • 49
2 인구병 1 : 일할 사람이 줄어든다 • 64
3 인구병 2 : 대도시만 남는다 • 72
4 재정난 : 이대로라면 곧 바닥이다 • 81

3장 시니어, 왜 피파세대라고 부를까?

1 소득단절 : 소득이 줄고 빈곤이 확산된다 • 93
2 지출공포 : 의료비가 증가하면서 가계가 흔들린다 • 99
3 활로모색 : 일하고 싶어도 일자리가 없다 • 105
4 시니어를 피파세대라고 부르는 이유 • 110
5 가난하고 아프고 외로운 피파세대 • 119
6 지금의 50대는 피파세대 예비자들이다 • 134

4장 무덤덤한 시니어마켓, 어떻게 공략할까?

1 초기 시니어마켓이 성공하지 못한 이유 · 149
2 그럼에도 시니어마켓은 여전히 매력적인 시장이다 · 154
3 일본의 시니어마켓에서 배워야 할 것들 · 161
4 시니어, 그들의 소비욕구를 읽어야 할 때 · 168
5 시니어시프트 시대의 도래 · 172
6 시니어 타깃, 네 가지 유형으로 세분화하기 · 177

5장 시니어, 그들의 소비심리를 알면 시장이 보인다

1 피파세대 소비환경의 3대 호재 · 187
2 백세시대에 맞는 소비 키워드를 찾아라 · 195
3 성공적인 시니어마켓 공략을 위한 기본 원칙들 · 203
4 시니어마켓, 기업은 어떻게 대응해야 할까 · 210
5 시니어, 선입견을 버려야 제대로 보인다 · 217
6 3不을 읽으면, 답이 보인다 · 226
7 시니어마켓, 경험 소비로 뚫어라 · 231
8 쌈짓돈도 3E 앞에서는 무장해제된다 · 239
9 늙음에 맞서는 'GS세대'를 잡아라 · 244
10 한국판 하나코세대는 어디에 있을까 · 251
11 시니어의 소비욕구 5단계 · 258

2부

소비 욕구 5단계에 맞춰 시니어마켓을 뚫어라

6장 1단계 생활욕구 : 생존을 위한 최소한의 욕구부터 해결하라

1 동네백화점 '다이신'의 흥행 비밀 · 271
2 삼시세끼 : 고객 연령층이 높아지는 편의점의 진화 · 277
3 구매대행 : 외출이 힘든 독거노인의 생활 속 불편 해소 · 284
4 안부확인 : 내 부모는 안녕하십니까? · 292
5 가사대행 : 어르신 살림 대신 해드릴까요? · 301

7장 2단계 건강 욕구 : 건강은 노후설계의 핵심이다

1 평생 헬스케어를 위한 시니어 커뮤니티의 붐 · 309
2 질병예방 : 아프기 전에 관리하라 · 317
3 간병관리 : '간병지옥'을 피하는 법 · 325
4 전용주택 : 나에게 꼭 맞는 안식처 찾기 · 338
5 사후준비 : 웰다잉을 위하여 · 344

8장 3단계 관계 욕구 : 행복한 관계가 행복한 노후를 완성한다

1 아사히카세이의 '2.5주택'에 담긴 의미 · 361
2 가족주의 : 가족구성원이 바뀌면 소비형태도 달라진다 · 367
3 손주사랑 : 손주를 위해서라면 뭐든지 기꺼이 · 373
4 효도상품 : 핏줄 소비의 본능이 되살아난다 · 380
5 노후인연 : 황혼의 우정, 황혼의 로맨스 · 387

9장 4단계 행복 욕구 : 삶을 지속하는 이유, 즐거움에 있다

1 디즈니랜드가 은퇴 고객의 마음을 사로잡은 비결 · 399
2 노화방지 : 시니어의 외모 변신은 무죄 · 407
3 생활유희 : 인생 후반전도 재밌게, 더 재밌게 · 413
4 평생학습 : 배움에는 은퇴가 없다 · 420
5 추억반추 : 청년은 꿈에 살고, 노인은 추억에 산다 · 429

10장 5단계 희망 욕구 : 자아실현은 계속된다

1 '잘 살아왔다' 격려해주는 하토버스 여행 상품 · 441
2 이동편의 : 자동차로 만끽하는 이동의 자유 · 448
3 여행욕구 : 원하는 곳으로 훌쩍 떠나고 싶다 · 456
4 거주이전 : 마지막 삶, 어디서 보낼 것인가 · 463
5 자산관리 : 돈 걱정 없는 노후를 위하여 · 472

PIPA

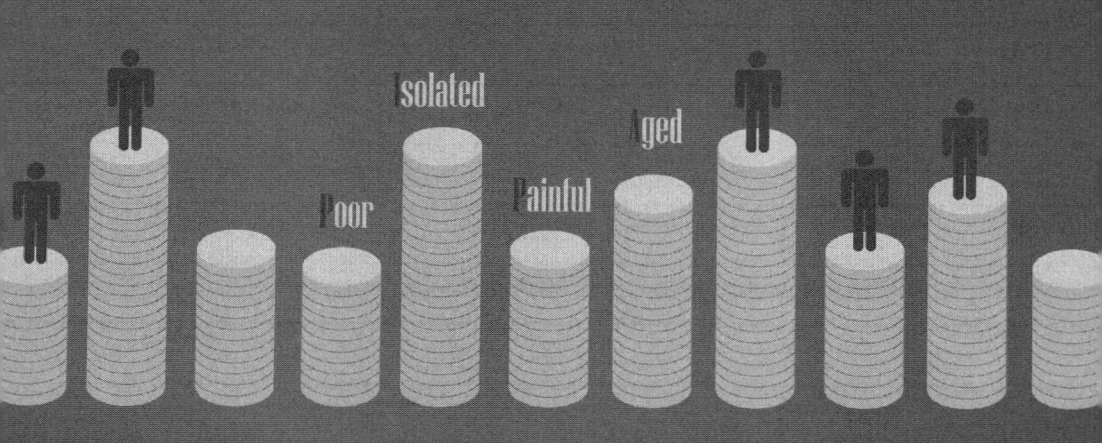

1부

시니어의 지갑을 어떻게 열 것인가?

1장

왜 지금 시니어마켓인가?

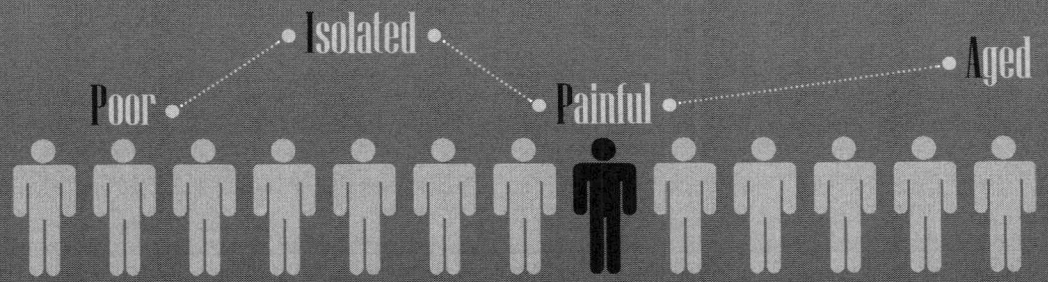

1
고령 사회, 시니어마켓에 주목하라

시니어가 미래 시장을 재편한다

　　시니어마켓을 둘러싼 기대감이 어느 때보다 높다. 한국형 1차 베이비부머(1955~63년생)가 은퇴연령에 본격적으로 가세하면서 시니어마켓은 한국경제의 앞날을 책임질 유력한 블루오션으로까지 이해된다. 진하게 드리운 불황 먹구름을 제치고 시장성장을 떠맡을 사실상 최후보루란 이미지다. 언론기사의 노출이나 관련단체의 결성 등을 보건대 당분간 시간경과에 비례해 시니어마켓에 대한 관심과 기대는 반복해 확대될 전망이다. 정부재원조차 확연히 이쪽으로 쏠리는 분위기다.

　　결론부터 말하면 신중할 필요가 있다. 당위론과 현실론은 구분된다. 누군들 시니어마켓의 성장을 바라지 않을까마는 그럼에도 희망과 성취는 다른 법이다. 되레 밑도 끝도 없는 대중몰이적인 막연하고 섣부른 기대감은 득보다 실이 많다. 기대만큼 실망이 크면 정작 중요할 때 사람도 자원도 모을 수 없다. 구슬이 서 말이라도 꿰어야 보배이듯 지금은 흩어진 구슬을 하나하나 공들여 모아 정성스레 닦을 때다. 동시에 투박한 원석을 발굴해 매끈한 구슬로 바꿔내는 선제적인 작업이 필요한 순간이다. 뒤집어 말해 지나친 기대감은 경계 대상이지, 환영 지점이 아니다.

그럼에도 시니어마켓은 반드시 성공시켜야 할 소중한 미래카드다. 시니어마켓을 놔두고 한국사회의 지속가능성을 논하는 건 어불성설이다. 인구변화, 거시경제, 재정상황 등을 보건대 한국호의 앞날은 매섭고 험난한 길이 예고됐기 때문이다. 울퉁불퉁 요철을 넘어도 날카로운 가시밭길이 턱하니 버텨선 형국이다. 한국경제의 성장구조를 봤을 때 한 치 앞을 내다보기 어려운 불확실성의 미래개막이다. 때문에 새로운 거대시장답게 방대한 잠재고객을 보유한 유력시장인 시니어마켓에 러브콜을 날리는 건 시장개척과 고객발굴로 성장안착과 지속가능을 바라는 기업에 꼭 필요하다. 이때 시니어마켓은 그나마 숨통을 틔워주고 활로를 열어주는, 몇 안 되는 반가운 손님이다.

한국식 시니어마켓, 지금 바로 대비하라

당위론에도 불구, 시니어마켓에 대한 신중한 입장견지는 순전히 그 시장이 갖는 독특한 제반구조에서 기인한다. 동시에 시니어마켓의 환경과 관련된 한국적 특수성을 선진국 선행사례와 비교했을 때 추출되는 한계경험 때문이다. 강조컨대 거세진 고령추세와 함께 베이비부머의 덩치를 보면 엄청난 인구집단이 잠재고객으로 포함되기에 시니어마켓은 결코 포기할 수 없는 유력시장이다. 지지부진한 내수시장을 지지해낼 우선조건을 갖췄다. 물론 결국엔 지불여력이 문제지만 고령인구의 소비기간 자체가 길어졌기에 무작정 핍박소비를 할 수도 없는 노릇이다. 줄인다 한들 노구老軀상황을 보면 꼭 지출해야 할 비탄력적인 소비품목이 적잖다.

반대로 시니어마켓이 흥행에 실패해 잠자는 소비를 깨우기는커녕 그나마 있는 소비조차 굳이 쓰지 않게 퇴행시킨다면 그 후폭풍은 상상 이상으로 괴로워질 수밖에 없다. 길게 가면 불확실성을 버텨내기 위한 고령인구의 과도한 핍박생활이 경제 전체의 유동성 함정을 야기할 수도 있다. 때문에 시니어마켓을 반드시 성공시켜 탄탄한 내수지지는 물론 원활한 자금흐름의 물꼬로 활용하는 게 중요하다. 고령인구가 없어서 못 쓰고 있어도 안 쓰는 악순환의 냉정한 실패경험은 이웃나라 일본을 오랫동안 괴롭혔다.

그럼에도 이대로라면 시니어마켓의 한국흥행은 기대하기 어려울 듯싶다. 미약한 상황논리만으로 당위론과 기대론을 내세워 단지 때가 무르익었으니 곧 대박을 낳아줄 것으로 바란다면 곤란하다. 오판이자 착각으로 끝날 공산이 크다. 지금 필요한 건 기분 좋게 불어오는 시니어마켓의 개막 훈풍이 한국사회 곳곳에 올곧이 퍼질 수 있도록 선제적이고 섬세한 준비작업과 공감형성에 나서는 일이다.

닿을 듯 말 듯 신기루로 끝내지 말고 내 손안의 파랑새가 되도록 정성스럽게 시장을 가꿔내는 일이 시급하다. 손님을 모시려면 걸맞는 준비가 필수다. 화려한 겉치장에 혹해 다가왔다 건진 것 없이 후회해 돌아가지 않도록 맛난 식자재와 탄탄한 서비스가 동반돼야 단골손님으로 연결된다.

2
시니어마켓, 신기루일까 파랑새일까?

현재 걸음마 단계에 있는 시니어마켓

　　한국의 시니어마켓은 초보단계다. 수요와 공급 모두 '시장이 있을 것 같은데 실체는 확인하기 어려운 국면'이다. 시장정의부터 고객규모, 사업범주 등 어느 것 하나 확실하게 개념을 정리할 수 있는 게 없다. 초기이니 그럴 수 있다. 어쩔 수 없는 성장통일 수도 있다. 다만 이때가 실은 가장 중요하고 결정적이다. 첫 단추를 어떻게 끼우느냐에 따라 이후 행보가 확연히 달라질 수 있다. 지나치게 넓게 봐도 문제지만 하나만 바라보는 좁은 시선도 시장성장에 별 도움이 되지 않는다.

　　아쉽게도 현재로서는 이현령비현령의 자가당착적인 개념정의 혹은 필요에 따라 편견이 개입된 임의추정이 있을 따름이다. 이런 분석결과가 유령처럼 떠돌며 마치 정석처럼 관련시장을 쥐락펴락하고 있어 문제다. 당연히 정확성과 객관성은 기대 이하다. 상황이 이렇다 보니 아이로니컬하게 많은 이가 공감하는 가치중립적인 개념정의 및 규모예측의 필요성만 커진다. 잘못된 시장분석이 정보왜곡과 신호착오를 일으켜 불필요한 거래비용을 증대시키고 있기 때문이다. 기업 입장에서는 정확하지 않은 개념정의·시장규모에 혹해서 들어가거나, 아니면 움찔해서 포기하도록 유인한다는 얘기다.

당장 시니어마켓의 개념조차 불명확하고 불확실하다. 그러니 유사개념은 흘러넘친다. 이때 사용되는 단어는 유행어처럼 나왔다 사라지기 일쑤다. 대개는 고령대국 일본에서 빌려온 게 많다. 시니어마켓을 필두로 실버마켓, 그레이마켓, 노인시장, 실버비즈니스 등이 그렇다. 빈번하게 쓰이는 '실버'라는 단어는 1990년대 일본에서 유행한 말이다. 이후 실버의 부정적 의미를 우려해 시니어란 단어로 대체된 느낌이다. 미국·유럽 등 서구 선진국에서는 더 세분화해 베이비부머마켓이란 말[1]도 쓴다.

가장 큰 이유는 시니어든 실버든 그 잠재고객의 개념정의가 뚜렷하지 않다는 점이다. 즉 고령인구의 범주가 불명확하다. 넓게는 50대부터, 좁게는 75세(후기고령자) 이상의 고령인구를 잠재시장으로 두니 당연히 그룹규모가 달라진다. 연령대가 달라지니 관심사와 취향이 구분되는 건 물론이고, 이들을 품에 안으려는 접근방법도 구분된다. 고객별 시장규모는 천양지차다. 한국의 경우 현존추계 중에서는 최대 150조원에서 최소 73조원을 시니어마켓의 시장크기로 예측한다(2020년). 심지어 동일연령·동일산업[2]을 추계했는데도 결과가 엇갈리니 시니어마켓의 실체적 존재

---

1 고은지, '시니어 비즈니스, 섬세하고 포용적인 접근으로', LG경제연구원, 2015, pp.2-3.
2 세계적으로 통일된 시니어마켓 분류체계는 없다. 한국은 고령화산업진흥법(제2조)에서 고령친화산업을 포괄적으로 규정하는데, 연구기관별로 대략 5~15개 산업품목으로 구분된다.

기관별 시니어마켓 추계 비교

연구기관	연도	금액	해당 유무
저출산고령사회위원회(통계청)	2020년	148조5,969억	2010년 43조9,612억 (고령친화산업 활성화전략2, 2006)
보건산업진흥원	2020년	124조9,825억	2010년 33조2,241억 (고령친화산업 현황 및 전망, 2012)
현대경제연구원	2018년	83조8,000억	22조2,000억 (실버산업의 전망과 현황, 2011)
보건산업진흥원	2020년	72조8,305억	2015년 39조2,839억 (고령친화산업 실태조사 및 산업분석, 2014)

여부에 대한 논란은 뜨거울 수밖에 없다.

일본도 비슷한 경로를 걸었다. 일본의 경우 모 연구기관에서 '100조엔 시니어마켓'이란 추계자료를 내놓은 이후 전가의 보도처럼 '시니어마켓=100조엔'의 등식이 따라붙는다. 2000년대 초반의 추계임에도 여전히 이 등식이 자주 인용된다. 2007년 일본의 1차 베이비부머 선배세대(1947년생)가 60세 정년에 도달하면서 시니어마켓이 커질 것을 기대해 추계한 수치가 아직도 건재한 셈이다. 물론 전문가들은 더 이상 믿지 않는다. 이후 많은 연구기관이 시장규모 예측자료를 내놓지만 신빙성은 낮다는 게 중론이다. 100조엔의 거대시장을 믿고 뛰어든 기업만 된통 당했을 따름이다.

한국도 비슷한 상황이다. 즉 과대추정의 혐의가 짙다. 한국의 예측자료를 보면 추정근거의 정확성과 객관성은 생각보다 담보하기 어렵다. 미래추계가 워낙 변수가 많고 해석여지가 다양하기도 하지만 대체적인 분위기가 낙관적인 것은 부인하기 어렵다. 낙관적인 장래추계대로라면 시니어마켓은 대단한 시장이다. 다만 어디까지나 예측일 뿐이다. 내로라하는 정보력과 분석력을 겸비한 다국적기업이 시니어마켓에 전사적인 자원결집을 하지 않거나 물밑의 대응준비에 머무는 데는 그럴 만한 이유가 있다. 어쨌든 시니어마켓의 규모추계는 낭설일 확률이 높다. 적어도 현실과 동떨어진 탁상공론에 가깝다는 신중한 입장으로 접근할 때 불필요한 갈등·비용통제가 가능하다.

그렇다면 한국보다 훨씬 빨리 고령사회로 수렴하는 다양한 인구변화를 겪은 선진국은 어떤 상황일까? 결론부터 요약하면 시니어마켓은 긍정의 느낌표(!)보다 우려의 물음표(?)가 타당해 보인다. 낙관론자들에겐 냉정하고 섭섭할지 몰라도 사실이 그렇다. 미래의 유력한 성장시장이 되자면 적어도 현 단계에서는 갈 길이 멀다는 점을 강조하지 않을 수 없다. 이는 누구누구를 탓할 일은 아니다. 돈 벌고 싶지 않은 기업이 없듯 돈 냄새가 나면 누구보다 빨리 적극적인 시장개척을 통해 선점효과를 누리려는 게 인지상정이다. 하지 말라 해도 뛰어드는 게 기업의 숙명이다.

그럼에도 아직 이렇다 할 성공모델이 없는 것은 시니어마켓의 성장환경이 만만찮다는 방증이다. 단순셈법이 아닌 꽤 고약하게 얽힌, 그래서 풀기 힘든 미해결난제에 가깝다. 잠재고객인 고령인구의 지출여력을 방해·억제하는 거시경제적인 구조압박이 존재하기 때문이다. 축복보다는 재앙에 가까울 수 있다는 각종의 정황증거에서 확인된 장수위기를 개개인이 돌파하려는 방법은 역설적이게도 시니어마켓의 성장을 가로막는다. 노후생활의 불확실성을 타개하고자 고령소비가 억제된다는 논리다. 불확실성은 3가지로 압축된다. 저성장, 인구병, 재정난의 삼각파고로, 셋은 시니어마켓의 싹을 매섭게 도려낸다.

마켓의 활성화를 가로막는 몇 가지 걸림돌들

한편 시니어마켓의 주역인 고령인구의 자산·소득 등 경제적 빈곤상황이야말로 시장성장의 가장 큰 걸림돌이다. 50%에 육박하는 상대빈곤율(소득이 중위소득의 50% 미만 계층이 차지하는 비율)과 부동산 일극집중의 자산분포를 감안할 때 한국의 고령인구가 내세움 직한 지불여력(가처분소득)은 실망스럽다. 기대와 달리 고령인구의 소비여력에 심각한 거품과 균열이 예상되기 때문이다. 어쨌든 숫자보다 중요한 건 소득인 까닭에서다. 이런 과장된 구매력이 결국 성장성을 부풀리는 원인이 된다.

시니어마켓을 기대하는 기업과 시장부문의 대응부족도 지적하지 않을 수 없다. 가령 시니어와 관련된 박람회·세미나·보고서 등에 참가하거나 자료를 접해보면 대체적인 공통점이 발견되는데, 대략 '노인=약자·병자'의 논리전개가 그렇다. 실버제품이라는 게 십중팔구 늙고 아프고 불편한 데 따른 각종 신체한계적인 현상을 도와주는 것에 한정된다. 휠체어, 지팡이, 목욕용품, 침대 등이 태반이고, 양념처럼 빠지지 않는 게 장례품목과 건강보조제품이다. 최근에는 라인업이 다양화되는 추세지만 로봇, IT 등 첨단제품은 턱없이 부족하다. 움츠린 고령소비를 자극해 주머니를 열 만한 신선한 아이디어는 찾기 어렵다.

고령고객을 단순하고 획일적인 잠재집단으로 보는 시선은 좀체 깨기 어렵다. 과거의 노인세대와 달리 현역시절 다양한 경험과 눈높이를 갖춘 세분화된 미시수요로 인식해야 하는데, 현실은 여전히 대량생산·대량소비를 전제로 "늙으면 이럴 것이다"라는 고정관념적인 연령특수성만 반영해 접근하는 기업이 많다. 고령고객에 차별화된 커뮤니케이션은 거의 없다. 뒤집어 말하면 고령고객에 대한 정확한 수요판단과 구매지점을 확보하지 못한 상태다. 이해부족의 문제다. 실제로 컨설팅회사인 BCG의 조사에 따르면 고객기업 중 약 5%만이 시니어마켓에 대한 이해도가 있는 것으로 집계된다.

한발 나아가면 고령고객의 양면적, 혹은 다면적인 소비성향은 기업과 시장 입장에서는 꼭 넘어야 할 장벽이다. 인생경험이 두루 축적된 고령인구는 결코 만만한 고객이 아니다. 이들을 과거 노인들을 대하듯 상대하면 팔릴 것도 팔려나가지 않는다. 차별화를 필두로 변심성이 농후해 어지간해선 장단을 맞추기 힘든, 까다롭고 민감한 고객그룹이다. 필요한 품목일지언정 설득하지 못하면 지갑을 열지 않는다. 가령 더 이상 '항노화Anti-Aging' 소구는 먹혀들기 어렵다. 늙었으니 이를 커버해줄 제품·서비스에 대한 수요는 당연히 존재하지만, 노화를 입에 담는 순간 이들은 휑하니 떠나버린다. 우스갯소리로 할머니를 할머니로 불렀다가는 그 할머니의 눈길과 발길과는 영원히 결별이다. 즉 연령차별적인 접근만으로는 결코 시니어마켓을 정복할 수 없다.

시니어마켓을 둘러싼 더 큰 문제는 건강한 소비시장으로서의 지속가능성이다. 지금이야 단시간에 집중적으로 탄생해 거대한 인구집단을 이룬 베이비부머가 고령인구로 편입되니 덩치만으로는 시장파이의 성장세 및 기대감이 조성될 수 있다. 하지만 그 덩치가 편입된 이후에도 시니어마켓이 계속해 유지·확대될지는 미지수다. 1차 베이비부머의 자녀세대인 2차 베이비부머(1968~74년생)가 늙어간다지만 역시 줄어든 소비여력은 물론 이들의 퇴장 이후를 감안하면 시장의 지속가능성은 옅어진다.

인구감소는 피할 수 없고, 잠재고객이 줄면 시장성장도 멈추는 게 당연하기 때문이다.

결국 한국의 시니어마켓은 현재 중대한 지점에 서있다. 초기단계답게 앞으로 몇 년간 어떤 경로를 택하느냐에 따라 희비는 엇갈릴 전망이다. 신기루로 끝날지, 파랑새를 잡을지는 지금의 선택과 전략에 달렸다.

계속해 다음에는 한국사회를 감싸고 있는 시니어마켓의 암울한 외부환경 및 변화압박을 자세히 살펴본다. 이를 통해 시니어마켓의 냉정한 기반현실과 미래진단의 기초지식을 이해할 수 있으리라 기대한다. 앞서 언급한 저성장, 인구병, 재정난 등 삼재=災의 충격압박과 그 발생구조를 되짚어보는 것은 시니어마켓의 현실한계와 미래전략을 이해하는 중요한 실마리가 될 수 있다.

3
노후불안이 시니어마켓에 미치는 영향

시니어, 그들이 소비계층으로 이동하지 못하는 이유

곳간에서 인심 나는 법이다. 곳간이 푸근하게 채워진 다음에야 비로소 적극적인 자세로 주변을 둘러볼 수 있어서다. 비슷한 말로 '자산효과Wealth Effect'란 게 있다. 자산가치의 증가가 소비증대로 연결되는 현상을 말한다. 영국 경제학자인 피구A. Pigou가 주장해 '피구효과'라고도 불리는데, 쉬운 예로 주가상승으로 보유가치가 높아지면 아무래도 소비지출 여력이 커지는 게 그렇다. 주가가 오른 날 외식이 늘어난다는 연결고리다. 이익실현이 이뤄지지 않았음에도 앞당겨 지갑을 여는 것이다.

소비는 결국 소득에 좌우됨을 뜻한다. 통장잔고가 넉넉한 데다 계속해 늘어나는 확정적인 확신이 소비수준을 결정한다. 현재소비가 미래소득에 영향을 받는다는 의미다. 반대구조도 형성된다. 미래소득이 줄어들 걸로 우려되면 당장 돈이 있음에도 소비지출을 억제하는 경향이 그렇다.

불확실성을 이겨내려는 본능적인 선택카드다. 앞날이 고단해질 것 같고, 이를 극복해줄 안전장치마저 불안하면 극도로 움츠린 소비활동을 고집하는 게 꽤 자연스럽다. 불확실성의 극복보험인 셈이다.

시니어마켓의 잠재고객인 한국의 고령인구(본서에서는 특별한 범주제시가 없는 한 보편적으로 이해되는 65세 이상의 인구를 고령인구로 칭함)에게 자산효과는 기대하기 힘들다. 인심이 날 만한 곳간수준이 아닌 까닭이다. 환갑을 넘긴 고령인구뿐 아니라 4050세대 중장년인구도 사정은 비슷하다. 은퇴예비군인 중장년세대 중 흑자생활이 가능하고 축적자산이 탄탄해도, 살아내야 할 연장된 노후시간을 떠올리면 쉽사리 지갑을 열기 힘들다. 부모봉양·자녀양육만으로도 허덕이는데 노후준비는 여력조차 없다.

하물며 근로소득 단절 이후 자산정리가 얼추 끝난 고령인구에게 자산효과는 애초부터 성립되지 않는다. 자식 키우고 부모 봉양하다 환갑을 훌쩍 넘긴 이들에게 남은 자산은 얼마 없다. 있다 해도 과거처럼 부동산 등을 통한 불로소득 증대기회는 턱없이 줄어들었다. 이런 마당에 키워드 '100세'는 유유자적의 노후생활보다 백척간두의 노후위기를 뜻할 따름이다. 원금을 지키기는커녕 까먹어 마이너스가 아니면 다행이다.

결국 시니어마켓의 고객 입장에 서보면 가뜩이나 곳간이 빈약한 데다 잘 채워둬도 인심 낼 일은 거의 없다. 고령의 현재고객이든 중장년의 미래고객이든 정도차이만 존재할 뿐, 대부분이 기분대로 소비수준을 유지할 여력은 낮다. 생필품처럼 비탄력적인 소비재는 몰라도 적어도 기분전환용 혹은 대외과시용 과대지출은 상상하기 힘들다. 노후생활과 관련된 불확실성은 그래서 무섭고 어렵다.

노후 불안이 소비를 위축시킨다

한국사회의 노후공포가 어느 정도인지 일률적으로 가늠할 방법은 없다. 다만 살아가는 데 필요한 생존원가와 직결되는 각종의 불행지표에서 이를 일정부분 체크할 수 있다. '불행지표→생존원가→소비여력→시장성장'의 흐름도가 그 근거다. 중장년과 고령인구를 둘러싼 통계 및 체감적인 불행지표가 악화될수록 삶을 위한 생존원가의 마련압박과 준비필요가 커지고, 이게 그들의 현재 및 미래의 소비여력을 저하시킬 뿐만 아니라 결과적으로는 시니어마켓의 성장여력도 떨어뜨릴 것이란

▶ 한국의 성인세대 불행 지표

OECD 1위	통계	참고	자료
자살률	33.3명	OECD평균 12.6명	OECD(2011년)
노인자살률	80.3명	65세↑, 10만 명당	OECD(2010년)
가계부채 비율	164.2%	가처분소득대비	OECD(2014년)
가계채무 상환비율	19.5%	2위 프랑스 12.7%	OECD(2012년 4Q)
상위 10% 소득점유율	44.87%	2위, 미국 48.16%	OECD(2012년)
노인빈곤율(상대)	49.3%	2위 아일랜드 30.6%	KIHASA(2012년)
실질은퇴연령	남(71.1세), 여(69.8세)	OECD평균 남 64.3세, 여 53.2세	KLI(2007-12년)
중·고령자 고용률(남성)	79.6%	2위, 일본 81.5%	KLI(2014년)
산재사망률	20.99명	조사 21개국 중 1위	OECD(2006년)
연간 노동시간	2,090시간	2위, OECD평균 1,776시간	OECD(2011년)
남녀임금격차	62.5%	남자 100	OECD(2013년)
고등교육 이수율	64%	OECD평균 39%	OECD(2011년)
공공복지 지출	10.4%	GDP대비, OECD평균 21.6%	OECD(2014년)
공교육비 민간부담률	2.8%	GDP대비, OECD평균 0.9%	OECD(2011년)
사교육비 지출비중	2.73%	GDP대비, OECD평균 0.9%	통계청(2014년)
출산율	1.23명	OECD평균 1.74명	OECD(2010년)
조이혼율	2.3명	9위, 1,000명당	OECD(2011년)
성인남녀 행복지수	59점	100점 만점, 143개국 중 118위	OECD(2015년)

연쇄적인 사슬구조의 예상흐름이다.

출발점인 불행지표는 한국사회에서 다양하게 확인된다. 갈수록 악화되며 한국사회의 절대다수를 향해 매섭게 전진 중이다. 무차별적인 확산양상을 보이며 누구에게든 예외 없이 벼랑 끝으로 내모는 모습이다. '정규직→비정규직'의 사례처럼 중장년의 중산층마저 순식간에 빈곤층으로 전락시키는 함정이 저성장의 총체적 위기징후와 맞물려 곳곳에 확대·매몰돼 있기 때문이다. 중산층 복원정책은 허울뿐인 슬로건이고 실제로는 국민의 절대다수가 스스로를 중산층 이하, 즉 평균 이하의 빈곤층으로 자괴하며 심화된 빈부격차의 패배자로 인식한다. 특히 부동산 등 자산격차가 크게 벌어지는 가운데 상시적 고용불안에 따른 근로소득의 상대격차마저 확대돼 서민층의 빈곤탈출보다 중산층의 빈곤하락이 커지는 양상이다. 부동산 지니계수가 0.9에 달한다는 충격적인 분석까지 나왔다.

불행지표의 그림자가 자욱해도 여기에서 비켜설 공간이라도 있다면 다행이다. 생존원가를 절감하는 각종의 안전그물이 촘촘하면 적으나마 노후생활을 최악의 바닥상황에까지 내몰지는 않을 것이다. 필수소비의 생존원가가 보장되면 시니어마켓이 민간주도의 확연한 성장까지는 아니라도 소비시장으로 자리매김하는 계기는 된다. 비록 넉넉하지는 않더라도 인간답게 노후를 즐길 수 있는 고령타깃의 소비시장 다양화에 기여할 수 있기 때문이다. 즉 노후불안을 완충해줄 사회안전망의 촘촘한 재구성 필요다.

아쉽게도 한국사회에 변변한 사회안전망은 없어 보인다. 게다가 복지시스템의 상당부분이 비효율적이고 관성적으로 운영돼 시대변화에 따라 다양한 형태로 급증하는 복지수요를 적절하게 대응하지 못하고 있다는 지적[1]이 많다. 노후불안의 위기감을 고조시키는 또 다른 원인인 셈이다. 그러니 살아내야 할 고령인구 및 중장년인구는 스스로 미래를 준비할 수밖에 없다. 가처분소득과 무관하게 소비지출을 줄여 곳간에 쟁여둬야 한다는 실체적 위기감이 현존하는 것이다. 이들에게 시니어마켓은 관심 밖이다. 꼭 필요한 절실한 생활품목이 아니면 소비는 가급적 제한된다.

반면 사회안전망과 시니어마켓의 불가분의 관계는 또 다른 측면에서도 목격된다. 사회안전망이 빈약해 시니어마켓이 커질 수 없다는 논리와 상반되게 사회안전망을 위한 국가지출이 초기단계 시니어마켓의 구성과 성장을 위한 일등공신이라는 분석이 그렇다. 복지공급이 필요한 빈곤노인이 대상인 의료·간병·가사지원 등의 사회서비스[2]가 시니어마켓의 기초수요를 떠받친다는 논리다. 충분히 맞는 얘기지만 그럼에도 사회서비스가 초기단계 시니어마켓의 극히 일부는 몰라도 전체가 될 수는 없다. 지불재원과 공급방식 모두 국가주도성을 갖기에 수동적이고 경직적일 수밖에 없어서다. 이를 두고 경제학 교과서에서 얘기하는 일반적인 시장이라 칭하기는 곤란하다.

정상적인 국가라면 이보다는 불행지표를 경감해서 생활품질을 보장하는 방향으로 복지정책을 근본적으로 개혁하는 게 옳다. 정부재원의 건전성과 안전성을 토대로 복지시스템을 잘 가꿔나가는 게 시니어마켓의

---

1. 김종걸·전영수 외, 'MB정부 친서민정책 추진성과 및 개선방안', 청와대 연구용역, 2012.12, PP.137-138.
2. 사회서비스는 크게 노인돌봄서비스, 장애인사업, 지역자율형 사회서비스투자사업, 장애아동 가족지원, 임신출산 진료비지원, 청소년산모 임신출산 진료비지원 등이 있다. 현재는 전자바우처 형태로 지원되는데 과거의 공급기관 지원방식에서 수요자 지원방식으로 전환됐다. 노인돌봄서비스는 다시 노인돌봄종합서비스, 노인단기가사서비스, 치매환자가족휴가지원서비스 등으로 구분된다.

자생력과 성장성을 향상시키는 방법이 될 수 있다. 부처이기주의의 결과 통일되지 않은 정책생산의 혼란과 갈등이 중앙부처별, 복지이슈별, 유사 제도별로 다품종 중복생산의 복지정책을 대거 양산, 고비용·저효율을 야기하는데, 이를 막는 제도적인 개혁카드가 먼저라는 의미다.

세분화된 제도 및 서비스로 현재 한국에서는 사실상 없는 정책이 없을 정도로 복지항목이 다양하다. 그럼에도 효율성이 의심되는 것은 정책의 미작동과 재정의 미지원이 관리되지 않는 다품종의 복지정책이라는 치명적인 한계를 내포한 결과다. 따라서 복잡, 중복, 누수, 이권 등 기존의 복지정책이 가진 태생적이고 광범위한 문제를 해결하기 위한 총체적 재검토와 재조합이 요구될 수밖에 없으며, 이를 위한 강력하고 지속적인 정책의지와 조정능력이 요구된다. 이런 작업들이 노후불안을 해소하는 지름길이다.

시니어 계층의 불행지표를 개선하라

갈수록 시장경쟁이 격화되고 있다. 승자독식·적자생존이 유일무이한 게임원칙으로 일반화되면서 극소수 승자그룹에서 제외된 중산층 이하 일반대중의 생활품질은 급속도로 악화됐다. 이를 총칭해 '불행지표'라 규정했지만 그 종류는 셀 수 없이 많다. 실제 불행지표의 개념정의와 관련해 명확한 공통키워드는 존재하지 않는다.

다만 생활품질을 하락·감퇴시키는 일련의 경제·정치·사회적인 관련지표로 특정시기의 불행수준을 시점별, 국가별로 비교할 수 있다는 점에서 체감은 물론 정량적인 불행 정도의 측정도 가능하다. 1970년대 삶의 질이라는 개념이 경제학의 연구주제로 들어오면서 행복지수에 대한 관심도 커지고 있지만, 여기엔 경제지표뿐 아니라 정치상황, 행정서비스, 자존환경 등 복합적인 변수가 종합적으로 개입한다.

한국의 경우 어떤 모델을 적용하든 행복지수의 종합점수는 낮다. 역으로 한국사회와 한국인이 체감하는 불행지표의 수준과 강도는 꽤 높다. 소득활동에 매진하는 현역시기를 끝내고 소비주체로만 부각되는 고령인구의 불행지표가 대단히 불안하고 또 악화됐다. 같은 불행지표라도 연령별로 구분해보면 이런 경향은 한층 뚜렷해진다. 그러니 고령인구는 실질은퇴를 최대한 미루고 오랫동안 일할 수밖에 없다. 시니어시장의 유력고객인데 이들은 소비보다 소득에 더 관심을 갖는 것이다. 시장성립에 물음표가 붙는 이유다.

앞으로도 크게 달라질 개연성은 낮아 보인다. 구조적인 격차심화 탓에 발생하는 고용불안·가족해체 등이 불행지표의 악화추세를 한층 가속화하리라는 염려가 현실적이다. 신자유주의의 시장실패와 케인스주의의 정부실패를 전제로 이것과 맞물린 시대환경적인 성장둔화, 재정악화, 인구변화 등은 한국적 불행지표가 보다 악화될 수 있음을 예고한다.

아쉽게도 지금까지는 이를 해결할 마땅한 대안은 제안, 채택되지 못하고 있다. 극단적인 양극화의 발생과 심화는 한국사회 전반의 상대적 박탈감을 넘어 집단적인 폐색閉塞과 열화劣化로 연결, 현재적 불행확산과 미래적 불확실성을 점증시킨다. 생존불안이 자욱하게 깔린 곳에 소비시장이 무르익을 수는 없다. 불행지표가 완화·개선됨으로써 노후불안이 옅어질 때 비로소 시니어시장은 본격적인 개점파티를 할 수 있다.

4
마켓 활성화로 다가올 불황을 극복하라

전대미문의 불황 속에 어떤 해법을 내놓을 것인가

사람은 환경의 지배를 받는다. 생활환경에서 자유로울 수 있는 존재란 없다. 라이프스타일(생애유형)을 결정하는 저마다의 생활양식은 그들의 주변조건과 환경변수에 직접적인 영향을 받는다. 개인을 아우르는 종합적인 사회풍경도 특정시대의 거시환경 및 작동논리 등과 밀접하게 연결되며 한 사회의 보편모델을 완성한다. 예외사례가 없진 않지만 특정시대마다 환경영향에 수긍하며 정합성을 확인한 다양조건이 맞물리며 그들이 살아가는 현재적 생활유형과 미래적 추구전략을 수립·추종한다. 환경결정론이다.

과거 한국사회는 전형적인 인플레시대를 살아왔다. 마땅한 성장요소가 없는 가운데 정부주도로 후발자 이익을 극대화하며 무無에서 유有를 만들어냈다. 전쟁의 폐허 속에서 이례적으로 단기간에 고도성장을 일궈낸 모범사례로 세계의 찬사를 한 몸에 받았다. 절대적인 빈곤상태였지만 이를 극복할 수 있다는 정부·기업·가계의 자신감과 이를 통해 확인된 매년의 성장경험은 한국에 '한강의 기적'을 안겨줬다. 적어도 1990년대 중반 외환위기 때까지는, 조금씩 떨어지긴 했지만 그래도 상당수준의 성장률을 기록했다.

자산과 소득수준이 시간경과에 따라 불어나는 인플레시대의 한국사회는 힘들지만 그래도 행복했었다. 양극화가 있었지만 더 가지느냐 덜 가지느냐의 차이였지, 지금처럼 뺏고 뺏기는 제로섬 게임의 성장지체는 아니었다. 기업은 기꺼이 잉여인력을 품으면서 미래의 수주확장기를 대비했고, 가계는 이에 대한 화답으로 회사인간을 수긍했고 더불어 과소자본을 해결하려는 저축신화에도 동참했다.

고도성장답게 늘 노동부족이었던 까닭에 종신고용과 연공서열은 자연스러운 고용모델로 안착했다. 임금모델도 기업복지를 토대로 한 생활급이라는 독특한 생애주기적인 지급체계를 구축했다. 이 결과 가족모델은 남성전업·여성가사로 굳어졌으며, 자녀출산·교육·결혼 등의 후속세대 양육구조도 완성됐다. 요컨대 반복된 고도성장의 경험은 한국사회에 미래희망과 향상노력의 발로로 연결됐다.

그러나 여기까지였다. 지금 대한민국은 고도성장이 완전히 종료됐다. 두 자릿수 성장은 역사 속으로 넘겨졌고, 이제는 저성장과 디플레를 걱정하는 처지로 전락했다. 2020년을 앞둔 현 상황을 종합하건대 한국사회는 사상최초로 물가하락의 디플레 현상마저 이상하지 않을 정도로 환경악화가 구체적이다. 오늘의 물가가 내일의 물가보다 비쌀 것이라는, 지금껏 단 한 번도 경험하지 못한 미증유未曾有의 일이 일어날 찰나다. 이렇게 되면 사람들은 굳이 소비를 서두르지 않고 더 쌀 때까지 미루고 또 미룬다. 폐색경제의 출발이다.

새로운 경험은 이뿐만이 아니다. 한국사회가 과거에는 없었던 거대하고 충격적인 불확실성과 조우할 수밖에 없는 것은 역시 전대미문前代未聞의 새로운 복합악재에 노출된 탓이 결정적이다. 과거논리라면 비상식적일 수밖에 없는 기이한(?) 현상이 이제는 시나브로 상식영역에 포괄되며 한국사회의 생활양식을 하나하나 지배하기 시작한 것이다. 없었던 현상이니 예측과 전망은 호사가의 몫일 따름이다. 실제 누구도 걸어보지 못한 길을 안내한다는 건 어불성설이 아니던가.

전대미문의 새로운 악재란 개인의 합리적 선택결과 최초로 줄어들기 시작하는 인구문제(인구감소+인구이동)와, 내년 성장률이 올해보다 떨어지거나 혹은 겨우 유지될 것이라는 불황문제, 그리고 늘 균형을 맞추며 살림살이를 잘 꾸려왔던 정부재정의 추세적인 적자압박 등이 유력하다. 이들 개별악재가 서로 뒤얽혀 악순환의 부작용을 심화할 혐의가 대단히 높기에 결론적으로는 복합난제가 아닐 수 없다. 이들이 서로 연결된 복합악재는 결국 한국사회의 오늘과 내일의 불확실성으로 표면화된다.

과거에는 없었던 생경한 경제현상답게 이들 악재는 복잡·다난한 양상을 띠며 악순환의 고리를 완성한다. 예를 들어 저성장만 해도 산업변화와 맞물려 중장기적이고 불가항력적인 불가피성에 사로잡혀 있으며, 이는 국가경제의 모세혈관인 개별가계의 고용불안을 심화한다. 이 결과가 총체적으로 인구병을 악화시키고 있으며, 와중에 증가한 복지수요는 재정안정을 구조적으로 위협하고 있다. 아쉽게도 음습하고 황량한 공기지만 피할 수도 되돌릴 수도 없을뿐더러 도와줄 힘, 빌려올 손은 더더욱 없는 상황이다. 오로지 충격과 상처를 최소화하며 이겨내는 수뿐이다.

주지하듯 불확실성은 최악의 사회경제적 현상이다. 활동해야 할 경제주체의 결정을 가로막고 선택을 저해하기 때문이다. 이런 불확실성의 증대상황에서 살아내기 위한 개개인의 생활양태는 변할 수밖에 없다. 예전의 작동논리로는 생존이 힘들기에, 새로운 게임규칙에 맞춘 새로운 전략설정이 필수다. 구태의연한 과거의 성공경험을 반복해본들 의미는 없다. 심할 경우 새로운 인생게임에 내몰린 후속세대 중 일부는 아예 사회편입을 연기하거나 포기하는 극단적인 카드를 선택하기도 한다. 고령인구도 과거처럼 은퇴를 받아들이기보다 처절한 생존실천을 위해 집 밖으로 내몰린다.

과거모델을 둘러싼 설명력의 실종은 확인됐다. 그럼에도 이를 대체할 새로운 미래지향적인 생활체제는 아직 제안되지 않은 상태다. 갈림길이자 고빗사위답게 그 병목지점에서 다들 우왕좌왕, 갈팡질팡하고 있다. 확실한 것은 평범한 이들의 삶을 둘러싼 만족과 희망이 눈에 띄게 줄어들었다는 점이다. 정도의 차이는 있지만 이는 대다수가 공감할 수밖에 없는 동의명제로 이해된다.

힘들고 어렵고 괴로운 가운데 상황개선을 위한 노력과 시도가 요구되지만 아쉽게도 그 여지와 의지는 적잖이 낮아 보인다. '구체제→신체제'의 연결단계에서 간절히 바랐던 '살맛 나는 세상'은 빛바랜 구호로 전락한 분위기다. 대신 한국사회의 불행압박이 무차별적이다. 자살률·우울증·실업률 등 불행지표는 발표 때마다 역대최고치를 갈아치운다. 대한민국의 장삼이사張三李四들에게 눈부신 아침햇살은 피곤한 일상반복을 강제하는 반갑잖은 손님일 따름이다. 불편·불안·불만으로 누적된 또 다른 하루의 시작일 뿐이다.

불황에서 벗어날 생존 모델을 찾을 때

　　불행확산과 갈등증폭의 배경은 사실상 하나의 원인 때문이다. 물증은 많아도 심증은 하나로 요약된다. 삶을 둘러싼 급진적인 상황변화다. 예전 같지 않게 될 해도 딱히 잘했다, 좋았다는 결과확신이 없어졌다. 아등바등 삶을 버텨보려 발길질을 해보지만 개선은커녕 현상유지조차 힘들어졌다. 설상가상으로 장수사회라는데 언제까지 버틸지 알 수 없다. 다만 현재가 힘들어도 미래가 있다면 참고 버텨낼 수 있다. 희망·용기의 힘이다. 그런데 그 미래가 갈수록 공포로 변질된다. 건널 수 없을 강, 넘을 수 없을 벽에 갇혀 푸념·절망으로 고개 숙인 이는 셀 수 없이 많다.

　　아쉽게도 위의 삼재三災에 먼저 봉착, 난관탈출을 위해 노력 중인 해외의 선행사례도 뾰족한 수 없이 가시밭길의 악전고투가 보통이다. 우리보다 상황이 낫다지만 이를 둘러본 관전총평은 사실상 상처와 갈등천지로, 드라마틱한 반전은 찾아보기 힘들다. 살아갈 날은 길어졌는데 먹고살 밥을 마련하지 못한 불행스토리가 일상적이다. 국가별로 처해진 지정학적 환경변수 혹은 산업구조, 역사문화 등 전통적인 하위구조에 맞춰 현재의 난국상황을 탈피하고자 온갖 시행착오를 경험하고 있다. 가령 서구사회는 이민정책과 맞물린 출산장려를, 일본사회는 구조개혁을 통한 활로개척을 모색 중이다. 그럼에도 강 건너 불구경일 수 없듯 이들의 경로복기는 우리에게 꽤 훌륭한 반면교사다. 그들의 선행경험을 종합해보건대 답은 개별가계의 각자도생各自圖生으로 압축된다. 예고된 삼각파도를 넘어 생활품질을 유지하자면 시대파고를 넘어서는 개별차원의 자발적인 극복노력뿐이다. 자구노력은 현재 상황을 고려하건대 한국이 탄탄한 사회안전망을 갖춘 복지사회로 연결될 시간·재정적 여력이 별로 없어 더더욱 정합성을 갖는다. 정부와 기업의 각개전투적인 미래개척은 불문가지다.

대단히 아쉬운 선행교훈이 아닐 수 없다. 그럼에도 불구, 한국사회의 불행저지를 위한 중장기적인 제도개혁의 당위와 필요를 역설한다는 점에서 앞선 경험은 교훈적이다. 방치에 가까운 각자도생은 어쩔 수 없지만 결코 바람직한 선택카드는 아닌 까닭에서다. 지속가능한 건강한 사회를 위해서는 각자도생의 시장신호보다 효율적이고 설득적인 새로운 생존모델의 수립이 절실하다. 역으로 선행사례들은 밑그림을 그려야 할 정부에게 선제·미시적인 제도개혁을 통해 대국민서비스를 강화할 중요한 동기부여를 제공한다. 새 술은 새 부대에 담듯 총체적 사회변화를 위한 공감형성이 필요함은 물론이다. 국민은 내버려 둘 대상이 아닌, 품어 안을 존재이기 때문이다.

그럼에도 한국사회의 총체적 불행징후는 여전히 다가오지 않은 미래사회의 경고 정도로 치부되며 오늘을 사는 체감적인 위기의식으로 연결되지 못하고 있다. '고성장→저성장'으로 요약되는 패러다임 전환기에 막 진입한 시대환경답게 이를 인정하기도 거부하기도 애매모호한, 순풍과 역풍이 혼재하는 격변기일 수 있기 때문이다. 예고된 경고답게 시대위기를 충분히 극복할 수 있다는 미약한 근거의 낙관론이 많은 반면, 한편에서는 어떤 노력이든 현 상황을 고려할 때 거대한 불행파고를 넘어설 수는 없다는 체념적인 비관론도 적잖은 상황이다. 그나마 치열한 논리대결조차 별로 없다. 꽤나 느긋하고 한가하다.

다만 분석시선을 양극화의 패배그룹에 맞추면 얘기는 달라진다. 일례로 도시에 밀려 경쟁력을 계속해서 잃고 있는 지방권역을 보자. 지방에서 이미 확인되고 있는 제반현실은 아쉽게도 향후 불행을 둘러싼 미래경고문이 아니라 현존하는 현장스케치에 가깝다. 불행지표와 맞물리는 현재적 생활갈등이 광범위하게 확산, 삶의 품질을 악화시키고 있으며, 무엇보다 난관극복을 위한 활로개척의 기대마저 수준 이하로 인식된다. 한국사회의 미래는 지방농촌의 오늘에서 유감없이 확인된다.

요컨대 지역사회의 지속가능성이 심각하게 훼손된 채, 지방거주라는 이유만으로 서자庶子적인 상대적 박탈감에 신음 중이다. 각종 불행지표의 악화추세를 주도하며 인간다운 삶을 위협당한 채 시장경쟁에서 탈락하고, 국가자원의 배분과정에서마저 차별받는다. 동시에 행정시스템의 기능부전은 갈수록 악화될 수밖에 없다. 지방자치는 명목상 존재하고 지방발전은 실질상 도태된 상태로 전락했기 때문이다. 삶의 터전을 떠나는 무리를 보며 하나둘 짐을 쌀 수밖에 없는 악순환의 고리에 무겁게 휘감긴 상태다. 지방소멸이다. 따라서 이런 불운한 총체적 위기징후에도 불구, 발본색원의 구조개혁 없이 방치한다면 지속가능한 한국사회의 생존모델은 담보하기 힘들어졌다.

저성장·재정난·인구병의 삼각파도는 이미 시작됐다. 오는 듯 마는 듯 이슬비라 아직 우산이 절실하지 않을지 모르겠지만, 그렇게 판단한다면 판단미스일 확률이 높아 보인다. 유사경로를 걸었던 해외의 선행사례를 감안하면 길고 긴 장마와의 싸움은 기정사실이다. 언제 갤지 끝조차 알 수 없는 습하고 어두운 고령사회의 개막힌트다. 좀 과장한다면 집단피폐의 빙하기에 접어들었다고 볼 수 있다.

쟁여둔 곳간 식량은 바닥나는데 살아낼 겨우살이가 길어졌다면 방법은 하나뿐이다. 미리미리 준비해 혹한추위를 대비하는 자세와 실천이다.

시대는 변했다. 살아갈 무대도, 적용할 규칙도 달라졌다. 다만 서둘러 대책을 정비하고 대안을 실천한다면 지금이 가장 빠른 시점일 수밖에 없다는 것도 역사적 경험이다. 환경변화에 조응하는 정치리더십의 공감확인과 해결의지를 토대로 효율적인 정치발전 및 지속적인 경제발전을 위한 새로운 형태의 한국적 생존모델을 마련할 수 있다면 지금의 복합위기는 결국 건강한 사회건설을 위한 유력한 자양분이 될 수 있기 때문이다.

시간이 없다. 지금 이 순간 지속가능한 생존모델을 위한 종합적인 구조개혁을 단행하지 않는다면 복합침체의 늪에서 빠져나올 가능성은 극히 낮아진다. 더 많은 비용과 더 처절한 노력이 동반된들 기대효과는 가성비가 현격히 떨어질 수밖에 없다. 아쉽게도 당분간은 갈등과 혼란이 계속될 듯하다. 장기적인 경기침체가 발생하기 시작하는 최초 시점에 재정적자 비중이 급증하고, 물가·고용불안이 확대되면서 자원쟁탈전이 치열해지기 때문이다. 이제 막 시작된 시점이라 정확한 상황직시에는 시간이 걸릴 수밖에 없다. 그러지 않으면 좋겠지만 흠뻑 젖은 이후에야 우산을 찾지 않기를 바랄뿐이다.

이런 와중에 되레 기우제를 지내는 듯 보이는 무리한 정치적 쇼는 중단하는 게 옳다. 대의를 위한 엄중한 정치실현은커녕 눈앞의 이권쟁탈에 매진하는 건 잘못됐다. 국가부도 사태에 직면했던 남유럽·중남미처럼 무리한 고성장 유지 등 인기영합에 따른 단기정책이 장기적인 성장기반을 약화시키고 자원재배분에 실패하면 그 후유증은 대단히 오랫동안 국가경쟁력 약화구조를 심화할 수밖에 없다. 인구변화와 경기불황, 그리고 재정악화에 따른 불가피한 측면도 있지만, 이 문제를 처방하고 치유해야 할 정책적 실패 책임이 문제를 더 악화시킬 수 있다는 점을 명심하는 게 바람직하다.

2장

고령 사회, 세 가지 위험 신호를 읽어라

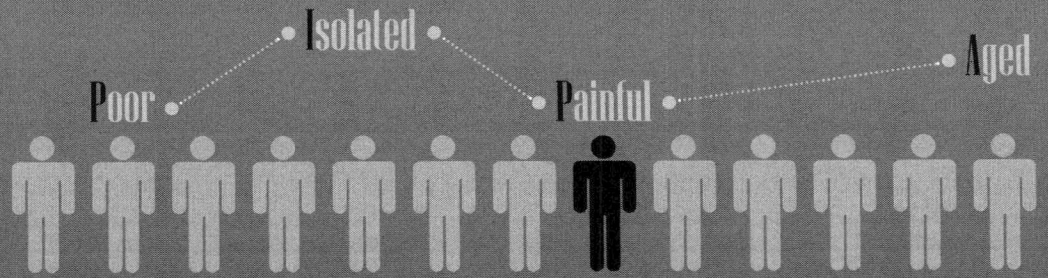

1
저성장 : 디플레의 경고등이 켜진다

저(低)의 공포가 시작된다

여기서부터는 좀 더 구체적으로 3대 예상악재의 면면을 다양한 차원에서 해부, 그 구조적 연결고리와 파급효과 등에 대해 살펴본다. 먼저 저성장을 분해한 후 순서대로 인구병, 재정난 등을 다룰 예정이다. 한국사회의 앞날이 왜 어둡고 힘들 수밖에 없을지를 확인하는 구체적인 작업임과 동시에 이 셋이 어떻게 연결되고 어떤 효과를 가져오는지 이해하는 데도 도움이 된다. 이를 통해 미래시장의 소비판도를 비롯한 수요변화의 중요한 힌트를 찾아낼 수 있을 것이다. 은퇴이후 고령인구의 생활양상과 소비수요의 변화야말로 이런 거시환경에서 자유로울 수 없기 때문이다.

저성장·재정난·인구병 등 3대 예상역풍 중 최강악재는 저성장이다. 즉 한국사회는 장기·구조적인 복합불황의 진입신호 앞에 대기한 상태다. 산이 높으면 골이 깊듯 고성장 이후 저성장은 어쩌면 자연스럽다. 회피하면 좋겠지만 높이 올라갔으니(고성장) 그 조정 및 반동차원에서도 깊이 내려올 수밖에 없는 숙명적인 현상도래다. 최대한 충격파를 흡수해 저성장의 공포와 후폭풍을 줄이는 게 현실적이다. 따라서 고도성장 때처럼 고공행진의 성장유지를 위한 인위적인 개입조치는 득보다 실이 많다.

종합하면 앞으로의 한국사회는 '디플레이션Deflation'을 경험할 확률이 높아졌다. 풀어 설명하면 '인플레→디플레'로의 생경한, 동시에 반갑잖은 현상이다. 구체적으로는 성장·물가의 동반하락을 뜻한다. 즉 한국사회에 저성장·저물가·저금리·저고용의 '저低의 공포'가 본격화된다는 의미다.

물론 반발하는 신중파도 많다. 아직 더 성장해야 하며 성장할 여력이 존재한다는 일종의 당위론적인 주장에 가깝다. 굳이 반대할 이유는 없다. 그럴 수도 있고 그랬으면 좋겠다는 게 솔직한 속내다. 그럼에도 판세 독법은 적잖이 과녁을 비켜간 것으로 보인다. 저성장의 불가피성 때문이다. 저성장은 일종의 시대조류로, 한때 비슷한 처지를 경험한 서구사회도 피해가지 못한 현상이다. 생산요소를 총동원해 내리 달려왔고, 덕분에 고도성장을 경험했지만, 추가적인 요소투입과 기술혁신이 제한되면서는 성장률이 떨어질 수밖에 없기 때문이다. 산업혁명을 주도했던 주요 선진국의 성장률이 100년이 훨씬 지난 지금 지속적으로 낮은 단계에 착근한 기본이유다.

장기적인 성장 둔화에 빠진 우리 경제

한국도 이 우려에서 자유로울 수는 없다. 물론 한국경제의 성장모델은 이례적이며 또 드라마틱하다. 아무것도 없던 상황에서 지금 여기까지 숨 가쁘게 달려왔다. 덕분에 성장토대가 부족했음에도 '중진국→선진국'으로의 도약도 가뿐하게 이뤄냈다. 거의 예외적으로 선진국 문턱에서 좌절하는, 이른바 중진국의 함정Middle Income Trap=Growth Trap에도 빠지지 않았다. 인구보너스를 통해 '농촌인구→도시유입→노동흡수→임금인상→성장지체'의 논리로 설명되는 루이스 전환점Lewis Turning Point도 1980년대에 경험했지만 비교적 큰 마찰 없이 도약에 성공했다.

문제는 이제부터다. 선진국 문턱에는 들어섰지만 갈수록 성장활력이 줄어들면서 성장지체에 따른 불황공포가 표면화된다. 중진국 때는 잘 피해나간 불황함정이 지금 눈앞에 펼쳐진 셈이다. 아픔을 경험하지 못했기에 어쩌면 당면한 함정의 깊이와 공포도 체감하지 못한다. 한국특유의 독특한 성장환경 속에서 지금까지는 잘 버텨왔지만 이 낙관론이 지속될지는 누구도 알 수 없다. 최악의 경우 '선진국→중진국'으로 강등되는 불명예의 레테르를 받을지도 모를 일이다. 다른 선진국과 달리 월등히 성장하지도 않았고, 체력비축조차 지지부진하며, 경제구조조차 외부·의존적이란 점에서 이 가설을 낭설로 치부할 수만은 없다.

성장률 통계가 이를 뒷받침한다. 1980년대부터 GDP성장률을 보면 비록 고성장이긴 해도 그 추세가 변화함을 알 수 있다. 과거정권별 GDP성장률은 1980년대 전두환 정권(10.0%)부터 차기정권으로 갈수록 평균적으로 각각 1%P 이상 감소했다. 정권교체와 함께 성장률이 1%P씩 떨어졌다는 것은 그만큼 성장한계에 직면해왔음을 뜻한다. 절대수치 자체가 높았기에 눈치채지 못했을 뿐, 한국의 성장함수는 1980년대부터 흔들리기 시작한 것이다.

이 결과 최근의 이명박 정권은 집권기간 평균 3.2%의 성장률에 그쳤다. 747정책이 무색한 결과였다. 경기회복을 위한 진정성은 둘째 치고 성장을 위해 실시한 많은 정책에도 불구, 1%P씩 줄었다는 것은 추세적 문제로 접근하는 게 바람직하다. 어찌 됐건 과거 기능했던 압축적 고도성장의 한국모델이 이제 고빗사위에 선 것은 분명해 보인다.

저성장은 국민생활과 직결되며 매섭게 일상충격을 심화한다. '성장감소→소득감소→소비감소→실적하락→고용악화'의 악순환 탓이다. 빈약한 공공복지 가운데 길어진 노후생활이 시작된 우리에겐 특히 치명적이다. 손 놓고 있다간 저성장 파도에 휩쓸려 무차별적인 갈등과 빈곤, 공포의 확산이 불가피해 보인다.

물론 디플레 늪에서 탈출하려는 다각적인 노력이 목격되지만 그 효과는 여전히 미지수다. 정부당국이 전가의 보도처럼 선택하는, 불황타개를 위한 인플레 유도정책도 부작용이 만만찮다. 대표적인 논쟁거리가 두통환자에게 감기 처방이라는 평가다. 상황전환적인 복합불황의 복잡·다난한 해결셈법은 그만큼 어렵다. 즉 과거체제와 결별하는 새로운 구조개혁만이 활로개척의 길로 요약된다.

이대로라면 '한강의 기적'으로 평가받던 한국적 성장모델은 애틋한 과거역사 속의 기록물로 전락할 상황이다. 자본주의와 민주주의의 융합

속에 한국특유의 성장활력과 긍정동력이 완성해온 한국모델은 '고도성장→감축성장'을 필두로 한 '인구증가→인구감소', '균형재정→적자재정'의 연결악재에 직면, 재검토New Normal를 요구받고 있다. 특히 성장경로의 단절·후퇴를 우려하는 시선이 적잖다. 과거처럼 압축적인 고도성장을 유지하는 것은 힘들지만 적어도 성장률을 유지하고 일부나마 증가시킬 필요와 근거는 충분함에도, 현실에서 작동되는 성장추동은 기대 이하인 상태로 수년간 흘러온 걸로 판단된다.

실제 노동·자본 등의 폭발적인 요소투입으로 개발을 추동하는 성장모형은 더 이상 유지되기 힘든 환경이다. 기대할 수 있는 것은 생산요소의 효율증진으로 획득되는 총요소생산성TFP의 향상이다. 후발이익이 전제된 추격형이 끝난 한국경제는 이제 선행경험조차 없는 선도형의 경로 진입이 불가피해졌다.

물론 성장기반이 확연하게 축소되거나 약화된 것은 아니다. 급속한 상황변화와 맞물려 성장을 위한 자원결합이 위축된 건 사실이지만 성장함수에 기여하는 실체적인 구성요소와 조합양상에 큰 변화는 없다. 위기상황의 극복모델을 만들고, 구조개혁의 지속실행을 동반한다면 디스토피아적인 저성장 우려도 얼마든 넘어설 수 있다는 얘기다. 다만 상황이 쉽잖다는 점은 공통적이다. 지금까지의 경제관이 강조해온 공급보다 수요중심의 패러다임 전환필요를 역설한 폴 크루그먼Paul Krugman의 "공황은 없지만 불황은 계속될 것"이란 분석[1]도 여기에 힘을 실어준다.

---

1 폴 크루그먼 저, 안진환 역, 『불황의 경제학』, 세종서적, 2015.

문제는 한국경제의 경기침체가 경기순환적인 계절현상이 아니라 구조적이고 장기적인 요인에 기인할 수 있다는 논리제기다. 장기침체를 뜻하는 구조적 저성장 논란이다. 장기침체Secular Stagnation는 한센Hansen이 1938년 기술정체와 인구둔화로 투자기회의 대폭축소 탓에 미국경제가 장기간 과소투자·수요부족에 직면할 것이라는 예측자료를 내면서 최초 사용한 단어다.

최근에는 서머스Summers가 2013년 IMF경제포럼에서, 2000년대부터 선진국 경제가 구조적 장기침체에 진입했다고 주장하며 관심을 끌었다. 크루그먼Krugman, 피셔Fisher 등도 이 가설에 동조하며 장기적인 저성장을 뜻하는 장기침체란 용어가 부각됐다[2]. 즉 용어 자체만 볼 때 수요요인(경기순환)과 공급요인(성장잠재력)이 혼재하며, 그 판단여부와 원인분석에 대해서는 다양한 시각이 존재한다. 다만 이를 타개하기 위해 명목금리를 낮춰도 저물가 탓에 실질금리가 여전히 높아 통화정책 효과가 나타나기 힘들다는 점이 최근 주목을 받는 이유 중 하나다. 요컨대 수요부족보다 공급한계에 따른 장기적인 성장잠재력의 약화에 초점을 두고 있는 양상이다.

따라서 장기·구조적인 저성장 예고는 유사상황에 직면한 선진국의 공통우려이며, 한국도 과거 기능한 자본·노동의 물량공세에 따른 압축성장에서 벗어남으로써 현실적인 당면과제로 안착했다고 볼 수 있다. 실제 IMF(국제통화기금)는 금융위기 이후 선진국뿐 아니라 신흥국의 잠재성

---

[2] KB금융지주경영연구소, '국내외 경제의 장기침체 논란 및 시사점', KB지식비타민 15-5호, 2015.1.19., pp.1-4. 장기(Secular)로 '인구고령화 등에 따른 노동증가율 감소, 혁신축소, 자본투자 감소 등 공급요인으로 성장잠재력이 축소되는 것과 관련' 등을, 침체(Stagnation)로 '디레버리징, 신용공급 축소, 재정지출 축소, 위기이후 위험회피 성향증가 등 수요요인으로 성장회복이 지연 혹은 성장정체 현상으로 경기순환과 관련' 등으로 정의한다.

장률 및 생활수준 하락이 중장기적으로 지속될 것이라 분석[3]했다.

더불어 2008년 금융위기가 지금처럼 심각한 파장 속에 지속되면 일회성적인 충격이 아니라 영구적으로 세계경제의 성장속도를 낮출 것으로 내다봤다. 한국경제의 회복진단과 직결되는 주요선진국의 경우 인구고령화와 생산·투자를 둘러싼 자본증가 속도지체 등으로 2020년까지 연 1.6%의 성장에 그칠 것으로 예상된다. 신흥국도 같은 이유로 동일기간 5.2% 떨어진다고 예측된다. 세계경제의 동반적인 저성장 우려확산이다.

한국정부도 한국경제가 디플레에 따른 20년 장기불황의 일본경제와 유사하다고 평가, 위기징후를 공유하고 있다. 가령 2014년 7월 '새 경제팀의 경제정책방향' 발표에서, 한국경제가 일본의 잃어버린 20년 초기 모습과 유사하다며 그 근거로 저성장, 저물가, 경상수지 과다흑자, 급속한 고령화 등의 성장잠재력 저하원인을 언급했다.

다만 부동산 버블붕괴 및 금융부실화의 가능성이 낮고 잠재성장력의 하락세가 일본보다 완만하다는 점에서 장기불황을 피할 수 있을 가능성은 남아 있다[4]고도 봤다. 그럼에도 위기탈피를 위한 선제·미세적인 사전개혁이 없다면 장기·구조적인 저성장 압력으로부터 벗어나기는 힘들어 보인다. 한국경제가 2011~15년 연속해 2~3%의 저성장에 갇혀 있다며, 이를 10가지 개별징후로 정리·발표한 보고서까지 나왔다[5].(〈표〉 참고).

---

3 한겨레신문, 'IMF, 세계 장기 저성장 경고', 국제면, 2015.4.8.
4 이지평, '장기불황에서 살아남은 일본기업의 특징', Japan Insight 제67호, 2014.9, p.17
5 전경련, '한국경제 3% 성장, 위기징후', 2015.4.23.(www.kfi.or.kr, 검색일: 2015.7.30.)

저성장에 따른 10가지 위기 징후들

구분	내용	근거
소비	소득무관 소비성향 하락	− 2011~14년 소득증가 연 4.3%p − 2011~14년 소비성향 연 △1.3%p
	고소득층(총소비 1/3) 소비위축	연평균 소비증가율(2004~08년→2010~14년): 전체 4.5%→3.5%, 소득 5분위 4.9%→3.1%
	고령층(대표적 소비계층) 소비위축	연평균 소득증가율(2004~08년→2010~14년): 3.7%→5.2%, 평균소비성향 : 78.9→72.2
투자	투자의 성장둔화	총고정자본형성/GDP :(1994년)41.9%→ (2004년)33.3%→(2014년)28.9%
	현상유지 투자증가	제조업설비투자 투자동기별 구성비(2010→15년): 생산능력확충 78.4%→71.3%, 유지보수 11.2%→14.9%
	특정업종 집중의 R&D투자	R&D투자 1000대기업, 산업별 투자비중(2012년): 반도체·자동차·전자 총 66.9%(각 34.6, 13.0, 19.3)
정부 지출	국가채무, 공공부채 폭발증가	− 국가채무 (1997년) 60.3조원 → (2014년) 527.0조원 − 공공부채 (2014년) 1,209조원
	2021년 세입<세출 적자구조	2014~60년 연 증가율, 총세입 3.6% < 총지출 4.6%
순 수출	주력 수출산업 고령화(평균 22세)	2014년 10대 수출품목, 10위권 진입 후 순위권 잔존기간 평균 22년 (반도체·철강판 37년 이상)
	물량주도 수출성장	− 수출물가(계약통화) : (2011.2Q)106.7→(2014.4Q)94.3 − 수출물량지수 : (2011.2Q)113.7→(2014.4Q)139.3

〈자료〉 전경련 재정금융팀 보고서 요약정리

 장기·구조적인 저성장에 대한 명확한 정의규정은 없다. 하지만 7년 평균 성장률이 3% 이상 유지하던 국가가 이후 7년간 성장률이 절반 이하, 동시에 2% 아래로 떨어진 사례를 장기침체로 규정한 연구(금융위기 이후는 제외)[6]에 따르면 한국은 아직 해당되지 않는다. 2%대의 저성장을 주장하는 분석도 많지만 여전히 3%대 성장에 대한 기대감이 있으며 무엇보다 장기추계로는 성장률이 확연하게 장기간 낮아진 경험은 없다.
 그럼에도 세계시장에서의 수출정체와 내수위축의 악순환 조짐과 한

---

6 이근태 외, '우리나라 장기침체 리스크 커지고 있다', LGERI리포트 LG Business Insight, 2015.5.20., pp. 15-20.

국사회 특유의 불확실성(고령화 추세심화, 토지신화 붕괴조짐 등)을 고려할 때 성장률과 직결되는 소비성향 저하현상은 계속될 여지가 높다. 일본의 경우 이 딜레마를 극복하지 못하고 장기침체의 상징사례로 전락한 바 있다.

우리 경제의 성장 동력이 약해진 이유

한국경제의 저성장 우려는 한국경제가 그간 만들어온 특유의 산업구조와 그 의존시스템 때문이라는 지적이 많다. 제조업에 대한 과도한 의존과 함께 서비스업의 존재미약이 중장기적인 성장지체의 원인이 될 수 있다는 의미다. 실제 한국경제의 제조업에 대한 과도한 의존경향이 저성장을 심화하는 것[7]으로 분석된다. 2010년 제조업비중은 부가가치 기준 30.7%에 불과하지만 GDP성장에 대한 제조업 기여도는 43%까지 오르는 등 제조업 의존도가 과도한 상황이다.

주요선진국의 제조업 비중을 봐도 부가가치 비중이 GDP대비 30% 내외까지는 상승하지만 이를 정점으로 이후에는 지속적으로 하락해왔다는 것이 역사적 경험(30% 룰)이다. 2012년 중국(32.2%), 태국(34.0%) 등 예외적으로 30%를 웃도는 국가도 있지만 미국, 영국, 프랑스, 독일 등(각각 2009년)은 10~20%의 낮은 수준이다. 한국은 신흥시장 성장세에 힘입어 제조업 비중이 여전히 높다(2012년 31%).

---

[7] 곽영훈, '제조업 성장동력 문제없나?', 하나금융정보 장기저성장 대응시리즈 제15호, 하나금융그룹, 2014.3.12. pp.4-13.

제조방식의 변화와 세계경제의 공급체인 확대로 제조업의 우위가 훼손되고 있다는 점도 저성장의 유력한 원인으로 거론된다. 신흥국의 경쟁력 강화로 제조업의 비교우위를 지키기 힘들어졌다는 의미다. 그럼에도 현재 한국은 여전히 '30% 룰'의 결과 제조·수출·대기업에 대한 과도한 편중현상을 해소하지 못하고 있으며, 이것이 장기적인 저성장과 경기변동성의 확대위험 우려를 높이고 있다. 더구나 이는 고용·투자약화로 연결돼 내수경기의 점진적인 성장도 약화한다.

저성장을 피하자면 경제성장의 중심이 제조업에서 서비스업으로 이동하는 게 권유되나 서비스업의 생산성 향상이 지연된다는 점도 동력약화의 원인이다. '제조업→서비스업'으로의 비중전환은 경제발전에 따른 서비스 수요확대의 결과로 일반적인 현상이지만, 한국의 경우 서비스업의 성장기여도가 낮다. 특히 산업별 산출액의 GDP대비 구성을 보면 서비스업은 2000년 42.8%에서 2010년 40.3%로 오히려 하락, OECD평균(59.4%)과 현격한 격차를 보인다. 제조업과 서비스업의 융합을 통한 경쟁력 제고방안을 마련하고, '제조업→서비스업'의 전환흐름에 발맞춘 생산성 향상노력이 필요한 이유다.

▼ 산업별 산출액의 GDP 대비 구성 추이

구분	2000년	2005년	2010년	OECD평균
제조업	44.4	45.2	49.0	26.2
서비스업	42.8	42.3	40.3	59.4

- 자료: 한국은행(단위: %)

수출의존적인 경제구조도 저성장의 잠재적인 원인이다. 수출이 잘될 때야 내수한계를 벌충해주는 유력채널이지만, 해외시장이 약화되거나 수출경쟁력이 줄어들면 과도한 수출의존성은 저성장을 한층 압박한다. 주요선진국이 외부부침에 휘둘리지 않고자 내수시장의 비중과 잠재력을 키우는 이유다. 참고로 일본은 GDP대비 수출비중이 15%대로, 나머지 85%가 내수를 떠받친다. 때문에 수출환경이 악화돼도 내수만으로도 일정부분 먹고 살 수 있는 탄탄한 내국시장을 보유했다.

대외개방성이 높아지면서 한국의 수출환경은 변동성이 높아졌다. 해외시장이 주춤하면 그대로 한국경제는 그 취약성이 노출된다. 2008년 금융위기 이후 세계경제의 소비대국이던 미국내수가 다소 회복되고 있다지만 이것만 믿고 수출일변도를 심화해서는 곤란하다. 불확실성도 여전하다. EU나 일본 등도 중장기적인 경기회복을 단언하기 힘들다. 특히 고도성장을 구가해온 중국경제의 성장피로가 본격화되고 있다는 점도 한국경제로서는 수출회복을 기대하기 힘든 이유다. '원자재(남미·중동)→중간재(한국·일본)→최종재(중국)'의 국제적인 분업시스템이 가동될 때는 중국파워가 한국경제의 중요한 성장기반이 되지만, 마지막 출구인 중국시장이 성장피로에 직면해 흔들리면 한국은 곧바로 침체영향을 받는 구조다. 중국변수에 휘둘릴 수밖에 없는 한국경제의 한계 중 하나다.

수출이 흔들리면 내수는 덩달아 흔들린다. 한국경제는 그동안 수출부문이 경제성장을 이끌어가는 형태였다. '수출증가→실적확대→노동소득→내수증가'의 파급경로다. 즉 수출이 잘돼야 내수가 커지는 관계를 형성했다. 그런데 갈수록 경제성장의 출발점인 수출증가·실적확대가 노동소득·내수증가로 연결되지 않고 있다. 이른바 낙수효과Trickle Down Effect가 실현되지 못하고 있는 것이다.

성장물꼬를 열고자 정부가 기업위주로 자원배분을 우선하는 등 기업친화적인 정책을 그간 반복해 써왔지만, 실적수혜가 기업부문에 머물고 가계부문으로 이전되지 않으면서 양극화를 비롯한 심각한 사회갈등으로까지 연결된다. 꽤 성가신 골칫거리가 아닐 수 없다. 이런 상황에서 내수회복을 주도할 가계소득의 향상전망은 갈수록 낮아진다. 기업이 가계의 노동공급을 비용으로 이해하면서 장기·안정적인 고용확보는 약화되고, 비정규직 등 저임금·단기간의 고용계약을 선호하기 때문이다.

와중에 살얼음판을 걷는 부채기반의 주택경기가 경착륙할 경우 잠재성장률은 더욱 낮아지게 된다. 제조업의 성장정체와 맞물린 자산가격 동반하락은 결국 경제전체의 생산성 상승효과를 떨어뜨리고 자본투입마저 줄이기 때문이다. 다행히도 서비스업의 고용확대가 성장근간의 에너지로 작용하지만, 이것 역시 2016~17년 생산가능인구의 감소전환에 따라 중장기적인 성장잠재력 저하추세로 연결될 전망이다.

▶ 가계부채 및 주택담보대출 추이 비교

구분	08년	09년	10년	11년	12년	13년	14년
가계부채	683,602	734,292	793,779	861,388	905,944	962,897	1,029,234
(GDP대비)	61.89	63.76	62.73	64.64	65.77	67.36	69.31
주담금액	311,158	338,475	362,816	392,005	404,183	418,121	460,603

— 자료: 한국은행 경제통계시스템(단위: 십억원, %)

특히 부동산과 연계되며 최근 한계상황에 직면한 가계부채는 수출둔화와 함께 내수감축을 촉발해 성장에너지를 한층 빠른 속도로 약화할 개연성이 크다. 부동산 경기부양을 위해 변제능력을 초월한 가계부채를 조장하며 가속화되는 주택시장의 불확실성은 종국엔 가계부문의 부실

우려로 구체화될 수밖에 없다. 1,029조원(2014년)의 가계부채는 이미 명목GDP의 69% 수준이며, 특히 금융위기 때(2009년 734조원)보다 40%나 늘어난 수치다. 금융위기 이후 지속된 주택가격의 하락세와 현저하게 늘고 있는 주택매매 거래량, 그리고 과거 최고수준의 주택담보대출이 이를 떠받치며 부채확대[8]의 경로를 걸어온 것이다. 이런 상황에서 금리인상마저 단행되면 가계부채의 연쇄효과는 배가된다. 근본적인 해결책인 가처분소득의 증대 없이 주거비용 등 생존원가만 높아지면 양극화에 따른 박탈감과 사회의 지속 가능성마저 심각하게 훼손될 수밖에 없기 때문이다.

대출내용도 그다지 바람직하지 않다. 이것 역시 성장잠재력을 훼손한다. 금융위기 이후 정부의 적극적인 주택매수 권유정책과 기준금리 인하 때문에 대출여지가 확대되면서 시중은행을 중심으로 주택담보대출이 급증했다. 주택담보대출 내용을 보면 갈수록 주택용도가 아닌 생계용도의 비중이 늘고 있어 정부의 주택시장 활성화 정책유도의 효과성이 의심받는다. 특히 저소득층을 중심으로 한 가계부채가 증가세다. 부채상환능력이 취약하고 주택시장 활성화와도 무관한 가계부채의 급증은 부실화 가능성을 높이기 때문이다.

정책당국이 급증하는 가계대출에 대한 건전성 감독강화에 나서며 가계부채 전체금액의 증가세는 줄어들 수 있지만, 기존의 부채규모만으로도 이미 위험수위를 넘겼다는 점에서 가계의 소비여력 감소와 중장기적인 내수축소는 불가피할 전망이다[9]. 특히 미국의 금리인상이 본격화되

---

8 한국경제연구원, '우리나라 부동산시장의 변화와 가계부채 그리고 그 위험성', KERI Facts, 2015.6.1., pp.1~4.
9 LG경제연구소, '2015년 한국경제 진단: 저성장 저물가 저수익성', LGERI리포트, LG Business Insight, 2015.1.21., pp. 7~8.

면 취약가계의 연쇄파산은 피하기 힘들 것으로 분석된다. 이는 한국사회의 불확실성 중 하나로 장기침체의 유력변수로 거론된다.

그럼에도 일자리로 요약되는 장기·안정적인 고용확보가 가능해지면 일정부분 저성장 압력을 지체하거나 혹은 회피할 수 있다. 안정적인 근로소득이 확보되면 '중산층→서민층'으로의 전락을 방지해 복지수요를 막을 뿐 아니라 내수시장을 떠받쳐 성장잠재력을 유지할 수 있기 때문이다.

비정규직 규모 및 비중

구분	07년	08년	09년	10년	11년	12년	13년	14년	15년
전체	15,731	15,993	16,076	16,617	17,065	17,421	17,743	18,397	18,799
비정규직	5,773	5,638	5,374	5,498	5,771	5,809	5,732	5,911	6,012
비율	36.7	35.3	33.4	33.1	33.8	33.3	32.3	32.1	32.0

– 자료: 통계청

다만 고용통계를 종합해볼 때 한국의 고용시장은 이중구조가 뚜렷해지면서 갈수록 악화되고 있는 것으로 확인된다. 2014년(상반기) 임금근로자 중 정규직(1,248만명)과 비정규직(591만명)은 각각 67.9%, 32.1%로 집계된다. 비정규직 중에는 시간제 근로자(동일업무를 수행하는 다른 근로자보다 근로시간이 짧은 경우)가 특히 늘었다.

한편 광의의 비정규직을 포함할 경우(한국비정규노동센터 자체분류) 2013년 비정규직은 45.9%에 달한다. 절대규모로 800만명을 넘으며, 정규직 대비 임금비율은 50%에 미치지 못하는 것으로 나타난다. 비정규직 비율은 2007년까지 가파르게 오른 후 최근엔 일정범위에서 유지되고 있지만 임금 등 고용격차는 여전히 심각한 편차를 보이고 있다[10].

이와 함께 기업규모, 노동조합, 고용형태별로 임금수준 등 고용안정성의 격차가 현격한 상황에서, 보호된 고용시장으로 일컬어지는 대기업(11.5%)·정규직(66.2%)·노조(25.8%) 등의 최종적인 공통분모에 들어오는 근로자는 전체의 6.7%에 그친다[11]. 결국 노동분배율을 과도하게 넘어서는 자본분배율[12]의 또 다른 징후가 아닐 수 없다.

따라서 한국의 고용시장이 장기·지속성을 확보하려면 구조개혁을 통한 고용시스템 자체의 수정시도가 필요하다. 정부도 고용위기에 적극적으로 대응하려는 모습을 보이지만 그 실효성은 의심받는 처지다. 임기응변식의 위기대처 방식을 선호하면서 구조적인 해결책을 마련하지 못하고 있기 때문이다. 현저하게 저하된 고용창출 능력을 확보하자면 고용문제의 근본원인을 해소하려는 적극적인 구조개혁이 절실하다. 따라서 미비한 시간제 근로자, 연령 무차별적인 고용불안, 서비스부문의 과도한 비정규화 등의 한국적 특징[13]을 재검토해 달라진 시대상황에 선제적으로 대비할 필요가 있다.

---

10 이남신, '한국사회 비정규직 실태 및 문제해결 전략과 해법', 노사정위원회, pp.3-5.
11 이인재, '고용위기와 노동시장의 구조개혁', 한국경제포럼 제2집 제2호, 한국경제학회, 2012, p.4
12 사내유보금은 급증세다. 10대 그룹의 사내유보금은 2009년 288조원에서 2015년(1분기) 현재 612조원까지 불어났다. 더욱이 상위 5대 그룹이 이 중 82%(504조원)를 차지하며 재벌그룹 안에서도 온도차이가 극명함을 알 수 있다.
13 장신철, '한국의 비정규직 현황에 대한 OECD 연구', 주OECD대표부, 2009, p. 1-8.

2
인구병 1 : 일할 사람이 줄어든다

인구변화가 경제에 미치는 영향

여기서는 인구에 대해 보다 자세히 살펴본다. 인구변화란 것이 앞으로 펼쳐질 소비시장을 비롯한 미래사회에 다양한 영향을 미치기 때문에, 이를 다각적으로 분석하는 것은 생존전략의 수립을 위해 꼭 필요한 작업이다. 특히 시장성격과 소비유형, 그리고 각종참가자의 수급욕구 및 지출성향 등을 이해하는 데 필수불가결한 것이 인구변수다. 인구변화가 갖는 다양한 의미에 대한 이해가 먼저인 것이다.

먼저 전제하고 싶은 것은 인구변수에 대한 과도한 공포 및 위기조장에 대한 경계다. 인구는 중요한 사회·경제변수다. 사람이야말로 경제학의 전부라 해도 과언은 아니다. 경제주체인 인구는 애덤 스미스$_{\text{Adam Smith}}$의 고전경제학부터 '합리적'이란 수식어로 해석되듯 오랫동안 면밀하게 분석돼온, 아무리 강조해도 지나치지 않는 중요한 변수다.

그럼에도 인구변화가 세상전부를 바꾸거나 혹은 제반현상을 통제하는 유일무이한 변수는 아니다. 다른 사회경제적인 현상과 연결되면서 결과적인 확장성은 강화하지만, 그것 자체만 놓고 천착하는 것은 큰 의미가 없다. 나무를 보는 게 아니라 숲을 봐야 전체적인 조망이 가능하기 때문이다.

그럼에도 인구는 반드시 챙겨봐야 할 파워풀한 영향력을 자랑한다. 인구만 잘 안다고 불황을 타개할 수는 없지만 인구를 제쳐두고서는 결코 활로를 찾아낼 수는 없다. 예를 들어 생산가능인구가 줄어들면 연이어 성장률이 하락한다는 선진국의 경험이 있지만, 여기에는 인구뿐 아니라 각양각색의 다른 변수도 개입하게 마련이다. 물론 경지현상별로 바로 연결되기도 하지만, 국가적 거시경제 및 개별적 살림살이로 치환하면 인구변화의 영향력은 돌고 돌아 최종적으로 체감상황에 다다른다. 상관관계는 있지만 인과관계로 본다면 몇 단계를 그쳐야 설명이 가능해지는 것이다.

어쨌든 앞서 살펴본 저성장, 즉 불황은 인구와 통한다. 저성장과 '인구병人口病'과의 상호연계다. 인구와 경제는 필수불가결한 관계다. 발전초기 적정수준을 넘어선 거대인구가 경제성장의 뒷덜미를 잡겠지만 '인구=국력'에 사실상 의문부호는 필요가 없다. 어떤 경제전망도 인구통계만큼 효율적이지 않다는 말처럼 인구변화는 미래예측과도 직결된다. 인구가 성장의 핵심변수인 까닭에서다.

주지하듯 '$Q=f(K, L)$'로 정리되는 생산함수도 자본(K)과 노동(L)이 양축이다. 역으로 한국의 상황을 대입하면 '인구감소→성장지체'의 메커니즘 도출이 가능해진다. 성장뿐만 아니다. '인구감소→세수축소→재원핍박

→행정파탄→생활저하→인구유출'의 흐름으로 도시·농촌별 차별적인 성장격차까지 확대한다. 인구가 몰려드는 도시는 자원유입이 꾸준해지는 반면 인구를 빼앗긴 지방은 생존자체가 힘들어지는 구조다.

인구감소와 성장지체는 상호의존적이다. 닭이 먼저냐 달걀이 먼저냐의 문제일 뿐, 둘은 주고받으며 고령사회의 생활품질을 악화시킨다. 일본사례를 보건대 '청년감소→활력감퇴→성장지체→출산저하'의 연쇄구조로 인구문제를 심화한다. 미래절망과 불확실성이 소비억제·현금보유의 유동성 함정을 낳은 게 일본화로 불리는 복합불황의 기본맥락이다. 집단적 피폐가속과 성장열화劣化의 근원이다. 성장여력이 있은들 소비유인이 줄면 경제는 축소지향형의 후퇴가 불가피하다. 역설적이게 그 손실의 끝은 가계부문, 특히 고령인구에 집중된다. 낙수효과 없이 분배격차(자본>노동)만 커져서다.

일하는 인구가 줄어드는 게 문제다

인구를 바라볼 때 조심해야 할 전제와 가정을 앞에 설명했지만, 그럼에도 인구가 미래를 바꿀 것이라는 명제에 의문부호는 불필요해 보인다. '인구변화→미래생활'의 연결고리는 그간 숱하게 검증된, 가설이 아닌 이론적 및 현실적으로 검증된 사실명제에 가깝기 때문이다. 인구변화야말로 사회체계와 경제구조를 비롯한 생활품질에 총체적인 영향을 미친다.

그럼에도 한국을 비롯해 적잖은 국가에서 인구변화는 우선순위를 획득한 정책항목은 아닌 듯하다. 심각한 파생위기를 동반하는 대형이슈지만 아직은 그 징후·조짐이 구체화되지 않고 있으며, 무엇보다 당면한 다른 정치·경제적인 현존문제가 더 시급한 것으로 이해되기 때문이다. 그럼에도 지금처럼 일상변화가 급속한 때일수록 변화의 핵심동력인 인구변수를 분석하고 추적하는 건 중요한 과제다. 인구변수는 미래사회·경제를 결정짓는 가장 상위인자라 해도 과언은 아니며, 그 변화속도가 갈수록 위협적이기 때문이다.

사실상 지금까지 인구변화는 증가에 방점이 찍혔었다. 추세적인 인구증가가 세계적인 걱정거리로 존재했었다. 세계평균으로는 여전히 폭발적인 인구증가가 문제이며, UN 등 국제기구의 공식입장도 아시아·아프리카 등 후발국의 인구증가를 염려하는 시선이다. 지구적인 눈높이에서는 인구증가를 어떻게 효과적으로 통제·관리할지가 더 시급한 과제라는 뜻이다. 지구온난화를 비롯한 환경문제 등도 여기에 직결된다.

반면 고도성장이 종료된 한국 등 성숙국가는 사정이 좀 다르다. '국력=인구'의 등식을 깨는 저출산·고령화 이슈가 확산되는 가운데 인구변화는 십중팔구 부정적인 결론과 연결된다. 노인인구(65세↑)가 20%를 넘어 초超고령사회로 기록된 일본·독일·이탈리아가 대표적이다. 감소세에 진입했거나 진입이 예정된 국가에서 확인되는 인구변화의 후폭풍은 광범위하다. '현역감소·노인증가=인구감소'의 등식 때문에 재정압박·성장둔화·격차확대·사회폐색 등 연결된 화학반응이 상상을 초월해서다[1].

---

1 전영수, 「인구충격의 미래한국」, 프롬북스, 2014, pp.18-20, pp.60-125.

추계대로라면 한국은 아직 여유는 있는 것으로 보인다. 다만 인구추계를 초월하는 출산감소가 반복되는 한 인구구성의 변화양상은 예상을 뛰어넘어 한층 가팔라질 수밖에 없다. 훨씬 빠른 속도와 규모로 인구구성이 변하는 대표적인 국가답게 1가구 1자녀 정책을 폈고 고도성장을 경험한 중국이 한국과 어깨를 견줄 뿐, 그 어떤 선진국이 걸어왔던 경로보다 급속한 기울기로 인구그래프가 그려지기 때문이다.

한국의 경우 대체적으로 2030년 5,200만명으로 인구정점을 찍을 전망이다. 이후 인구감소가 본격적으로 시작된다는 게 정부의 공식추계다(통계청). 그럼에도 성장지향적인 정부입장을 반영한 낙관론과 각종의 기술적인 통계한계를 감안하면 이는 더 앞당겨질 수 있다. 고령화율(65세 이상 인구비율)도 마찬가지로 수치상으로는 여유롭지만, 문제는 14%(고령사회), 20%(초고령사회)까지의 도달속도가 극단적인 스피드를 기록한다는 점이다. 현재수준에서는 사실상 세계최고의 속도로 빠르게 늙어가고 있다. 현재의 예측대로면 2018년 노인비율이 14%의 고령사회에 접어든다.

▼ 한국의 인구정책 내용 변화

제1기(1961~1995) 인구증가 억제기	제2기(1996~2003) 인구자질 향상기	제3기(2004~현재) 저출산고령사회 대응기
- 경제개발5개년계획과 함께 산아제한정책 및 가족계획사업 실시 - 산아제한정책; 35년간 지속, 출생률 저하(1955~59년 6.33 → 1995년 1.57) - 가족계획사업; 60년대(적게 낳아 잘 기르자), 70년대(아들딸 구별 말고 둘만 낳아 잘 기르자), 80년대(잘 키운 딸 하나 열 아들 안 부럽다)	- 정책수정; 인구자질 및 복지 향상을 기본내용으로 소폭 정책수정 - 출산유지; 경제·사회발전을 위해 현재 출산율 유지목표 - 세부정책; 출생성비균형, 임신중절 수술방지, 남녀평등 및 여성권리 보호·신장, AIDS 및 성병예방, 가족보건 및 복지증진 - 결과; 출생률 1.19명(2003년)으로 최저기록	- 본격대응; 저출산 심각성의 통감, 본격대응 위한 정책전환 준비 - 법률제정; 저출산고령사회기본법(2005년), 대통령 직속기관으로 설정 - 대책본부; 정책추진기구로서 12부처 공무원 및 민간전문가로 구성 - 장기비전; 저출산고령사회기본계획 실시(2006~2020년)

– 자료: 전영수(2014)

그럼에도 한국의 인구정책은 상황변화에 적절히 대응하지 못하는 것으로 이해된다. 즉 선제적 대응능력과 지속적인 정책추진이 목격되지 않는다. 인구정책의 묵직한 특성상 정책추진과 방향전환에 상당한 시간경과가 불가피하다는 점을 감안하더라도 유기적이고 신축적인 대응부재의 지적은 설득적이다.

가령 한국의 합계출산율은 1950년대를 클라이맥스로 내리막을 줄곧 걸어왔지만, 출산장려로 방향을 전환한 것은 인구정책 3기가 시작된 2004년부터다. 이미 이 시점에서는 저출산 데드라인인 1.3명에 들어선 지 한참 지난 뒤였다. 무려 20여 년에 걸쳐 두 자녀보다는 한 자녀가 상식적인 수준으로 받아들여지는 때였다. 상황확인 후 20년이 지나 비로소 출산장려로 돌아섰다는 얘기다. 참고로 1950년대 후반 합계출산율 6을 넘긴 이래(1955~59년 평균 6.33) 1970년대 산아제한 정책이 본격화되면서 2~3으로 폭락했고, 1983년 이후 지속적으로 인구유지선(2.1명)을 밑도는 상황이다.

인구오너스 시대, 인적자본을 어떻게 활용할까

인구감소가 악재일 수밖에 없는 것은 이것이 앞으로의 생활수준에 상당한 사회·경제적인 파생위기를 복합적으로 야기하기 때문이다. 그 자체로도 상당한 범위와 깊이의 악재지만, 인구감소는 다른 환경변수와 맞물려 그 충격여파를 증폭하는 악순환을 주도한다. 거시경제부터 정부정책, 기업경영 등의 측면에 이르기까지 근본적으로 판을 뒤집을 수밖에 없다. 무대가 달라지면 전략은 당연히 바뀌게 된다.

거시경제로 보면 대략적으로 성장률의 하락·고착, 고용시장의 구조악화, 격차확대의 불안심화 등 부정적 환경변화가 가속화됨을 뜻한다. 정부정책에서는 인구감소가 사회안전망의 불안심화, 고용불안의 경직화, 자원배분의 비효율성, 성장활력의 부재 등을 야기한다. 기업경영에도 인구감소는 악재일 수밖에 없다. 서비스업은 좀 낫지만 제조업, 금융업 등은 획기적인 전략변화 없이 생존담보가 어려워진다. '인구변화→성장침체→실적하락→고용불안→임금하락→소비감소→격차심화→폐색확대'의 우려다. 사실상 거의 모든 불행지표의 원인으로 인구감소를 지적해도 과언은 아니다.

가장 대표적인 인구감소의 악영향은 성장률의 하락문제다. 한국은 그간 성장률이 대폭 꺾였던 1990년대까지를 포함해 40년간(1970~2011년) 평균 7.2%의 실질성장률을 기록했다. 유례를 찾아보기 힘든 고성장이고, 그 최대원인이 양질의 인적자원이었다. 이와 함께 국가주도의 성장전략이 실행되면서 자본재배분과 노동생산성을 높이는 선순환이 주효했다는 게 중론이다. 관료주도의 인위적인 자원배분이 재벌, 도시, 고용 등 양극화의 부작용을 키우기도 했지만, 적어도 개발경제의 고도성장을 견인한 것은 부인하기 어렵다.

이때 유력한 성장변수가 꾸준히 늘어나는 인적자본의 힘, 즉 인구호재였다. 저임금의 고도훈련으로 무장한 양질의 인적자본이 성장확대와 맞물려 생산현장에 대거 투입됨으로써 경제발전의 중요한 원동력이 됐다. 인구학적 개념인 '인구보너스Population Bonus'의 효과다. '높은 출생률→인구 연령구조의 젊음→현역세대의 노동력인구 증가→경제성장에의 기여'의 선순환을 부르는 인구구조의 경제편익을 뜻한다. '젊은 인구구조→저축률의 향상→자본스톡의 축적→경제성장에의 공헌'도 가능했다. 일반적으로 인구보너스는 대략 20~40년 유지되는 것으로 알려졌는데 한국도 정확히 일치한다.

반대로 고도성장을 끝낸 후 인구보너스는 정반대의 외부충격으로 다가온다. 사회구조·의식의 성숙에 따라 출생률이 떨어지고 고령화가 진행되면 부양해야 할 부모세대의 인구증가가 불가피해진다. 사회보장제도의 하중부담이 증가하고 저축률은 저하될 수밖에 없다. 이는 '인구오너스Population Onus'로 명명되는데, 인구가 경제성장의 뒷덜미를 잡는 양상이다. '경제성장→인식변화→출산감소→노동부족'이 심화되는 가운데 '수명연장→고령추세→부양부담→성장지체'의 논리흐름이다. 특히 앞으로는 생산구조에서 고용 없는 모델이 고착화되면서 인적자본의 투입은 질적 및 양적측면 모두에서 한계에 봉착하게 된다. 실업률이 높아지고 생산성은 하락하는 것이다.

3
인구병 2 : 대도시만 남는다

인구이동이 인구감소를 부추긴다

든 사람은 몰라도 난 사람은 아는 법이다. 인구감소는 삼척동자도 다 아는 불편한 골칫거리다. 개별적인 상황에선 사람이 줄어 좋은 것도 있겠지만 국가단위의 전체양상에서는 득보다 실이 많다. 즉 인구감소가 진행되면 되레 1인당 자원배당이 늘어날 수 있다는 낙관적인 적정인구론의 담론이 있지만, 아쉽게도 인구감소 가운데 생산성과 부가가치가 추세적으로 늘어난 사례는 찾아보기 힘들다.

인구감소는 사실상 인구문제의 전부다. 인구론을 언급할 때 전가의 보도처럼 전제되는 게 그 출발점으로서 인구감소다. 때문에 정부정책을 비롯해 우선적인 문제해결책은 오직 인구를 더 늘리는 데 방점을 찍는다. 출산율을 높이기 위한 각종정책이 그렇다. 결혼·출산을 유도하는 직간접적인 정책지원은 하나같이 '인구감소→인구증가'를 염두에 둔 조치들이다. 중간의 화살표가 어떤 의미를 갖는지는 논의대상에서 희석된다. 즉 말이 쉽지, '→'의 전환연결은 인구정책의 태생적 한계를 보건대 적어도 1세대, 30년의 긴 호흡이 필요함에도 불구, 바로 효과가 나올 것처럼 직접적인 원점타격을 선호한다.

물론 충분히 옳고 타당한 분석이다. 다만 이 접근은 굉장히 성글고 감정적인 대안이 아닐 수 없다. 정책의 운영경험과 정치의 단기호흡을 보건대 투입대비 성과도출이 그때그때 나오지 않는다면 끈기 있게 가져갈지도 미지수다. 그간 추진된 한국의 인구정책을 봐도 한발 늦은 엇박자는커녕 떠난 막차를 무작정 기다리는 때늦은 만시지탄晩時之歎이 안 될 것이라 확신하기도 힘들다.

보다 면밀하고 영민해질 필요가 있다. 상황분석력을 심화해서, 그럴 수도 있는 상관관계가 아니라 바로바로 직결되는 인과관계적인 접근이 요구된다. 먼 얘기도 중요하지만 뜬구름이 되지 않으려면 눈앞의 정확한 상황판단과 그때그때 필요한 현실적이고 중간단계적인 정책대응이 절실해진다.

즉 중장기적인 '인구증가'와 함께 관심을 갖고 들여다봐야 할 것은 단기적인 '인구감소'의 억제문제다. 인구감소를 최대한 저지하고 그 속도를 늦추는 것이 어쩌면 인구증가의 가장 근원적인 대응전략일 수 있다. 가령 고용안정을 위해 '비정규직→정규직'의 바람직하되 상당히 힘든 방법에만 매달리기보다는, 그 이전 단계인 '정규직→비정규직'을 우선해 최소화하는 게 현실적이고 저비용적일 수 있다는 얘기다. 인구정책도 마찬가지로 지금 단계에선 인구증가의 지난한 길보다는, 인구감소의 연쇄

충격을 줄이도록 그 감소속도와 규모를 저감해줄 수 있는 당장의 접근전략이 효율적이다.

결국 인구감소보다 더 매섭고 우선적인 인구문제는 인구이동이다. 인구이동이 인구감소를 한층 재촉하기 때문이다. 바꿔 말해 인구이동을 줄일 수 있다면 인구감소는 자연스레 약화될 수 있다. 이런 점에서 '인구악재=인구감소+인구이동'으로 완성된다. 따라서 인구증가를 위한 해결책은 2차원적이다. 인구감소와 인구이동의 양차원적인 정책대응이다. 당연히 우선순위는 인구이동이다. 인구이동이 지금처럼 심화되지 않는다면 인구감소도 일정부분 통제할 수 있어서다.

다각도로 인구정책을 펼쳐야 할 때

그럼에도 현재 한국의 인구정책을 살펴보면 인구이동에 대한 관심은 생각보다 적다. 다양하게 얽힌 사회전체적인 종합적인 연결접근이 아닌 인구학적 접근에 매몰돼 평면적이고 한정된 공간에서의 인구증가에 집착하는 분위기다. 주지하듯 방향은 맞으니 이를 갖고 왈가왈부할 수는 없지만 다른 접근법과 논리맥락에도 귀를 기울일 필요가 있다. 힘들고 어려운 인구증가에 골몰하는 역량의 3분의 1, 아니 10분의 1이라도 인구이동에 돌린다면 적어도 인구감소가 심화되기 전에 시간을 벌 수 있다. 현행대로라면 인구감소가 어디서 어떻게 시작되고 확대되는지 정확한 진단이 부족하니 해결책도 지지부진한 것이다.

인구감소의 심각성과 그 해결책으로서의 정책마련이 과거보다 적극적이고 구체적인 양상인 것은 다행이다. 효율적인 정책성과를 평가하기에도 아직은 시기상조다. 그럼에도 돈은 돈대로 쓰는데 공감조차 얻지 못한다는 것은 불편한 진실이다. 거액예산과 장기추진 필요에도 불구, 당면한 성과도출이 미약해 정계·관료입장에서는 추진동기가 낮다는 현실한계도 물론 뺄 수 없다.

다만 더 이상 지체하면 그 부정적인 결과가 초래할 고통이 그만큼 커진다는 것도 주지의 사실이다. 따라서 인구감소를 막을 근원적인 즉효처방을 기대하기 힘들다는 점을 인정, 최대한 파고를 낮추고 충격을 저지할 흡수장치를 갖추는 게 현실적이다. 한국보다 먼저 인구감소에 직면한 선진국 중 프랑스를 제외하면 조류흐름을 막거나 방향을 튼 사례가 없다는 점을 명심할 필요가 있다.

물론 현재의 대안논리만으로도 위협적인 파고의 충격을 피할 수는 있다. 인구감소의 충격을 완화할 장치를 적극적으로 활용하는 방법이다. 가령 현역으로 활동할 경제활동인구, 즉 지금처럼 생산성 유지·발전을 위한 노동력을 인구증가가 아닌 다른 수단을 통해 확보하는 방법이 대표적이다. 이것만 해결되면 인구가 줄어도 일정부분은 경제력의 유지와 사회의 지속가능성을 보장받을 수 있다.

현재로선 대략 5가지 정도다. △출산율 제고 △여성근로자(경력단절) 활용 △평생현역의 정년연장 △이민정책 확대 △로봇 등 과학기술 활용 등이다. 다만 결론부터 요약하면 하나같이 만만찮은 과제다. 갈등접점에 존재하는 이해관계자와의 조정과정이 필요하며, 대부분 법률·인식 등 기반시스템의 동반변화가 필수이기 때문이다. 이민정책만 해도 유력한 대안조치로 이해되지만 서구와 달리 단일민족·유교문화의 고정관념이 있는 한국에서는 확신하기 어려운 과제다¹. 공존하는 다문화 공생사회의 구축필요에도 불구, 여전히 이질성에 대한 불편한 시선이 일반적이다.

따라서 인구감소를 막을 처방전을 현재시점에서 설계·실현해 당장 성과를 보기는 대단히 힘들다. 대중요법적인 유혹에 넘어가 당장은 매력적일 수 있지만 장기적으로는 갈등·낭비적인 정책을 남발하기보다는, 세심하고 정밀한 현실분석을 통해 인구감소를 저지하고 방어할 단계적인 방안을 만들어내는 게 시급하다. 이 과정을 반복하며 미래사회와 정합성을 갖춘 시스템을 재검토하고 재구축한다면 인구악재의 충격을 완화할 수 있을 것이다. 결국 사회적 대타협을 기반으로 한 이해조정과 실체적인 제도개혁을 위한 진지한 첫걸음이 필요하고 또 시급한 상황이다.

정밀한 현실분석과 관련해 최근 관심을 끄는 주제는 인구병과 그에 따른 인구감소에 초점을 맞춘 연구결과다. 즉 인구이동에 대한 주목이다. 인구병을 완성하는 2가지 축이 인구감소와 인구이동에 있기 때문이다.

통상의 인구전망은 연대기별로 정적인 인구감소에 주목해 단순히 출산·사망지표를 통해 장래추계의 형태로 발표된다. 그런데 이런 분석방법에는 동적인 인구이동이 정밀하게 포함되지 않아 통계적 오류에 빠질 개연성이 있다. 한국만 해도 광역지자체까지는 인구감소 및 인구이동이 반영돼 통계를 내지만, 기초지자체의 인구추계는 인구감소만 반영할 뿐 인구이동에 대한 동태적 유·출입통계를 추계하지는 않는다.

---

1 외국인 주민은 2010년 약 126만명에서 2014년 약 174만명으로 전체인구대비 2.5%에서 3.4%로 꾸준한 증가세를 보이고 있다. 10년 전인 2006년(약 54만명)과 비교하면 매년 약 13만명이 새롭게 한국거주를 결정하는 것으로 해석된다(행정자치통계연보·2015).

이렇게 되면 장래인구추계는 다소 기계적이고 작위적일 수밖에 없다는 결론에 도달한다. 농촌·과소지역이 태반인 기초지자체의 인구이동(=유출)이 인구감소를 한층 유발하기 때문이다. 즉 '지방→도시'로의 인구이동이 인구감소를 심화하는 발생인자인데, 이게 인구추계에 반영되지 못하면 통계적 신뢰성에 의문이 생긴다. 2014년 여름 일본에서 최초로 기초지자체의 인구이동까지 반영한 인구추계를 발표, 1,800개 기초지자체 중 900여 개가 2040년 행정기능 마비로 소멸될 것이라는 충격적인 결과가 도출된 것이 인구이동의 중요성과 존재감을 부각한 대표사례로 이해된다.

따라서 냉정한 현실상황을 직시하자면 최근 인구회자 중인 이른바 인구병病의 맥락구조를 이해하는 게 중요해진다. 인구병은 저출산·고령화의 다양한 사회·경제적인 문젯거리를 총칭해 일본에서 부르기 시작한 단어다. 이는 인구감소가 가져오는 불편·불안·축소·폐색의 일상생활이 치유난제의 질병이라는 의미로 차용됐다.

일찌감치 인구정책을 시작한 일본의 당면문제인 데다 구체적인 병명이 붙을 만큼 발생빈도가 잦고 광범위한 위험질병이지만, 심각한 건 이렇다 할 치료제나 치유책이 없다는 현실한계 때문이다. 효과적인 방책은 초기단계에서의 적극적인 대응체계다. 그럼에도 한국의 인구병 징후는 갈수록 뚜렷해진다. 출산감소에 따른 청년증발이 미래사회에 구체화되면 디스토피아의 출현은 기정사실이다.

인구이동의 후폭풍을 대비하라

　　인구병은 인구감소의 대표질환이다. 인구가 줄자 사회근간이 흔들리는 제반현상으로 지방·농촌지역의 통증양상이 심각하다. 절대적 인구감소와 상대적 인구유출이 맞물린 과소지역이 이런 충격에 고스란히 노출된다. '인구감소→세수하락→지출부족→유지불능'의 악순환이다. 반면 블랙홀의 인구집중지엔 거주혼잡이 심화되는 이중구조가 펼쳐진다.

　결국 정책방향은 한정자원의 균형배분에 맞춰지는 게 바람직하다. 경제성장은 멈추고 재정지출은 커지니 균형적인 정책수급이 시급해지고, 이때 엇박자를 내면 감축시대의 배분갈등이 치열해진다. 인구병만 해도 그 해결출발점은 적정인구의 유지확보가 관건이다. 그래야 인구감소에 따른 구조붕괴를 막을 수 있기 때문이다. 도농균형이 대표적으로, 경제·인구자원은 일자리와 서비스를 따라 계속해 대도시로 집중되지만, 떠나간 과소지역은 공동체약화와 동네증발이 불가피해진다. 지역소멸의 시작이다.

　인구병은 인구이동을 가속화하고, 이게 또 결과적으로 인구병을 심화하는 밀접한 연결고리를 갖는다. 여론은 대개 청년인구의 출산연기·포기에 따른 인구감소에 함몰될 뿐, 인구이동에 관해서는 정작 관심이 낮다. 하지만 이는 판단착오일 확률이 높다. '지방→도시'의 인구이동이 결국 인구감소를 더 부추기기 때문이다. 출산의 90%를 맡는 20~39세 여성(=가임기여성)이 학업과 취업을 위해 지방과 농촌을 떠나 도시블랙홀로 흡수되는 게 더 큰 문제인데, 아쉽게 이에 대한 주목도는 낮다.

따라서 우선은 인구이동의 흐름변경에 정책방점을 찍는 게 현실적이다. 2013년 한국출산율은 1.19명이지만, 전남(1.51명)은 서울(0.96명)보다 확실히 높다. 지방이었다면 낳을 아이를 열악한 출산·양육환경이 구조적인 서울이라 포기한다는 해석이 가능해진다. 이미 서울·수도권 인구비율은 50%에 육박하며 일본(30%)보다 높은 집중률을 보인다. 또 인구이동은 이중적인데, 살인적인 거주비용의 서울인구는 줄어들고 도넛현상에 따른 수도권 인구과밀은 더 격해진다. 도심형 이중구조의 심화현상이다.

지역별 인구감소의 양상은 사뭇 다른데 정책초점은 여기에 맞추는 게 좋다. '저출산(지방)→인구이동→초저출산(도시)'의 연결고리를 끊을 필요다. 일본사례를 보면 당면한 인구이동의 대안마련이 장기호흡의 논쟁적인 출산장려보다 먼저일 수 있다. 연령구성과 국토이용의 불균형 해소 차원에서도 브레이크를 걸 이유는 충분하다.

결론은 건강한 지역부활로 요약될 수밖에 없다. 자생적인 지역맞춤형 성장전략으로 지방에서도 취업·결혼·출산 등이 먹혀들도록 직주환경을 조성하는 게 대표적이다. 즉 청년인구가 굳이 도시를 찾지 않아도 지방·농촌의 고향권역에서 얼마든 일자리를 찾고, 배우자를 만나며, 아이를 기를 수 있는 기반환경을 갖춰주는 게 중요하다. 생존원가가 낮은 고향에서 정주동기를 찾게 해주자는 얘기다.

이렇게 되면 지방과소화를 가속화하는 또 다른 인구집단인 고령인구의 도심전입도 막을 수 있다. 사실 청년세대만큼 심각한 게 고령인구의 이동유인이다. 자연사망에 따른 노인인구 감소는 어쩔 수 없지만 문제는 인구이동에 따라 도심권으로 거처를 옮기는 농촌노인의 증가추세다. 의료·간병 등 거주환경이 좋은 도시로의 대거유입이 늘어나면 지금의 한계마을은 소멸마을이 될 수밖에 없다.

강조컨대 인구증가를 위한 직접적이고 획일적인 접근정책도 물론 필요하지만, 당장 급선무인 것은 '인구감소→인구이동'의 중간단계로서 인구이동을 줄여주는 각종의 정책 배려다. 청년·노인 공통의 '인구이동→경기침체→고용감소→실업우려→지방탈출'의 악순환 시나리오가 심화되면 지역자생력은 격감한다. 즉 이 연결고리를 역전할 방안 마련이 시급하다. 그리고 그 답은 지역부활이다. '직주완성→이동약화→세원확보→지역부활→인구증가'로 한국사회가 직면한 인구감소의 후폭풍을 줄이는 게 바람직하다.

4
재정난 : 이대로라면 곧 바닥이다

우리 경제, 다가올 파고를 잘 넘을 수 있을까

장수대국은 곧 표면화될 전망이다. 인구통계의 분모인 후속인구는 줄어들고(출산감소), 분자인 기성인구는 수명연장으로 계속해 덩치를 키우기(고령화) 때문이다. 전후 최초의 거대한 인구집단인 베이비부머(1955~63년생)의 맏형들이 이미 환갑을 훌쩍 넘겼고, 동생 격인 60년대 출생자들도 속속 환갑대열에 동참한다. 1963년생은 2023년이면 역사 속에 사라진 환갑잔치 축하자리에 앉게 된다.

시니어집단의 은퇴생활을 우울하게 변질시킬 유력악재는 셀 수 없이 많다. 보편적인 노화현상과 함께 한국적인 연결단절·경제열화·금전갈등은 앞서 설명된 저성장과 인구병과 맞물려 한층 악화될 처지에 놓였다. 시간의 문제일 뿐, 각자도생의 개별편차가 존재할 뿐, 불행풍경의 개막은 기정사실이다.

반론도 있다. 비관론에 근거한 지나친 공포확대라는 지적이다. 충분히 타당하고 옳은 문제제기다. 미래란 누구도 알 수 없으니 더더욱 한쪽에 치우친 편향된 논리개발은 물론 확정적인 확신전망을 내려서는 곤란하다. 그럼에도 불구, 유비무환의 차원에서 최악회피를 위한 대응과 전략마련은 필요하다. 특히 그것이 은퇴생활이라는, 누구도 회피 못할 보편적이고 절대적인 논점이라면 더더욱 그렇다. 최악을 설정하고, 그곳에 도달하지 않도록 경고신호를 보내고 행로안내를 해준다면 그것만으로도 가치 있다.

앞으로 펼쳐질 한국사회가 경착륙을 할지, 연착륙을 할지 확언하기는 힘들다. 엄청난 후폭풍의 경제위기조차 잘 버텨낸 과거경험을 토대로, 전략적 미래개막을 위해 필요자원을 결합하는 정책선도와 그 실현무대로서 민간역량이 발휘되면 지금의 위기 운운은 기우杞憂일 확률이 높다. 반대로 지금처럼 있는 자원도 못 쓰면서 불필요한 거래비용을 키우는 엇박자와 사회전반의 불협화음이 반복되면 연착륙은 어려워진다. '지금대로라면' 경착륙에 가까울 것이라는 푸념은 일부의견만은 아닐 터다.

부채 조정이 관건이다

2008년 금융위기 이후 부채조정De-leveraging이 각국의 뜨거운 경제화두로 부각됐다. 이를 잘 조정·극복해 재차 성장궤도에 올라타기 위해서다. 경제란 늘 사이클로 움직인다. 이때 중요한 것이 부채다. 생산성

(임금)을 웃도는 부채가 발생하면서 그 순환적인 파생경제가 새로운 부가가치를 창출하는 구조다. 날개를 달아준 게 1970년대 이후 세계경제의 룰로 채택된 변동환율 및 금융확장이다.

요컨대 '신용의 힘'이다. 한 사람의 지출은 다른 한 사람의 소득으로 치환되기 때문이다. 이때 신용확대는 국민전체의 지출수준과 소득수준을 확장한다. 즉 생산성을 웃도는 신용이 창출되면 경기가 과열되는 반면, 최근처럼(인플레→디플레) 돈을 풀어도 잘 안 쓰는 생산성을 밑도는 폐색경제에선 경기가 반복해 악화된다. 경기과열이 정점에 닿아 터진 게 극단적 신용재창출의 금융위기였다.

이후의 신용거품을 수거하고 축소적인 악순환을 막으려는 게 부채조정이다. 바닥을 찍고 다시 '믿고 쓰는' 확대경제로 점프하도록 만드는 조치인 셈이다. 방법론은 대개 구조조정(굽박경영), 금융완화(채권매입), 조세균등(재분배) 등이 거론된다. 부채조정을 위해 각극경제는 이런 정책들을 다각적으로 채택·운영 중이다. 이 결과 미국은 부채조정을 일단락, 다시 정상체계로 회귀하려는 단계(금리인상)까지 왔다. '아름다운 조정'에 성공했다는 자신감의 발로다. 반면 디플레를 막는 부채조정이 성공하는 것만은 아니다. 역사적 사례를 볼 때 실패모델도 적잖다. 유동성 함정과 초인플레의 확인이다.

그렇다면 한국의 부채조정은 어떨까. 과연 조정에 성공해 다시 성장엔진을 돌리는 활력의 계기가 될지 고민해볼 시점이다. 부채조정에 성공하면 조만간 펼쳐질 장수대국의 생활환경이 밝아질 것이기 때문이다. 반면 부채조정에 실패하면 지속가능성은 심각하게 의심받는다는 게 역사적 교훈이다. 20세기 초반 독일의 히틀러 정권수립은 그 이전 정부의 금융완화가 실패했기 때문이었고, 1990년대 이후 일본의 '잃어버린 20년'은 역시 부채조정 실패로 세계적인 경제동물을 회복불능의 식물환자로 변질시켜버렸다.

'아름다운 조정'에는 많은 조건이 붙는다. 얼어붙은 경기심리를 되돌리기란 그만큼 어렵다. 경제란 종합예술이다. 이를 지휘하는 주체가 정부정책이다. 부족하지도 과하지도 않은 적절한 시점에 시장이 수긍하는 선제 · 미시적인 정책을 내놓을 때 부채조정은 가능해진다. 그런데 재도약을 위한 부채조정이 과연 한국에서 이뤄지고 있는지는 의문이다. 정확하게는 정책은 있지만 기능하는지 의아하다. 부채조정을 위한 진정성과 의지력이 낮아 시장조차 정책항로를 헷갈려할 정도다.

정부 재정 상태를 위협하는 요인들

좀 돌아왔지만 세계적인 이슈인 부채조정을 꺼내 든 것은 이 문제가 고령인구의 노후생활에 밀접하게 연결되기 때문이다. 금융위기 이후 한국의 부채조정은 사실상 베이비부머를 포함한 기성세대의 생존전략과 직결된다. 고령인구 등 기성세대의 주력자산은 부동산이다. 그것도 부채기반의 실물자산이다.

그간 신용창출 덕에 고공행진의 가격상승이 가능했지만 세계적인 금융위기와 부채조정 이후 갈 방향을 잃어버렸다. 시장균형점을 찾는 부채조정이 자연스러운데 한국은 인위적인 가격부양에 치중했다. 빚에 대한 신뢰(레버리지)가 사라졌는데 빚으로 부동산을 사라 권유하는 것으로까지 이해된다.

이유는 명확하다. 지지기반인 기성세대와 이해관계가 일치했기 때문이다. 정치권은 집값유지와 정치적 지지카드를 맞교환했다. 이런 점에서 아직 한국시장은 신용을 통한 부채경제가 건재하다. 당연히 이는 계속될 리 없다. 벌써부터 인위적인 '보이는 손'과 대척되는 '보이지 않는 발'이 가격하락에 무게중심을 싣고 있다. 청년세대의 부동산 바통연결에 대한 자발적 포기행렬이 그렇다. '전세→월세'로 재차 역공 중이지만 버블이 언제까지 지속될지는 기대하기 힘든 형국이다.

이런 일련의 정책카드는 궁극적으로 정부곳간을 헐어버릴 수밖에 없다. 재정부담은 크게 3가지 탓이다. 첫째, '복지수요→정부지출'이다. 인기영합의 정책양산이 재정지출의 증대압박으로 나타난 결과다. 둘째, '불황침체→매출하락→세수감소→재정부족'으로 연결되는 경기침체다. 셋째, 증세의 역설을 우려해 낮은 조세부담률을 유지하려는 동기다. 덕분에 복지예산은 2009년 80조4,000억원에서 2016년 122조9,000억원으로 늘었다. 전체예산의 31.8%에 달한다. 비중으로 보면 한국은 복지대국(?)인 셈이다.

정부재정의 악화배경은 크게 2가지다. 현역인구로부터 발생하는 세수감소와 고령인구에게서 증가하는 재정필요로 나눠볼 수 있다. 먼저 저성장에 따른 재정악화다. 성장하락은 직접적으로 노동력과 저축률을 하락시킨다. 인구감소가 악재로 거론되는 것은 노동력(생산인구)의 하락압력 탓이다. 근로의사와 능력을 갖춘 15~64세 생산가능인구 working age population의 감소는 2017년 시작된다(통계청). 특히 25~49세 핵심노동인구는 이미 2008년부터 줄어들고 있고, 실제 취업환경 악화와 맞물려 신입사원 평균연령이 30세를 넘긴 것으로 알려졌다[1].

출산감소로 생산가능인구에 편입될 신규유입이 줄어들면 전체적인 근로자의 연령은 고령화된다. 1990년대만 해도 취업자 평균연령은 30대였는데, 지금은 40대 중반으로 늘어난 게 증거다(2013년 44.6세). 신입사원의 고령화와 맞물린 고령위주 직원구성은 노동생산성을 변화시킨다. 노동경제학에서 생산성의 최고연령대를 40대 초반으로 본다고 할 때 노동력의 고령화는 생산성의 훼손요소로 거론된다.

이 과정을 통해 생산현장에서 역동성이 떨어지면 자본생산성과 기술혁신의 성과가 한계에 봉착한다. 물론 50대 이상 중·고령근로자의 교육수준 향상과 추가적인 생애학습·숙련확보가 일정부분 버퍼역할을 하겠지만, 연령이 높아질수록 노동생산성이 하락한다는 건 통계조사의 공통된 지적이다.

인구감소는 저축률도 떨어뜨린다. 저축은 유력한 성장에너지다. 한국은 개발경제 시절 '저축(S) 〈 투자(I)'를 실현해왔다. '고성장→고투자→고금리→고저축'의 흐름이다. 지금은 인구변화에 따른 소비감소로 '저축 〉 투자'로 역전, 이자(금리)가 낮아도 레버리지의 자금수요가 없는 상태로 전환됐다. 유동성의 함정으로 인플레가 발생할 것이라는 확실한 심리개선이 확인되지 않으면 탈출루트는 사실상 없다.

이렇듯 안정적인 자본스톡은 경제적 공급능력을 지원하는 변수인데

---

[1] 동아일보, '20대 신입사원이 사라졌다', 2013.9.2. 신입사원 평균나이는 1998년 25.1세에서 2008년 27.3세로 뛰었다.

인구감소가 심화되면 저축감소, 투자하락이 불가피해진다. 고령화와 맞물린 출산저하(인구감소)가 전체적인 저축수준을 저하하기 때문이다. 부양인구의 증가로 복지지출이 늘어나는데 오히려 조세수입은 현역감소로 줄어든다는 점에서 정부저축도 줄어들 전망이다. 동시에 '저축하락→투자위축→수출하락→수지악화'의 악영향도 예상된다. 장기적으로 복지확대와 세수감소로 재정압박이 불거질 개연성도 높다.

또 다른 측면인 고령인구의 재정의존성도 정부곳간을 심각하게 위협한다. 사회보장제도의 지속가능성을 훼손한다는 우려다. 사회보장을 위한 재원압박 때문으로 '출산저하→현역감소→조세감축'의 감소세와 '고령추세→복지수요→재정부담'의 증가압박이 사회보장제도의 지속가능성을 떨어뜨릴 수밖에 없다. 부양인구는 늘어나는데 이 재원을 대야 할 청년인구가 줄어드니 재정은 압박받는다.

특히 사회보험, 공공부조, 사회서비스 등 3대 사회보장제도 중 사회보험은 인구감소와 밀접하다. 공공부조와 사회서비스는 정부의 최소안전망National Minimum으로 인구감소와 바로 직결되지는 않지만, 사회보험은 부담자와 수익자의 균형논리로 구성되는 제도다. 즉 5대 사회보험은 현역인구의 납부보험료가 수급인구의 급여재원으로 활용되는데, 현역인구가 줄고 고령인구가 늘면 보험료보다 급부비가 증가, 재정안정성을 위협[2]한다. 고령화로 고령인구의 의료수요가 계속해 늘어날 경우 이를 벌

---

[2] OECD 국가 중 압도적인 1위인 한국노인의 상대빈곤율(48.1%, 2013년)을 감안할 때 노후소득 보장체계는 흔들릴 수밖에 없다. 더 큰 문제는 지속가능성이다. 정부추계(제3차 국민연금재정추계위원회)를 보면 가입자는 2015년 정점(2,062만명)을 찍은 후 생산가능인구의 감소세로 2083년 1,100만명까지 떨어지는 반면 수급자는 2063년까지 1,460만명으로 증가한

충해줄 수밖에 없는 건강보험의 지속가능성도 같은 논리로 미래악재다.

2012년 대선 때 어르신(65세↑)에게 월 20만원의 기초연금을 지급하겠다는 공약처럼 고령인구의 노후생활을 위한 재정지원은 재정부담을 악화할 수밖에 없다. 그럼에도 이런 요구는 반복될 여지가 충분하다. 당시 광의의 은퇴세대인 50대까지 지지한 걸 보면 전형적인 포퓰리즘Populism이지만 거대표심을 읽어낸 건 맞았다. 이런 세대갈등의 뜨거운 불씨도 연금재정이 탄탄하면 괜찮다. 노인빈곤을 막는 연금강화는 궁극적으로 옳다.

문제는 돈이다. 곳간이 비었는데도 돈을 뿌리겠다니 갈등과 부담은 당연하다. 게다가 한번 주기로 한 걸 안 줄 수 없다는 점에서 기초연금은 뜨거운 감자일 수밖에 없다. 지금은 쏙 들어간 얘기지만, 든든한 총알인 국민연금에 손을 댈 개연성도 없잖다. 정부로서는 적자국채를 찍어 벌충하든, 통제 가능한 여윳돈을 끌어 쓰든 방법의 차이일 뿐이다. 이는 역으로 청년세대의 국민연금 폐지운동에 다시 기름을 끼얹을 수 있다.

고령화·저출산 시대, 우리 경제가 당면한 숙제들

최근 재정위기와 관련된 불확실성에 대한 우려가 높아지고 있다. 특히 '저금리→고금리'의 금리변화가 예고된 가운데 정부의 직접적인 상환의무가 있는 국채, 차입 등 국가채무(중앙정부+지방정부)의 변제와 관련

다(2013년 266만명). 이렇게 되면 연금수급 비율은 급증하게 된다(2013년 29% → 2060년 79%).

한국의 재정수지 및 국가채무 현황

구분	2013년	2014년	증감
1. 총수입	351.9	356.4	4.6
2. 총지출	337.7	347.9	10.3
3. 통합재정수지(1-2)	14.2	8.5	△5.7
4. 사회보장성기금수지	35.3	38.0	2.7
5. 관리재정수지(3-4)	△21.1	△29.5	△8.4
6. 국가채무(GDP대비)	464.0(32.5%)	503.0(33.9%)	39.0(1.4%p)

- 자료: 기획재정부

한 불확실성이 그렇다. 국가부채는 2014년 1,211조원에 달한다. 국채 등(567조원)과 연금충당부채(643조원) 위주로, 이는 경기활성화에 따른 적극적 재정운용과 연금의 미래지출예상액이 증가한 것에 주로 기인한다(발생주의).

물론 국제비교의 결과 아직은 괜찮은 상황이라는 평가가 많다. GDP 대비 국가부채는 2014년 35.7%로, 110.9%(2013년)에 달하는 OECD 평균보다 월등히 나은 수준이다. 그간 한국의 재정운영이 외환위기 이전까지 물가안정을 통한 긴축재정에 신경을 쓰며 '세입 내 세출' 원칙을 고수, 상당히 건전하게 관리돼왔다는 것이 정설에 가깝다.

하지만 2000년대부터 대규모 재정적자가 발생했는데 이는 공적자금 미회수분과 환율방어(외평기금)에 많은 재원을 투입했기 때문이다[3]. 최근에는 감세정책과 복지비용의 증가가 재정건전성의 악화요인으로 거론된다.

문제는 국가부채의 내용과 증가속도에서 찾을 수 있다. 중앙정부 국가

---

[3] 황성현, '한국의 재정적자와 국가채무: 현황과 대책', 한국경제포럼 제3집 제4호, 2013, pp. 6-10.

채무 중 대응자산이 없어 세금으로 변제해야 하는 적자성 채무비중이 최초로 50%(256조원)를 넘기는 등, 빠른 속도로 재정건전성이 훼손되고 있다는 우려다. 2010년 175조원에서 빠르게 늘어난 수치로, 수입보다 지출이 많아 적자확대가 불가피하고 이게 적자국채 발행으로 연결된 결과다.

특히 국가채무가 1997년 60조원에 불과했는데, 20년이 되지 않아 무려 10배 가까이 급증한 게 우려스러울 수밖에 없다. 정밀한 추산이 힘들고 상당량이 수면 아래에 잠복해 있을 것으로 추정되는 공공기관과 공기업 등의 공공부채까지 감안하면 더더욱 안심할 수 없다. 재정건전성 판단지표인 관리재정수지도 2014년 29.5조원 적자로 역대 최대치(2009년 위기 제외)를 기록했다.

결국 한국처럼 소규모 개방경제에서 외부충격에 대처하고 인구변화(고령화·저출산) 및 남북통일 등까지 감안할 경우 재정건전성은 최대한 우량하게 유지하는 것이 시급한 과제임에도 불구, 감세유인에 함몰되고 인기영합적인 복지확충마저 반복되고 있어 균형재정과 관련한 정책실현은 점점 멀어지는 실정이다.

3장

시니어, 왜 피파세대라고 부를까?

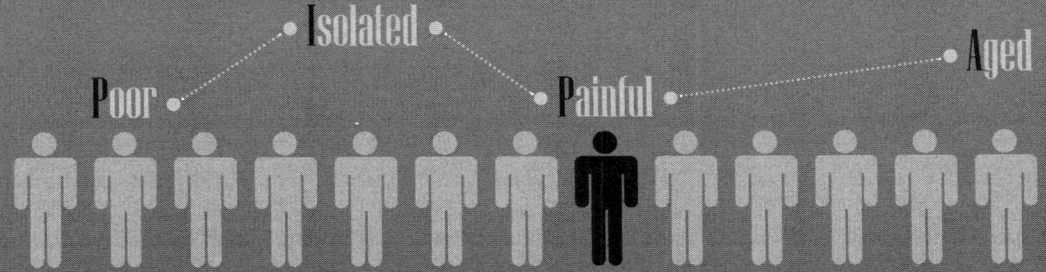

1
소득단절:
소득이 줄고
빈곤이 확산된다

은퇴 이후, 보호망 없는 삶

장수사회다. 시나브로 '100세'란 표현이 흔해졌다. 누가 말하든 어색하지 않다. 불과 몇 년 전에 비해 상전벽해다. 고령화를 둘러싼 한국 특유의 빠른 속도와 넓은 범위의 시대변화를 체감해서다. 제1차 베이비부머(1955~63년, 700만)의 은퇴행렬 대량가세가 한국사회에 고령이슈를 안착시키는 기촉제가 됐다. 아쉽지만 고령근로·황혼갈등·빈곤노인·간병공포 등 하나같이 팍팍하고 암울하며 갈등적인 문제다. 이제 막 시작한, 결코 비켜서지 못할 전인미답의 경고조각이다. '설마'가 '역시'가 된 셈이다. 지금 한국은 버스정류장의 배차시간표처럼 정확하고 급박하게 늙어가는 중이다.

수명연장, 즉 장수는 인류가 그토록 바랐던 숙제다. 이게 실현됐으니 축복이다. 기뻐하며 반길 일이다. 다만 모두가 감사할 수는 없다. 불로장생을 즐길 상황여유가 아니면 장수는 재앙일 따름이다. 고령인구 중 절반이 상대빈곤자인 우리네가 특히 그렇다. '고령=빈곤'의 무게압박이다. 이들에게 장수는 고단한 삶의 연장일 뿐이다. 유전장수(有錢長壽)는 희망사항이다. 늙는 것도 서러운데 아프고 외로운 절대공포가 온몸을 옥죈다. 은퇴 이후 발버둥 친다고 해결될 일은 아니다. 둘러보건대 도와줄 온정의 손길은 찾기 힘들다. 국가도, 사회도, 가족도 원조능력은 별로다.

고령불행은 현대사회의 제도병폐다. 예전엔 그렇잖았다. 늙었다는 게 강판근거는 아니었다. 농경사회답게 근로체력·의지만 있다면 은퇴란 없었다. 은퇴해도 노후생활은 가족 및 동네봉양이 기본이었다. 암묵적인 원조버팀목의 존재다. 은퇴 이후에도 역할이 있었다. 대가족체제의 어른답게 상당한 권리·역할을 도맡았다. 다년간의 인생경험·노하우로 누적된 지혜의 총체로 대접받으며 인생후반전을 누렸다. 현대화·산업화·도시화가 이 앙시앵 레짐(=구체제)을 무너뜨렸다. '고령=잉여'로 전락하며 연령차별이 본격화됐다. 인플레시대의 고용모델이 깨지며 덩달아 임금·가족모델도 붕괴됐다. 은퇴집단을 보살펴줬던, 그럼에도 상호의존적이던 보호망이 균열하기 시작한 것이다.

복지 시스템, 무엇이 문제일까

고령불행을 저지·보호할 안전지대가 없는 건 아니다. 복지시스템이 있다. 독일·일본 등 다 갖춘 나라가 몇 군데 안 되는 3대 복지제도를 우리도 가졌다. 공적보험, 사회서비스, 공적부조 등이다. 성격은 조금씩 달라도 핵심은 복지제공의 제도근거다. 이 중 절대비중이 고령인구 대상이다. 고령인구 전용복지로 만든 건 아니지단 복지수요를 걸러보니 상당수가 빈곤·고립·질병의 노인집단일 수밖에 없어서다. 생애복지로 따져도 청년수요보다 노인수급이 압도적이다. 근로능력이 결정적 차이다. 때문에 지원근거를 통과해 복지대상이 되면 정도차이는 있지만 기초생활을 위한 금전·서비스지원은 가능하다. 다만 명목이 그렇지, 실질은 다르다. 수급조건을 갖추기란 만만찮다. 빈틈이 많다. 기초생활보호(공적부조)처럼 부양가족 등 비현실적인 통과허들도 문제다.

즉 정부복지는 알려진 것과 달리 꽤 성글다. 국가주도의 복지시스템에 노구를 의탁해선 활로모색이 어렵다. 최대한 자구노력을 통한 노후준비를 권할 수밖에 없다. 최악일 때 정부복지의 울타리에 들어갈 수는 있지만 그 길은 꽤 험난하고 서글프다. 자금·시간적 여력이 있을 때부터 하나둘 대책 마련에 나서는 게 바람직하고 또 속편하다. 통계를 봐도 그렇다. 연구마다 달라 일괄적인 개념범주는 없지만 노후소득원은 흔히 4가지로 구분된다. 공적이전, 사적이전(가족지원), 근로소득, 자산소득 등이다. 자녀지원이 별로 없는 서구는 이전(연금)소득, 근로소득, 자본소득으로도 나뉜다. 한국노인의 유력소득원은 둘이다. 근로소득과 사적이전이다. 요컨대 월급과 용돈이란 얘기다.

국민연금, 이른바 공적연금 의존도는 낮다. 장기근로로 가입기간이 길어진 베이비부머 등 만기수급이 늘면서 국민연금 의존비율이 높아지지만 여전히 수급구멍은 넓고 크다. 적게 받거나(저연금) 못 받는(무연금) 이가 부지기수다. 유유자적의 연금생활자가 앞으로는 늘어날지언정 적어도 현재단계까지는 일부얘기다. 대부분 한국노인의 주요돈줄은 노구를 움직

한국 노인의 평균 경제 상황

항목	최대비중	항목	최대비중
실업상태	72%	1인당 연간소득	959만원
경제상황 불만도	54%	5분위 격차	10.6배 (근로소득 115배)
근로평가	좋다(70%)	고령가구 부동산보유	89%
이상적 노후자금	본인·사회보장 34%	고령가구 부동산금액	2억 1,342만원
이상적 재산상속	균등배분 52%	1인당 부동산금액	1억 2,072만원
취업자 종사업종	단순노무, 농림어업 37%	고령가구 금융자산	85%
취업자 고용형태	자영업 39%	고령가구 금융금액	3,142만원
근로이유	생활비 79%	1인당 금융금액	1,667만원
고령가구 소득원천	사적이전 94%	고령가구 부채	2,630만원 (1인당 1,416만원)
고령가구 연간소득	2,305만원	고령가구 평균지출	월 144만원 (거주비 41%)

— 자료: 2014년 노인실태조사(단위: 만원)

여 받는 근로소득이 대부분이다. 일자리는 열악하다. 주변부의 단기근로가 태반이다. 메뚜기처럼 철따라 잘리는 아르바이트조차 감사할 정도다. 그나마 주유원·서빙·판매직 등 청년자리를 뺏는다며 야단들이다.

월급이라도 짭짤하면 낫다. 한국의 고령가구 평균소득(가처분)은 전체 평균의 48%뿐이다(현대경제연구원·2014년). 절반 이하다. 독일(79%), 일본(78%)보다 낮다. 물론 고령근로는 운발 좋은 일부케이스다. 절대다수는 원해도 일할 수 없다. 데드라인은 칠순이다. 세계 최고의 고용률을 기록 중인 고령근로지만 71세면 사실상 끝이다. 근로소득의 영구단절이다. 이후 생활의 호구지책이 바로 사적이전, 즉 가족·친지 용돈이다. 70세를 전후해 1순위 노후소득원은 핏줄봉양으로 역전된다. 노후소득을 OECD와 비교해보자. OECD 평균은 연금소득(59.0%), 근로소득(24.0%), 자본소득(17.1%) 등이다. 반면 한국은 각각 16.2%, 63.0%, 20.8%다. 열악한 연금소득과 치우친 근로소득으로 정리된다.

　월급과 용돈을 빼면 한국노인의 은퇴생활은 불가능해진다. 갈수록 연금비중이 높아져 고무적이지만 아직 갈 길은 멀다. 어떤 통계를 봐도 실질적인 연금소득은 기대이하다. 40~70%의 공적연금에 10~30%의 기업연금까지 있어 '노후생활=연금소득'인 서구선진국에 비해 아주 초라하다. 서구사회의 용돈비중은 1% 이하다(국민연금연구원 · 2005년). 반면 한국은 복수응답을 감안해 용돈의존(92.6%)이 월등하다(노인실태조사 · 2015년). 공적연금, 근로소득, 자산소득 모두 ±30%로 격차가 월등하다. 효도의지가 강력한 믿음직한 자녀가 없다면 노후빈곤은 피하기 어렵다. 주지하듯 자녀미래는 날카로운 가시밭길이다. '인플레→디플레'의 시대변화는 자녀어깨를 잔뜩 짓누른다. 도와주고 싶지만 도와주기 힘든 복합불황 앞에 자녀좌절은 일상적이다.

장수사회는 불효사회

　장수시대는 이런 점에서 불효사회다. 불효를 강권한다. 맥락분석 없는 일방적 효행만 강조된다면 부모 · 자녀 모두 힘들다. 궁극엔 동반몰락이다. 제 살길도 막막한데 부모노후마저 떠안아 달라 요구하긴 힘들다. 자녀그룹은 출발부터 지쳐 나가떨어진다. 연애 · 결혼 · 출산을 연기 · 포기하는 청년세대의 등장은 자녀세대 스스로 선택한 최후의 생존카드일지 모른다. 삶이 팍팍하니 꿈을 내려놓을 수밖에 없다. 본능조차 거스르며 축소 · 고립적인 삶을 걷는다. '득도세대'라 이름 붙인 신종세태다. 이들에게 노후를 책임지라 부탁하는 건 무리다. 강요해선 더더욱 곤란하다. 충분히 지쳤다.

부모라면 물론 그렇잖다. 내리사랑의 본능을 보건대 노후봉양을 요구할 부모는 많잖다. 거꾸로 빈곤핍박의 고통을 알기에 있는 돈 없는 돈 다 긁어모아 자녀에게 물려주고픈 게 인지상정인 법이다. 지난 대선 때 50대의 집단적 보수경향도 실은 최후자산인 부동산을 지키려는 의지였을 터다. 이것마저 놓치면 본인은 물론 자녀미래도 힘들다는 점을 동물적으로 체감한 결과다. 결국 용돈의존은 지금까지는 몰라도 앞으로는 통하기 어렵다. 노후안전망으로서 자녀보험은 사라졌다. 그만큼 노후소득원의 다양화는 당연지사다. 힘들겠지만 하산비용은 스스로 마련하는 게 옳다.

2
지출공포 : 의료비가 증가하면서 가계가 흔들린다

은퇴세대의 3대 바보론

항간에 떠도는 농담이다. 은퇴세대를 둘러싼 '3대 바보론'이다. 첫째는 자식한테 집 물려주고 얹혀살며 용돈 받아 쓰는 바보다. 여기에 손주까지 봐주면 둘째 바보다. 셋째는 환갑 넘어 집 넓혀가는 바보다. 씁쓸히 웃어넘기되 아주 없는 얘기는 아니다. 자의든 타의든 주위엔 이런 3대 바보가 있다. 바보라 비웃는 이유는 뭘까? 시간·금전통제가 힘들어 생활독립을 방해받기 때문이다. 압권은 사실상의 자산포기다. 자녀에게 넘기든 대형평형에 내걸든 평생의 생애자산을 떡하니 거대위험에 노출한 것과 같다. 장수사회라면 있어선 안 될, 위험천만한 유동성 포기악수다.

돈은 늙을수록 절실해진다. "늙은이한테 돈이 왜 필요해?"라 묻는다면 판단미스다. 늙어갈수록 지갑은 든든해야 옳다. 대접은커녕 괄시라도 안 받자면 필수다. 자금용처가 한두 곳이 아니기에 늙을수록 돈이 효자다. "늙으면 죽어야지"의 넋두리는 새하얀 거짓말로 판명난 지 오래다. 시대환경은 잘 늙지 않을뿐더러 죽는 일조차 쉽게 허락지 않는다. 고비마다 등장하는 현대의학의 놀라운 장수기법 덕분이다. 찾아온 저승사자는 현관문조차 못 열고 되돌아간다. 묵묵히 터벅터벅 살아내는 수뿐이다. 살자면 돈은 필수다. 3대 바보처럼 행동해서는 결코 안 된다.

재무 상황의 밑그림이 필요한 이유

돈이 전부일 수는 없다. 편리하긴 해도 모든 인생가치를 품어주진 않는다. 현역시절이든 은퇴생활이든 마찬가지다. 왕왕 돈이 아닌 다른 문제가 삶을 무너뜨린다. 균형적인 노후준비를 위해선 '재무+비재무'를 포괄한 영역확장이 맞다. 대표적인 게 관계(사람)·취미·건강 등이다. 이들 변수는 노년생활의 충실도와 직결된다. 재무완성을 전제로 인생후반전의 인간·시간·공간을 결정짓는 마침표로 손색없다. 주거환경, 네트워크, 사회활동, 심신건강 등이 거들어줄 때 준비된 금전대응은 빛을 발한다. 비재무적인 노후한계는 사회문제로까지 비화된다. 황혼이혼, 고령범죄, 심리질환, 은둔고립 등이다.

그럼에도 우선카드는 확실하다. 탄탄한 재무구조다. 노후준비가 종합예술이면 그 밑그림을 그리는 게 재무역할이다. 의심할 여지도, 재고할 까닭도 없는 절체절명의 해결과제다. 하물며 쟁여둔 자산곳간, 꾸준한 월급창구, 착실한 효자용돈 등 이렇다 할 노후소득원마저 없다면 더더욱 그렇다. '장수=재앙'의 빈곤공포에 노출되지 않으려면 미리미리 회피방안을 만들되, 그 결정적인 키워드가 소득확보다. 삶은 길다. 갈수록 더 길어진다. 일본에선 평균수명까지 살 때 65세 시점의 여유시간만 10만 시간이란다. 자고 먹는 걸 뺀 하루 13~14시간을 여명에 맞춘 시산결과다. 남자는 9만, 여자는 12만 시간까지 커진다. 평균수명보다 더 살면 처리(?)해야 할 절대시간은 상상초월이다. 시간이 돈이라지만 적어도 은퇴생활의 시간은 소득기대는커녕 소비부담에 직결된다. 이렇게 긴 시간을 숨만 쉬고 있을 수는 없는 노릇 아닌가? 되레 몸마저 무너지는 게 일반적이다.

은퇴세대의 소비 유형들

노후생활은 많은 돈을 요구한다. 노후소득은 한정되는데 지출수준은 점차 확대된다. 고령특유의 연령효과 때문이다. 늙기에 지출할 수밖에 없는 고령소비가 새로 가세한다. 생활유지를 위한 일상소비를 줄여도 고령소비의 신규항목 탓에 절감효과는 기대 이하다. 심지어 고령소비의 압박경감을 위한 선제조치로 고령인구의 위험자산 선호마저 목격된다. 환갑·칠순의 투자데뷔·확대조류다. '고령인구=안전자산'의 전통적 금융이론마저 깨질 찰나다. 고령특유의 소비항목이 그나마 축소된 노후소득의 목줄을 쥘 것이란 우려가 반영된 결과다. 삶의 질을 높일 취미·여행 등을 위한 여유소비는 관심대상 밖이다. 유유자적은 희망일 뿐, 현실은 최소생활도 간당간당한다.

한국 노인의 평균적인 생활양상

항목	최대비중	항목	최대비중
부부생존	65~69세: 77% 85세↑: 27%	건강불만	44%
독거노인	23%(94년 14%)	만성질환(의사진단)	3개↑ 46%
친척·친구관계	1.1명, 1.6명	3개월↑ 처방약	82%
부부 동반외출	분기 1~2회(29%)	병원방문	월 2.4회
별거자녀 왕래	월 1회(32%)	유병질환	고혈압 57%
선호여가 활동	TV시청(82.4%)	실천운동	걷기 68%
여행경험(1년)	30%	수발대상자	가족 92%
인터넷 가능	17%	부모의 본인지원	10~20%
운전경험 없음	75%	본인의 부모지원	30%
활동의지 없음	60~70%	손주양육	6%(1.5명)

− 자료: 2014년 노인실태조사(단위: 만원)

 그렇다면 도대체 어떤 소비항목이 은퇴생활의 지출압박을 심화할까? 정답은 간병·의료다.

 노후자금을 추정할 때 의외로 많이 망각하는 게 간병·의료비다. 해외여행비는 넣지만 간병·의료비는 체면치레에 그친다. 지금처럼 언제나 건강할 것이란 오해 때문이다. 결정적·치명적인 부담항목인데 준비정도는 가장 낮다. 현역세대 절대다수는 보험 1~2개와 약간의 자산배치면 고령의료 정도는 해결될 것으로 본다. 엄청난 착각이다. 수명연장 속의 간병·의료비는 노년생활의 최대난적이다. 가정파탄까지 잦다. 무차별적인 연쇄부담 탓이다. 당사자는 물론 자녀까지 빈곤절벽으로 내쫓긴다. 부모간병을 위해 경제활동을 중단하는 경우도 많다. 장기요양보험이 있지만 여전히 간병후진국인 우리의 경우 실효적인 외부원조는 꽤 힘들다. 간병노환에 걸리면 쟁여둔 자산도 순식간에 바닥난다.

 통계가 이를 뒷받침한다. 건강보험의 고령의료비는 갈수록 증가세다.

최근엔 30%를 훌쩍 넘긴다. 반면 장기요양보험 이용자는 한 자릿수다(2010년 5.8%). 부담은 고스란히 자비지출이다. 고령취업률이 OECD 1위인 건 간병비 때문이다. 배우자 간병차원이다. 반면 실손보험 고령가입률은 1% 아래다. 고령간병은 엽기사건마저 야기한다. 병수발에 지친 가족의 동반자살을 비롯해 고령간병이 중산층을 망가뜨리는 건 비일비재다. 만성질환에 치매까지 겹치면 해당가족의 신체·정신피로는 한계상황에 다다를 수밖에 없다. 일본에선 이를 '간병지옥'이라 부른다. 의료·간병대응 없는 노후준비는 무차별적인 불행도미노의 불씨와 같다. '단란한 가족행복→불행한 간병지옥'의 연결고리다.

알고리즘은 단순하다. '고령사회→노인급증→노환증가→간병필요→금전부담→가족해체'의 악순환이다. 더 큰 문제는 간호기한마저 알 수 없단 점이다. 힘들어도 끝날 때를 알면 버텨내지만 노환간병은 그렇잖다. 체력·금전 등 숨이 턱에 차도 현실은 냉정하다. 장기간호다. 간병주체뿐 아니라 환자불행도 크다. 삶의 마지막에 엄청난 폐를 끼치는 비참한 생애마감이다. 장수사회 간병수요는 '설마'가 아닌 '역시'의 영역이다. 75세를 넘기며 급증하는 노인유병비율은 한국사회의 본격적인 간병지옥 개막을 뜻한다. 간병공포로부터 한 발짝 비켜서는 지혜도출의 핵심은 촘촘한 간병안전망의 확보다.

의료·간병은 삶의 최종단계에서 지불되는 최대소비다. 최후효행으로 갈음할 수도 없다. 외동자녀면 양가부모까지 4명이 잠재후보다. 내리사랑의 현명한 선택이 필요하다. 의료·간병은 불가항력적인 지출명세서다. 조만간 닥칠 중장년이면 대응준비를 미뤄선 곤란하다. 방법은 곳간을 불리거나 오래 일해서 안전망을 탄탄히 하는 수다. 그럼에도 위기감은 생각보다 덜하다. 대부분 본인은 비켜설 걸로 판단한다. 위험하다지만 내일이슈니 절박함도 적다. 닥치면 늦다. 빈곤노인이 보내는 절망 메시지에 눈 감아선 안 된다. 그들의 오늘이 우리의 내일이다. 노후준비의 실패원인은 많다. 다만 성공원인은 하나로 요약된다. '조조익선早早益善'이다. 옛말 틀린 거 하나도 없다.

3

활로모색 : 일하고 싶어도 일자리가 없다

노후대책 1순위, 일자리에 있다

복지확대가 시대화두로 떠올랐다. 논쟁은 뜨겁다. 대결이슈(보편↔선별, 노안↔청년, 정부↔시장 등)는 날카롭지만 뿌리는 하나다. '복지파탄→복지확대'의 방법론적 문제에 불과하다. 대전제는 복지수급의 엇박자다. 한정된 복지공급 속에 복지수요가 급증하니 이를 어떻게 배분할지 철학대결로 귀결된다. 맬서스가 일찌감치 지적했듯 인구↑·재정↓에 따른 수급역전의 덫에 빠진 셈이다. 달라는 이들은 많은데 줘야 할 돈은 적은 불일치의 갈등심화다. 방법은 증세뿐인데 한국토양에서 이는 딜레마에 가깝다. 미루고픈 복잡한 게임규칙의 적용혐의다. 그 중심에 고령자가 있다.

복지대국에선 은퇴준비가 거의 없다. 제도자체가 복지수요를 커버하니 적어도 금전이유로 노후생활이 힘들진 않다. 물론 대가가 따른다. 복지대국을 완성할 재원확보다. 세금과 공공보험료를 합한 국민부담률이 40~50%니 곳간걱정이 상대적으로 적다. 돈 벌 때 월급의 절반가량을 내놓는 셈이다. 고부담·고복지의 완성이다. 개인적으론 소득절반을 떼어내 적립, 이를 훗날 분할·수령하는 게 복지대국의 기본논리다. 생애소득 이전효과다. 고령연금이 저축이자 보험인 이유다. 세상에 공짜 점심은 없듯, 복지대국은 장기간에 걸쳐 숱한 시행착오 끝에 이런 사회적 대타협을 이뤄냈다.

한국은 어떨까? 곧이 고령인구까지 언급하지 않아도 복지한계는 뚜렷하다. 1층뿐인 연금구조는 대상이 한정되고 그나마 덜 받거나 못 받는다. 사회서비스·공적부조는 수혜문턱이 높을뿐더러 전달체계는 고장 혐의가 짙다. 와중에 수명연장으로 잠재적 복지수요층인 고령인구는 대폭 는다. 정년연장(55세→60세)을 했다지만 태반은 50대 초반에 짐을 싼다. 실업안전판으로 위장한 창업도전은 불가피하다. 우스갯소리로 직장인 끝은 '치킨창업→적자폐업'이란다. 아니면 알바신세다. 품팔이나 다름없는 고령근로의 현실이다. 그나마 70대면 이것도 끝이다. 환갑 이후 푼돈의 월급(근로소득)으로 가까스로 버텼는데, 칠순부터는 가족용돈(사적이전)에 기댈 수밖에 없다.

정부를 비난할 이유는 없다. 해주고 싶어도 해줄 수 없는 게 정부재정의 한계다. 더 내지 않았으니 더 받기 힘든 건 당연지사다. 떼쓰듯 애원하고 협박해본들 공존공멸을 앞당길 뿐이다. 한국사회의 지속가능성만 떨어뜨린다. 복지수급은 철저한 제로섬이다. 수혜와 박탈은 상대적일 뿐, 합치면 제로다. 신세한탄은 몰라도 국가폄하는 틀렸다. 인정하지 않을 수 없는 한국사회의 불편한 단면이다. 방법은 하나다. 효과적이고 현실적인 노후대책의 근원비법은 일자리밖에 없다. 다른 건 부차적이다. 은퇴 없이 장기간 지속할 수 있는 일자리라면 어떤 노후대책도 후순위다. 즉 한국복지의 최종목표도 일자리로 귀결된다. 일만 계속한다면 누구든 행복노후가 가능하다.

고령근로를 막는 현실 장벽들

현실은 어떨까? 어렵다. 고령근로를 가로막는 현실장벽은 두껍고 높다. 늙어도 일할 수밖에 없는 당위적 상황이지만 현실은 녹록잖다. 연약한 복지체계, 빈약한 은퇴준비, 괴로운 자녀세대 등은 불편한 노구를 팔라 재촉하건만 정작 고령근로의 기초토양은 황량하고 척박하다. 성공한 사용자·자영업자를 빼면 환갑잔치는 곧 소득단절을 뜻한다. 불러줄 곳, 의지할 곳 없는 잉여인생으로 전락해서다. 특히 남성가장의 은퇴공포가 구체적이다. 한평생 회사인간의 삶을 살아온 대가는 냉혹하다. 명함상실과 동시에 사회에선 망각된다. 집에선 투명인간의 영구복귀를 낯설게만 받아들인다. 맘 편한 시간·공간 없이 하루를, 아니 잔존인생을 방황하며 괴롭게 떠돌 뿐이다.

반가운 소식도 있다. 정년연장이다. 고령근로를 위한 기반정비 차원에서 2016년부터 단계적으로 60세 정년이 시행된다. 이는 다목적카드다. 재정확충·연금절약은 물론 복지한계를 매워준다. 한국만의 정책결정은 아니다. 고령사회에 깊숙이 진입한 선진국 모두 정년연장을 자연스레 채택했다. 적용연령은 60세는커녕 65세, 67세까지의 추가연장이 보편적이다. 줄 연금이 부족하거니와 계속고용이 고령빈곤·생활고립 등을 피할 수 있어서다. 문제는 실효여부다. 기업동의가 참 어렵다. 정년연장만큼 고용비용이 추가될 우려다. 임금피크로 생애소득을 평평하게 하자 주장하는 배경이다.

실효성의 또 다른 의심근거는 선진국의 선행사례다. 2013년 4월 65세 정년연장을 시행한 일본을 보자. 비교적 제도안착의 성공사례로 평가되지만 의외로 가려진 허점이 적잖다. 3대 선택카드(계속고용, 정년상향, 정년폐지) 중 대부분은 계속고용을 골랐다. 60세까지 기존계약을 유지한 후 65세까지는 촉탁직원으로 일하는 경우다. 비정규직이니 급여는 최대 절반 이하로 급감한다. 기존직원에겐 부담스러운 선배라 협업이 힘들다. 눈칫밥의 본인도 부담스럽긴 매한가지다. 정년연장 결정시즌인 60세까지 버티기도 힘들다. 일찌감치 명예퇴직으로 잘리는 게 적잖다. 근로능력·의지만 있다면 정년연장이 된다지만 현실은 냉혹한 법이다. 비용절감에 밝은 기업은 특히 냉정하다.

정년연장이 이럴진대 평생현역은 불문가지다. 말이 쉽지, 결코 실현되기 힘든 이슈다. 안착열쇠는 기업에 있다. 정부가 아무리 밀어붙인들 기업·재계의 수용의지가 낮다면 제도실현은 힘들다. 피해나갈 길은 얼마든 있다. 법적권력을 쥔 정부는 당근(지원)과 채찍(규제)으로 제도실효를 높이는 수밖에 없다. 기업이 정년연장을 받아들일 경우는 명확하다. 정년연장의 가성비가 높거나 호황지속의 신호가 뚜렷할 때다. 때문에 복합불황의 고령사회에 '정년연장→고령근로'가 실현되리라 믿기란 힘들다. 허리띠를 졸라매도 수익창출이 힘든 불확실성의 감축터널에 진입한 까닭에서다.

단절압박 없는 장기·안정적인 고령근로는 신기루에 가깝다. 간절히 바라는 노후생활의 오아시스지만 현실에선 찾기 힘들다. 그러니 고령근로를 대체할 유력카드를 미리미리 준비하자는 것이다. 비교하긴 좀 그렇지만 무병장수만큼 결정적인 게 유전(有錢)장수다. 무병은 힘들다. 나이를 먹을수록 유병비율은 급증한다. 70세부터는 가파르다. 이것보다 현실적인 건 닥쳐올 유병노후를 커버해줄 금전적인 안전장치다. 돈이 노후생활의 전부는 아니지만 적어도 없으면 훨씬 곤란해진다.

개인연금이라도 들어둘 것

노후준비 1순위는 고령근로다. 그럼에도 불확실성을 대비한 2순위가 더 현실적이다. 플랜B로 제격인 게 개인연금이다. 크게는 근로소득의 중단위험을 커버해주고, 작게는 공적연금의 부족금액을 벌충해줄 무게중심이 개인연금에 있다. 노후소득원의 균형적인 포트폴리오를 완성하는 알파이자 오메가다. 개인연금이 떠받친 노후준비 중 불안한 건 없고, 개인연금이 제외된 은퇴생활 중 만족스러운 건 없다. 한국현실을 보건대 개인연금은 선택영역이 아닌 필수항목에 가깝다. 복지대국에 태어나지 않는 한, 개인잔고가 넉넉하지 않는 한, 개인연금은 은퇴생활의 일상행복을 지켜줄 안전벨트다. 바쁘고 귀찮다고 미루기엔 살아낼 은퇴시간은 너무나 길다.

4
시니어를 피파세대라고 부르는 이유

은퇴 이후, 빈곤·질병·고독에 시달리는 삶

답답하고 씁쓸하되, 초탈하고 웃고프다. 혹은 무념무상의 묵묵부답일 따름이다. 은퇴생활 혹은 노후준비 여부를 물으면 십중팔구 속내는 이렇다. 알지만 못했고, 알아도 못하는 곤혹스러운 숙제와 같다. 체념적 감탄사로 화제를 돌리는 게 고작이다. 계속해 고민한들 해결될 리는 만무하다. 노후공포의 원인이란 게 개인 잘못도 있겠지만 그것보다 더 중요한 건 사회구조적 환경악화가 더 결정적인 까닭이다. 개인 탓이어도 한 꺼풀만 더 까집어 들어가면 부조리와 불평등의 사회·경제적 게임규칙 때문이다.

앞서 살펴본 것처럼 한국의 고령인구와 은퇴예비군인 중장년그룹 등은 노후생활을 체감하는 우선적인 집단답게 준비압박과 현실한계를 구구절절 통감한다. 반강제적인 은퇴와 함께 근로소득은 단절되는데 이를 벌충해줄 다른 노후소득원은 별로 없으니 경제적 압박감이란 상상을 초월한다. 와중에 지출수준은 아무리 노력해도 줄이기 힘든, 노구특유의 장기간에 걸친 간병·의료비 등의 부담이 발목을 잡는다. 그러니 나이 70을 넘겨서까지 이곳저곳 푼돈이나마 벌려 거리를 방황한다. 이것조차 거부하거나 포기한다면 이들의 삶은 곧장 고립무원의 폐쇄공간에 함몰된다. 집 안에만 머물며 대화기회조차 갈수록 상실, 외딴 무인도의 표류생활처럼 입을 닫는다.

이런 점에서 한국의 은퇴생활은 빈곤, 질병, 고독의 직접적인 삼중고에 노출됨을 뜻한다. 1장에서 알아본 저성장·인구병·재정난이 전대미문의 거시환경적인 불안기운이라면, 빈곤·질병·고독의 트릴레마는 역시 한국사회가 최초로 경험하는 미증유의 개별차원적인 생활악재가 아닐 수 없다. 산업화·도시화·현대화의 거대조류가 불기 직전인 50~60년 전만 해도 이런 종합적·연결적인 노후공포는 존재하지 않았다. 가난했어도 거들 일이 있었고, 아파도 오랜 시간 병원신세를 질 일은 별로 없었다. 전통적인 공동체, 즉 가족·이웃이 늘 지켜봐 주니 외로울 일은 더더욱 없었다.

문제는 앞으로다. 곧 은퇴생활에 들어갈 후속세대의 노후공포는 한국사회의 중대한 골칫거리로 부각될 전망이다. 오래 살아야 하는데 돈 벌 거리는 추세적으로 줄어드니(저성장) 이 함정을 어떻게 극복할지 국가와 개인 모두를 괴롭힌다. 부가가치가 감소하는데 어쨌든 먹여 살릴 절대빈곤이 확대되면 국가재정이 거덜 나는 건 시간문제(재정난)이다. 살기 빡빡하다는 걸 누구보다 잘 아는 후속세대가 이런 상황에서 책임지고 지켜내야 할 결혼·출산을 연기·포기하는 건 당연지사(인구병)다.

이런 이유로 현역인구의 은퇴준비는 절대다수에게 '언감생심'이다. 감히 할 마음을 먹을 수 없다. 하고 싶지만 할 수 없는 미션이다. 앞날의 노후준비는커녕 당장의 호구지책조차 힘들다는 푸념이 공통적이다. 내일이 없는 고단해진 현실압박의 무게다. 하지 않았을 때의 매서운 결과도 누구보다 잘 안다. 어떤 루트를 통해서든 충분히 들었고 봤다. 빈곤·고립·질병의 무차별적 공포도래다.

그나마 지금은 낫다. 저성장·인구병·재정난의 삼각파도가 동시다발적으로 덤벼들 앞으로는 더더욱 힘들 수밖에 없다. 생활유지·향상을 위한 사다리의 실종 탓이다. 되레 '중년중산층→노년빈곤층'의 신분하락이 일상다반사다.

그럼에도 포기와 좌절은 섣부르다. 닥쳐올 은퇴빈곤과 노후절망을 무방비로 받아들이기엔 감내해야 할 고통과 시간이 크고 길다. 물론 아무리 강조한들 미경험자에겐 현실체감적인 설득력도 낮아진다. 다만 추세반영, 해외사례, 대응부족, 개혁미비 등을 보건대 이대로라면 노후생활의 대폭적인 품질하락은 예고상태다. 불행을 파는 공포마케팅엔 반대지만 닥치면 상상초월이란 게 선행자의 한목소리다.

"이렇게 살 줄 꿈에도 몰랐다"라는 말은 빈말이 아니다. 어떤 형태든 노후전략은 필수불가결하다. 아직은 그럭저럭 먹고사는 현역신분일 때부터 차분하고 착실하게 준비해야 한다. 책임져주기 힘든 정부라면 개별준비를 도와주는 최소한의 정책노력만이라도 권유된다. 은퇴준비를 은밀하고 광범위하게 저지·포기시키는 시대압력을 경감할 필요다. 개별가구도 긴 그림을 통해 포트폴리오를 재조정하는 게 좋다. 유비무환일 수밖에 없다. 젊다면 특히 그렇다. 자포자기의 집단적인 공포와 울분에 빠질 까닭도 시간도 없다.

이유는 명확하다. 노후불안이 갈수록 구체화되고 있다는 정황증거 탓이다. 이미 은퇴한 고령세대를 보면 불안은 곧 실체로 다가온다. 고령인구의 삶은 부정적이고 갈등적인 장면으로 점철돼 있어서다. 조만간 고령인구에 합류할 예비세대인 중장년인구들은 이런 주변의 간접경험과 체감온도에서 본인미래를 절감한다. 아무리 훑어봐도 뉴스 속의 가련한 노후불행 주인공이 되지 않을 것이라 확신하기는 힘든 시대다. 은퇴연령이 앞당겨지면서 40대 후반이면 대개 본인의 고령모습과 생활환경 등을 주변사례에 투영해서 일종의 미래자화상으로 상상하지 않을 수 없다.

≫ 은퇴=빈곤

구체적으로 한국의 은퇴생활을 하나하나 확인해볼 필요가 있다. 고령인구의 은퇴생활은 평균적으로 봤을 때 사뭇 염려스럽다.[1] 늘어난 평균수명의 의학적 수혜를 즐기기보다는 살아낼 잉여기간의 경제적 곤란에 괴로워하는 게 일반적이다. 평균치의 통계착오를 회피하는 데 유효한 중앙치로 볼 경우 한국의 고령인구는 절대다수가 중산층 이하의 빈곤상태다. 누구나 꿈꾸는 유유자적의 행복하고 여유로운 노후생활은 은퇴충격으로부터 자유로운 일부고령자의 전유물일 따름이다.

부자노인의 독점적인 자산까지 포함한 평균치로 봐도 서구선진국에 비해서는 금전여력이 낮지만, 중앙치로 환원하면 거의 대부분이 빈곤인

---

[1] 비교통계가 존재하는 2010년 기준 한국노인의 빈곤율은 47.2%로 전체인구의 빈곤율(14.9%)보다 과도하게 높다. OECD 평균으로는 각각 12.3%, 10.9%로 큰 차이가 없다. 오히려 미국(각각 14.6%, 17.6%)과 프랑스(5.4%, 7.9%)는 상황이 역전됐다. 이들 국가는 은퇴세대가 전체세대보다 경제적 금전사정이 더 낫다는 것을 의미한다(OECD, 2010년).

구라고 해도 과언은 아니다. 근로소득이 단절되는 은퇴 이후 대부분의 중산층 가계조차 빈곤계층으로 떨어짐을 뜻한다. 거대자산을 보유해 자산소득이 꾸준하거나, 전문지식으로 은퇴에서 자유로운 전문직, 혹은 사업영위를 통해 근로소득(=가동소득)이 계속되는 자영업자를 빼면 대부분 '은퇴=빈곤'의 터널진입에 다름 아닌 것이다.

≫ 은퇴=질병

게다가 은퇴생활은 기나긴 질환과의 동행개시를 의미한다. 비단 한국만의 현상은 아니지만 켜켜이 축적된 각종의 스트레스와 현역시절부터의 과도한 근로환경을 감안할 때 한국노인의 은퇴생활은 연령증가에 발맞춰 노구에 결부되는 각종의 질병발생 비율이 다른 나라보다 높으면 높지, 낮지는 않다. 즉 잦은 병치레가 일상적이다. 한국인의 건강수명만 봐도 평균수명(81.9세)에 10년이나 못 미치는 70.7세에 불과하다(통계청). 적어도 10년 넘게 질병과 함께한다는 의미다. 특히 완치율이 높다지만 상당부담이 불가피한 암은 남성의 38.1%, 여성의 33.8%가 걸린다고 집계된다.

이는 고스란히 경제적 부담증가로 직결된다. 은퇴 이후 지출부담 중 1순위가 의료비라니 당연지사다. 검사·처치비용 등은 물론 요양비용처럼 건강보험이 적용되지 않는 항목을 감안하면 실제 노후의료비는 눈덩이처럼 불어난다. 구체적으로 한국남성은 65세 이후 발생하는 의료비가 평생의료비의 50.5%에 달한다. 평균수명이 긴 여성은 55.5%로 더 높다(한국보건사회연구원). 만성질환을 앓는 노인비율이 90%에 이르고, 평균 2.6개의 만성질환에 시달리는 것으로 조사됐다. 반면 질환비용을 커버해줄 고령인구의 보험가입률은 32.5%에 불과하다(보험연구원).

치매는 특히 공포 자체다. 의학계에 따르면 한국의 치매환자는 2025년 대략 100만명까지 급증할 걸로 추산된다. 치매 환자의 치료비가 정상인의 약 4배 수준임을 감안하면 상당한 금전부담이 아닐 수 없다. 치매유병의 기준점으로 이해되는 75세 이상부터는 치매발생이 눈에 띄게 급증한다. 이 결과 75세 이상부터는 의료비 지출수준도 급격히 늘어난다. 치매가 아니라도 75세를 전후해 '건강→질환'으로 연결되는 고령인구도 많다. 예비노인(55~64세), 전기노인(65~74세), 후기노인(75세↑)으로 구분해 진료비 지출수준을 분석해보니 후기노인의 비용부담은 갈수록 증가세다(건강보험심사평가원).

≫ 은퇴=고립

빈곤과 질병만으로 노후생활의 갈등과 우려가 완성되지는 않는다. 의외로 많은 이들이 간과하는 노후악재가 하나 더 있다. 고독·고립·독거 등의 단어로 설명되는 외로움이다. 사적생활이라는 이유로 잘 표면화되지 않는 이슈지만, 돈과 병보다 오히려 더 치명적이고 고질적인 노후고민이 고독문제다. 공동체의 붕괴와 사회성의 단절로 경제활동을 멈춤과 동시에 네트워크가 스톱되는 경우가 보편적이다.

사실 독립생활이 어려운 고령일수록 의존성이 높아져 주변의 보살핌과 관심이 늘어나는 게 당연하다. 그런데 현실상황은 정반대다. 빈곤과 질병에 노출됐을 때 적절한 도움을 받자면 고립이 아닌 연결이 필수인데 실제로는 단절과 고독이 일반적이다. 금전·신체적 원조가 아니라도 주변과의 연결고리와 네트워크는 노후생활의 품질을 향상시키는 데 필수적이다. 정신·정서적인 측면에서도 혼자서는 살 수 없어서다. 그런데도 고령인구 상당수는 가족과 왕래가 잦지 않다. 계속되면 우울로 직결된다. 외롭게 혼자 삶을 마감하는 고독사망만큼 스스로 삶을 정리하는 노인자살도 빈번해진다.

샘플조사이긴 하지만 한국의 독거노인 비율은 23%에 달한다(보건사회연구원·2015년). 1994년(13.6%)보다 20년 새 2배나 늘었다. 인구로는 138만명으로 2011년(112만명)보다 23% 증가했다. 고령인구 4명 중 1명이 혼자 산다는 의미다. 자녀와의 동거비율은 덩달아 54.7%에서 28.4%로 떨어졌다. 특히 지방권역의 노인독거는 전국평균보다 높다(전남 30.5%). 배우자와의 사별로 독거생활이 불가피한 고령부부만의 2인 가구(44.5%)도 많아 갈수록 독거노인은 늘어날 전망이다.

농촌의 독거노인은 그래도 낫다. 공동체가 많이 붕괴됐다지만 여전히 비슷한 처지의 과거기억을 공유하는 이웃인연이 남아 있다. 동년배 고령인구의 사망에 따라 근린 네트워크가 약화되겠지만, 애초부터 공동체적 지연地緣이 존재하지 않는 도시노인보다는 괜찮다. 도시공간에서 노인은 섬처럼 고립된 존재인 까닭이다. 사회성이 낮은 고령자면 십중팔구 집안에서만 생활하며 근근이 생명을 유지하는 경우가 태반이다. 몸마저 불편해지면 그나마 바깥공기를 맡고 얘기를 나눌 기회조차 박탈당한다.

노후고독의 가장 큰 이유는 가족해체다. 1인 가족이라 불리는 핵가족에 이은 더 파편화된 현역인구의 독거생활이 노후고독을 심화한다. 전체 가구유형 중 1인 가족이 넷 중 하나로 안착될 정도로 독거비율은 급증했다. 실직, 질병 등에 따른 기존커플의 해체와 애초부터의 비혼非婚에 따른 독거심화가 심각한 지경이다. 가족구성을 가로막는 사회·경제적인 생존원가의 증가와 가치관의 변화, 교육수준의 증가 등도 유력한 가족해체의 원인이다. 반면 사회안전망은 굉장히 성글다. 독거노인에 초점을 맞춘 고독방지 정책이 있지만 실효성은 기대 이하다. 정확한 통계조사조차 없어 표피적인 대책에 머문다.

이렇듯 고령인구의 은퇴생활은 다양한 걸림돌이 산재한다. 빈곤과 질병, 그리고 고독으로 큰 밑그림은 그려지지만, 이 밖에도 노후행복을 가로막는 변수는 수두룩하다. 개별적인 고민수준이 모두 다를 터이니 세세하게 언급할 필요는 없다. 다만 보편적이고 일상적인 노후악재는 이 3가지 범주에 공통적으로 걸친다. 이런 점에서 노인생활의 어려움을 3고품로도 정의하는데, 역시 빈곤, 질병, 고독의 3축이 이를 구성한다.

필자도 이 구분법에 동의하며, 이를 늘 기억하고 준비하자는 차원에서 단순화한 신조어로 엮어봤다. 복잡하고 어려운 목표보다 쉽고 명확한 정의가 일상적이고 구체적인 대응마련에 도움이 될 수 있다고 판단하기 때문이다. 고민 끝에 제안하는 한국노인의 실태이자 숙제일 수밖에 없는 키워드를 연결한 결과물이다. 동시에 이는 시니어마켓을 성공적으로 개막하고 확장하는 핵심단어일 수 있어 눈여겨볼 필요가 있다. 한국노인의 답답한 실정이거니와 그 한계해소야말로 새로운 시장조성의 밑알이 될 수 있다.

결론적으로 제안하는, 한국노인의 돌파숙제이자 시니어시장의 유력 키워드는 'PIPA(피파)'라는 신조어로 귀결된다. 절대다수의 은퇴생활자를 커버하는 일상적 고민거리이자 새로운 해결욕구로 연결되는 단어를, 영어의 앞글자만 따서 상징화한 단어다. PIPA란 가난하고 고립됐으며 아픈

PIPA세대란?

Poor	가난하고
Isolated	고립되었으며
Painful	고통스러운
Aged	노년

고령인구를 뜻하는 'Poor, Isolated and Painful Aged'가 원형이다.

세대초월의 한정적인 인구집단으로 해석될 수 있는 '피파족族'이라는 명칭보다, 누구든 은퇴 이후 봉착할 수 있는 무차별적인 파급력에서 자유롭지 않다는 점을 반영해 광범위한 '피파세대世代'라 부르기로 한다. 연령으로 본다면 사실상 은퇴와 노후의 이미지를 직간접적으로 체감하는 50대 이상부터로 한정한다. 다만 인구비중을 감안할 경우 60세, 즉 환갑이상이 절대규모를 차지하며, 이는 60세로 확장된 정년연장의 한국적 고용환경과 은퇴절벽과도 일맥상통한다고 할 수 있다.

5
가난하고
아프고 외로운
피파세대

세 가지 악조건이 함께 나타나는 이유

　　피파세대PIPA=Poor, Isolated and Painful Aged는 괴롭다. 직역하면 가난하고 고립된 데다 아프기까지 해서다. 특징 셋 중 해당사항 없다고 안심할 수 있지만, 과연 그럴까. 한국적 고용상황을 보건대 50대 중후반이면 늦어도 은퇴압력을 받는다. 일을 그만두는 순간 빈곤은 피하기 힘들다. 잠깐은 버틸지언정 자산붕괴는 시간문제다. 부모봉양·자녀양육, 이 두 키워드만으로 추가설명은 불필요하다.

　　세 가지 중 하나만 해당되면 그래도 좀 낫지 않을까 갸우뚱할 수 있겠다. 역시 '과연?'을 떠올린다. 안타깝게도 셋은 이인삼각 구조다. 악재 셋에서 완벽하게 자유로운 행운아가 있을 수는 있지만 극소수에 불과하다. 대부분은 하나조차 피해가기 힘든 공통집합, 교집합인 게 한국노인의 평균적인 이미지다. 돈이 없으면 문 밖에 나갈 일이 없고, 그러면 몸은 눈에 띄게 나빠진다. '빈곤∩질병∩고립=피파세대'인 셈이다.

그렇다면 피파세대가 과연 한국노인을 대표하는지 여부를 판단하는 게 순서다. 일부사례를 갖고 상징성을 부여할 수는 없기 때문인데, 이 부분에 대해서는 엄밀한 전수조사가 불가능하다는 현실한계를 먼저 거론해야 한다. 동시에 각종조사를 통해 그 결과물의 연결체크가 가능한 현역인구와 달리 조사범위와 샘플추출 등이 한정적이라는 점도 고령인구의 실태조사에서 확인되는 한계 중 하나다. 그럼에도 대체적인 생활환경을 통해 정성적 해석을 결부한다면 적으나마 고령인구의 평균모습을 스케치하는 것은 가능하다. 이런 이유로 이제부터 입수 가능한 최신자료(2014년 노인실태조사[1])를 토대로 피파세대의 평균적인 생활풍경을 스케치해보자. 이들이 왜 경제적으로 가난하고, 육체적으로 질환을 앓고 있으며, 정신적으로 피폐한지를 추론할 수 있다.

가족과 사회로부터의 고립

먼저 가족환경과 관련된 항목이다. 피파세대는 최초 은퇴단계에서는 사회·경제적 네트워크는 물론 가족과도 비교적 다양한 인적인 교류와 심적인 관계를 유지한다. 다만 갈수록 배우자를 비롯해 가족관계가 단절되고 고립되는 경향이 짙어진다. 배우자 생존 여부는 65~69세는

---

[1] 이는 노인복지법에 따른 3년 주기 법정조사다. 2008년, 2011년, 2014년에 실시됐으며 3개월에 걸쳐 65세 이상 약 1만 명을 대상으로 면접조사를 실시한 결과다. 법제화 이전에는 1994년, 1998년, 2004년 '전국노인생활실태 및 복지욕구조사'가 선행조사로 비교된다(한국보건사회연구원).

76.5%인 데 비해 75~79세는 57.4%로 낮아진다. 85세 이상은 26.7%만 부부로 생존한다. 노인부부가 줄어드는 것에 맞춰 독거노인은 65~69세 14.5%였지만 80세부터는 30%대 초중반으로 늘어난다.

특히 도시(4.5%)보다 농촌(13.3%)의 독거노인이 3배 이상 많다. 물론 다른 통계에서는 독거노인의 비율이 더 높게 나온다. 2014년 6~9월 기준 23%에 달하는데 이는 1994년(13.6%)보다 2배나 늘어난 규모다. 자녀와의 동거비율은 54.7%에서 28.4%로 급락했다(남인순 의원실). 독거노인은 약 152만명으로 추산된다.

부부 · 독거를 포함해 노인가구의 단독거주는 자녀결혼(32.7%), 자녀독립(20.6%) 등 자녀와의 별거사유가 절반에 달한다. 사생활을 이유로 노인만 산다는 응답은 15.5%에 불과하다. 기혼자녀와의 동거이유는 경제적 능력부족(24.4%)이 제일 높은데, 이는 2번째 이유인 손주양육 · 가사제공

▌ 고령가구의 동거형태 변화

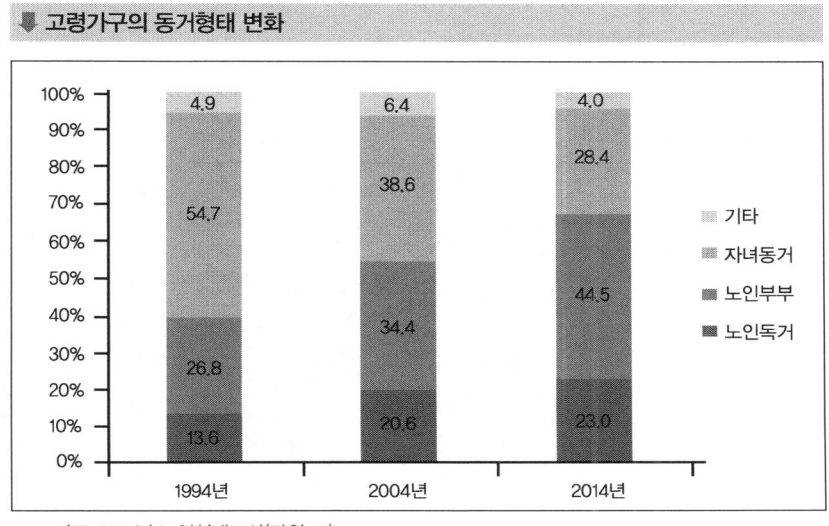

- 자료: 2014년 노인실태조사(단위: %)

(21.8%)을 볼 때 봉양과 양육의 상호교환 구조로 해석된다. 이때 생활비 분담비중은 자녀(64.6%)가 대부분을 맡는다.

이런 단독가구의 생활불편의 우선순위는 금전불안(25.8%), 질병간호(25.6%), 심리불안(21.7%)이 태반을 차지한다. 피파세대의 3대 특징인 빈곤, 질병, 고독과 정확히 일치한다. 재미난 것은 전체연령대에서 심리불안은 비슷하게 20%대 초반을 유지하는 것에 비해 금전불안은 70~74세(28.3%)에 피크를 찍은 후 이후 약화되는 추세이며, 반대로 질병간호는 나이가 들수록 20%에서 36%까지 증가한다는 점이다. 유사항목인 일상생활 문제처리(평균 10.4%)까지 넣으면 신체문제가 50%대에 육박한다.

고립이란 말은 곧 단절과 의미가 같다. 가뜩이나 가족·친지·친구가 떠나갈 확률이 높은데 사회·경제활동마저 중단되면서 이들의 삶은 객체화된 파편단위로 재편된다. 특히 커뮤니케이션과 관련해 유념해야 할 것은 양적인 보유여부와 무관한 질적인 기능여부의 문제다. 통계를 보면 한국의 피파세대는 가족과 친구·이웃 등 적잖은 수준의 네트워크를 보유했다. 생존자녀(97.7%)와 생존손주(90.8%) 등 압도적이며, 형제자매, 친인척, 친구이웃 등도 50~80%대의 긍정적 응답률을 보였다.

다만 평균적인 숫자는 적다. 자녀·손주를 제외하고 친인척·친구이웃은 각각 1.1명, 1.6명에 그쳤다. 즉 네트워크의 양적 기반조건은 갖춰졌는데 실제로 기능하지 않을 확률이 높다는 의미다. 삭막해진 인간관계와 소원해진 과거소통이 원인이다. 배우자와의 동반외출은 분기 1~2회(28.5%)와 월 1회(16.7%), 연 1~2회(12.3%) 등으로 나타나 부부관계의 소원함이 확인된다. 거의 매일(14.7%)은 일부에 그친다. 배우자와의 대화빈도는 비교적 높다. 그런 편이다(54.3%)와 매우 그렇다(18.7%)가 압도적이며, 부정응답은 26.9%에 그쳤다. 대화빈도는 취업상황이 실업상황보다 더 높다(각각 76%, 71.5%). 같은 맥락에서 부부의 신뢰도는 긍정응답이 94.3%로 조사됐다. 부부갈등의 경험비율은 16.8%로 낮다. 갈등원인은 경제문제(23.2%), 생활습관(58.1%)이 대다수다.

별거자녀와의 왕래빈도는 월 1회(31.5%)가 제일 높고 그 뒤가 분기 1~2회(20.2%), 주 1회(17.7%) 순서다. 거의 매일(1.8%)은 일부다. 연락빈도는 거의 매일(25.9%)과 주 2~3회(24.9%)가 가장 많지만, 연령이 높아질수록 연락빈도가 길어지는 경향이다. 자녀 중에는 장남(32.5%)과 장녀(29.6%)의 접촉비율이 높다. 자녀와의 갈등경험은 9.3%에 불과하며, 갈등이유는 자녀의 장래문제(29.4%)를 비롯, 자녀의 경제원조 요구(20.9%)와 노인생활비 보조(20.6%)가 뒤를 잇는다. 다만 연령이 증가할수록 부모자식 간의 금전문제와 함께 수발문제, 동거여부의 비중이 높아졌다.

친인척과의 왕래빈도는 연 1~2회(45.2%)가 압도적인 가운데 왕래 없음(22.2%)이 그 뒤를 이었다. 10명 중 7명은 거의 만나지 않는다는 의미다. 다만 생활반경에 거주할 확률이 높은 친구·이웃·지인과의 왕래빈도는 거의 매일(52.2%)과 1주일 2~3회(15.2%)가 많은데, '거의 매일'이라고 답한 이들을 도시·농촌 거주로 구분하면 역시 공동체가 잔존하는 농촌(70.2%)이 도시(46.6%)와 뚜렷이 구분된다. 연락빈도와 방문빈도도 비슷한 추세다.

고립을 어떻게 해소할까

고립해소를 위한 여가활동 중 선호하는 항목은 휴식이다. TV시청(82.4%)이 압도적이며 목욕·낮잠·라디오·신문 등 기타활동(27.0%)과 산책(17.8%)이 자주 거론된다. 일방적이고 수동적인 TV시청이 여가활동의 전부라면 이는 여가라기보다 고립이라 봐도 무방하다. TV를 통해 커뮤니케이션을 획득하고 네트워크를 쌓을 수는 없어서다. 취미·오락의 경우 원예·독서 등도 10%대를 차지한다.

즉 적극적인 외부활동인 문화예술 관람·참여는 아직 일부만의 한정 여가로 보인다. 그도 그럴 게 과거 1년간의 여행경험자는 29.7%에 그쳤다. 사회단체 참여율은 친목단체(43.3%) 위주로, 동호회나 정치사회단체는 일부에 불과하다. 평생교육 참여율도 13.7%뿐이다. 기부(3.5%)나 자원봉사(4.0%) 참여율도 극히 낮다. 컴퓨터·인터넷 가능정도는 83%가

▶ 고령인구의 사회참여활동 실태

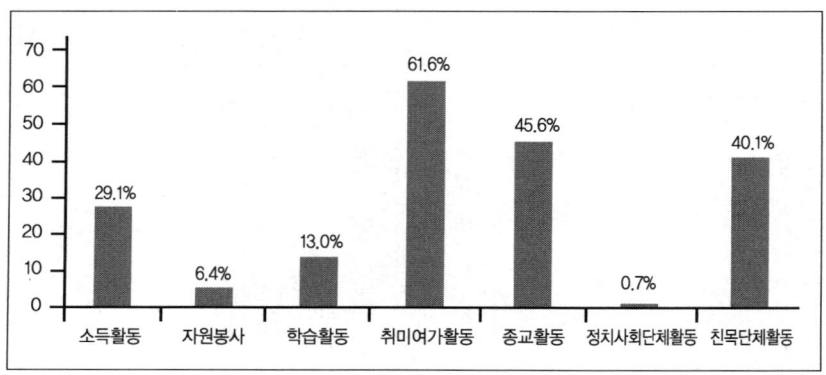

― 자료: 2014년 노인실태조사(단위: %)

전혀 불가능하다고 답했다. 스마트폰 소유자는 2011년(0.4%)보다 늘었지만 아직 13.7%에 그친다. 가능한 사용수준은 전화송수신과 문자 정도에 머문다. 농촌(7.2%)과 여성(9.0%)의 보유비중이 특히 낮다.

반면 경로당 이용률은 25.9%이고, 향후 이용하겠다는 희망률은 34.2%로 더 높다. 다만 2011년 조사 때의 34.2%, 47.8%보다 추세적으로 경원시하는 경향이 확인된다. 불만족 이유는 기존노인과 맞지 않다(66.4%)는 답이 가장 많다. 노인복지관은 경로당보다 응답비율이 전체적으로 더 낮아 아직은 접근성을 높일 필요가 있어 보인다.

노후생활에서 가장 중요한 교통권과 관련해 평생 운전경험이 없는 고령자(75%)가 많은데, 특히 여성(94.6%)은 압도적이다. 배우자가 없거나 노인독거의 경우에도 90%대에 달해 대중교통이 아니면 움직이기 힘든 것으로 이해된다. 그나마 2011년(79.4%)보다는 운전한다는 응답이 소폭 늘어난 것으로 조사됐다.

이처럼 고령인구의 적극적인 생활의지는 거의 모든 항목에서 낮다. 노후자금을 위한 경제활동 희망마저 낮은 것은 물론 자원봉사, 학습활동 등도 별로 할 생각이 없거나 전혀 없다는 응답이 60~70%를 차지한다. 무기력하거나 포기한 게 아닌가 하는 판단마저 가능하다. 반면 취미·여가활동은 약 80%가 가능한 한 하고 싶다고 말해 대조적으로 나타났다.

고립은 질환을 키운다

고독 및 고립경험은 연령상승에 따른 자연스러운 질환발생과 상승작용을 일으켜 건강상황을 악화시키게 마련이다. 살펴줄 말상대와 도와줄 간병인이 없으니 스트레스가 쌓이고 작은 질환을 키우는 경우도 잦다. 실제 건강상태에 대한 만족도는 그리 높지 않다. 불만응답(44.2%)이 만족비율(29.5%)보다 높다. 성별로는 남자의 만족도가 여자보다 확실히 좋다. 배우자가 있는 경우가 없을 때보다 건강만족의 응답비율이 높다. 같은 맥락에서 배우자의 건강상태도 비교적 좋지 않다. 건강하지 않은 편(35.9%)과 전혀 건강하지 않음(7.9%) 등이 많은 가운데 건강하다는 사람은 34.8%에 그쳤다.

만성질환 유병비율은 본인인지나 의사진단 모두 3개 이상(각각 49.4%, 46.2%)이 가장 많다. 전체평균으로는 2.6개의 만성질환을 보유했다. 여자가 남자보다 만성질환 보유율이 더 높고, 독거노인도 평균 3개를 가져 가구형태에서는 1위에 올랐다. 질환종류별 유병비율을 보면 고혈압(56.7%), 관절염(33.4%), 당뇨병(22.6%) 등의 순서다. 75세부터 유병비율이 높아지고 사회경제적인 충격이 큰 치매의 경우 2.1%인데, 직전조사에서 0%로 나왔기에 보다 정밀한 분석이 필요하다.

3개월 이상 의사처방약을 먹는 고령자가 82%이며, 이들은 평균 5.3개의 약을 복용한다. 우울증상은 전체의 33.1%가 느낀다고 답했다. 우울증은 여자, 고연령, 독거, 저학력, 실업, 저소득일수록 높아지는 추세다. 2011년에는 29.2%였다. 1개월 평균 병원방문은 2.4회다. 운동실천은 65~69세는 64.7%인데 80~84세는 48.9%로 떨어진다. 압도적인 운동종류는 걷기(68.2%)다. 수발이 필요할 경우 가족(91.9%)이 가장 많으며 장기요양보험서비스(15.4%)는 일부에 그친다.

피파세대의 생활부양과 관련해서는 배우자로부터 정서적 지원을 받는 경우(75%)가 많다. 정서적 지원은 학력이 높을수록, 연령이 적을수록 긍정적이다. 도구적 지원은 긍정응답이 76.7%로 조사됐으며, 남편이 아내에게 받는다는 비중이 더 높다. 동거자녀와 별거자녀의 정서적 지원 및 도구적 지원여부는 동거일 때 조금 높기는 하지만 그렇다고 별거 때와 유의미한 차이를 찾아보기는 힘들다.

반면 고령인구는 그들 부모에게서는 정서적 지원이든 도구적 지원이든 받지 못했다는 응답비율이 80~90%에 달했다. 반대로 지원했느냐는 물음에도 대략 30%의 응답에 그쳤다. 피파세대의 경우 사실상 부모에게 받은 것도 드린 것도 적다는 뜻으로 해석된다. 엄밀하게는 정서적 지원이 도구적 지원보다 미세하게나마 높다. 경제적 지원일 경우 고령세대는 그들의 부모세대에게 비정기 현금지원(69.8%)과 현물지원(73.3%) 등을 제공하는 반면 수혜응답은 한 자릿수에 그친다. 한편 손주를 돌본다는 비율은 6.4%에 그치며, 평균 돌봄 손주는 1.5명으로 조사됐다. 도시(6.8%)가 농촌(5.2%)보다는 약간 높다.

고립과 질병은 가난으로 이어진다

고립과 질병은 가난과 연결된다. 직접적인 인과관계도 있으며 광범위한 상관관계로는 사실상 '고립·질병=빈곤'의 등식수립이 가능하다. 지금부터는 피파세대의 경제력과 관련해 집중적으로 살펴본다. 먼저 경제활동 여부다. 한국의 고령인구 중 실업상태는 71.5%다. 취업은 65~69세(39%)부터 나이가 들수록 줄어들며, 75~79세(25%)에는 4명 중 1명만 일한다. 당연히 경제상태의 만족도는 압도적으로 불만스럽다(53.9%). 만족한다는 고령자는 15.2%에 불과하다. 도시거주일수록, 여성일수록, 배우자가 없을수록, 실업상태일수록 경제적 불만이 높은 경향을 보인다. 그래서인지 일하는 것에 대한 느낌은 좋다는 쪽(69.9%)이 그렇지 않다는 응답(14.2%)을 가볍게 제친다. 도시, 남자, 고학력, 유배우자, 취업, 저연령일수록 취업을 긍정적으로 평가하는 것으로 조사된다.

이상적인 노후생활비 마련방법으로는 본인 및 사회보장제도(34.3%)가 1순위에 올랐고, 본인 스스로(31.9%)가 그다음이다. 사회보장제도(18.6%)와 자녀(7.9%)도 일부를 차지한다. 연령이 적을수록 본인역할을 강조하는 경향이 뚜렷하다. 또 학력이 낮을수록 사회보장제도에 대한 의존희망이 높다. 바람직한 재산상속은 균등배분(52.3%)이 절반을 넘긴 가운데 장남다수(11.4%)와 경제사정 열위자녀(7.0%)가 뒤를 이었다. 장남에게만 준다(6.3%)는 응답이 효도한 자녀(3.35)보다 높다는 점에서 남성중심 가부장제가 여전함을 확인할 수 있다. 15.2%는 배우자를 포함한 본인을 위해 쓰겠다고 답했다.

이들 고령자의 종사업종은 단순노무(36.6%)와 농림어업(36.4%)이 태반을 차지한다. 관리자(3.7%)는 극소수다. 2011년과 비교하면 단순노무(26.1%)는 증가했고 농림어업(52.9%)은 크게 줄었음을 알 수 있다. 특이한 것은 연령이 높아질수록 농림어업 숙련종사자가 늘어난다는 점이다. 65~69세(27.0%)보다 85세 이상(59.6%)이 2배 이상 차지한다. 워낙 표본숫자가 적기 때문이기도 하지만 해당연령층의 상당수가 고령에도 일을 한다는 게 포인트일 수 있다. 고용형태로 보면 자영업자(38.7%)가 대부분이고, 임시근로자(26.2%), 무급가족종사자(13.7%), 일용근로자(8.6%) 등의 순서다. 정규직인 상용근로자는 6.1%뿐이다. 특히 자영업은 2011년(47.0%)보다 10%P 줄어들었다. 일을 하는 이유는 생활비 마련(79.3%)이며, 용돈 마련(8.6%)을 뺀 건강유지, 친교·사교, 시간소일, 능력발휘, 경력활용 등은 극소수에 머문다. 연령이 낮을수록 생활비가 일의 이유로 나타난다(65~69세 83.1%).

고령인구의 가구소득은 몇 가지 원천루트로 구분된다. 2014년 발표기준 한국의 고령가구를 먹여 살리는 일등공신은 사적이전(93.9%)이다. 자녀를 포함한 가족·친인척의 금전지원이다. 공적이전소득(92.7%)도 주요한 소득원천으로 이해되며 근로소득(39.4%), 저산소득(38.2%), 사업소득(25.1%) 등의 순서로 확인된다. 다만 이 질문은 소득원천의 보유유무를 물은 것으로, 비중금액과 기여액 등은 별도다.

이를 토대로 가구소득이 높을수록 근로소득의 보유유무가 높게 나타났으며(1분위 12%, 5분위 69.6%), 특이한 건 교육수준과 근로소득 여부는 유의미한 관계가 없다는 점이다. 다만 공적이전과 사적이전 모두 학력이 높을수록 줄어드는 경향이 감지된다. 경제적 독립여부와의 상관관계로 해석된다.

구체적으로 금액비율로 살펴보면 피파세대의 노후소득이 대체적으로 드러난다. 한국의 고령가구(1인당이 아닌 것에 유의)는 연간 2,305만원의 소득을 올린다. 이 중 근로소득(862만)이 제일 많고, 공적이전(520만), 사업소득(357만), 사적이전(348만), 재산소득(189만) 등으로 구성된다. 일자리가 상대적으로 많은 도시거주자의 근로소득(981만)이 농촌(471만)보다 약 2배 많다. 다만 75~79세(1,850만)의 총소득이 80~84세(2,192만)와 85세 이상(1,940만)보다 적은 것이 특이하다. 그 차이는 고스란히 근로소득의 차이와 비례한다. 2014년 총소득은 2011년(2,162만)보다 약 143만원 늘었는데 근로소득(774만)에서 88만원, 공적이전(410만)에서 111만원 증가한 게 주효한 걸로 보인다. 공적이전의 경우 기초연금과 함께 국민연금 수령자의 인원증가로 해석된다.

▼ 고령가구의 총소득 및 항목별 소득금액

	총소득	근로소득	사업소득	재산소득	사적이전	공적이전	기타소득
2011년	2,161.8	774.3	390.2	215.9	339.6	409.9	31.8
2014년	2,305.0	862.0	357.1	188.5	347.8	520.4	29.8

– 자료: 2014년 노인실태조사(단위: 만원)

고령가구가 아닌 개인소득별로 보면 65세 이상 피파세대의 1인당 연간 총소득은 959만으로 조사된다. 2011년보다 약 110만원 늘었는데, 역시 근로소득과 공적이전의 증가가 여기에 기여했다. 남자의 총소득(1,417만)이 여자(632만)보다 월등히 높은데, 이는 남성전업 모델에 따른 근로소득, 사업소득, 재산소득, 공적연금 등의 관행과 제도 때문이다. 역으로 사적이전은 여자가 더 높다. 특히 비중별로 보면 근로소득, 사업소득의 의존도가 높아지는 반면 사적이전은 갈수록 약화됨을 알 수 있다. 스스로 벌어 해결하지 않으면 힘들 정도로 경제활동 중인 혈연지원의 상황 악화가 추정된다.

고령인구 1인당 총소득 및 항목별 소득금액 및 비중

	총소득	근로소득	사업소득	재산소득	사적이전	공적이전	사적연금	기타소득
2011년	849.5 (100)	86.5 (7.4)	154.0 (9.5)	131.4 (9.0)	207.4 (39.8)	252.9 (32.5)	3.7 (0.3)	13.6 (1.4)
2014년	959.3 (100)	122.3 (12.7)	145.0 (15.1)	110.6 (11.5)	228.7 (23.8)	335.5 (35.0)	4.3 (0.4)	12.9 (1.3)

– 자료: 2014년 노인실태조사(단위: 만원, %)

그럼에도 불구하고 눈여겨봐야 할 것은 노노(老老)격차의 가능성이다. 가구 평균치는 2,305만원이지만 이를 5분위로 세분화하면 상당한 수준의 격차가 발생한다. 상위 20%인 5분위(5,861만)의 소득이 하위 20%인 1분위(554만)보다 10.6배나 많다. 특히 근로소득 115배, 사업소득 50배, 재산소득 19배 등으로 조사돼, 같은 노인임에도 불구하고 그 안에서의 빈부격차가 상당하다는 것을 알 수 있다.

고령가구의 소득불균형 실태

특성	근로소득	사업소득	재산소득	사적이전	공적이전	기타소득	연 총소득
제1오분위	24.9	21.5	22.8	249.2	233.6	1.5	553.6
제2오분위	89.3	72.1	78.2	399.1	323.0	7.6	969.3
제3오분위	348.8	196.1	155.7	422.9	402.8	15.1	1,541.5
제4오분위	958.8	388.5	259.7	357.2	609.3	33.0	2,606.3
제5오분위	2,882.9	1,108.5	428.5	312.6	1,036.1	92.2	5,860.7

– 자료: 2014년 노인실태조사(단위: %)

보유자산 중에서는 역시 부동산의 비중과 의존도가 과도함이 확인된다. 고령가구의 경우 무려 89.1%가 부동산을 보유했다고 답했고, 평균금액은 2억1,342만원으로 조사됐다. 다만 5분위 가구소득으로 볼 때 1분위

(6,177만)와 5분위(4억6,112만)의 격차가 컸다. 연령이 낮고, 배우자가 있으며, 학력이 높을수록 부동산 보유금액이 컸다. 개인별 부동산 규모금액은 1억2,072만원으로, 2011년(1억3,760만)보다 다소 줄었다.

금융자산은 85.2%가 갖고 있으며 평균금액은 3,142만원이다. 5분위 가구소득으로 봤을 때 격차는 대략 10배 정도이며, 도시(3,534만)가 농촌(1,855만)의 2배다. 1인당 금융자산 규모는 1,667만원으로 남자(2,431만)가 여자(1,121만)보다 2배 더 보유했다. 부동산과 달리 금융자산의 5분위 가구소득별 보유편차는 약 5배로 상대적으로 낮다. 2011년(1,624만)과 비교하면 소액 줄었다. 한편 부채는 가구당 2,630만원, 개인당 1,416만원으로 나타났다. 도시, 남자, 저연령, 유배우자, 고학력, 고소득, 취업 등의 상황일수록 전체적인 부채수준도 상대적으로 높게 조사됐다.

한편 가구별 소비지출은 월평균 144만원이다. 2011년(141만)보다 약간 줄었다. 항목별로는 거주비용이 40.5%로 압도적인 가운데 보건의료비(23.1%), 식비(16.25), 경조사비(15.2%) 순서로 나타났다. 2011년과 비교해 늘어난 건 식비와 경조사비다. 보건의료비는 75~79세가 가장 높은 걸로 나왔다. 가구소득별(5분위)로 보면 소비탄력적인 식비는 거의 차이가 없는 것에 비해 주거관련비와 보건의료비는 1분위가 5분위보다 구성비중이 높다. 다만 경조사비는 오히려 5분위가 더 많이 지출한다.

▼ **고령가구 월평균 소비지출 항목과 비중**

	총계	주거관리비	월세	보건의료비	식비	경조사비	기타
2011년	100	43.0		24.7	12.0	8.3	12.0
2014년	100	35.4	5.1	23.1	16.2	15.2	5.1

– 주: 2011년 기타(12.0%)는 교육비(6.5%), 기타(5.55)를 합한 것임.
– 자료: 2014년 노인실태조사(단위: %)

참고로 피파세대의 죽음준비는 열악하다. 묘지를 준비했다(29.1%)는 답이 그나마 많고 수의, 상조회, 유서 등은 극소수에 머문다. 연명치료는 반대론(88.9%)이 절대다수다. 자살생각의 이유 및 시도를 물었더니 10.9%가 자살을 생각했고, 이 중 12.5%가 실제 시도했다고 답했다. 경제이유(40.4%)가 제일 많고, 건강(24.4%), 외로움(13.3%)이 뒤를 잇는다. 자살을 생각한 비중은 도시, 저연령, 독거, 저학력, 실업, 저소득일수록 높은 경향을 띤다.

또한 노인연령에 대한 인지기준은 70~74세(46.7%)가 가장 많으며, 75~79세(16.3%), 80세 이상(15.35%)도 적잖아 법률기준의 65세에 대한 저항감이 적잖은 걸로 확인된다. 재혼에 대한 태도는 부정론(61.7%)이 긍정론(24.2%)을 압도한다. 여성이고 배우자가 없을수록 재혼반대가 높다. 노인의 학습, 외모 등에 대한 관심과 투자는 60~70%의 긍정응답을 유지했다. 자녀와의 동거희망은 19.1%에 그쳤다.

6
지금의 50대는 피파세대 예비자들이다

베이비부머, 그들은 누구인가

50대는 슬프다. 그래서 아프다. 50대 넋두리의 공통적인 최종결론이다. 정도 차이는 있지만 이 땅의 50대는 살얼음판의 인생군상이 대부분이다. 일이든 돈이든 몸이든 가슴 찢는 일이 다반사다. 부모봉양·자녀양육의 샌드위치 신세가 50대의 생활불안을 가중한다.

근로소득을 확보한 승자그룹도 상황은 비슷하다. 나날이 압박수준을 높이는 노후자금 숙제까지 더해지면 밤잠은 저절로 달아난다. 3대를 먹여 살려야 할 한국의 50대 특유의 삼중고(트릴레마)다. 여유는 사치에 가깝다. 더 가까운 건 절망과 포기다. 50대 자살률[1]은 위험수위에 달했다.

---

1 한국의 자살률은 이미 OECD 기준으로 1위다(2010년). 50대를 기점으로 빠른 속도로 늘어난다. 2011년 기준 50대 남성 자살률은 인구 10만명당 61.5명으로 연령계급 중 단연 1위다. 동년배 여성자살률(20.7명)의 3배에 달한다. 경제난과 그에 따른 가정불화가 주요원인으로 꼽힌다(통계청).

현실은 매몰차다. 평생직장으로 여겼건만 방출신호가 뚜렷해지고 내몰리면 갈 곳은 거의 없다. 벼랑 끝이다. 기업은 50대를 품고 갈 여력도 의지도 없다. '고용=비용'이 유력한 경영철학으로 정착되면서 정년 이전의 조기퇴직이 작별을 강제한다. 더 버텨야 함에도 대세는 씁쓸한 강판만을 요구한다.

억울하다. 한평생 뼈 빠지게 충성했지만 되돌아온 건 퇴장명령이다. 청운의 꿈을 안고 시골을 떠나 어렵게 배움을 마치고 무에서 유를 창출하는 경제성장의 일선을 책임지던 그들에게 이제 유통기한이 끝났으니 떠나라는 매몰찬 이별통고는 실로 통탄할 일이다. 야근을 밥 먹듯 과로와 스트레스를 친구처럼 사귀다 집 안에선 존재감조차 잃어버린 이들 50대 회사인간에게 값만 비싸지 효용은 별로이니 짐을 싸라는 건 결코

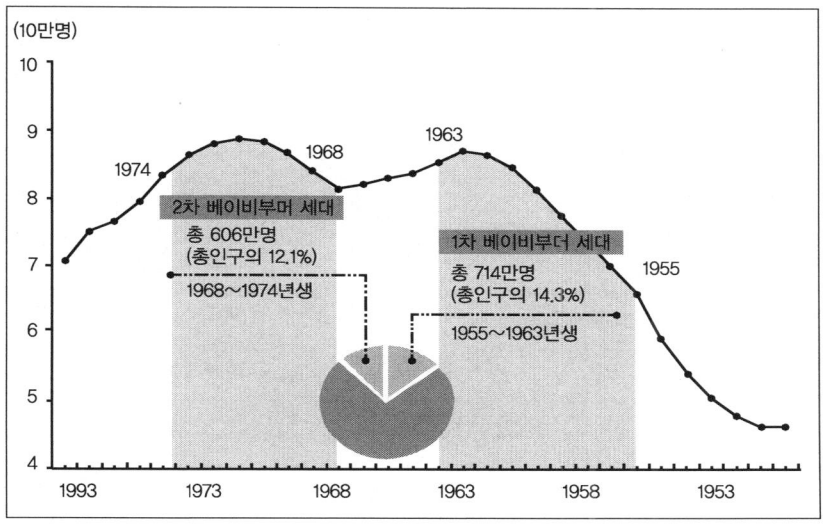

▼ 한국의 베이비부머 분포 현황

- 자료: 삼성경제연구소

인간적이지 않다. 그럼에도 예의와 위로는 찾아지기 힘든 단어다.

50대는 오늘의 한국사회와 경제모델을 완성한 주역이다. '한강의 기적'은 50대가 없었다면 불가능했다. 고도성장의 황홀한 성공스토리는 이들의 땀과 눈물로 한 땀 한 땀 엮어나갔다. 전후폐허에서 일궈낸 세계 10위권의 놀랄 만한 성장스토리는 자본주의 역사상 유례를 찾아보기 힘든 대역사였다. 이 과정에 50대는 함께했다.

물론 덕분에 많은 걸 얻어냈다. 성장수혜를 제대로 받았다. 기적을 일궜으니 응당 부가가치를 향유했다. 엄격하게는 1960~70대 선배세대가 발판을 깔았지만 성장근력을 책임진 허리로서 50대의 존재감은 탁월했다. 사실상 종신고용·연공서열의 고용보장과 함께 성장과실을 나눈 생활급이 무리 없는 인생살이의 비전과 기대감을 보장해줬다. 졸업 이후 취업과 연애·결혼·출산·양육은 누구든 선택 가능한 표준모델이었다. 벗어나지 않고 올라타면 누구든 누리는 '행복의 컨베이어벨트 시스템'이었다. 그다음부터는 혼자 일해도 큰 무리 없이 4인 가족의 삶은 꾸려낼 수 있었다.

1990년대 중후반부터 이들의 삶은 달라졌다. 행복의 컨베이어벨트 시스템에서 처절히 나가떨어지는 선배에게서, 취업관문에서 좌절하는 후배세대에게서 심상찮은 상황변화를 느꼈다. 예감은 적중했다. 자고 일어나면 경제가 성장하는 고도성장이 끝난 것이다. 사두면 십중팔구 오르던 실물자산이 떨어지고, 맡겨만 두면 두둑한 이자를 챙겨주던 금융상품이 사라지기 시작했다. 부가가치가 당연하던 고금리시대의 종언이다.

특히 일자리가 불안해졌다. 그만두면 바짓가랑이 잡고 애원할 것 같던 회사·상사가 언제부턴가 적자·부도를 입에 달며 감봉·해고의 기

▼ 피파세대 예비자인 50대의 평균 특성

구분	내용	평균치
일반특성	학력	고졸이상(68.8%), 전문대졸이상(24.8%)
	가족형태	부부+미혼자녀의 동거(74.1%)
	자녀	1.9명
	형제·자매	5.1명
	부모생존	61.2%
	컴퓨터	능숙(13.6%), 전혀 미숙(25.3%)
경제력	가구 평균소득(월)	423만4,000원
	평균자산	3억3,000만원
	저축·보험지출(월)	74만9,000원
	부채가구	55.9%
	부채평균	8,300만원
	성인자녀 금전부양	50.2%
건강현황	흡연율	23.8%
	음주율	62.8%
	만성질환 유병률	27.1%
	우울증상 유병률	10.2%
은퇴희망	노후근로 희망	63.9%, 남(81.4%), 여(48.1%)
	근로희망 사유	소득(58.5%), 건강(16.2%) 등
	최선희망 노후정책	건강·요양보장(43.5%), 소득보장(32.9%), 고용보장(17.3%)
	노후 필요수입	200만원(월)
	확보가능 수입	100만~200만원(44.2%), 100만원 미만(26.1%) 등

– 자료: 한국보건사회연구원

운을 흩뿌린다. 신문은 '단군 이래 최대의 경제위기'를 반복하며 싸늘한 분위기를 강조한다. 외환위기(1997년)와 금융위기(2008년)는 꽤 훌륭한(?) 이유가 됐다. 고통분담이란 이름으로 불안해진 근로소득의 하향압박이 사회전체에 먹구름을 안겼다.

고통분담엔 끝이 있을 줄 알았다. 상황이 좋아지면 월급과 대우가 복구되고 감내한 것 이상의 보상을 기대했었다. 오판이었다. 무너질 듯 아슬아슬하다던 기업은 여전히 숨 가쁘게 돌아가지만 근로자의 삶을 악화시킨 생채기는 더욱 깊어간다. 50대는 그 아픔을 고스란히 받아들일 수밖에 없다. 삼팔선·사오정을 거쳐 이제 오륙도에 근접하며 불안·빈곤의 엄습에 비명을 지르고 있다.

50대에게 요구하는 숙제부담은 그대로다. 가정을 지키라는 엄명은 오히려 준엄해졌다. 70~80대의 부모봉양과 20~30대의 자녀양육이 한층 힘들어진 배경이다. 그러니 그들의 노후준비는 애초부터 항목에서 배제될 수밖에 없다. 특히 청년취업이 악화되면서 자녀양육은 기한이 더 길어졌다. 전엔 없었던 취업교육비까지 지출을 강요받는다. 부모봉양도 의료기술의 개선만큼 비용증가로 연결되는 현실이다.

그래서 50대는 불안·감축·절망·폐색으로 채색된 암울해진 시대변화를 받아들일 수 없다. 뒷방퇴물로의 편입은 '돈'을 요구하는 현실 앞에서 거부될 수밖에 없다. 고도성장의 축제가 끝나 만찬자리가 치워지고 있지만 여전히 테이블을 떠날 수 없다. 솔직하겐 "아직 축제를 더 즐겨야 한다"고 외치고 싶고, "지금까지 어떻게 살아왔는데 이럴 수 있냐" 부르짖고 싶다. 반응은 없다. 쟁반에 남은 음식을 조금이라도 챙겨 떠나고자 눈을 번뜩이는 옆자리 동료가 차라리 실리적이다. 쓴웃음만 떠돈다.

와중에 50대를 향한 눈은 적대적이다. 매서운 눈매로 쳐다보며 질시 어린 표정이 가득한 관찰자가 있다. 20대다. 청년으로 불리며 '고도성장→감축성장'의 뒤치다꺼리에 동원될 수밖에 없는 불쌍한 처지의 피해그룹이다. 50대를 향한 이들의 상대적 박탈감은 상당하다. 2012년 대선에서 부각된 '50대의 반란'과 금융위기 이후 심화된 일자리 확보갈등에선 이른바 '노소대결'의 상황구도가 '세대전쟁'으로 옮겨갈 만큼 위험수위다. 답답함을 더하는 새로운 갈등변수로 50대의 어깨는 더욱 내려갈 수밖에 없다.

은퇴 기로에 선 베이비부머

지금부터 한국의 50대가 어떤 일생을 보내왔는지 살펴보자. 이는 피파세대 예비군으로서 이들의 상황과 속내를 체크해낼 수 있는 중요한 지표가 된다. 동시에 조만간 편입될 노후생활에서의 중대한 수요분석과 시장범위를 확인할 결정적인 힌트가 될 수 있다. 이들의 라이프스타일에서 목격되는 과거경로와 그 특징적 움직임이 은퇴생활에도 그대로 적용될 수 있기 때문이다. 임의로 50대의 평균적인 인물로 A씨를 설정, 그에게 대표성을 부여해 인생경로를 살펴보기로 한다.

A씨는 1960년생이다. 1955~63년생이 베이비부머이니 한가운데에 위치한 연령대다. 2016년 기준 57세다. 1960년은 한국경제가 무에서 유를 창출하는 출발시기다. 본격적인 경제개발 5개년 계획은 1962년 시작된다. 훗날 '한강의 기적'으로 일컬어지는 고도성장의 원점이다. 외자유치로 기간산업과 SOC의 집중투자가 이뤄졌다. 고도성장의 궤적에 올라타면서 1970년대 두 자릿수 성장의 기반이 됐다.

A씨의 1960년대 유년기는 어떨까. 통계청('통계로 본 베이비붐세대의 어제, 오늘 그리고 내일') 표현처럼 농촌의 한 시골마을에서 태어나 가난한 어린 시절을 보냈고, 열악한 환경 속에서도 미래를 꿈꾸며 학교를 다녔다. 친구들과는 구슬치기를 하며 즐거운 어린 시절을 보냈다. 베이비부머란 별칭처럼 동네엔 친구가 넘쳐났다. 물론 모두가 가난한 절대빈곤은 여전했다. 1인당 국민소득은 1960년 79달러에 불과했다. 2만 달러에 육박하는 지금과는 비교자체가 불가하다.

A씨는 1967~78년 학교를 다녔다. 정확히는 초중고다. 학교는 콩나물

교실로 늘어나는 취학아동을 커버하지 못해 2부제 수업이 적잖았다. 반 정원은 60명을 넘겼다(1967년 64.8명). 매년 적잖은 학교가 개교했지만 감당하긴 역부족이었다. 그래도 희망을 품었다. 그때의 옥수수 빵 단체급식은 지금 추억이 됐다.

당시 한국경제는 무섭게 성장했다. 1970년대 1~2차 석유파동으로 초유의 스태그플레이션(물가상승+경기침체) 우려에도 불구, 비교적 건승하며 성장스토리를 계속했다. 물류대동맥인 경부고속도로가 1970년 개통됐고, 1974년엔 서울지하철 1호선이 완성됐다. 1976년엔 최초의 국산자동차인 포니가 첫선을 뵈며 자동차강국의 씨앗을 뿌렸다.

1979~89년 A씨는 어른이 됐다. 대학시절과 사회진출로 1인분 인생데뷔에 성공했다. 소까지 팔아 등록금을 대주는 특유의 한국적 교육열은 대학입시를 뜨겁게 달궜다. 물론 대학입학은 힘들었다. 1979년 대학진학률은 남자는 3명 중 1명(29.2%), 여자는 5명 중 1명(20.7%)에 머물렀다. 대학생이 됐지만 교육인프라는 열악했다. 1978년엔 졸업정원제가 생겨 대학 졸업정원의 130%를 합격시키기도 했다.

다만 취업은 무난했다. 1980년대 중반 주춤했던 때를 빼면 호황은 반복됐다. 1980년대 후반은 수출호재로 일손이 크게 달렸다. 노동공급이 수요보다 달려, 대졸이 아니라도 일자리는 많았다. 1986년 취업자는 사회간접자본 및 기타서비스업에 50.5%가 취업했다. 산업구조가 고도화됐음이 확인된다. 소득증대로 삶의 수준은 업그레이드됐다. 정치적 이유가 있었지만 프로야구·축구가 1980년대 초반 개막됐고, 1988년엔 올림픽까지 개최했다.

1990년을 앞두고 A씨를 포함한 베이비부머는 30대에 속속 진입했다. 1990년대 초반은 건설경기의 호조로 경기가 뜨거웠고, 1997년 외환위기 이전까지 수출호조까지 겹치며 고도성장을 완성했다. 이 과정에 A씨는 '산업일꾼'으로 불리며 도시화와 산업화를 주도했다. 잦은 야근과 잔업으로 몸은 힘들었어도 매년 연봉은 뛰었고 저축은 늘어났다.

이즈음 A씨는 결혼을 결심했다. 회사에서도 인정받고 고향 부모님의 재촉도 있어 사귀던 애인과 결혼했다. 당시 봄·가을이면 어디든 새로운 신랑신부로 넘쳐났다. 가족·친지·친구의 축하를 받으며 큰 걱정 없이 결혼에 골인했다. 그런데 집이 문제였다. 베이비부머답게 A씨를 포함한 1958~62년 출생자들만 500만명이라 적어도 200만 커플이 탄생해서다. 정부가 1980년대 후반, 수도권 아파트 200만호 공급을 비롯해 신도시를 대거 개발한 배경이다. 1990년 아파트는 여러 주택유형 중 14.8%까지 늘어났다(2005년 42.3%).

어느새 A씨는 4인 가족의 가장이 됐다. 아내가 전업주부인 외벌이였음에도 먹고사는 데 이렇다 할 문제는 없었다. 30대를 결혼·출산·육아 등의 표준스타일로 평범하게 살아냈다. 월급은 여전히 최소 물가상승률만큼은 올라갔고, 적지만 금융자산은 착실히 몸집을 불려나갔다. 회사에선 한창 일하는 주력멤버답게 경력을 쌓아갔다.

상황이 바뀐 건 1990년대 후반이다. 1997년 생각지도 못한 대형악재가 순식간에 터져 나왔다. 외환위기다. 경기는 단번에 떨어지는 칼날처럼 외마디 비명도 못 지른 채 하락했다. 정부는 IMF(국제통화기금)에 긴급자금을 요청했다. 지원조건은 까다로웠다. 시장을 내주고 자산을 헐값에 처분해야 했다. 제2의 국채보상운동이란 말처럼 전국적인 금 모으기 열

풍에 A씨도 참여했다. 갈 길이 먼 30~40대로선 국가부도를 막고 서둘러 정상화시키는 게 발등의 불이었던 까닭이다.

한국경제의 성장모델은 이로써 갈림길에 섰다. 고도성장의 종식이다. 성장곡선의 상승세가 쉼표가 아닌 마침표로 전환됐음은 얼마 지나지 않아 확인됐다. 2000년대 초중반까지 미국내수 · 중국수출의 글로벌 경기 호황 덕에 그나마 감축성장의 하방경직성을 유지했지만 성장률의 절대수치는 낮아졌다. 그나마 코스닥버블이란 단어처럼 IT경기가 한국경제를 떠받친 게 다행이었다. A씨 등 베이비부머의 40대는 이후 계속해 아슬아슬한 곡예타기를 반복했다. 2008년엔 글로벌 금융위기마저 겹쳐 A씨의 불안과 한숨을 한층 심화시켰다.

무엇보다 일자리가 불안해졌다. "밤새 안녕하셨습니까?"는 외환위기 이후 샐러리맨의 자조 섞인 유행어가 됐다. "외근 가면 책상 없앨까 불안해 나갈 수도 없다"는 말까지 들렸다. 그만큼 자르고 줄이는 구조조정이 일상화됐다. A씨 주변엔 중도퇴직자가 늘기 시작했다. 삼팔선, 사오정, 오륙도는 이후 뉴스의 단골키워드로 부각됐다. 남은 자는 떠난 자를 보며 곧 다가올 운명을 떠올렸다. 피바람의 구조조정에서 생존한 이들은 스트레스가 폭증했다. 생존을 위한 몸부림은 치열했다. 일은 늘었다. 자존심은 버렸다. 그래도 정년퇴직은 전설이 됐다. 퇴직자는 실업탈출구로 비유되는 자영업에 나섰지만 주지하듯 대개는 실패했다. 중산층에서 도시하층민으로 급전직하했다.

그래도 A씨는 행복한 케이스다. 해고광풍에서 살아남았다. 직장에서 생존했고 가족도 지켜냈다. 다만 행복은 저만치 날아갔다. 남은 건 불안과 적자뿐이다. 소득수준은 40대 때 클라이맥스를 찍는다는데 저축여력은 별로 없다². 이유는 두 자녀의 교육비였다. 적자생존·승자독식의 정글세계에서 자녀의 생존조건을 높이자면 교육비는 아낄 수 없다. 소비지출의 21%가 교육비로, 다른 어떤 지출항목보다 높은 이유다.

A씨의 40대이자 2000년대 밀레니엄은 이 가운데 펼쳐졌다. 고용불안의 거센 광풍은 비켜갔지만 불안감은 새 시대에도 여전하다. 40대 가장의 어깨는 오히려 한층 무거워졌다. 들어올 소득은 불안하기 짝이 없는데 나갈 돈과 쌓아야 할 돈은 급증한 결과다. 반면 가진 건 몸뿐인데 이게 요즘 말을 듣지 않는 것 같아 걱정이다. 친구들 중에선 병원신세를 지는 이들이 늘어났다. 별안간 삶을 등지는 친구까지 나타났다.

그런데도 일은 많다. 직장에서의 수명을 조금이라도 늘리려면 알아서 오랜 시간 충성하는 수밖에 없다. 때문에 40대 전반보다 중후반으로 갈수록 월평균 근로시간은 되레 늘어났다. 자발적인 '회사인간'화다.

결국 A씨의 선택은 자산불리기로 연결됐다. 주식과 부동산투자다. 근로소득이 불안해졌으니 자산소득으로라도 자녀교육·부모봉양·노후준비의 삼중고를 해결할 수밖에 없다. 1987~94년 한창 젊을 때 선배들의 토지신화를 목격했기에 부동산신앙은 확고했다. 그땐 목돈이 없어 급등잔치에 참가하지 못했지만 40대인 지금은 상황이 달라졌다. 은행대출을 받는 등 다소 무리한다면 얼마든 자가自家소유가 가능해졌다. A씨도 동참했다. '버블세븐'으로 비난하며 투기화를 막으려는 정부의지와 달리

---

2 A씨가 속한 40대의 소득수준은 전체 연령대 중 가장 높지만 흑자율은 소비지출 탓에 상대적으로 낮다. 2009년 40대 월평균 가처분소득은 310만2,000원으로 연령대 중 최고지만 흑자율은 18.5%에 불과해 최저수준을 기록했다.

시장은 놀랍게 급등했다. 빚이 있었지만 A씨의 선택은 옳아 보였다. 힘든 직장생활에도 불구, 오르는 집값을 보면 그나마 웃을 수 있었다.

2010년 A씨는 드디어 50대가 됐다. 늘어난 뱃살과 반백머리는 트레이드마크가 됐다. 이런 A씨가 50대가 되면서 웃음마저 잃었다. 두 자녀의 대학등록금만 생각하면 머리가 지끈거리는데, 믿었던 아파트값은 고점대비 확연히 떨어져 절망스럽다. 매수직후엔 몇 년이면 대출금을 갚고도 노후자금은 건질 줄 알았건만 지금은 대출금이 살림살이를 핍박한다. 전형적인 '하우스푸어House-Poor'다. 이들 대부분은 2000년대 중반 버블열차 막차를 탄 40~50대다. 인생 최대의 거액쇼핑인 아파트가 승부수가 아닌 자충수로 되돌아왔다.

버텨왔던 직장생활은 점점 끝이 보인다. A씨처럼 이는 50대의 공통걱정이다. 빨간불이 켜진 직장생활의 본격개막이다. 운 좋게 살아남았지만 직장생활은 고작 1~2년 안에 끝난다. 통계마다 다르지만 샐러리맨 평균정년은 57세 정도다[3]. 여기에 적용하면 A씨는 지금 짐을 싸야 할 나이다.

살아갈 날은 길어졌는데 들어올 돈이 줄어드는 게 노후불안의 핵심맥락이라면 이 고민의 본격적인 첫 번째 적용세대는 A씨가 포함된 50대 베이비부머다. 요컨대 피파세대의 후보군으로 불러도 무방하다. 생존철칙은 근로소득을 늘려 최대한 오래 일하는 것뿐이다. 적든 많든 근로소득만 있어도 노후불안은 줄일 수 있다.

---

3 300인 이상 대규모 사업장의 정년연령은 2009년 현재 57.14세로 파악됐다(노동부).

전체 가계와 50대 가계의 자산 비교(2012년)

구분		가구 비율		자산액		점유율		부채액		점유율		순자산		점유율	
			전년차		증감률		전년차		증감률		전년차		증감률		전년차
전체		100.0	0.0	31,495	5.8	100.0	0.0	5,291	1.7	100.0	0.0	26,203	6.7	100.0	0.0
연령대별	30세미만	3.7	-1.2	9,614	15.7	1.1	-0.2	1,441	13.7	1.0	-0.2	8,173	16.1	1.2	-0.2
	30~39세	18.5	-0.5	22,464	8.3	13.2	0.0	4,308	-6.5	15.1	-1.7	18,156	12.6	12.8	0.4
	40~49세	26.2	1.2	33,132	7.3	27.6	1.6	6,519	0.8	32.3	1.2	26,613	9.0	26.6	1.8
	50~59세	23.3	1.3	41,611	5.2	30.7	1.6	7,521	9.1	33.1	4.0	34,090	4.4	30.3	1.1
	60세이상	28.3	-0.9	30,457	-1.5	27.4	-2.9	3,473	-10.9	18.6	-3.3	26,984	-0.1	29.1	-3.0

– 자료: 통계청, '2012년 가계금융 및 복지조사 결과', 2012.3

거의 60년을 살며 만들어온 A씨의 재산상황을 보면 이들 피파세대 후보그룹에게 공통적인 최후보루는 부동산이다. 평생 일해 건진 건 사실상 아파트 등 부동산뿐인 경우가 비일비재하다. 한국인의 총자산 중 부동산이 무려 79.8%에 이르는데, 이 포트폴리오의 주도세력이 50대 베이비부머다.[4]

반면 금융자산은 적다. 있어도 대부분 유동성이 좋고 안전한 은행상품 등 안전자산에 배치된다. '+알파(α)'를 기대하기 힘든 포트폴리오다. 부동산은 하락추세 속에 미래전망이 불투명하고 맡겨둔 은행상품은 저금리로 물가조차 따라가지 못하니 A씨의 겨울준비는 불안할 수밖에 없다. 그래서인지 갈수록 주식·펀드 등 위험자산 편입비중이 증가세다. 위험해도 '+알파'로 자산을 불리려면 그 방법뿐이다. 50대의 주식보유 현황은 27.6%로, 노후불안이 구체적인 60대(29%)보다는 적지만 30대(13.7%)나 40대(26.5%)보다 높다. 연령이 높아질수록 안전자산을 선호한다는 금

---

[4] 가구주 연령대별 자산보유 비중을 보면 50대의 부동산비중(79.8%)은 전체평균(76.8%)을 웃돈다. 반면 30대는 64.4%, 40대는 74.7%로 조사됐다. 또 2006년 기준으로 50대는 부동산 보유액 2억5,720만원 중 주택이 1억6,470만원으로 55.4%를 차지한다.

융이론은 폐기됐다.

   그럼에도 불구, A씨의 자산규모는 상당하다. 부동산의 일극집중에 따른 배치부담과 근로소득의 불확실성이 여전하지만 그래도 한국사회에선 분명한 승자그룹이다. 대부분은 고도성장으로 근로소득이 탄탄했고, 자산버블에 올라타 적잖은 시세차익(자산소득)을 거뒀기 때문이다. 다만 일부가 전체를 대표할 수는 없는 법. 실제 50대는 자산(4억1,611만원)과 부채(7,521만원) 모두 평균보다 각각 1억원, 2,300만원 많다. 쉽게 말해 부채 8,000만원을 깔았지만 4억2,000만원짜리 아파트를 가진 흑자가계다.

4장

무덤덤한 시니어마켓, 어떻게 공략할까?

1
초기 시니어마켓이 성공하지 못한 이유

시니어마켓, 왜 실패했을까

시니어마켓은 힘들다. 잡힐 듯 잡히지 않는 신기루나 다름없다. 지금 이 순간에도 수많은 이들이 언저리를 헤매지만 이렇다 할 성과소식은 없다. 정처 없이 변죽만 치다 지레 포기하고 나가떨어지는 게 다반사다. 냉엄한 현실상황이다. 블록버스터가 될 것이란 심증적인 응원에 고무돼 출사표를 던진 개봉박두의 꿈은 십중팔구 흥행참패의 초라한 성적표로 되돌아온다는 게 지금까지의 선행사례가 보여준 교훈이다.

특히 시장형성을 위한 제반환경이 무르익은 일본경험이 우리에겐 값지다. 미래시장의 유력키워드인 고령고객을 선점하기 위한 다양한 노력·실험이 반복됐지만 아쉽게도 여전히 실제성적은 기대 이하다. 성공보다 실패가 압도적이다. 성공조차 일반화가 힘든 특이사례가 소개될 따름이다. 잃은 건 많다. 거대한 함몰비용이 투입된 건 둘째 치고 시장형성에 대한 실망확산과 이탈조류가 안타깝다. 이로써 일본에선 흔한 말로 가성비가 낮은 현존 시니어마켓을 두고 전략반성과 방향수정이 일상적이다.

그럼에도 시니어마켓은 존재한다. 날이 갈수록 지금보다 뚜렷하게 시장의 존재확신과 접근시도가 증가할 수밖에 없다. 과거와는 뚜렷하게 달라진 시대상황의 변화가 시니어마켓의 성장토양으로 역할하기 때문이다. 즉 시니어마켓은 다가올 수밖에 없는 거대조류다. 물론 단기간에 금방금방 개척·성장하는 시장은 아니다. 장기간에 걸쳐 작지만 저벅저벅 한국시장의 유력영역을 차지할 게 확실시된다.

이때 실패경험이 줄어들면 시니어마켓의 성장궤도도 탄력을 받을 공산이 크다. 기대 속에 뛰어든 초기의 선점경쟁이 성과 없는 집단공멸과 후회전파로 확인되면 후속주자의 도전의욕과 행동반경을 감쇄할 것이기 때문이다. 기업가정신의 발로라는 것도 될성부를 떡잎에서 체화되는 법이다. 이러면 시장은 크기 힘들다. 남들이 없는 뒤안길 꽃밭을 선점·독점할 수 있는 건 거대자본에 한정될 뿐이다.

따라서 가능한 한 과락 없이 합격선 위에 안착할 수 있는 시장형성이 시급하다. 잠재고객의 생활양상을 주도면밀하게 분석·이해한 후 그 눈높이와 욕구에 맞는 제품·서비스를 제안·설득해 지갑을 열도록 노력하는 게 필수다. 무엇보다 잠재고객인 고령인구의 속내와 처지를 정확하게 읽어내는 독법 마련이 중요하다. 과거의 고령인구에겐 통했던 일반상식과 고정관념은 이제 통하지 않는 시대인 까닭이다. 앞으로의 시니어그룹은 지금까지의 그들과는 뚜렷이 구별되는 새로운 고객집단이다.

일본의 시행착오에서 교훈을 얻어라

시니어마켓은 좀체 한발 떼기 힘든 가시밭길이되, 시장참여자라면 응당 가시조차 제거하며 품어 안아야 할 미래시장이다. 어렵다고, 모른다고 손 놓고 있기엔 확산적인 잠재력과 우호적인 선점성이 적잖이 매력적이다. 사실 전문가그룹조차 시니어마켓을 둘러싼 확신과 예측은 불가능하다. 미증유의 신시장이기에 이를 뒷받침할 만한 물증은 별로 없고, 대부분은 성장하지 않을까 하는 심증에서 진단이 시작된다.

그러니 분석결과는 천양지차다. 한국의 시니어시장의 규모분석만 해도 똑같은 2020년 기준인데 73조(보건산업진흥원)에서 149조(통계청)까지 2배나 차이가 난다. 물론 범주와 잣대의 차이가 낳은 결과지만, 그럼에도 정밀한 업계공통의 기준조차 없다는 건 그만큼 시니어마켓을 읽기가 만만찮다는 것을 뜻한다.

다만 공통적인 건 낙관론의 견지자세다. 장밋빛 전망이 시니어마켓을 조감하는 대체적인 공감대다. 신중론 혹은 부정론은 극소수에 머문다. 상황분석에선 호재와 악재가 상존하는 법인데도 유독 낙관론이 지배적인 것은 이웃나라 일본자료의 영향 탓으로 해석된다. 일본이 시니어마켓을 애초 좋게 봤는데 그 느낌이 그대로 한국에 전파된 분위기다. 물론 일본도 시간경과에 따라 "만만찮다"거나 "어렵다"는 시행착오를 고백한 연구결과가 늘었지만 아직 이 내용은 한국에 소개되지 못한 듯하다. 혹은 낙관론이 압도할 때 이득을 얻는 일부 이해관계자의 계산결과일 수도 있다.

이쯤에서 눈여겨봐야 할 것은 일본의 시행착오다. 애초 일본의 낙관적인 상황판단과 판세분석은 틀리지 않았다. 일본상황을 종합할 때 시니어마켓의 기대감은 충분히 일리가 있는 분석결과였다. 일본시장의 내수주도적인 현실(GDP대비 내수기여도 85%)과 자산규모가 탄탄한 일본노인의 경제력에서 일본적 낙관론은 추출됐다.

그러나 한국은 다르다. 전제부터 일본과는 구별된다. 즉 일본적 호재였던 내수주도성·노인경제력을 한국에 대입하면 상황은 정반대다. 한국은 수출주도적인 파급경제형(낙수효과)인 데다 고령인구의 소비여력은 전체세대 중 가장 낮다. 한일 간의 간극은 여기서 발생한다. 따라서 시니어마켓은 뜨는 시장인 건 맞는 것 같지만 잠재시장과 유력고객을 뜯어보면 일본과는 확연하게 내용이 달라진다.

실제 한국은 자산만 놓고 봤을 때 고령집단의 소비여력이 생각보다 높잖다. 한국고령자(60세↑)의 가구비율은 28.3%인데 평균적인 순자산은 2억6,984만원에 그친다. 반면 50대는 가구비율은 적지만 평균적인 자산보유액이 최다인 연령대다. 이들은 23.3%가 3억4,090만원을 가졌다. 시장으로만 본다면 50대가 60대 이상보다 더 매력적이란 얘기다. 이를 가구·순자산 비율로 정리하면 50대(23.3%, 30.3%), 60대↑(28.3%, 29.1%), 40대(26.2%, 26.6%), 30대(18.5%, 12.8%), 30세↓(3.7%, 1.2%) 순서다. '자산보유=소비여력'로 치환한다면 고령가구는 50대보다 못하다. 가구숫자는 많은데 평균자산은 50대보다 적기 때문이다(2012년·가계금융 및 복지조사).

반면 일본의 고령집단은 다르다. 세대주연령을 기준으로 60대와 70대의 평균저축액은 2,385만엔으로 전체세대를 압도하는 금융자산을 보유했다. 부채는 각각 204만, 93만엔으로 이를 감액하고도 2,200만엔대의 금융자산을 가졌다. 반면 현역세대는 50대(1,595만엔), 40대(1,049만엔), 30

대(628만엔) 등으로, 고령가구보다 현금동원력이 턱없이 부족하다. 더욱이 이들의 부채규모도 놀랄 정도인데 각각 607만엔, 994만엔, 1,011만엔으로 빚잔치를 하면 사실상 남는 게 거의 없다는 결론이다. 전체평균으로는 1,739만엔인 현역세대보다 고령인구(65세↑)의 저축액(2,377만엔)이 더 많다. 4,000만엔 이상의 거액자산가는 고령인구가 17.6%인 데 비해 현역인구는 11.1%에 불과하다(2014년·고령사회백서).

일본노인의 수요여력이 거대하다는 건 다른 통계에서도 공통적으로 확인된다. 참고로 세대종류별로 시장규모를 분석한 자료를 봐도 시니어(60세↑)는 2020년 109조엔 시장으로 가장 파워풀하다. 뒤이어 40~59세의 중년(104조엔), 청년(39세↓, 48조엔), 3세대 동거 등 기타(51조엔) 등의 순서다. 연평균성장률로 봐도 시니어가 1.9%로 가장 성장여력이 높다. 특히 시니어 중에서도 단신·부부의 시장규모(65조엔)가 39세 이하의 청년세대(48조엔)보다 크다(미츠비시종합연구소). 청년세대의 연평균성장률이 유일하게 -1.4%임을 반영하면 시니어의 시장규모가 갖는 기대감과 낙관론은 어쩌면 당연한 결과일지 모른다.

▼ 세대 유형별 소비동향 변화 비교

세대타입	시장규모(조엔)		연평균성장률
	2010년	2020년	
청년층(세대주 39세 이상)	56	48	-1.4%
중년층(세대주 40~59세)	90	104	1.4
시니어층(세대주 60세 이상)	90	109	1.9
단신	20	29	3.7
부부	39	46	1.8
부부와 자녀	24	25	0.4
편부모와 자녀	8	9	2.4
기타(3세대 동거 등)	48	51	0.5
합계	284	312	0.9

– 자료: 미츠비시종합연구소

2
그럼에도 시니어마켓은 여전히 매력적인 시장이다

소비 여력이 없는 지금의 노인층들

　　　　　소비 여력이 없는 지금의 노인층들
"그래도 결국 이 시장을 무시할 수 없다."
"내수 중 전망이 좋은 건 이 시장뿐이다."
통칭 실버시장에 관심을 갖거나 이쪽에서 먹고사는 이들의 공통된 생각들이다. 어두운 면과 조심해야 할 것을 줄줄이 소개해도 결론부분에선 "그럼에도 불구하고"의 희망과 활로를 끄집어내려 열심이다.
옳다. 전적으로 동의하는 대목이다. "그럼에도 불구하고 시니어마켓은 열어젖힐 시장"이다. 부정적인 기류가 가득해도 소중하게 가꾸고 키워내야 할 미래의 중요한 사업모델이다. 숱한 한계를 뛰어넘고도 충분한 매력이 존재해서다. 당위론과 기대론 모두 시니어마켓의 앞날을 고루 비춘다.

강조컨대 그러자면 일시적 붐과 실패경험의 누적확산을 경계하는 게 필수다. 잘못된 신호와 실패가 반복되면 후속주자의 뒷덜미를 잡을 수밖에 없다. 철저한 분석과 꼼꼼한 준비로 시니어마켓이 창출하는 선순환의 연결고리를 만들어야 유력한 성장모델로 자리매김할 수 있다. 이때 부가적인 산업연관의 확산효과도 실현된다. 장이 서고 사람이 몰려 돈이 돌면 추세적인 성황장세를 연출할 수 있다.

사람과 돈이 있어야 시장은 만들어지고 또 커진다. 타깃고객과 소비여력은 그래서 시장형성의 필수전제다. 현재시점에서 한국의 시니어마켓은 그래서 부정적이다. 사람과 돈 모두 이렇다 할 덩치를 만들지 못했다. 무엇보다 돈이 없다. '한국노인=빈곤인구'의 이미지는 괜히 생긴 게 아니다. 피파PIPA세대의 첫 P가 빈곤Poor인 것도 경제력의 부재로부터 비롯되는 고립·질병의 파생효과가 거대하기 때문이다. 개인소득·자산·공적연금 수급액이 많을수록 우울감은 낮고 만족도는 높다는 연구결과도 있다(2013년·국민연금연구원). 모든 걸 돈으로만 귀결한다는 반론이 있을지 모르지만 적어도 빈곤이 노후불행의 원죄인 건 분명하다. 유전有錢노후의 긍정적 효과다.

그나마 타깃고객, 요컨대 사람은 좀 낫다. 시니어마켓의 성공적인 시장형성의 전제로 잠재고객은 적으나마 희망적이다. 고령화비율(65세↑/전체인구)은 13.1%(2015년)로, 고령사회로의 진입관문인 14%에 근접했다. 이 정도로 장밋빛 전망을 갖기엔 부족하다. 그런데 세계 최고수준의 늙어가는 속도와 규모를 보면 앞으로는 상황이 달라진다. 순식간에 고령인구가 거대집단을 만들 게 뻔하다. 추계예측을 벗어나는 출산연기·

포기를 감안하면 분모의 감소속도는 더 빨라진다. 그냥 놔둬도 조로早老를 피하기 힘들다. 의학적 수명연장과 베이비부머의 대량가세를 감안하면 20%(초고령사회)까지 치솟는 건 시간문제다. 참고로 통계청은 한국이 2018년(14%↑), 2026년(20%↑) 각각 고령사회, 초고령사회에 도달할것으로 추정한다.

문제는 돈, 즉 소비여력이다. 앞서 여러 번 확인했지만 한국의 고령인구는 가진 돈이 별로 없다. 50대 중산층이 60대 빈곤층으로 전락하는 비율이 절반[1]에 달한다니 할 말이 없다. 멀쩡했던 사람도 은퇴와 함께 금전갈등에 봉착한다. 은퇴이후 경제적으로 독립했다는 사람은 10명 중 3명(66%)에 불과하다(연금포럼 60호). 그러니 노인인구의 빈곤비율이 높다. 2014년 한국노인의 빈곤율은 34개 OECD 회원국 중 가장 높은 49.6%다 (2015년·OECD 연금개혁보고서). 전체평균(12.6%)의 3배 이상이다.

베이비부머가 이끌 시니어마켓의 미래는 밝다

정리하면 타깃고객은 중中, 소비여력은 하下다. 다만 앞으로는 둘 다 조금은 개선될 여지가 있다. 한국 가계자산의 상당지분을 보유한 베이비부머(1955~63년생)가 환갑을 넘어 본격적인 고령인구(65세↑)에 가세해서다. 맏형 격인 55년생은 이미 2015년부터 하나둘 환갑잔치를 끝냈

---

[1] 보험연구원, '은퇴 이후 중산층, 빈곤층으로 하방이동 심각', 2015.6.10. 2004년 가구주 연령이 50~65세 중산층 866가구 중 2010년 빈곤층으로 전락한 가구가 458가구로 조사됐다. 빈곤층으로의 전락비율은 53%다.

고 동생그룹이 뒤를 잇는다.

이들 700만 거대인구는 노인그룹을 확대할 뿐만 아니라 소비여력도 강화되는 형태로 뒷받침해준다. 한국의 베이비부머는 본인노력과 함께 고도성장의 수혜를 광범위하게 입으며 단군 이래 그들의 이전·이후세대와 비교해 가장 많은 파이를 얻은 집단이다. 인플레 종식을 감안하면 앞으로는 웬만하면 나오기 힘든 +알파의 자산규모를 일궈냈다. 탄탄한 근로소득과 반복된 자산버블의 유일무이한 수혜그룹인 셈이다. 세대전체와 비교하면 50대(2012년 기준)는 자산과 부채 모두 전체평균보다 많다.

비록 자산유지·확대에 반하는 부동산 일극집중과 버블붕괴 우려가 상당함에도 기타세대보다는 경제사정이 훨씬 좋다. 퇴직·노화 등 고민이 많고 노노老老격차의 확대심화로 획일적인 집단만족을 거론하기는 힘들지만, 적어도 돈 없이 퇴직해 자녀에 기댈 수밖에 없는 선배세대나 그 어느 것 하나 보편적인 라이프스타일을 좇기 힘든 N포세대보다는 누린 것과 가진 것이 많다는 것은 엄연한 사실이다.

이들의 대량은퇴는 시니어마켓이 적어도 지금보다는 좋아질 것이란 신호로 작용한다. 베이비부머의 대량은퇴를 전후해 시니어마켓의 전개풍경이 달라질 수 있는 것이다. 비교적 고학력에 좋은 건강상태, 넉넉한 경제기반 등이 길어진 노후생활과 맞물려 과거와는 전혀 다른 형태의 새로운 소비전선을 구축할 수 있기 때문이다. 이른바 적극적이고 활동적이며 긍정적인 액티브Active시니어의 출현기대다. 바로 직전 세대는 '은퇴=빈곤'이 일상적이었다면 베이비부머 은퇴 이후에는 '고령자=중산층'의 등식마저 기대할 수 있다.

내수활성화의 원동력이 될 베이비부머들

　여기에 호재는 더 가세한다. 사실 경제력이 보강된 거대인구의 출현만으로 시니어마켓의 성장세를 장담하기에는 역부족이다. 4명 중 1명이 고령인구인 데다 이들 중 상당수가 중산층 이상인 장수국가 일본의 시니어마켓이 지지부진한 게 그 증거다. 제아무리 머릿수가 많고 경제력을 갖췄어도 그들 수요욕구에 맞는 상품·서비스가 부족하면 지갑을 열기란 어렵다. 이때 유효한 외부호재가 내수시장의 정책적인 육성필요다.

　한국의 내수시장 의존도는 기형적일 정도로 낮다. 역으로 GDP대비 수출비중이 과도하다. 수출의존도가 60% 정도인데 이는 서구선진국 평균보다 지나치게 높다. 꽤 수출비중이 높다는 독일(50%대 초반)은 물론 일본(15%), 미국(14%)보다 월등히 높다. 무역의존도가 높은 개방경제라는 타이틀이 붙는 이유다. 지금까지는 좋았다. 수출환경이 좋아 상당한 무역흑자를 기록할 수 있었다.

　문제는 앞으로다. 수출주도 성장한계를 극복하고 대외변수에 휘둘리지 않는 성장모형이 필수다. 2000년대 이후 중국수출·미국내수의 선순환이 불러온 글로벌호황이 끝나고, 2008년 금융위기 이후에는 미국을 제외한 선진국은 물론 개도국조차 성장지체의 함정에 빠지면서 그간 한국을 먹여 살린 수출부문의 취약성이 고스란히 드러났다. 수출의존도가 높으니 대외변화에 따른 부침현상은 심해질 수밖에 없다. 수출주도형을 고집해야 할지 고민스러운 대목이다. 실제로 2015년 2.7%의 성장률 중

수출기여도는 단 0.2%에 불과하고 나머지(2.5%)를 내수가 책임졌다는 분석결과도 이를 뒷받침한다(한국은행).

그렇다면 대안은 갈무리가 된다. 균형모색이다. 수출과 내수의 성장양축을 균형적으로 유지해 성장도약대와 충격안전판을 마련해두는 게 시급하다. 먼저 해야 할 일은 존재감이 약한 내수시장의 확대다. 내수취약의 원인을 파헤쳐 그 해결책을 실행해야 한다. 구체적으로는 제조업의 위기를 극복할 서비스업의 진작이다. '제조업→서비스업'으로의 무게이동은 자연스러운 시대조류이며 대외변동성을 극복하는 괜찮은 대안이다.

이 대안카드를 방치해서는 곤란하다. 이는 경제정책을 총괄하는 경제당국도 숙지하고 있는 사실이다. 제조업 일변도의 산업정책을 내려놓기에는 부담스럽거나 혹은 주저할 수 있지만 길게 봐서는 내수시장의 확대가 한국경제의 지속성을 높이는 지름길이다. 특히 고민스러운 내수불황도 자연스레 해결된다. '내수확대→고용증가→소비증가→실적증대'의 선순환 덕분이다. 골치 아픈 실업문제까지 중장기적으로는 완화할 수 있는 내수확대에 정부자원을 투입하는 건 그래서 당연지사다.

이때 시니어마켓이 내수확대의 유력후보에 오를 수 있다. 없거나 혹은 적었던 고령소비를 성공적으로 진작할 정책세트를 내놓음으로써 내수기반을 확대할 수 있어서다. 눈에 띄고 관심을 집중시킬 수 있는, 그렇지만 현실화에는 상당한 노력·시간이 필요한 인기영합적인 차세대 성장사업을 제안하는 것보다는 낫다. 하늘에서 뭔가 뚝 떨어지기를 바라는 녹색성장, 창조경제보다는 그나마 태동기운이 확인된 시니어마켓을 전략적으로 육성하는 게 훨씬 바람직하다.

더욱이 시니어마켓은 부가효과가 크다. 시니어마켓의 유력고객인 고령인구는 1차적으로는 소비대상이지만 2차적으로는 생산인력이 될 수 있다. 고객을 알아야 팔 수 있는 법이다. 시니어마켓에서의 숱한 선행사례가 실패로 귀결된 이유 중 하나는 고령인구를 철저히 소비자이자 공략대상으로만 여겼다는 점이다. 공략대상의 맘과 속도 모르면서 왜 안 사느냐 재촉하니 지갑이 열릴 리가 없었다.

반면 성공사례는 대부분 노인수요를 정확히 읽어냈다. 여기서 차별화는 고령직원의 적극적인 채용이다. 인지상정의 고령직원이 고령고객을 응대한 것이다. 정확한 설득지점에서 답답함을 해소해주니 성공은 당연하다. 즉 시니어마켓은 국가적 관심사로 부각된 고령인구의 고용창출과 소득확보에도 우호적이다.

3
일본의 시니어마켓에서 배워야 할 것들

고령 사회의 두 얼굴

고령사회는 두 얼굴을 가졌다. 단적으로 정리하면 위기와 기회다. 위기는 인구절벽(경제활동 인구감소)과 소비절벽(불안확대 소비감소)의 저성장으로 요약된다. 기회는 그럼에도 불구, 새롭게 펼쳐지는 신흥시장의 성장기대다. 새로운 소비시장의 조성파워를 갖춘 강력한 인구집단의 출현이 이를 뒷받침한다. 고령인구의 소비시장, 즉 시니어마켓의 등장이다. 비록 피파세대라는 별칭답게 경제력은 부족할지언정 수명연장과 체력증진으로 시장자체의 절대볼륨이 커진다는 점에서 시니어마켓의 잠재력은 충분하다.

물론 함정이 많다. 누구도 보지 못한 전인미답의 고령사회를 예측한 추정치에 불과하다. 적잖은 수요예측 추정결과처럼 막상 뚜껑을 열면 기대 이하에 그칠 확률이 높다. 껍데기에 얽매이지 말라는 경계감이 높은 이유다. 그렇지만 시니어마켓은 노력여하에 따라 얼마든 활황장세를 펼칠 수 있다. 오래 일해야 하는 가계와 돈을 벌어야 하는 기업, 그리고 내수확대·고용유지에 힘써야 할 정부 등 개별주체의 상황논리를 감안하면 시니어마켓만큼 유력한 대안카드도 없어서다. 어느 시대든 돈벌이는 있듯, 이를 잘 키워 가꿔내면 저성장의 하방압력을 적어도 줄일 수는 있다.

그 선행적인 시도사례는 영국모델이다. '복지수요→성장활력'의 연결고리다. 늙으면 아프고 힘든 법이다. 돈마저 없다면 정부의 복지공급이 유일한 호구지책이다. 갈수록 한국의 복지수요와 복지예산이 늘어나는 배경이다. 그럼에도 재정투입의 효율은 별로다. 전달체계의 누수·혼잡·정체와 관료적인 실행주체 때문이다. 이를 민간에 의탁, 새로운 복지공급원으로 부가가치를 키우자는 게 영국모델의 핵심이다. 제3의 길The third way, 큰 정부론Big Society의 학술적 키워드인 '역동적 사회국가론'이 그렇다. 복지의 수요와 공급을 비효율의 정부에서 효율의 민간에 맡기는 개념이다. 물론 성공을 위해서는 보다 정밀한 정책대안이 필수지만 어쨌든 고령인구에 주목했다는 건 의미심장하다.

기업도 마찬가지다. "10년 후 뭘 먹고 살 것인가"라는 비유처럼 미래의 성장기반을 찾는 데 기업만큼 절실한 곳은 없다. 상황변화에 맞는 상품과 서비스를 누구에게 어떻게 팔지 고민의 깊이와 폭은 깊고 넓다. 지금으로서는 시니어마켓이 꽤 괜찮은 대안일 수 있다. 일본의 접근궤도도 그랬다. 고령고객이 만들어낼 유례없는 큰 장이 설 것이란 기대감에 경쟁적으로 시니어라는 화두를 받아들였다.

일본의 시니어마켓이 기대에 못 미쳤던 이유

주지하듯 일본은 고령사회의 전형이다. 평균수명 80세를 넘긴 지 오래이며, 고령인구가 3,000만이 넘었다(65세↑ 3,384만명). 4명 중 1명(26.7%)이 노인인구인 셈이다(2015년 9월 속보치). 80세를 넘긴 인구도 1,000만을 넘겼다. 2005년 대비 전체인구는 약 94만명 줄었지만 고령인구는 808만명이 늘었다. 2차 베이비부머(1971~74년생)가 고령인구로 가세하는 2040년에는 36%를 기록할 전망이다(국립사회보장인구문제연구소). 덕분에 생활공간 곳곳에선 지각변화가 일상적이다. 그 주인공은 고령인구다.

게다가 일본노인은 평균적으로 자산여력과 여유시간이 충분하다. 많은 통계에서 확인되듯 '일본노인=부자그룹'의 이미지가 강고하다. 통상적으로 일본가계의 금융자산 약 1,600조엔 가운데 고령인구의 점유비율이 60~70%에 달한다. 평균적으로는 현금성 자산만 가계당 2,000만엔을 웃돈다. 그뿐만이 아니다. 연금소득이 탄탄하다. 노후소득의 90% 이상이 연금소득이다. 고령가구의 평균이미지인 고령부부·무직세대의 월평균 연금수입은 21만엔(세후)에 육박한다. 좀 적자가 나지만 보유현금만 헐어 써도 100세까지는 돈이 남는다. 게다가 시간까지 넘쳐난다. 은퇴 이후 10만 시간의 도래다.

덕분에 시니어마켓은 황금알을 낳는 산업으로 이해됐다. 고령인구가 소비시장의 주력타깃으로 부상할 것이란 기대감이다. 시니어마켓의 시장규모를 둘러싼 예측치가 들쑥날쑥하지만 대체적인 중론은 최소 100조 시장이다. 업계는 고령수요를 잡고자 사활을 건다. 다만 성과는 미미했다.

지금은 좀 낫지만 처음엔 생각보다 고령소비가 늘지 않았다. 1차 베이비부머를 둘러싼 '단카이(團塊)버블' 논쟁이 대표적이다. 단카이(1947~49년 출생자)세대의 대량퇴직과 맞물린 시니어마켓의 개막은 기대로 끝났다.

최고수준의 고령대국인 일본의 시니어마켓을 둘러싼 실험은 참패까지는 아닐지언정 기대했던 성적표는 아니었다. 일각에선 기대오류이자 판단미스로 해석한다. 거대집단의 씀씀이는 시장기대를 무색하게 할 정도로 예상을 빗나갔다. 소비여력과 시간여유 등은 통계결과와 정합적이었지만 단 하나, 하지만 가장 결정적인 변수였던 소비의욕이 부족했다. 의외로 덜 쓰고 안 쓰는 고령인구가 태반이었다. 장수위기의 불확실성 탓이었다. 이는 일본만의 사례는 아니다. 은퇴대국의 공통현상이다. 일본의 경우 연금소득 등 거액자산을 겸비한 연금생활자도 소비절약에 동참했다.

고령인구의 소비지출로 큰 장이 설 것이란 기대는 되레 실망으로 나타났다. 총무성의 가계조사에 따르면 60대의 세대기준 소비지출은 2005년보다 2009년 6%나 줄었다. 같은 기간 고령인구(세대주 기준) 규모는 10% 증가했다. 역설적인 결과다. 시니어마켓을 둘러싼 버블논쟁이 뜨거워진 배경이다. 은퇴 이후의 금전부담을 둘러싼 불확실성은 그만큼 컸다. 오히려 고령저축이 더 늘어나는 기현상마저 보였다. 막강한 소비세대보단 꾸준한 저축세대로 이미지가 뒤바뀐 것이다.

〈닛케이비즈니스〉는 '개미와 여치' 우화로 이 상황을 설명한다. 냉엄해진 상황변화에 따른 겨울개미의 대량양산시스템에 대한 지적이다. 우화와 달리 일본개미들은 겨울에도 일할 수밖에 없어졌다. 현실부담과 미래불안 탓이다. 먼저 신규노인에게 정년개념은 사라졌다. 60세를 막 넘긴 남성의 취업률은 80%에 육박한다. 절대다수의 베이비부머가 최대한 현역생활을 유지한다는 의미다. 그만큼 경제적 부담이 크다. 즉 부모와 자녀에 대한 금전지원과 본인의 노후준비는 미완성의 현재진행형 과제로 남았다. 믿을 만한 구석이었던 연금소득이 개혁압박으로 줄어들 것이란 위기의식도 한몫했다.

노인에 대한 변화된 인식이 요구될 때

예측과 실제가 어긋난 것은 기업과 시장관계자의 판단미스가 크다. 소비자가 처한 거시적 환경변화와 진화된 욕구분석 없이, 단순히 나이가 들었으니 이런 게 필요할 것이란 1차원적 고객접근이 화를 불렀다. 즉 시니어마켓의 소비부진엔 관련업계의 안이함을 지적하지 않을 수 없다. 시니어마켓과 고령고객에 대한 치밀한 계산 없이 장밋빛 전망만 믿고 뛰어든 경우가 적잖다. 연령상승에 따른 신체한계에만 주목함으로써 필수불가결한 의료·간병시장은 커졌을지 몰라도, 독립적인 생활인으로서 확장적인 소비파워를 실현할 생활관련 상품·서비스는 거의 제안되지 않았다.

일례로 요즘 노인은 노인이 아니다. 늙고 병든 이미지는 폐기대상이다. 따라서 다양해진 고령인구에 부응하는 정교·정밀한 고객구분과 성향분석이 필수다. 그만큼 고령사회·고령자의 이미지는 다양하고 복합적이다. 극단으로 구분한다면 사회보장과 간병 등이 필요한 생활약자라는 인식과 함께 한편에선 해외여행·자아실현 등 금전과 시간이 흘러넘치는 윤택한 고령인구가 상존한다. 지금껏 업계가 전자에만 초점을 맞춰 접근하니 덩달아 늙고 아픈 집단취급을 받는 후자그룹은 시니어마켓에 알레르기 반응부터 보인 것이다.

그나마 이 구분은 일면적이다. 고령고객의 실상은 훨씬 폭넓다. 대표적인 분석기준이 빈부격차다. 자산보유 여부에 따라 노인그룹의 소비성향은 극과 극이다. 현역시절의 삶의 모습도 은퇴이후 가치관과 사고방식에 영향을 미친다. 즉 고령고객의 생활환경과 추구가치는 천양지차의 다종다양한 차별화를 보인다. 시니어마켓 비즈니스를 검토한다면 이런 다양성과 이면을 정확하게 살펴보는 게 중요한데 이게 부족했다.

수정이 필요한 고정관념도 적잖다. 우선 늙음에 대한 거부조류다. 장수사회답게 늙음은 대세다. 그렇다고 늙음을 대놓고 강조하면 곤란하다. 늙음을 거부하는 고령인구의 집단반발이 만만찮아서다. 이들은 '늙음'이 싫다. 노인이 노인이길 거부하는 셈이다. 누가 봐도 할머니지만 이들을 할머니라 부르며 고령제품을 권해봐야 효과는 없다. 우스갯소리로 '언니' 정도는 불러줘야 발걸음을 멈춘다. 즉 늙음이 젊음으로 치환될 때 비로소 사업기회가 발생한다. 심리이해와 공감조성의 필요다.

노인은 노인이길 싫어한다. 철 지난 통계지만 2009년 기준 이미 환갑 이상의 80%가 전통적인 노인나이를 늦추라고 요구했다. "몇 살부터 고령자냐?"고 물었더니 40%가 70세↑, 30%가 75세↑, 10%가 80세↑을 내놨다(내각부). 60을 넘긴 10명 중 8명이 스스로를 노인인구로 인식하기 싫어한다는 의미다. 한국도 노인의 연령기준과 관련한 논의가 활발하다.

법적기준인 65세를 70세까지 높여야 한다는 의견이 많은 가운데 정부도 70세 기준적용을 위한 개정절차에 돌입한 것으로 알려졌다.

이미지를 바꿔야 할 건 또 있다. 규모문제가 그렇다. 고령사회라면 흔히 늙어가는 사회로 이해된다. 하지만 실제계측을 해보면 증가추세는 일정부분 계속되다 이후엔 횡보에 그친다. 자연사망의 증가추세와 후속인구의 감소추세 때문이다. 고령자 절대다수가 여성이란 이미지도 수정대상이다. 고령여성의 단신거주가 많지만 최근엔 남성의 비혼(非婚)비율이 높아지는 추세다.

소득활동에서도 관념전환이 필요하다. 늙으면 쉴 것이라 여기지만 실상은 다르다. 고령근로는 꾸준히 늘어날 수밖에 없다. 당연히 평균수명이 긴 여성고령자의 취업비율은 계속해 확대될 거연성이 있다. 자산소득의 주요근거인 투자성향에도 변화는 목격된다. 나이가 들수록 위험자산을 회피할 것이란 이론은 먹혀들기 힘들어졌다. 위험자산을 적극 편입해 불확실성을 이기려는 움직임이 가시적이다. 고령인구의 장기투자마저 새로운 트렌드다. 은퇴 이후 시골·근교거주가 늘어날 것이란 예측도 깨지기 시작했다. 나이가 들수록 의료·간병서비스를 찾아 도심회귀를 결정하는 고령인구가 증가세다. 일본에서는 노인가구가 도심역세권 소형공간의 주요고객으로까지 부각된다.

4
시니어, 그들의 소비욕구를 읽어야 할 때

'세이의 법칙'은 틀렸다

만들면 팔린다.

그 유명한 '세이의 법칙Say's law'이다. 공급이 수요를 낳는다는 판로설로 유명하다. 시장의 수요와 공급의 일치점에서 가격이 결정된다고 본 고전경제학에선 정설로 인정받는다. 초과공급이라도 가격하락으로 결국엔 수요증가를 야기해서다. 다만 20세기로 넘어오면서 이 이론은 깨지기 시작했다. 산업혁명으로 대량생산이 이뤄지자 만성적인 초과공급이 불황을 불러왔기 때문이다. 이때 케인스가 등장한다. 남는 재고를 민간소비가 아닌 정부수요(재정투입)로 사줘야 한다는 이론제안이다. 이후 마케팅은 본격적으로 발전한다. 만드는 것보다 파는 게 중요해졌기 때문이다.

장수사회는 또 한 번 세이의 법칙을 깨트려버렸다. 고령고객을 염두에 둔 제품·서비스가 물밀듯이 쏟아지지만(공급↑) 정작 노인그룹은 지갑을 열지 않는다(수요↓). 더 정확하게는 대량생산품의 집단적인 구매거부 조류다. 그 선두주자에 고령인구가 선다. 이들은 일상생활의 필수품을 제외하고는 제아무리 좋은 걸 앞에 놔줘도 선뜻 구매하려 하지 않는다. 사지 않으려 작정한 사람처럼 판매자와 기 싸움을 펼친다. 연령증가의 라이프스타일에 맞춘 전용상품도 매한가지다. 되레 연령을 강조한 마케팅만이 반복되면 거부감과 저항감 속에 발길을 끊어버릴 정도다.

만들면 팔릴 것이란 주장은 역사적 유물이 됐다. 이기적 인간을 비롯한 고전경제학의 다양한 설명전제는 더 이상 먹혀들지 않는다. 세이의 주장만 해도 △화폐기능=교환수단 △유동적인 재화가격 △부존재의 가격교란(외부개입) 등 3대 전제가 현실과는 동떨어졌다는 이유로 벌써 한참 전에 부인됐다. 고령인구가 소비능력(가처분소득)을 갖췄음에도 소비절약에 익숙한 건 이런 이유다. 화폐기능만 해도 고령인구는 저장수단을 중시하며, 주거·의료 등 생활필수품의 가격교란도 심각한 위협상대다. 그러니 재화가격은 생존원가를 웃돈다. 공급에도 불구하고 소비를 거부하는 고령인구의 생활양태는 결국 장수위기로 요약되는 정보의 불투명성과 미래의 불확실성 때문이다.

소비 욕구를 살펴야 돌파구가 생긴다

대량생산·대량소비의 시대는 지나갔다. 대신 다량품종·변량생산의 시대가 다가왔다. 정확하게는 '소량품종·대량생산→다량품종·소량생산→다량품종·변량생산'의 진화결과다. 이유는 명확하다.

과거와는 달라진 생활환경의 변화조류 때문이다. 양적인 고객변화는 물론 질적인 소비성향이 확연히 달라졌다. 그 결과가 급속하게 확산된 변종變種변량變量의 생산시스템이다. 미시적 고객계층이 증가하고 소비수요가 까다로워져 정확한 눈높이의 맞춤형 생산시스템이 아니면 곤란해졌다.

예전엔 모두가 가난했다. 절대적 빈곤상태였다. 정도차이는 있지만 있는 것보단 없는 게 압도적으로 많았다. 하나하나 살림살이 장만하는 기분은 그래서 고도성장과 함께 소득증대 · 지출증대가 실현해줄 수 있었다. 대량생산 · 대량공급이 채택된 배경이다. 이젠 달라졌다. 원하면 다 가질 수 있는 시대다. 근로능력 · 의지만 있다면 적어도 기초생존은 가능해진 사회다. 엉성하긴 해도 생활보호(기초생보)제도도 있다. 정보부족과 제도빈틈으로 인간성을 상실한 불상사가 발생하지만 적어도 예전보다는 상황이 나아졌다.

즉 보유한 생활필수품의 수량과 품질의 격차는 있지만 절대적인 소외계층은 크게 줄었다. 곧 은퇴생활에 들어가는 피파세대 등을 포함한 앞으로의 고령인구도 마찬가지다. 과거보다 기초생활의 과락사례는 더 줄어들 전망이다. 상대적 빈곤이 갈등씨앗은 되겠지만 평균적으로 생존유지를 위한 소비여력은 갖췄다고 보는 게 좋다. 특히 기초생활과 관련된 소비지출은 줄어들 수가 없다. 고령근로든 사적이전(자녀용돈)이든 혹은 공적이전이든 생존유지를 위한 소득확보를 위한 노력은 광범위해지는 게 당연하다. 여기에 수명연장으로 노후생활의 절대기간이 길어졌다는 것도 소비여력을 높인다.

이렇게 되면 피파세대의 절대다수는 소외된 잉여집단보다 유력한 소비그룹으로 보는 게 타당하다. 발굴여하에 따라 소비여력은 더 늘어날 개연성도 많다. 그러자면 시니어시프트의 일본적 교훈을 무시해서는 곤란하다. 노인이라는 선입견과 편견에 근거한 잉여적 인구집단으로 보지 않고 건강하고 적극적인, 그러면서도 신중하고 미시적인 소비욕구를 갖춘 관리해야 할 잠재고객으로 여기는 게 옳다.

요약하면 개발경제가 한창이던 때야 모든 게 부족했기에 일단 대량으로 만들어 뿌리기만 하면 너도나도 살 수밖에 없었지만, 생활모델이 달라진 지금은 피파세대는 물론 어느 소비계층이든 생활필수품은 다 갖췄기에 한층 까다롭고 신중해진 구매패턴이 일상적이다. 단순한 제품·서비스의 전형적인 소비효용의 강조만으로는 고객설득력이 떨어지고, 이는 고객이탈과 시장참패를 의미할 따름이다. 달라진 고객의 정확한 욕구를 읽어내는 게 시급한 과제다. 파워풀한 것은 공급보다 수요다.

고령인구, 요컨대 자산규모 및 생활환경을 감안해 제안한 피파세대는 결코 무미건조하고 일반화가 가능한 대중Mass집단이 아니다. '미시적 소비욕구의 거대한 인구집합체'라는 표현처럼 꽤 깐깐하고 다층적인 소비성향을 지닌, 한국의 내수시장을 주도할 시니어마켓의 파워풀한 인구집단이다.

비록 어지간해도 지갑을 열지는 않지만 본인욕구와 수요눈높이에 맞으면 장시간에 걸친 충성고객으로 변화할 잠재력을 갖춘 소비그룹이다. 이들의 미시적 소비욕구를 읽어내면 감축성장의 시장위기도 장기생존의 돌파기회로 역전할 수 있다. 철저한 욕구분석에 따른 특화전략은 당연지사다.

5
시니어시프트 시대의 도래

더 이상 노인이라 부르지 마라

시니어마켓의 실패경험은 학습효과로 연결된다.
일본에선 시니어마켓을 둘러싼 자세가 적잖이 신중하고 진지해졌다. 위기를 기회로 삼으려는 의도다. '시니어마켓=블루오션'이 아닐 수 있다는 자세전환이다. 당장 일본재계는 시니어와 눈높이를 맞추려 열심이다. 오류를 시정한 형태의 전략수정이다. 가령 고령고객의 소비행태가 쟁여둔 자산보유와는 무관한 대신 그때그때 벌어들이는 소득과 비례한다고 본다. 가처분소득에 대한 주목이다. 따라서 묻어둔 돈을 끌어내기보다는 일상생활에서 지갑을 열도록 전략을 바꿨다.
동질적인 소비패턴을 보일 것이란 고정관념도 수정됐다. 노인고객 내부에서의 이질적인 소비트렌드가 자주 목격돼서다. 결국 단순한 연령기준이 아닌 신체 및 심리변화에 주목하기 시작했다. 따라서 이들은 시니어마켓을 대분류로 나누는 범용마켓이 아닌 새로운 가치관이 체화된 다양한 미시시장의 집합체로 규정된다.

때문에 고령인구를 위한 사업명칭도 변하기 시작했다. 시니어는 몰라도 '노인'이란 단어는 최대한 경계한다. 가령 고베시가 노인인구의 스포츠 활동장려를 위해 만든 '노인체육대학'은 2015년부터 '생애체육대학'으로 개명했다. 약 3,000명에 달하는 동창회가 명칭변경을 요청했기 때문이다. "노인을 쳐다보는 외부시선, 특히 청년세대의 거부감이 부담스럽다"는 이유에서다. 1971년 출범이래 명칭변경은 최초다.

이를 종합하면 '시니어시프트 Senior Shift'다. 무게중심을 고령고객에게 맞춰 가중치를 옮겨가기 시작했다는 의미다. 미래시장의 주인공이 누군지 인구변화로 확인했으니 기업전략도 여기에 맞춰 전환하겠다는 움직임이다. 대상은 광범위하다. 대표적인 게 편의점의 변신이다. 그간 청장년고객에 맞췄던 포인트를 점차 고령손님에게로 옮기는 추세다. 진열전략을 바꾸고 노인입맛에 맞춘 상품·서비스를 대거 확충한다. 백화점·할인점은 전담직원을 배치했고, 게임센터·테마파크는 노인우대에 나섰다.

일본 시장에 부는 시니어시프트 바람

일본의 내수시장은 단순한 명칭변경을 넘어 포괄적인 시니어시프트에 착수했다. 그간 상식적으로 받아들여진 현역인구(경제활동인구)를 전제로 한 기존의 마케팅전략만으로는 살아남기 힘들어진 결과다. '현역→고령'으로의 무게중심과 패러다임의 변화노력이다. 물론 고령세대의 소비여력이 충분하다는 일본적 특징도 한몫했다. 불확실성 탓에 안 써서 그렇지 잠재파워는 충분하다는 공감대다.

업계대응은 신속하다. 고령인구야말로 축소되는 내수시장에서 생존확률을 높여줄 필수불가결한 공략대상으로 인식한다. 육아·교육 등 후속세대용 특화모델조차 은퇴·취미 등 고령수요로 연결하는 추세가 뚜렷하다. 출산감소로 고전 중인 입시학원이 노인취미 등을 포함한 평생학습으로 전환하는 식이다. 노인고객을 위한 전용상품·서비스도 쏟아진다. 여행상품, 고령주택, 배달서비스, 노인완구 등 셀 수 없다.

최근엔 아동·청년상품 이미지가 강한 과자·전자머니 등에까지 시니어시프트가 구체적이다. 어차피 유력고객이면 명확하게 어필하는 게 소비확대에 도움이 된다고 판단한다. 상품시장의 '탈脫아동화' 추세다. 야쿠르트는 시니어고객을 염두에 둔 고부가가치 유산균음료(야쿠르트골드)를 2014년 6월 출시했다. 글루코사민·로열젤리 등 시니어에 인기가 높은 기능성분을 배합했다. 식품메이커 메이지明治유업은 우유에 넣어 마시는 분말을 커피·딸기 등의 맛으로 세분화해 시니어가 섭취하기 편하도록 배려한 전용상품을 내놨다. 녹차만 해도 기능성을 내세운 노인상품이 쏟아진다.

카드로 사용되는 전자머니는 아예 전용상품까지 출시됐다. 2009년 유통업체 이온을 필두로 2012년 이토요카도가 가세했다. 양사는 연금지급일인 15일에 5% 깎아주는 우대정책을 통해 시니어의 절약지향성을 노렸다. 실제 15일에는 과자·반찬 등 평소와 달리 양질상품을 구매하는 시니어가 적잖은 걸로 알려졌다. 3040세대에 방점을 찍어왔던 슈퍼마켓은 소포장제품을 확대할 뿐 아니라 가벼운 운반카트를 준비하거나 광고활자를 키우는

등 시니어시프트 차원의 대응에 가세했다. 다이에ダイエー는 폐점시간을 오후 9~10시에서 7~9시로 당겼다. 저녁이 빠른 노인고객을 위해서다.

물론 일부지만 까다로워진 시니어마켓을 포기하려는 기업도 있다. 가성비가 떨어져 굳이 수요발굴에 나서기보다는 현역중심의 주력사업을 보다 경쟁력 있게 키워 신흥시장 등 해외부문을 노리겠다는 의지다. 일본시장의 미래가 어둡기에 해외시장에서 활로를 찾겠다는 것이다. 이해 못할 바는 아니지만 시니어마켓의 잠재력을 보건대 포기는 다소 빨라 보인다. 선점효과를 감안하면 더더욱 그렇다.

우리가 배워야 할 일본 정부의 노력들

정부정책이 시니어마켓에 우호적이라는 점도 거론하지 않을 수 없다. 일본정부는 장기불황의 최대원인으로 유동성함정을 꼽고, 그 유력주체인 고령인구의 보유자산을 적극적으로 끄집어내는 데 사활을 건다. 고령인구가 돈을 써야 내수가 움직인다고 봐서다. 제아무리 정부가 돈을 뿌려도 함정에 갇혀 돌지 않으면 무의미해서다. 때문에 고령수요는 없는 게 아니라 단지 잠자고 있다는 지적에 일본정부도 동의한다.

고령자금이 소비지출로 연결되게끔 유력하고 매력적인 용처만 만들면 시니어마켓은 물론 국가전체에도 도움이 된다는 입장이다. '세수증대→재정확충'의 노림수다. 고령자금의 활용여부가 국가흥망의 관건이라는 주장까지 있다. 더불어 학계도 시니어마켓의 존재감과 정합성에 주목한다. 고령인구를 위한 적극적인 상품개발로 시장을 키우라는 주문이다.

시니어 이미지의 변화

	지금까지의 이미지	앞으로의 이미지
세대형태	- 여성 단신세대 및 부부세대 증가 - 부모자녀의 3세대 동거 감소	- 부부세대의 지속적 증가 - 남성 단신세대 증가
거주지	- 도심거주 경향	- 베이비부머 이후세대의 교외거주 - 도시거주 정점 이후 하락 가능성
경제력	- 90년대 후반부터 소득감소 경향 - 저축은 증가경향	- 소득정체 혹은 감소 - 높아진 저축정체 가능성 - 지출억제 경향 강화 가능성
취업	- 취업자 비율 완만히 감소	- 중·고령 여성취업 완만히 증가 - 남성은 베이비부머 이후세대 취업감소
건강	- 건강상 이유로 일상생활에 영향 있는 사람비율 완만히 증가	- 건강상 문제로 일상생활 영향 있는 사람 비율 한층 증가

— 자료: 다이와증권

고령화에 걸맞는 '실버 이노베이션'에 방점을 찍으라는 의미다.

여세를 몰아 성장활력에 목마른 일본정부(경제산업성)는 2015년 연말 일본사회의 장기전략 중 하나로 '빈티지사회Vintage Society'라는 신조어를 내놨다. 양질의 포도로 만든 숙성된 고급와인을 뜻하는 빈티지라는 단어를 시니어와 동일화함으로써, 이들의 경험·지혜·네트워크 등을 새로운 성장에너지로 삼자는 정책기획안이다. 생활자로서 고령자에 주목해 이들의 라이프디자인을 분석, 그 결과물을 사회시스템의 개혁수단으로 삼으려는 계획이다. 2020년 가시적인 정책성과물을 도출한다는 포부다.

일본은 한국에 훌륭한 반면교사의 선행사례다. 시니어마켓을 통해 노인문제를 해결하고 성장모델을 만들자면 일본의 경험을 주도면밀하게 분석하는 것이 중요하다. 일본의 훈수를 잘 받아들임으로써 불필요하고 과도한 수업료를 지불하지 않아도 되기 때문이다. 철저한 고객·시장분석을 전제로 고령소비를 진작할 매력적인 상품을 개발하고, 시니어마켓에서의 자금순환을 독려할 각종 제도장치 마련이 시급하다. 뭐라 해도 현재 일본은 미래 한국의 바로미터일 수밖에 없다. 시니어마켓은 그 축소판이다.

6
시니어 타깃, 네 가지 유형으로 세분화하기

시니어 타깃을 위한 네 가지 맞춤형 마케팅 전략

　　한국의 피파세대는 크게 4가지 생존유형으로 구분된다. 다소 인위적이고 작위적이지만 뭉뚱그려진 잉여인구에서 소비시장의 잠재고객으로 이끌어내기 위해서는 이들 인구집단의 미세화 및 차별화된 생활환경과 소비여력 및 지출의향을 확인하는 건 필수작업이다. 이를 통해 세분화된 시니어마켓의 시장조성 및 접근순서, 그리고 구분욕구와 지출여력 등을 확인할 수 있다. 이렇게 되면 기업·시장으로서는 한결 뚜렷하고 차별적인 고객접근이 가능하고, 이에 걸맞게 제품·서비스의 기획·배치전략도 확실해진다.

　　〈그림〉처럼 한국의 피파세대는 크게 4가지 생활환경으로 나눌 수 있다. 구분하는 2가지 잣대는 금전적 자산수준 및 신체적 건강수준이다. 이를 함수그래프로 사분면에 배치하면 금전·건강상태별로 피파세대를 구분해낼 수 있다. 참고로 피파세대를 정의할 때 사용한 빈곤 · 고독 · 질병의 3개 키워드 중 고독 · 질병은 쌍방향적인 상호성이 뚜렷해, 둘을 신체적 건강수준으로 합쳐 금전적 자산수준과 대등한 개념으로 뒀다. 이렇게 되면 피파세대를 규정하는 X축(신체적 건강수준)과 Y축(금전적 자산수준)이 완성된다.

다만 고백하면 피파세대의 금전 · 신체수준을 음과 양으로 나눠 사분면에 위치시킬 수는 있지만, 그 정확한 인구규모를 추산하기란 사실상 불가능하다. 통계자료별로 적용기준이 다르고, 샘플조사의 한계도 있어 정밀한 4대 유형구분은 힘들다. 그럼에도 시니어마켓의 소비주체로서 피파세대를 4가지로 구분하는 것은 그 자체로 의미가 있다. 세분화된 시장접근 및 다양화된 제품 · 서비스의 제안과 함께 4가지 유형별에 어울리는 개별적인 맞춤형 마케팅전략을 구사할 수 있기 때문이다.

▼ 한국의 피파세대 4종류의 소비위상

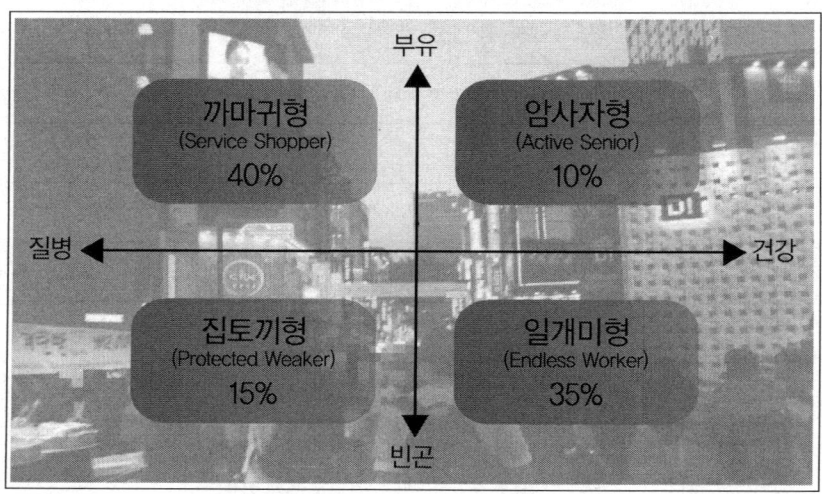

1사분면(++), 부유하고 건강함 (혹은 1사분면 대신 '암사자형' 대체)

먼저 1사분면(++)이다. 피파세대 중 가장 축복받은, 어쩌면 피파라는 개념어를 적용할 수 없는 고령그룹이다. 부유하고(+) 건강한(+) 고령인구로, 이른바 액티브시니어의 전제조건을 두루 갖췄다. 과거에는 보기 드문 고령집단으로, 향후 베이비부머의 대량은퇴가 가세하면 다소 늘어날 전망이다. 다만 현재는 극소수에 머문다. 1사분면 피파세대의 규모추정이 가능한 자료 중 돋보이는 건 경상소득을 통해 고령가구의 빈부격차를 다룬 보고서다(2015년·현대경제연구원)[1]. 결과에 따르면 해당비중은 고령인구의 6% 정도다. 기타자료를 종합해도 금전·신체능력을 겸비한 피파세대는 최대 10% 미만이다. 당연한 얘기지만 은퇴 이후 늙어질수록 이 비율은 줄어든다.

1사분면 피파세대는 시니어마켓의 확장적인 발전에 기여할 인구그룹이다. 시니어마켓에 도전장을 던지는 기업이면 1사분면 피파세대에 집중할 필요가 있다. 욕구를 발굴해내 눈높이에 맞춰진 제품·서비스를 제안할 경우 적극적이고 긍정적인 소비여력을 발휘할 수 있다. 이들은 소비지출이 왕성한 현역세대와 유사한 지출패턴을 보인다. 필요하면 얼마든 지불할 의지를 갖췄으며, 생활필수품보다는 기호를 맞춰줄 선택적인 재화소비에 전향적이다. 은퇴이후 자아실현을 도와줄 제품라인업이면 승산이 높다.

다만 절대규모가 적고 관련시장도 적어 아직은 불모지대에 가깝다. 특

---

[1] 부유한 고령인구를 우피(Woopie: Well-off older people)족, 빈곤한 고령인구를 푸피(Poopie: Poorly-off older people)족으로 나눈 이 보고서는 그 기준조건으로 65세 이상 가구주 중 중위소득 50% 미만을 푸피족으로, 150% 이상을 우피족으로 정의했다. 근로·사업·재산·이전소득 등을 합친 경상소득이 근거다. 이 결과 전체고령층의 6.2%(23만 가구)가 부유한 반면 54%(200만 가구)는 빈곤한 것으로 나타났다. 월평균 경상소득은 각각 580만원, 63만원으로 그 격차는 9.2배에 달한다. 이용화 외(2015), '우피족과 푸피족', 경제주평 15-32(653호), 현대경제연구원

히 한국에서는 여전히 수면아래의 베일고객이라 구체화하기는 쉽잖다. 연령차별적인 고객접근은 지양하는 대신 부지불식의 시니어시프트가 권유된다. 다소 계면쩍지만 이해도를 높이기 위해 이를 동물에 비유하면 '암사자형'이다. 늙었음에도 여전히 굳건한 모습으로 권위를 자랑하며 집단(가족)을 이끄는 강력한 리더십을 자랑한다.

2사분면(-+), 금전상황은 좋지만 건강상태는 나쁨(혹은 2사분면 대신 '까마귀형' 대체)

2사분면(-+)은 광의로 봐 1사분면 피파세대와 금전여유 및 생활환경이 비교적 유사하다. 다만 1사분면 피파세대와 달리 금전상황(+)은 좋지만 건강상태(-)는 나쁘다. 물론 질병·질환 등 부족한 건강문제는 넉넉한 금전으로 보완하는 효과를 누릴 수 있다. 2사분면의 피파세대는 그동안 한국사회에서 은퇴생활을 떠올릴 때 가장 보편적인 고령집단으로 봐도 무방하다. 일단 금전상황의 경우 비록 부족할지언정 일할 수밖에 없는 운명에서는 자유롭다. 일하지 않아도 먹고사는 데는 큰 문제가 없어서다.

다만 2사분면도 다시 구분해서 볼 필요가 있는데, 1사분면에 가까운 그룹과 4사분면에 근접한 집단이 그렇다. 1사분면에 가까운 경우 부유함은 그대로인데 노화에 따른 질병발생으로 2사분면에 합류할 수 있다. 이들은 비교적 오랫동안 2사분면에 위치할 수 있다. 반면 고령의 근로빈곤층인 4사분면에 근접한 집단은 의료비 지출압박으로 금전상황이 갈수록 악화, 어쩔 수 없이 일해야 할 위험인자를 보유한 경우다. 평균수명이 길어지고 복합질환이 증가하면 4사분면으로 전락할 확률은 더 높아진다. 시장규모로는 대략 고령인구의 40%에 해당한다고 볼 수 있다. 통계가 비교적 확실한 1사분면, 3사분면, 4사분면의 비중을 제외한 인구가 2사분면에 위치해서다.

2사분면의 피파세대는 규모가 가장 클 수밖에 없다. 과거라면 왕성한 경제활동의 자녀용돈(사적이전) 덕분에 노후소득을 확보할 수 있었지만, 성장감축에 따라 벌써부터 자녀용돈의 의존비율이 떨어지고 있어서다. 이런 점에서는 부모봉양의 이미지를 갖는 '까마귀형'의 비유가 가능하다. 그럼에도 새로운 노후자금원을 획득하지 않으면 힘들어진다. 반면 시니어마켓으로서는 기본적인 최소시장을 유지해주는 그룹이다. 고령인구라면 필수지출인 의료·간병비의 지출은 줄일 수 없기 때문이다. 쓰고 싶지 않아도 쓸 수밖에 없는 최소한의 필수적 시니어마켓을 유지해준다. 이 시장은 한국에서도 이미 형성됐다. 고령특유의 노화장구, 의료서비스, 간병기구 등이 해당한다. 물론 2사분면에 위치한 피파세대의 까다롭되 미시적인 수요를 제대로 발굴해낸다면 얼마든 더 성장할 여력은 충분하다.

3사분면(--), 금전상황도 건강상태도 나쁨 (혹은 3사분면 대신 '집토끼형' 대체)

다음은 3사분면(--)이다. 여기서부터는 기본적으로 금전능력을 상실한 피파세대를 뜻한다. 신체능력이 있느냐 여부에 따라 3사분면 혹은 4사분면으로 구분될 따름이다. 이 둘을 합해 시장규모로는 대략 고령인구의 50%를 차지한다. 노노격차를 확인할 수 있는 고령인구의 빈곤율을 반영한 결과다. 처분가능소득을 기준으로 한 한국사회의 빈곤율은 16.3%인 것에 비해 고령인구는 48.4%에 달한다(2015·가계금융복지조사). 둘 중 한

명, 즉 절반이 금전상황에 비춰볼 때 빈곤하다는 결론이 가능하다.

3사분면의 피파세대는 절대적이고 공식적인 약자다. 절대빈곤의 50% 고령인구 중 15% 정도에 해당한다. 인구규모로는 90만명가량이다. 기준과 산식은 다음과 같다. 유효한 기준은 기초생보 수급조건이다. 기초생보수급자는 전체인구의 4% 수준이다. 이 기준은 근로능력·의사를 상실한 최저안전망으로 3사분면 피파세대의 기본특징과 같다. 따라서 적용해도 큰 무리는 없다. 결국 국민기초생활보장 수급자 중 65세 이상이 30%(2013년)인데, 숫자로 바꾸면 약 40만 인구에 해당한다. 이를 600만 전체노인과 비교해 나누면 15%라는 결론에 달한다. 즉 피파세대 중 15%가 절대소득이 적고 건강상태도 나쁜, 그래서 사회가 챙겨줘야 하는 3사분면에 해당한다.

물론 이는 최소조건이다. 다른 통계를 보면 더 많다. 느슨한 기초생보가 갖는 빈틈과 한계 탓이다. 되레 기초생보는 제도적인 금전지원이라도 받지만 비슷한 처지의 차상위계층은 합리적이지 않은 이유로 법적인 안전망에서 제외, 빈곤노후를 보낼 수밖에 없다. 실제 무일푼의 고령인구는 많다. 기초노령연금 신청자(525만명)의 자산분포를 보니 소득제로(201만명) 및 자산제로(33만명)가 적잖다. 이들을 포함해 전체적으로는 노인하위 70%가 주택·금융 등 재산가치의 15%만 보유했다(2010·KDI). 상당수준의 빈부격차다.

문제는 건강악화로 경제활동조차 어렵다는 점이다. 건강악화는 소득단절을 뜻해서다. 역으로도 추론이 가능한 것은, 금전능력이 없어 질병노출에 무방비일 확률도 높다는 점이다. 즉 가구소득 하위 20%의 고령자 중 54%가 건강이 나쁜 상태인 반면 소득상위 20% 중에는 33%가 나쁘다고 답했다. 만성질환이 없는 비율도 상위 20%(16%)와 하위 20%(8%)가 뚜렷하게 구분된다. 소득과 건강의 비례관계가 검증된 것이다[2]. 경제적 곤란이 건강유지를 위한 활동에 걸림돌이 된 셈이다. 따라서 3사분면의 피파세대를 시니어마켓의 잠재고객으로 보기는 어렵다. 생활필수품은 당연히 지출하지만 생활품질을 업그레이드하는 적극적이고 능동적인 고객그룹으로 보기는 힘들다. 비유하기가 굉장히 슬프지만 은퇴 이후 돈도 몸도 받쳐주지 못하는 '집토끼형'이 아닐까 싶다.

4사분면(+-), 금전상황은 나쁘지만 건강상태는 좋음 (혹은 4사분면 대신 '일개미형' 대체)

마지막 4사분면(+-)은 돈은 없지만 몸은 건강한 피파세대를 뜻한다. 결론적으로 금전능력을 갖추지 못한 50%의 피파세대 중 35%를 차지한다. 3사분면의 절대적인 금전·신체능력의 약자그룹(15%)을 빼면 35%가 도출돼서다. 피파세대 중 향후 가장 빠른 속도로 늘어날 수밖에 없는 인구집단이다. 노후소득원의 의존비율 변화양상을 봐도 근로소득의 비중이 빠른 속도로 증가한다. 정년연장 등 고령근로를 위한 환경변화도 이를 뒷받침한다. 건강이 허락하는 한, 어쩌면 허락하지 않더라도 일을 숙명처럼 여겨야 할 그룹이다.

이들은 은퇴를 그대로 받아들일 수 없다. 오히려 공공부조를 받는 3사분면의 피파세대보다 일해야 할 숙명은 더 커진다. 고령인구 중 근로빈곤층의 추세심화다. 실질적인 은퇴연령이 71세이고 고령인구의 고용

---

2 이윤환(2012), '노인의 건강 및 의료이용실태와 정책과제', 보건복지포럼

률이 31%(2014년)임을 감안하면 600만 중 단순하게 봐도 24%가 이른바 '일개미형'이다. 통계에 잡히기 힘든 단기·불안한 주변부 일자리가 많고, 공식은퇴가 없는 창업·가족근로 등도 많다는 점에서 최대 35%는 근로빈곤이 불가피할 것으로 추산된다. 장수위기와 의료비를 고려하면 쟁여둔 자산붕괴가 불가피해 추가적인 소득확보에 내몰릴 수밖에 없다는 점도 한계다.

시니어마켓의 조성차원에서 보면 4사분면의 피파세대는 다소나마 고무적이다. 적어나마 근로소득을 보유했다는 점에서 지출여력이 상대적으로 낫기 때문이다. '일개미형'의 확대보급은 생활전반에 걸쳐 어떤 식이든 경제활동과 직결될 수밖에 없다. 지속적인 소득확보로 적극적인 소비활동을 뒷받침해준다. 다만 소비보다는 저축 등 추가적인 자산증식을 위한 전략 변화도 충분히 가능하다. 질병발생 이전에 소득을 최대한 확보함으로써 노후생활의 불확실성을 덜기 위해서다. 이 경우 시니어마켓으로 본다면 근로활동의 보답차원에서 약간의 사치소비와 함께 자산관리와 연결된 금융시장이 수혜를 입는다.

5장

시니어, 그들의 소비심리를 알면 시장이 보인다

Poor · Isolated · Painful · Aged

1
피파세대 소비환경의 3대 호재

지피지기면 백전백승

신시대의 개막이다.

한국사회가 전인미답의 새로운 생활환경 앞에 섰다. 삶을 녹여내야 할 생존무대가 달라진 데다 그 안에서 통용되는 성공모델 혹은 행복모델도 과거와 완연히 구분되는 시대다. 마땅히 좇음직한 벤치마킹의 지향대상조차 별로 없다. 한국의 경우 산업화, 민주화를 거쳐 일정부분 제도적, 물량적 시대숙제를 풀어냈다는 점도 다음 목표의 상실상황과 맞닿는다. 어떤 삶이 괜찮은지 순전히 개인에게 달린 셈이 됐다.

고령인구도 마찬가지다. 그나마 사회데뷔 때부터 도달목표를 잃어버린 청년세대보다는 낫다지만 어떤 선배세대도 경험하지 못한 새로운 노후·은퇴 앞에서 갈팡질팡·우왕좌왕이다. 저성장·인구병·재정난의 충격파와 후폭풍은 그만큼 넓고 깊게 영향을 미친다. 그럼에도 잘 살아낼 우호적인 극복카드는 별로 없다. 요컨대 '오래 살아야 하는데 먹고살 돈이 없다'는 현실족쇄가 무겁고 또 날카롭다. 그래서 가난하고, 고립됐으며, 아픈 늙은이로 치부될 수밖에 없는 불운의 피파PIPA세대다.

다만 서서히 달라질 개연성은 충분하다. 위기는 거꾸로 기회인 법이다. 그리고 그 기회는 갈수록 개선될 수 있어 고무적이다. 지금은 피파세대가 고령인구의 절대다수를 점하지만 대규모 인구집단인 베이비부머가 은퇴생활로 진입하면 상황은 좋아질 수 있다. 이들이 보유한 경제적, 신체적, 시간적 잉여자원이 매력적인 까닭에서다. 게다가 갈수록 뚜렷해지는 현역세대의 차별적인 생활체감과 인식변화도 시니어마켓에는 호재다. 가족을 챙기는 소비에서 본인이 즐기는 소비로의 무게이동은 새로운 시니어마켓의 수요니즈로 부각된다. 늙었음에도 여전히 현역청년처럼 일상생활의 소비중심에 본인지향과 자기만족을 놓으려는 새로운 고령세대의 등장이다.

물론 지금은 당면한 피파세대 앞에서 시니어마켓의 본격개막과 전성기를 기대하기란 사실상 어렵다. 다만 적어도 갈수록 시황이 개선될 여지는 적잖다. 따라서 피파세대부터 시작해 향후 노후생활에 진입할 현역세대(=은퇴예비군)까지 감안해 이들을 유력한 잠재고객으로 선정, 소비심리를 정확히 읽어냄으로써 시니어마켓을 발굴하고 확장하는 자세가 바람직하다. 즉 고령특유의 전통적인 고정관념과 그로부터의 고리타분한 소비키워드는 버려야 할 유산이 될 수밖에 없다.

지피지기면 백전백승이랬다. 판세확인과 시장독법을 위한 첫걸음은 상대를 정확히 알아내는 분석노력이다. 팔고 싶은 상대의 속내와 지갑을 둘러싼 제반사정을 이해해야 여기에 맞춘 정확한 제품스펙·공급체계 등을 수립할 수 있다. 이 차원에서 앞서(3장) 한국의 고령세대를 피파세대로 명명, 그들의 경제상황과 생활양상을 살펴본 바 있다. 그 기술결과를 토대로 여기에서는 직접적인 소비힌트가 되는 다양한 잠재고객 및 키워드를 추출할 예정이다. 요컨대 피파세대 소비심리·시장지도를 읽어내는 방법을 고민하는 것이다. 숲을 알자면 그 안에 산재한 나무를 아는 게 먼저인 법이다.

피파세대 소비생활의 세 가지 키워드

먼저 한국형 고령인구인 피파세대에게 소비생활이 갖는 의미다. 피파세대의 소비생활은 크게 3가지 키워드에 직간접적으로 지배를 받는다. 3가지란 금전(경제력), 건강(신체력), 여유(시간력) 등이다. 이들 셋은 은퇴생활 전체에 걸쳐 개별 고령자의 양적·질적인 소비생활 수준 및 범위를 포괄적으로 결정짓는 변수다. 물론 셋을 완비한 이른바 '액티브시니어'가 있는 반면에, 셋 모두를 못 가진 전형적인 '피파PIPA시니어'도 있을 수 있다. 현재로서는 후자가 압도적이지만 앞으로는 전자 쪽이 확충될 수 있다는 게 책의 기본논지다. 금전과 건강에 관련해서는 앞서 살펴봤으니 여기서는 여유에 초점을 맞춰 살펴본다. 시간이 많다는 건 상상 이상으로 생활품질의 격차를 결정짓기 때문이다.

옛날노인은 몸이 아프지 않는 한 일을 계속했다. 농경사회답게 노장의 가족구성원으로서 상황에 맞게 일을 거들며 살림살이에 공헌했다. 즉 정년·은퇴라는 개념 자체가 없었다. 몸이 불편해지고서야 가족봉양에 따라 뒷방신세를 지는 형태였다. 평균수명도 짧았기에 환갑은 큰 기념비적 잔치였다. 일가친척에게 충분히 축하받을 일이었다. 이후에는 혈연가족과 지연공동체의 지혜주머니이자 숙련·노하우의 선배로서 존경받으며 살았다. 그렇게 평균수명에 수렴하듯 삶을 마치면 그만이었다.

지금은 아니다. 도시화·공업화·거대화·전문화·양극화 등 온갖 시대의제 속에 휘말리며 현대노인의 생활환경은 드라마틱하게 급변했다. 평균으로 봤을 때 물량적인 생존수준은 좋아졌을지 몰라도 상대적 박탈감과 절대적 하류화가 현대사회를 옥죄기 시작했다. 이 속에서 노인은 철저하게 잉여인간으로 치부된다. 부지불식간 정년제도란 게 일반화돼, 충분히 일하고 즐기며 기여할 수 있는 고령인구를 잉여존재로 전락시켜버렸다. 돈이 있든 없든, 몸이 좋든 나쁘든 상관없이 '노인=잉여'일 따름이다.

내버려 두면 잊어진다. 그런데 현재 한국사회에서 봤을 때 잊어지기엔 꽤 소중한 존재가 고령인구다. 잉여 레테르 대신 따뜻하며 건설적인 수식어로 이들 집단을 품어 안아야 할 때다. 금전능력은 좀 떨어져도(앞으로는 좋아지겠지만) 건강한 데다 여유시간조차 흘러넘치는 거대한 인구집단이 존재한다는 건 그 자체로 의미심장하다. 실질적인 정년연장 등을 통해 생산인력으로 확대·편입하고, 이들의 축적자산과 추가적인 근로소득을 활발하게 소비(=유동화)시키는 게 필요하다. 이렇게 되면 결과적으로 금전, 신체, 시간의 3대 키워드 중 열위에 놓였던 금전상황도 개선될 수밖에 없다. 선순환이다.

건강하고 시간이 많은데 돈까지 구비된다면 관련된 소비시장은 블루오션이다. 금전, 신체, 시간 중 하나라도 부족하면 시장성장은 정체될 수밖에 없는 반면, 셋이 완비되면 급속도로 호황장세가 펼쳐질 수 있다. 굳이 논리적인 설명조차 필요 없는 게 상상만으로도 매력천지의 짭짤한 시장일 수밖에 없다. 특히 갈수록 시간여유가 늘어난다는 데 주목할 필요가 있다. 건강하고 경제력을 갖춘 이들에게 해결해야 할 여유시간이 더 길어진다는 건 여간 막막한 노릇이 아니다. 쓸 수밖에 없지 않겠는가?

은퇴 후 8만 시간

실제 은퇴생활의 소일시간을 계측해보면 놀랄 정도다. 『은퇴 후 8만 시간』이란 책은 60세에 은퇴해 100세까지 산다고 가정할 경우 16만

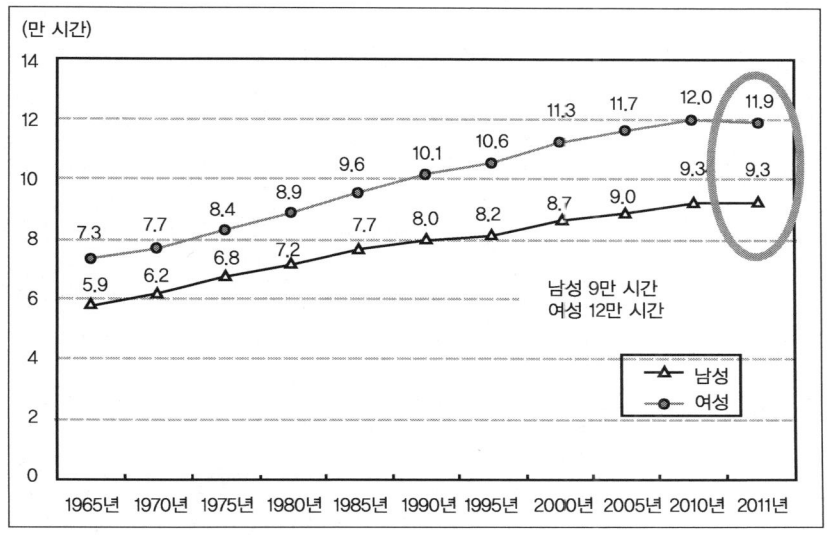

▼ 일본의 65세 시점 고령자의 잔존 시간

시간이 남는다고 썼다. 하루에 먹고 자는 평균시간을 뺀 11시간을 기준으로 했다. 이때 경제적 준비가 미흡해 절반을 소득활동에 할애해도 8만 시간이 남는다. 또 다른 계측결과도 있다. 65세 시점의 잔존시간(수면·식사 시간제외)만 평균 10만 시간(남 9만, 여 12만 시간)으로, 이는 자고 먹는 걸 뺀 하루 13~14시간을 평균여명에 맞춘 시산결과다. 당연히 평균수명보다 더 오래 살면 그만큼 처리(?)해야 할 절대시간은 더 길어질 수밖에 없다.

결국 움직여야 덜 늙는다는 점에서 절대여유는 중요한 해결과제로 부각된다. 시간이 돈이라지만 적어도 은퇴생활의 시간은 정반대다. 어떤 식이든 쓰지 않을 수 없는 비탄력적인 소비지출의 연장을 뜻할 따름이다. 즉 소득기대는커녕 소비부담에 직결된다. 평균수명 80세를 넘긴 한국의 경우 대략 70세까지가 건강수명임을 감안해도 건강한 채로 뒷방신세를 져야 하는 절대시간만 10년 이상으로 집계된다. 물론 의학발전 등으로 평균수명은 더 길어진다. 2020년 이후에는 최빈사망연령(가장 많은 사람이 사망하는 연령대)이 90세를 넘긴다. '100세 시대$_{Homo\ Hundred}$'의 본격 진입이다.

그러니 더 이상 오늘의 노인은 어제의 노인이 아니다. 노인이 노인임을 거부하는 시대가 시작된 것이다. 한마디로 노인이 달라졌다. 세상시선도 달라졌지만 스스로 노인으로 불리는 데 극도로 민감하다. 환갑이상의 상당인구가 건강함을 자신하는 시대다. +60의 간판을 걸어놓고 간병·의료제품만 보여주면 두고두고 찍힌다. 현역과 차이가 없는 건강한 소비활동의 주체로 대접해야 지갑을 연다. 법적으로야 65세가 기준연령(제도수급)이라지만 이는 농경시대에나 통할 논리다. 오죽하면 회원확대를 반겨야 할 대한노인회조차 노인기준을 70세로 올리자고 주장할까?

65세 노인기준은 영국의 산업혁명에 맞서 세계최초로 사회보험을 도입(1889년)한 독일의 철혈 재상 비스마르크가 정한 것이다. 당시 정적을 강제로 퇴장시키기 위한 차원에서 정년제를 만들며 65세로 못 박았다. 그래도 이때는 통했다. 당시 독일인 평균수명이 49세였다. 반면 현재 한국의 평균수명은 약 82세다. 엇박자다. 더욱이 수명연장은 반복된다. 시대환경은 잘 늙지 않을뿐더러 죽는 일조차 쉽게 허락지 않는다. 고비마다 등장하는 현대의학의 놀라운 장수기법 덕분이다. 이로써 한국에서도 이제는 노인을 70대 이상으로 한정하는 시선이 많아졌다. 그만큼 나이는 숫자에 불과해졌다. 때문에 늙고 병든 이미지의 폐기는 필수다. 정교한 노화분석이 우선이다.

한국의 피파세대는 잉여인간이 아니다. 지금처럼 근로현장에서 강판 당해서는 곤란하다. 건설적인 가치창출 없이 부양만 강요하는 부담스러운 존재로 지명해서는 더더욱 곤란하다. 창조적인 생산인구와 매력적인 소비그룹으로 인식을 전환하고 또 대접하는 게 바람직하다. 이때 금전, 신체, 시간의 3박자를 두루 갖춘 유력자원이 될 수 있다. 늙음이 '현대의 사회문제 중 에베레스트급Ian Mac Leod'으로 불리는 전대미문의 사태를 제기한다지만 이는 절반만 맞다. 나머지 절반은 경험하지 못한 뒤안길의 꽃밭으로 연결된 기회일 수 있음을 명심하고 준비하는 게 현실적이다.

노년의 키워드는 어둡고 침침했다. 정부든 시장이든 개인이든 그랬었다. '노인=잉여'의 원죄는 여기에서 찾아진다. 더 이상은 곤란하다. 달라진 시대상황을 인식하고, 고령인구가 원하는 삶의 형식과 내용이 무엇인지 확실히 이해한 후, 그에 걸맞는 수급체계와 시장재편을 고려해야 한다. 즉 고정관념 혹은 전통편견을 극복해야만 효율적이고 수긍적인 대안 마련이 가능해진다. 지금 당장 시장이 안 보인다고, 고객이 별로 없다고 방치하기에는 거대인구, 수명연장, 내수기반의 발전적 토대를 두루 갖춘 시니어마켓은 꽤 매력적이다. 금전, 신체, 시간의 3박자 완비시장치고 성장하지 못한 사례는 없다.

2
백세시대에 맞는 소비 키워드를 찾아라

백세시대, 새로운 인생설계가 필요하다

곧 인생 100세 시대다.

연결된 시대변화는 일상적이다. 풍경은 달라졌다. 수명연장은 새로운 생존전략을 요구하게 마련이다. 은퇴인구든 현역세대든 전략적 자원배분은 필수가 됐다. 평생에 걸친 보유자원이 줄어든다는 점에서 효율적인 생활관리는 당연지사다. 지금처럼 퇴직 이후 30~40년이 잉여시간으로 주어지면 더 그렇다.

그간 통용된 인생설계는 무의미해졌다. 의학기술과 생활품질을 감안하면 50대 중년조차 반환점을 겨우 돌아선 것에 불과하다. 수명연장이 재앙뉴스가 아닌 축복이슈가 되자면 주도면밀한 장기설계가 요구될 수밖에 없다. 더욱이 더 벌어도 될동말동한데 되레 소득기반은 악화되는 추세다. 생애소득 감축압박이다. 따라서 생산적 현역활동은 연장되는 게 옳다. 관련해 현역연장은 소비연장의 동의어다.

생애주기가 달라졌다. 출생에서 사망까지 연령층위의 변화에 따른 인생이벤트 혹은 통과의례가 발생하는데 이를 총칭해 생애주기라 한다. 정책과 무관한 현실한계 탓에 동의하기는 어렵지만, 어쨌든 정년연장 조치로 60세 정년을 인정할 경우 환갑연령은 확실히 현역과 노후를 가르는 고빗사위였다. 일반적으로 40세까지를 청년, 60세까지를 중장년, 그 이상을 노년으로 구분해왔다. 생산가능인구의 저항선도 64세였다. 따라서 환갑 이후의 현역퇴장을 일반화한 구분법이었다. 이후는 적극적 경제활동보다 소극적 소비활동, 즉 부양을 받아야 하는 보호대상으로 인식해왔다.

100세 시대에는 생애주기가 달라진다. 대표적인 게 경제활동 퇴장연

▶ 백세시대의 새로운 생애주기

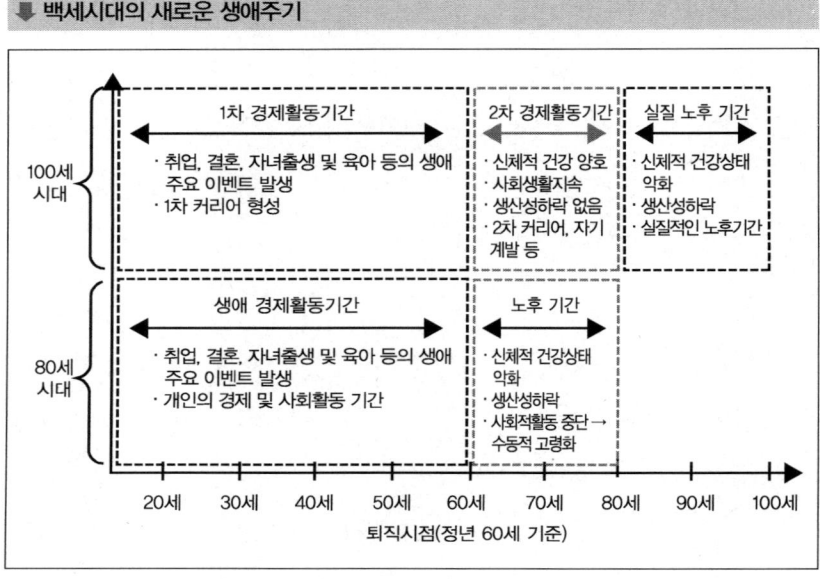

- 자료: 우리금융경영연구소

령의 상향조정이다. 과거처럼 환갑이 일부만의 전유물이 아닌 데다 환갑이 갖는 고정관념이 급변했기 때문이다. '환갑=노인'의 등식붕괴다. 연금지급 개시연령의 상향조정 등 다분히 정치·재정적인 차원에서 선택된 정년연장이 무난하게(?) 받아들여진 것도 비슷한 맥락이다. 60세 넘어서도 얼마든 일할 수 있는데 지금처럼 50대 중후반에 은퇴시키면 곤란하다는 슬로건이 먹혀들었다. 노후생활의 기준상향이다.

물론 생애주기의 변화요인 중 핵심은 수명연장이다. 80세를 넘어 100세를 향해 치닫는 현재 상황에서 과거의 준거기준을 유지하면 곤란하다는 문제제기다. 환갑 이후 40년은 너무나 긴 시간인 까닭이다. '연령×0.7'처럼 요즘 고령국가에서 유행 중인 새로운 나이계산법도 일맥상통하는 포인트다. 숫자에 불과한 고리타분한 연령이미지를 놔둬봐야 여러모로 좋을 게 없기에, 달라진 시대상황에 맞게 바꿔보자는 차원이다.

백세 생애주기, 버퍼존을 설치하라

100세 시대의 생애주기와 과거기준의 차별화는 버퍼존의 설치에 있다. '현역→노후'의 이분법이 아닌 '제1차 현역→제2차 현역→노후'의 은퇴안전판을 마련하는 것이다. 어차피 결혼·출산기가 늦어지는 판에 60세 강판제도의 유지는 설득력이 적다. 개인·사회적 자원배분 및 부가가치 창출차원에서도 마찬가지다. 따라서 60세까지를 제1차 현역으로 두고, 이후 80세까지를 제2차 현역으로 인식을 전환, 새로운 경제활동기간으로 삼는 게 낫다는 판단이다. 쉽게 말해 현재 기준대로라면 약

20세 정도를 빼서 계산하자는 것이다. 이후 80세 정도에 사실상 실질적인 노후생활에 돌입해도 충분해서다.

따라서 제2차 현역은 제1차 현역과 다소 구분된다. 환갑 때까지의 제1차 현역시즌은 왕성한 생산·소비관련 경제활동이 대전제다. 취업·결혼·출산 등 일련의 가족구성을 마무리하고, 경제사회의 주축으로 중심적인 역할을 떠맡는 핵심적인 경제인구다. 이와 달리 제2차 현역은 100세 시대의 달라진 생애주기답게 80세 이후의 실질노후로 연착륙시키는 일종의 안전판이자 충격흡수기로 보는 게 타당하다. 경제활동의 능력과 의지를 갖춘 60~80세가 숙련노하우를 바탕으로 커리어를 개발하며 생산·소비활동을 계속하는 시즌이다. 물론 제1차 현역과 달리 역할감소는 불가피하다.

100세 시대의 새로운 생애주기가 주류로 안착되는 건 시간문제다. 이미 관련한 정황증거와 변화조짐은 곳곳에서 확인된다. 한국의 경우 환갑 이후 실질은퇴에 들어가는 사람은 별로 없을뿐더러 적극적인 소득·소비활동을 영위하는 경우마저 증가세다. 물론 주변부 일자리에 고용안정성이 아주 낮은 상황에서 70세 전반까지 일하는 게 태반이지만, 적어도 본인들의 실질적인 은퇴연령을 환갑 이후 10~20년 늘려 잡는 사례가 적잖다. 많은 이유로 70~80세까지는 적극적인 경제활동을 할 수밖에 없는 상황인 것이다.

생애주기가 바뀌면 소비시장의 판도도 달라진다

장수시대 생애주기가 달라지면 이와 관련된 소비시장도 변할

피파세대의 생활수요 역할분담론

	Poor (貧, 빈곤)	Isolated (孤, 고립)	Painful (病, 질병)	Aged (老, 늙음)	대안 (보완성원리)
개인	취업지속 창업선택	직장유지 관계도모	사전예방 민간보험	항노화 혹은 무대책	평생직업 (교육 및 취업개혁)
가족	가족봉양 용돈지원	문안효도 근거(近居)결합	간병지원 동거선택		가족경제 (핵가족→대가족)
사회	고용유지 공적연금	공동체조직 사회활동	의료보험 요양확대		연대경제 (사회자원 확대결합)
국가	정년연장 국가부조	세대연대 노인활용	장기요양 공적의료		국가복지 (증세 및 복지개혁)

수밖에 없다. 특히 제2차 현역생활에 돌입할 피파세대의 소비니즈 및 지출의욕이 급변한다. 건강하고 여유로운 데다 금전적인 상황까지 개선될 경우 시니어마켓은 지금보다 훨씬 확장적인 형태로 성장할 수 있다. 지금껏 강제은퇴 이후 집 안팎에서만 머물며 잉여인간으로 살아온 이들이 밝고 힘차게 사회생활에 편입된다면 그들의 24시는 니즈와 충족, 즉 돈과 연결될 수밖에 없어서다. 시니어마켓의 잠재력은 여기에 있다.

이와 관련해 피파PIPA의 영어 4글자는 그 자체로 고령세대의 소비근거를 찾아내는 훌륭한 발굴 독법으로 손색이 없다. 빈곤과 고립, 질병과 늙음은 노후생활에서 풀어야 할 가장 기본적이며 광범위한 해결문제이기 때문이다. 이를 현존의 한국적 복지시스템과 연계해서 개인, 가족, 사회, 국가 차원에서 단계별로 해결하는 게 급선무다. 아쉽게도 한국의 복지시스템은 신자유주의적인 잔여복지·시장복지·선별복지에 가까워, 노후생활의 각종 수요를 개인 차원에서 해결하는 게 가장 현실적이다.

먼저 빈곤Poor문제부터 보자. 노인 2명 중 1명이 빈곤상황인 한국에서 노후빈곤은 가장 고질적이고 치명적인 해결과제다. 정년연장을 비롯해 중장년 정규직의 고용확대가 기대되고 있지만, 전체고용의 90%를 웃도는 중소기업을 필두로 비정규직 등 고용약자의 노후빈곤은 예고된 상태다. 근원적인 해결방법은 장기·안정적인 일자리 확보지만, 여기에는 저성장·인구병·재정난 등 위기경고 3종 세트를 비롯해 세계경기 호황지속, 산업구조 재편가속, 정부정책 실효지원 등 복잡한 문제가 많아 그리 만만찮다.

그러니 주변지원에 기댈 수밖에 없다. 개인으로서는 취업지속·창업선택의 카드가 있지만 실효성 및 성공률이 낮기 때문이다. 즉 가족의 사적지원이 노후빈곤의 유력한 해결책이 된다. 용돈지원을 비롯한 가족봉양이다. 사회(고용유지·공적연금)와 국가(정년연장·국가부조)의 측면지원이 있지만 기대하기는 어렵다. 길게 봤을 때는 보완성의 원리에 따라 교육 및 취업개혁을 통해 평생직장을 뛰어넘는 평생직업의 제공환경을 만드는 게 바람직하다. 이는 개별차원을 뛰어넘는 문제기에 추가적인 논의는 생략한다.

결국 피파세대의 빈곤문제는 일자리로 요약된다. 소비주체는 아니지만 적극적인 생산주체로 동년배 잠재고객을 설득할 수 있는 관련시장을 키워 일자리를 제공하는 게 현재로서는 효과적일 것이다. 맞춤형 눈높이 제품·서비스를 공급하는 라인에 피파세대 근로자를 채용함으로써 시니어마켓의 성장환경에 기여할 수 있다는 논리다. 실제 서구선진국에서는 시니어마켓의 유력한 시장창출자 혹은 가치제공자로서 고령인구를 적극적으로 활용해 노후빈곤과 시장성장의 두 마리 토끼를 동시에 잡는 경우가 적잖다.

빈곤을 뺀 고립과 질병, 늙음의 해결과제는 피파세대의 소비니즈와 직결된다. 하나같이 고령인구라면 먹먹하고 답답한 현실한계로, 이를 풀어주는 제품·서비스라면 관심이 많고 적극적으로 접근한다. 고립의 경우 개인차원의 해결책으로는 사회생활의 근본이 되는 직장유지가 유력한 가운데, 은퇴했다면 이에 준하는 관계유지가 가능한 네트워크를 구성·유지하려는 수요가 많다. 온·오프라인을 통해 인연을 만들거나 각종의 모임활동에 참여하려는 필요성의 증가다. 친구소개, 모임주선, 봉사활동 등이 대표적이다.

한편 개인을 넘어 가족은 부모의 고립해소를 위해 문안효도, 근거近居 결합 등의 대안으로 대응한다. 안부를 물어주는 서비스와, 마찰이 많은 동거보다 근거지향을 통해 부모고립을 풀어보려는 시도다. 사회는 공동체조직을 확대해 참가를 유도하고, 각종의 사회활동 기회를 확대·제공하는 방법이 있다. 국가라면 노인·청년을 결합한 세대연대의 공창共創 모델을 만들거나 노인활용을 위한 정책세트를 내놓는 수가 있다. 결론적으로 노후고립의 유력한 대안과제는 연대강화의 가족경제로 요약된다.

질병문제는 피파세대의 일상적인 고민거리 중 하나다. 60~75세의 전기고령자는 좀 낫지만 이후에는 노화와 관련된 질병질환의 발병률이 급격히 높아진다. 실제 지금까지의 시니어마켓이란 게 대부분 의료·간병 수요를 해결하는 제품·서비스 위주로 재편된 것도 '노인=질병'의 이미지가 지대했다. 젊은 노인이 갈수록 증가한다지만 노화에 따른 가령加齡 질병은 피하기 힘들다. 적어도 '평균수명-건강수명'이 약 10년 나온다니 거대지출이 불가피한 피파세대의 질병공포는 현실적이다.

개별차원에서 질병문제를 해결할 방법은 사전예방이 효율적이다. 미리미리 준비해 병에 걸리지 않도록, 또 걸려도 최대한 발병시점을 늦추도록 사전에 건강상태를 유지하는 게 중요해진다. 치매 등 일부 질환은 지출부담이 상당하다는 점에서 만약을 위한 민간보험을 활용할 필요도 강조된다. 가족의 경우 간병지원·동거선택 등의 대응카드를 통해 질환부모를 저비용·고효율로 모실 수 있는 상품·서비스를 선택할 확률이 높다. 이와 관련해 선진국에서는 다양한 간병제품·서비스의 라인업이 확충되는 추세다. 사회로서는 이런 수요를 반영해 의료보험과 관련된 서비스를 고안·제공하는 게 좋다. 국가는 공적의료의 대상 및 품질개선이 전제된 체계적인 장기요양시스템의 구축필요가 요구된다.

아쉽게도 늙음은 어찌 해볼 도리가 별로 없다. 빈곤, 질병, 고립은 구체화된 노후이슈로 특정의 대응체계로 그 감도와 필요를 줄일 수 있지만, 늙음은 누구도 비켜설 수 없는 공통문제로 마땅히 해결할 카드가 없다. 물론 시니어마켓 차원에서는 안티에이징Anti-aging으로 불리는 항노화抗老化 관련 제품·서비스를 물밀듯이 쏟아내고 있지만, 시간을 벌 수 있을 뿐 노화 자체를 되돌리기란 불가능하다.

그럼에도 늙음에 맞서는 마케팅적인 키워드와 시장접근은 앞으로 더 본격적인 경쟁구도를 펼칠 전망이다. 특히 피파세대 4대 생활유형 중 건강과 금전능력을 겸비한 10%의 암사자형Active Senior 그룹에게서 늙음에 대항하는 소비지출을 확대할 개연성이 충분하다. 같은 맥락에서 부유하지만 질병에 걸렸거나 질병경험이 있는 40%의 까마귀형Service Shopper 피파세대도 잠재고객이다. 노후질환이 갖는 상당수준의 파괴력을 감안하면 미리미리 그 발생인자인 노화요인을 저지하는 게 타당하기 때문이다.

3
성공적인 시니어마켓 공략을 위한 기본 원칙들

이전의 시니어마켓 전략이 간과한 것

"그럼에도 놓칠 수는 없다!"

난공불락이되 넘어야 할 산이 시니어마켓이다. 힘든 만큼 넘어섰을 때 주어지는 열매가 많고 달콤해서다. 특히 한국처럼 본격적인 고령사회 문턱에 진입한 사회일수록, 고도성장 이후 이렇다 할 성장에너지가 없는 국가일수록 시니어마켓이 갖는 존재의의와 기대효과는 넓고 깊다고 할 수 있다. 지금대로라면 내수시장은 물론 개별기업의 존속자체가 힘들 정도로 산업전체의 경제적 폐색감이 심하다는 점도 그렇다.

시니어마켓의 성공적인 접근전략을 한마디로 요약한 '시니어시프트'는 이런 점에서 하나의 유력한 난관탈출의 안내판이 된다. 다양하고 까다로워진 시장분석 없이 뭉뚱그려 접근했다는 지적에서 벗어날 수 있어서다. 그만큼 피파세대의 노후생활은 다양·복합적이다. 사회보장·간병필요의 약자인식과 해외여행 등 여가활동의 부자고객 등 극단적인 구분법에 함몰된 결과다. 때문에 이젠 폭넓은 구분법이 필요해졌다. 오류시정과 전략수정에 나설 때다. 철저한 수요분석과 니즈파악은 당연지사다.

예를 들어보자. 흔히 노인고객은 소비여력이 없다고 봐왔다. 경제활동이 중단됐기에 쓸 자금이 적다고 확정했다. 때문에 기업·시장은 가처분여력을 갖춘 현역인구에만 집중했다. 금전능력을 갖췄어도 세부내역 분석 없이 단순자산만 보고 접근했다. 매월의 가처분소득보다 쟁여둔 자산소득으로 소비여부를 판단한 것이다. 'Asset Rich · Cash Poor'가 나온 배경이다. 물론 이는 틀렸다. 피파세대는 절약지향성이 높다. 부동산 등 자산이 많아도 일상생활을 위해 실물자산의 스톡Stock을 금융자산의 플로Flow로 바꾸진 않는다. 부자노인이니 잘 쓸 것이란 판단은 그래서 어긋났다.

반성은 교훈이 돼야 한다. 장수국가의 선진국은 물론 최근 한국에서도 시니어마켓의 성공적인 접근을 위한 힌트로 각종의 키워드와 신조어가 등장한다. 그 기저에 공통적으로 적용되는 평가항목이 월 소비지출의 분석이다. 통장이 아닌 가계부에서 시니어품목을 골라내는 게 효과적이라고 봐서다.

시니어마켓을 뚫기 위한 최소한의 접근법

얼추 보면 피파세대는 여행·레저 등 비일상적인 소비지출보다는 건강유지·지인교제 등 일상항목을 우선한다. 전무후무한 새로운 시장창출보다 노후시선에 맞춘 기존시장의 미세변화가 지갑을 여는 데 효과적이다. 2011년과 2014년의 노인실태조사를 보면 거주비용(40.5%)이 압도적이며, 보건의료비(23.1%), 식비(16.25), 경조사비(15.2%) 등의 순서다. 특히 늘어난 것이 식비와 경조사비다. 모두 소비탄력성이 낮은 일상생활에 꼭 필요한 항목위주로 소비한다는 걸 알 수 있다. 따라서 기업·시장은 피파세대의 가계부를 정밀하게 분석, 소비니즈부터 읽어내는 게 숙제다.

새로운 시장창출이 불가능한 것은 아니다. 고령인구의 생활모델이 다양해지고 관심사마저 복잡해진다는 점에서 과거에는 없었던 새로운 시니어품목이 생겨날 수 있다. 그들의 숨겨진 소비의욕을 자극하고 여기에 시선을 맞춘 적절한 상품·서비스가 제안된다면 의외로 히트반열에 오를 수도 있다.

다만 우선은 피파세대를 아우르는 범용라인이 바람직하다. 가처분소득을 갖춘 고령인구가 부족한 한국의 경우 더더욱 일상생활에 필수이면서 일정부분 노후수요를 반영한 진화유형이 권유된다. 애초부터 고령수요에 집착해 기능성만 강조하기보다는 일부를 특화하되 연령차별적이지 않은 범용제품이 바람직하다. 일본사례를 봐도 노인·고령자·시니어 등 연령차별화를 내세운 제품·서비스치고 성공한 사례는 드물다. 되레 연령지점을 교묘하게 숨긴 아이디어가 먹혀들었다.

≫ 제조업의 경우

제조업의 경우 시니어마켓을 위한 최소접근법을 단언하기란 어렵다. 제조공장 등 다소간의 설비라인 구축 탓에 투하자본이 필요하다는 점이 부담스럽고, 고령제품 하나만을 위한 스톡투자의 위험성도 만만찮다. 그만큼 신중하고 진중한 접근이 일반적이다. 애초부터 고령인구를 공략대상으로 한 전문메이커라면 몰라도, 신규진출 혹은 품목전환의 경우 실패상황을 감안한 투자위험을 고려하지 않을 수 없다. 그럼에도 시니어마켓의 잠재력을 볼 때 점진적이나마 고객확대를 위한 노력이 필요하다.

고민이 깊을 때는 안테나숍을 통한 수요확인이 효과적이다. 고령사회로 진입한 대부분의 선진국에서는 시니어고객을 대상으로 한 이른바 실버품목이 하루가 멀다 하고 생겨났다 사라진다. 특히 일본은 세계최고의 장수사회답게 다양한 경험·노하우로 무장한 전용상품·서비스가 급박하고 치열하게 경쟁 중이다. 다른 서구선진국조차 일본시장은 자사품목의 성공여부를 점치는 각축장이자 실험장이다.

제조업에서 시니어마켓을 위한 최소접근법은 '배리어프리Barrier Free'로 요약된다. 사실 시니어제품을 규정하기란 어렵다. 특히 의식주와 관련한 생활필수품처럼 남녀노소 불문의 연령범용적인 소비항목 모두가 시니어제품이다. 즉 소비재산업이면 대부분 시니어고객을 아우른다. 산업분류로 보면 대략 70~80% 이상이 시니어산업과 직·간접적으로 연결된다. 선두주자는 의료·간병파트지만 광의의 시장개념을 적용하면 사실상 전체산업에 실버 개념을 반영하는 것이 시대조류다.

배리어프리란 말 그대로 장벽해소다. 불편함이 없는 현역인구에게 일상소비재는 거의 사용상의 불편·불만이 없다. 애초 건강한 현역인구를 대상으로 해서다. 그런데 고령자에게는 상황이 다르다. 옛날엔 불편함 없이 사용한 제품이지만 나이가 들면서 하나둘 쓰기 힘들어진다. 제조업의 시니어마켓 접근은 여기서 시작된다. 기존의 연령무차별적인 범용제품에 고령고객의 신체특징을 추가로 반영해 해당불편을 해소하려는 전략이다. 신체·지능적인 가령加齡한계를 커버하는 콘셉트다. 악력저하(스위치·손잡이 등), 근력저하(휠체어·로봇 등), 시력저하(조명기구 등), 지각능력저하(가전제품 등) 등이 그렇다. 자세한 것은 6장의 수요단계별 유망품목에서 살펴본다.

제조업(유통포함)에서 또 하나의 중대한 기초개념은 'AD Accessible Design'다. 단순한 장애제거 설계 및 공용Universal디자인에서 한발 진보된 의미다. 장애·연령에 무관하게 누구든 사용할 수 있는 공용디자인을 의미하는 사고방식이다. 제조업의 경우 잠재고객을 최대한 늘리는 기대효과가 있다.

가령 휠체어가 통과할 수 있는 넓고 큰 출입구라든가, 휠체어에 앉은 채 요리가 가능한 낮은 조리대 등이 대표적이다. 생활주변에선 영상기기·현금인출기·엘리베이터 등에 AD개념이 적용된다. 선진국에서는 AD의 보급비율로 시장규모를 파악할 정도다. AD의 국제표준규범도 있다. ISO(국제표준화기구)는 일본이 개발한 '호치온報知音'을 AD와 관련한 국제규격 1호로 제정했다. 이는 가전기기 등에서 전자음이 나도록 해, 집중력이 떨어지는 고령자에게 필요정보를 제공하는 음향장치다.

≫ 판매업의 경우

이처럼 고령고객의 사용불편을 없애고 편리한 방문유도를 위해, 고령대국들의 판매현장에서는 배리어프리와 AD개념의 확대적용이 일상적이다. 심지어 까다로운 미시시장의 거대한 집합체인 고령고객을 모시고자 전략과 매뉴얼을 수정하는 곳도 비일비재다. 무게중심을 고령고객으로 옮기자는 차원의 '시니어시프트Senior Shift'다. 미래시장의 주인공을 확인했으니 기업전략을 전환하겠다는 움직임이다. 대상은 광범위하다. 특히 일본의 경우 판촉전술을 바꿔 고령수요를 중시하는 경향이 뚜렷하다. 대표적인 게 편의점의 변신이다. 여기엔 백화점·방송업계의 실패교훈이 컸다.

일본의 백화점업계는 집토끼를 방치하고 산토끼를 잡으려다 고생했다. 원래 백화점의 주요고객은 고령인구다. 일본의 경우 가계자산(금융)의 60~70%를 65세 이상 인구가 과점한 상황이라 고가지향의 백화점은 고령고객의 전유공간이다. 유명·지방백화점일수록 고령고객 비중이 높다. 그런데 1990년대 이후 장기불황과 함께 백화점은 신규고객 발굴 차원에서 핵심고객 대신에 청년마케팅을 강화했다. 백화점을 떠나는 청년인구를 잡기 위해서였다. 흥행결과는 참패였다. 남은 고객은 까다로운 고령고객뿐이었다.

≫ 방송업의 경우

TV 등 방송업계도 이젠 '청년→고령'으로 무게중심을 완연하게 옮겼다. 일본의 방송프로를 보면 고령사회의 진면목을 한눈에 알 수 있다. 물론 처음엔 그렇잖았다. 20대의 일평균 TV시청시간이 2시간이고 60대는 4시간을 넘긴다는 통계(NHK방송문화연구소)에도 불구, 20대 여성을 최고 구매력을 갖춘 이른바 F1(20~34세)층으로 두고 중시했었다. 고도성장기에 정착된 고정관념의 고집스러운 유지였다. 이후 장기불황은 광고스폰서에게 효과무용론을 절감하도록 하면서 자연스러운 F1 이탈을 낳았고 방송업계는 힘들어졌다.

반성결과 지금은 고령그룹에게 매력적인 라이프스타일을 제안하는 프로그램만이 유행에 둔감해지는 청년시청자를 대체할 유력방법이란데 이견이 없다. 'TV→라디오'로의 선호전환도 뚜렷해지면서 새로워진 노인입맛에 맞춘 콘텐츠가 일상적이다.

시니어마켓을 장악하고자 하는 태도변화의 압권은 편의점이다. 실버품목은 잠재적인 성장분야지만 소비지출과 관련해 업계기대만큼 씀씀이가 커질지는 아직 미지수다. 그럼에도 기회는 있는데, 소매업의 선두주자 편의점이 그 힌트를 제공한다.

일본의 편의점은 임계상황의 포화평가에 불구, 계속해 시장규모를 조금씩 확장 중이다. 폐점도 많지만 개점도 많다. 성공점포의 공통점은 유력고객으로의 방향전환이다. 시니어시프트다. 이동능력을 가진 현역세대에 맞춰진 대형할인점의 틈새를 공략함으로써 주택인근의 편의점·중소형슈퍼 등은 생존능력을 입증받았다.

저절로는 아니다. 점포동선 및 진열방식 등을 고령고객의 눈높이에 맞추고(배리어프리), 그들이 필요로 하는 각종 부가서비스를 자연스레 강화했다. 상품라인업조차 고령인구가 선호하는 것으로 특화·배치하며 노인지갑을 여는 데 성공했다. 일부점포는 아예 시니어 전용점포로 간판마저 바꿔 단다.

4
시니어마켓, 기업은 어떻게 대응해야 할까

해외의 선두 기업에서 배울 것

　　장수기업은 많은 경영자의 꿈이다.
　혜성처럼 등장해 짧은 시간 반짝해본들 별 소용은 없다. 일장춘몽에 불과하다. 역사는 살아남은 자를 기억하는 법이다. 기업도 그렇다. 거대한 시대환경뿐 아니라 미세한 수요변화를 면밀하게 체크해야 비로소 생존이 가능하다. 하물며 장기생존은 말할 것도 없다. 지속가능한 사업모델은 필수다. 그래서 기업의 변신도 무죄다.
　아쉽게도 시장은 까다롭다. 한번 통했다고 계속해 러브콜을 날리는 소비자는 없다. 미묘한 뒤틀림만 있어도 부지불식간 결별을 통보한다. 여간해 다시 돌아오기란 쉽잖다. 변화를 거부하고 안주를 선택하는 기업이 롱런하지 못하는 건 당연하다. 역으로 살아 숨 쉬는 생물체처럼 끊임없이 진화하는 게 옳다. 최근처럼 거시환경의 변화가 생활단위의 변심을 강제하는 중차대한 분기점에선 특히 그렇다.

　장수기업에는 공통점이 있다. 의식주 아이템처럼 장기반복적인 구매패턴을 확보한 아이템을 장악했다는 점 등이 첫손가락에 꼽히지만, 실은 이것도 겉만 보고 판단한 피상적인 분석일 따름이다. 정말 중요한 것은 그 내재적인 조직문화로 체화된 끊임없는 개혁 및 혁신노력이다. 장기경험과 지혜축적을 통해 소비·시장변화에 맞는 새로운 제품·서비스를 계속해 내놓았다는 얘기다.

　시니어마켓은 초기시장이다. 시장성이 확인된 일부영역이 있지만, 여전히 절대다수는 수면아래에 잠복한 소비니즈를 발굴하지 못한 상황이다. 심증적인 시장형성에는 동의해도 물증적인 수요확신이 부족해 대부분의 플레이어들은 개전총성이 울리기를 바랄 뿐이다. 물론 때가 무르익기를 바랄 수도 있지만 그래서는 선점효과를 구가할 수 없다. 없는 길도 만들어가는 게 기업가정신이란 점에서, 적극적인 시장조성을 통해 잠재적인 소비니즈를 실물세계로 이끌어내는 혁신적인 도전력이 요구된다.

　고령사회에 진입한 서구선진국의 경우 그나마 시니어마켓은 일정부분 형성된 상태다. 워낙 잠재적인 고객집단이 커진 까닭에 자연스레 관련수요가 확인되면서 시장규모가 확대되기도 했지만, 이보다 중요한 것은 미세·선제적인 공급측면의 변화노력 덕분이다. 확신할 수 없음에도 그 가능성을 믿고 꾸준히 분석·투자한 결과 주저하던 고령인구의 지갑도 열 수 있었다. 원하던 걸 제공하면 시장은 만개할 수밖에 없다.

　성공기업의 변화·변신은 다각적이고 총체적이다. 선발주자의 경로만 따라도 돈을 버는 후발자(추격자) 이익이 존재하지 않는 미증유의 시니어마켓을 위해 근본적인 체질변신까지 주저하지 않는다. 때로는 회사가 지닌 모든 성공기억을 지워버리고 새롭게 홀로 황야에 서는 결단마저 목격된다. 다만 그 열매는 다디달다. 지속가능한 장수기업으로서의 체질개혁에 성공한 것이다. 아직 일부이긴 해도 시니어마켓의 신규분야에서 선두주자로 등장한 해외기업을 눈여겨봐야 하는 이유다.

경영자의 판단이 중요하다

그 첫걸음은 시니어마켓의 참여여부를 결정짓는 경영적인 판단이다. 단순히 될성부를 떡잎이라고 무조건 영양분을 투여해서는 곤란하다. 현역시장이 힘드니 고령시장을 노려보자는 피상적이고 대안적인 접근전략도 위험하다. 가기로 했다면 사활을 거는 건 기본이다. 상당량의 회사자원을 투입하고 간절하게 노력해도 어려운 게 시장창출의 기본특성이다. 특히 중요한 건 고객을 속속들이 이해하는 단계다. 소비자분석이다. 즉 잠재고객의 내재성향은 물론 외부환경까지 정확하고 확실하게 읽어내는 게 시급하다. 고객을 알아야 제품을 만들고 소구지점도 파악할 수 있어서다.

이를 위해선 끊임없는 관심경주가 권유된다. 한국사회도 고령화와 고령사회 등의 키워드에 익숙해지면서 해당인구의 성향분석을 시도하는 사례가 증가세다. 미래시장을 위한 기업내부의 자사自社중심적인 연구결과도 많고, 외부시선의 보편적이고 공통적인 유행트렌드 및 공략키워드를 소개한 자료도 많다. 단순히 읽어 넘기지 말고 그 안에서 원하는 결과를 위해 재조합·재검토해보는 자세가 바람직하다. 작은 힌트에서 블루오션의 씨앗을 만들어낼 수 있기 때문이다.

참고로 한국사회와 많이 닮은 일본의 몇몇 거시·공통적인 고령인구의 특징을 요약하면 다음과 같다. 몇 년 전 〈닛케이비즈니스〉는 구매력을 겸비한 고령인구의 특성으로 △건강과 환경중시 △가치관에 따른 뚜렷한 브랜드 선호 △고령자 전용상품에 대한 저항감 △구매과정에서 편의성 추구 △IT 활용에 우호적인 이미지 △아낌없는 가족소비 등을 내놨다. 내수시장이면 이를 토대로 수동적 대응보다 적극적 활용을 주문하며 관심을 끌었다. 시니어마켓 전문가는 고령자 레테르가 붙는 순간 삶은 5가지 단어로 압축된다고 봤다(村田裕之·2012년). 신체, 라이프스테이지, 가족생활, 기호, 시대성 등이다. 이를 촘촘히 분석해 새로운 가치단면을 제공하라는 차원이다.

시니어마켓을 선점하기 위한 기업들의 여러 노력들

실제 시니어마켓의 선점효과를 노리기 위한 전략개발과 시행착오는 지금도 반복된다. 굳이 강조되지 않을 뿐, 물밑에선 시장공략에 열심이다. 인구변화의 역풍에 내몰린 사양斜陽 후보산업일수록 더 그렇다. 어린이·청소년고객이 먹여 살리는 업종이 대표적이다. 출산저하로 메인고객의 규모감소가 기정사실이라 사업전환은 절실한 숙제일 수밖에 없다. 일반시장이면 고령인구에 맞춘 라인업 추가강화만으로 시니어시장에 접근할 수 있지만 아동시장은 사정이 근원적으로 달라지기 때문이다. 대폭적인 전략수정과 함께 지금까지와는 다른 근본적인 모델전환까지 시험대에 오른다.

와중에 일본의 일부회사는 시니어마켓의 전문적인 개척중개인으로 사업모델을 재편한다. 워낙 접근하기 힘든 시장이니, 이를 도와주는 것을 새로운 업으로 삼으려는 시도다. 선두주자는 일찍부터 수업료를 치르고 고령고객의 맘을 어느 정도는 읽어낸 업체위주다. 수업료를 지불하고 배운 실패경험을 새로운 돈벌이로 전환한 경우다. 이들은 전형적인 시장접근법을 경계한다. 요컨대 "시니어를 한 덩어리처럼 보고 비즈니스를 하면 실패할 것"이란 경험적 교훈이다. 매스고객으로 보는 한 시니어고객이 원하는 상품·서비스를 읽어낼 수 없을뿐더러 팔기도 어려워서다. 물론 다 알려진 상식이다. 그래도 실현하기 힘든 게 현실이다. 후발주자로선 손을 맞잡을 수밖에 없다.

'야즈야(やずや)'는 일본에선 알아주는 대규모 건강식품 통판업체다. 2015년 창업 50주년을 맞은 노포회사다. 현재 46종의 식품 완제품을 판매한다. 동시에 시니어시장의 걸출한 성공모델로 회자된다. 주력사업이 노인선호의 건강식품이라 주목받겠지만, 더 중요한 건 회사가 공들여 축적한 고객맞춤형 공략노하우다. 이를 토대로 연구소까지 설립, 고령고객의 일거수일투족을 분석한다. 처음엔 주력제품의 판매증진을 위해서였지만, 최근엔 축적노하우의 자사독점 대신 타사자문으로 시장을 키우는 데 노력한다. 컨설팅을 통해 단순수입부터 업무제휴까지 기대한다.

회사의 1,400만 고객 중 60%가 50대 이상의 시니어그룹이다. 시니어고객에게 어필하는 포인트는 눈높이 상담이다. 오전 10시 시작되는 전화주문 중에는 상품과 관련 없는 대화도 곧잘 등장한다. 기계적인 매뉴얼의 주문진행 대신 어떤 주제든 응대하도록 회사방침을 정했다. 콜센터

안내원은 시민단체의 전문상담자처럼 대화에 화답하며, 필요한 경우 제품과 무관한 생활 속의 추가정보까지 바로바로 찾아 알려준다. 길게는 30분 이상 대화가 유지된다. 회사의 노림수는 단순한 제품구매가 아닌, 그 제품이 필요한 환경과 이유에 대한 데이터다. 물건을 파는 것만이 아니라 대화로 추가니즈를 파악하기 위해서다. 고령인구의 생활양태를 읽어 추가적인 제품개발로 연결한다.

그뿐만 아니다. 회사는 월평균 100호가량 고객가정을 방문한다. 역시 제품 판매가 목적이 아니다. 시니어인구의 불만과 희망을 생활 속에서 보다 솔직하고 다양하게 취합하기 위해서다. 이 과정에서 복잡한 취급설명서의 개선요구나, 전화주문 때 기계적인 안내에 따른 버튼 누르기의 불만사항 등이 취합된다. 앉아만 있어서는 찾아내기 힘든 고령고객의 세세한 속내는 곧 새로운 제품출시와 서비스혁신을 낳는다. 회사는 이를 위한 전담조직까지 확대·강화했다.

덕분에 최근 시니어시장의 공략사업으로 2개의 새로운 사업모델이 나왔다. 축적된 장기자료를 토대로 시니어시장의 컨설팅사업과, 2013년 출간된 시니어잡지를 모태로 하는 출간사업 등이 그렇다. 특히 50~60대 여성 혹은 부부를 대상으로 하는 잡지는 20만부(요약본)나 팔린다. 이 잡지가 먹혀든 것은 지향방침대로 '시니어로 불리는 것에 저항감을 가진, 건강하고 행동지향성이 높은 중장년'의 맘을 움직여서다. 시니어시장이라면 전가의 보도처럼 일컬어지는 '종활終活·간병·상속' 등의 어두운 키워드는 거부다. 대신 고령인구의 금전·시간·정신적인 여유를 강조한다.

덕분에 '반다이(バンダイ)'는 이 회사의 축적경험을 빌렸다. 장난감메이커로 세계적인 지명도를 보유했지만 향후의 판매환경은 녹록지 않다. 출산감소로 어린이가 줄면서 시장위축과 함께 위기감이 높아진 결과다. 그 타개책이 '어린이→고령자'로의 고객전환이다. '고령자+장난감'을 연결할 절호의 아이디어가 필요했다.

조언은 기대이상이다. 신체를 움직여야 하는 장난감일 경우 칼로리 표시를 넣어 운동효과를 알려주는 식으로 고령인구의 예방의료 욕구를 자극하도록 권유됐다. 또 아동고객의 작은 손을 배려해 소형화한 장난감의 구성요소는 고령고객을 위해 더 크게 키워 접근장벽을 낮췄다. 글자를 키우는 건 당연지사다. 제품판매를 위한 광고키워드에 '손자와 함께 즐기는 장난감'이란 단어를 넣어 고령고객의 내리사랑을 강조하는 것도 기발하다. 이들 아이디어는 약간의 발상전환과 섬세한 생활관찰을 통해 욕구확인으로 이어졌다. 어렵잖게 현실화할 수 있다는 점도 고무적이다.

유명한 여행대리점인 HIS도 시니어에 애정을 쏟기 시작했다. 거대상대인 JTB와 경쟁 중인 회사는 난관타개의 돌파구로 시니어를 지목했다. 덩달아 그간의 고정관념을 씻어내고자 노력한다. 현역인구, 특히 청년세대를 중심으로 일등공신이 된 커플여행 등의 젊은 이미지를 불식하지 않으면 거대시장의 고령인구를 붙잡을 수 없다.

이를 위해 여행사의 유력한 판매수단인 전단지의 레이아웃을 전면 개편했다. 여행상품의 각종정보를 총망라해 복잡하고 작게 구성한 정보종합지로서의 전단지로는 고령인구를 설득할 수 없다는 지적 때문이다. 현역인구야 종합정보가 좋지만, 고령고객은 여백이 많고 글자가 적으면서 일부만 강조한 걸 더 선호한다는 조언은 곧 현실화될 계획이다.

5
시니어, 선입견을 버려야 제대로 보인다

시니어에 대해 우리가 잘못 알고 있는 것들

"너희들이 나를 알아?"

시니어는 꽤 까다롭다. 미시수요의 거대집합체로 비유되는 건 틀린 말이 아니다. 해당인구는 많은데 희망수요는 제각각이다. 전부를 모으면 적잖은 시장규모지만 개별수요의 범위와 수준은 천양지차다. 앞서 제안한 한국형 피파세대의 4가지 생존모델만 봐도 그렇다. 금전·신체상황이라는 극단적인 생활환경으로만 나눠도 암사자형, 까마귀형, 일개미형, 집토끼형 등 4대 유형이 추출된다. 이들의 라이프스타일이 은퇴시기의 소비양상에 적잖은 격차를 발생시킨다는 건 두말하면 잔소리다.

하물며 피파세대의 노후생활을 금전과 신체상황만 놓고 왈가왈부 예단할 수는 없다. 이 외에도 가족관계, 주거양태, 취미여부, 취업상태 등은 물론 현역시절의 생애경험과 개별적인 성격까지도 노후생활에 직간접적인 영향을 미친다. 이 모든 것이 종합돼 최종적인 소비의향으로 반영된다. 십인십색을 넘어 백인백색이라 봐도 과언은 아니다. 그러니 단순한 노인이미지만으로 접근해서는 필패한다. 노인인구가 늘어나니 그 신체특징에 맞춘 고정관념적인 범용품을 대량생산하는 건 어불성설이다.

따라서 까다로워진 피파세대의 소비의욕을 자극하기 위해서는 세분화되고 정밀화된 맞춤형 수요분석이 필수다. 제공하려는 제품·서비스가 어떤 피파세대에게 유효한지 공략상대의 본심을 파악하는 게 우선이다. 이 작업은 상당히 성가시고 복잡하며, 그럼에도 확신을 갖기에는 뭔가 부족하다. 앞으로의 고령인구 및 그들의 은퇴생활이 이미 오랫동안 확인된 선배세대의 그것과는 확연히 달라질 수 있기 때문이다. 선입견처럼 환갑을 겨우 넘겼지만 빈곤한 노환인구가 있는 한편, 달라진 시대변화를 반영해 80세 현역의 건강·부유한 경제활동인구도 시나브로 증가세다.

결국 관건은 이들의 본심, 즉 속내를 정확히 체크하는 데 달렸다. 노후생활과 관련해 어떤 점을 답답해하고 어떤 것을 원하는지, 철저히 소비측면에 서서 이해할 필요가 있다. 시니어마켓의 수요발굴을 위한 지점확보에 매진하라는 메시지다. 이때 조심할 것은 혁신적인 오픈마인드다. 단순히 가령加齡수요만 고집해서는 곤란하다. 오히려 일본사례를 볼 때 고정관념의 가령특징을 배제하고 건강하고 넉넉한 현역소비의 연장으로 피파세대에 접근할 때 기회는 더 열릴 수도 있다.

또 하나 유념할 것은 시니어마켓이 전대미문의 미래시장답게 상당수준의 사전적인 노력·정성이 필요하다는 점이다. 시니어마켓의 단골아이템인 간병·의료와 관련한 제품·서비스는 큰 노력 없이도 이미 시장이 열렸고 또 커질 전망이다. 수요확인이 이뤄졌으니 가성비가 좋은 것만 내놓아도 짭짤할 수 있다. 다만 이 시장은 시니어마켓의 일부일 뿐이다. 필수품이되 저가지향성인 데다 경쟁이 치열한 일종의 레드오션이다. 진정한 의미의 시니어마켓은 피라미드의 밑바닥 위에서 열린다. 빈곤시장의 한계다.

이런 점에서 가처분소득을 갖춘, 밝고 적극적인 1인분의 인생스토리를 노후생활에서도 계속해 연장하려는 차세대 고령인구, 즉 암사자형 Active Senior 피파세대에 궁극적인 타깃을 맞출 필요가 있다. 그래야 까마귀형Service Shopper과 일개미형Endless Worker까지 단계별로 접근하기 쉽다. 아프고 가난한 집토끼형Protected Weaker이 어쩔 수 없이 지출하는 간병·의료시장만으로 시니어마켓은 완성되지 않기 때문이다.

문제는 피라미드 밑바닥의 중·상층부를 차지하는 잠재고객을 설득하는 공략방법이 만만찮다는 점이다. 특히 이들은 선배세대와 달리 현역생애 동안 몇 번에 걸친 극적인 한국사적 시대변화를 살아오면서 한층 세분화되고 다양화된 소비의욕을 가졌다는 점이 특징적이다. 가령 학력이 뚜렷하게 높아진 와중에 계층변화의 악재도 자주 겪으면서 먹고사는 걸 최우선으로 지향했던 그들의 부모세대와 뚜렷이 구분된다. 한마디로 까다로운 소비계층이다. 이들을 설득하자면 결국 달라진 소비지점을 정확하고 신속하게 파악하는 수뿐이다. 그러자면 이들의 일거수일투족을 배우는 꾸준한 공부가 필수다.

다이칸야마가 각광받는 이유

　　이와 관련해 재미난 사례가 있어 소개한다. 일본의 시니어마켓이 과거 집착했던 고객원론에서 벗어나 새로운 분석대상으로 옮겨갔다는 에피소드다. 즉 시니어마켓의 실패경험과 맞물린 신종노인의 대량생산이 낳은 전략변화다. 전통의 노인지역 '스가모巢鴨'의 위세가 하락하는 반면 새로운 집합동네인 '다이칸야마代官山'의 부각이 그렇다. 요컨대 '지는 스가모, 뜨는 다이칸야마'다. 시니어마켓에서 난다 긴다 하는 사람들은 요즘 수요조사를 위해 스가모보다 다이칸야마를 자주 찾는다.

　스가모는 노인천국이다. '노인들의 하라주쿠原宿'다. 노인고객에 눈높이를 맞춘 특화상품·서비스 라인업이 탄탄하다. 건강보조제부터 의류·과자·음식 등 철저히 고령제품 위주다. 반면 다이칸야마는 명품지향의 고급쇼핑 명소다. 부촌답게 감각적인 쇼핑아이템으로 유명하다. 둘은 천양지차다. 다만 더는 아니다. 최근 공통분모로 고령고객이 급부상했다. 추억을 파는 과거지향적인 스가모와 달리 미래지향적인 시니어산업의 공략힌트를 다이칸야마가 알려줘서다. 이로써 두 지역은 시니어마켓의 바로미터이자 격전무대로 떴다.

　결론은 주도권의 신구新舊교대다. 전통강자(스가모)를 긴장시키는 신흥주자(다이칸야마)의 부각이다. 업계는 안테나를 다이칸야마 곳곳에 배치했다. 노인고객만을 위한 새로운 도전풍경은 흔하다. 음반·서적·DVD 등을 취급하는 유통업체 츠타야는 이곳에 노인점포를 개장했다. 50대 이상 시니어고객이 목표다. 뒤이어 패밀리마트도 시니어점포를 개점해 화제를 모았다. 이 밖에도 다이칸야마에 노인전용을 실험 중인 회사가 적잖다. 시니어점포의 가능성을 다이칸야마와 중첩한 건 의미심장한 신호다. 그간의 상식·편견에서 벗어난 신규고객으로 노인인구를 염두에 둔 결과다.

다이칸야마에는 노인인구 발걸음이 부쩍 늘었다. 이들에겐 공통점이 있다. '신新고령자'라는 타이틀이 붙은 새로운 고객유형이다. 늙고 병들고 빈곤한 이미지와는 결별한 경우다. "늙음을 즐기자"는 액티브시니어의 출현이다. 시장은 여기에 주목한다. 건강하고 밝으며 금전여유를 갖춘 대량의 노인인구가 고령시장을 밝혀줄 것이란 기대감이다. 그 이면엔 과거에 있었던 노인고객 성향분석의 실패경험이 한몫했다.

반성은 기회로 연결된다. 업계는 냉엄한 현실인식 후 상식파괴에 나섰다. 간병·의료·주거 등 노구老軀이미지를 버리기 시작했다. 노인인구의 미묘하게 다른 개별성향에도 주목한다. 그 결과를 종합하면 일본의 액티브시니어는 인터넷과 지적열정이 높으며 유행에 민감하고 어울려 지내려는 성향이 강하다. 저축·절약보다 왕성한 소비의욕도 확인된다. 비교적 먹고살 만하며 다양한 가치관에 남녀평등의식이 강하고 첨단기기 수용성도 높다(JTB·2012년). 인터넷정보·지적호기심이 높은 건 물론이다.

게다가 여행·레저 등 비일상적인 항목보다 충실한 일상생활을 중시하는 항목을 선호한다. 요컨대 기력氣力, 체력體力, 재력財力의 3력三力을 두루 갖춘 신인류다. '고령'이란 타이틀에 저항감은 높다. 액티브시니어의 공략은 종전의 연령구분법 폐기에서 시작된다. 연령대와 무관한 제품출시다. 60대 이상 인터넷이용률이 57%란 점에서 통신업계는 음성조작·

문자확대 등의 기능탑재에 열심이다. 편의점·대여점·서점·헬스클럽 등 시니어만을 위한 상품진열·점포출점도 붐이다. 애매하게 묻혀가지 않는 차별적이고 독립적인 소비주체로 이들 신인류 고령자가 부각되고 있다는 신호다.

시니어마켓을 활성화하는 신조어 전쟁

다이칸야마의 부각은 '3력', 즉 원하는 잠재고객의 감춰진 소비의향을 적절한 키워드 발굴 및 공략노력으로 연결한 덕분에 가능했다. 이런 키워드 분석결과는 한국형 피파세대의 성향분석 및 설득지점을 확인하는 데도 도움이 된다. 제공하려는 제품·서비스의 특징과 원하지만 감춰진 잠재고객의 소비니즈를 연결하는 데 유효한 접합점이 될 수 있어서다. 이런 사전적인 분석노력이 전제될 때 시장조성은 한층 쉬워진다. 이와 관련해 신조어 만들기에 능숙한(?) 일본의 선행결과는 나름 의미심장하다.

일본의 시니어 관련업계는 그간 많은 분석결과를 신조어로 소개했다. 약 10년 전 일본재계가 일찌감치 만들어낸 3F가 대표적이다. 재계는 유력 소비계층으로 '신新 시니어 부유층'을 선정해 이들의 소비심리를 읽는 키워드로 3F란 개념을 내놨다. 3F란 Fun(여행, 골프, 자동차, 홈시어터, 레저, 식도락, 패션), Family(재건축, 인테리어, 전원주택, 별장, 애완동물), Future(웰빙, 자산운용, 컴퓨터 및 어학 등의 평생학습)다. 물론 이는 굉장히 광범위하고 일반적인 추정결과로, 실제로는 한층 세분화된다는 반론에 맞닥뜨렸다.

비슷한 것으로 '욘토라(四トラ, 4Try)'라는 신조어도 있다. 다양한 자기계발과 관련된 사업부문인 Travel, Drive, Drama, Try가 모두 토라(トラ)로 읽히는 데서 유래했다. 예전에 〈니혼게이자이〉는 "욘토라로 요약되는 4대 사업부문은 결국 고령인구의 소비취향과 결합할 수밖에 없기 때문에, 생존압박에 위기감을 느끼는 업체라면 필히 관심을 가질 것"을 조언하기도 한 바 있다. 다만 역시 한정적인 심증결과인 건 매한가지다.

부자노인에 한정한 5가지 전략키워드도 있다(일본리서치종합연구소·2011년). 단거장거, 커뮤니케이션, 안심·안전, 서비스, 사회인식Social Mind 등이다. 먼저 '단거장거短距長居'다. 쇼핑 때 고령자에게 이동거리는 중요하다. '구매난민'이란 말처럼 적절·편리한 이동수단의 한계 때문이다. 그래서 재택서비스가 각광이다. 다만 맘에 들면 넉넉한 시간할애가 보통이다. 오래 머물며 소비한다. 패키지여행·교양오락이 그렇다. 인터넷쇼핑처럼 시간절약형 소비는 무관심하다. '커뮤니케이션'도 중시된다. 딱딱하고 기계적인 온라인보다 점원과의 직접대화를 선호한다. 고급품일수록 만져보고 얘기하며 구매의욕을 실천한다. 고급제품이면 점원의 대화능력과 고객응대가 필수다.

품질이 뒷받침된 '안심·안전'은 보다 공고하다. 가격보단 가치다. "가치 있는 걸 오래 쓸 것"이란 입장이다. 가치로부터 가격을 판단하려는 심리다. 불황지속과 반발소비 속에 '작은 사치'가 안착된 것처럼 무조건적인 할인판매의 반응도는 낮다. '가격→가치'로의 민감도 변화다. 이때 가치에는 안전성이 전제다. 또 제품보단 '서비스'다. 고령자라면 굳이 신규로 사야 할 내구소비재가 적다. 부가적인 서비스제공에 공을 들일 근거다. '사회인식'은 사회공헌 붐과 관계있다. 사회를 위한 소비선호다. 공동체적인 공유가치를 위해 사회공헌에 수익일부가 환원되는 제품·서비스를 소비하려는 욕구발현이다.

다소 일반적이지만 소비지출의 3대 반전효과를 제시한 연구도 있다(다이와종합연구소·2012년). 연령효과, 세대효과, 시대효과 등이다. 연령효과란 라이프사이클의 변화에 영향을 받는 항목이다. 연령증가에 따른 보건의료가 그렇다. 세대효과란 베이비부머 등 특정시기의 공유에서 발생하는 소비항목이다. 추억반추를 도와주는 복고상품이 그 사례다. 시대효과는 현대유행에서 지출하는 경우다. '재택·여가'와 '유지', 그리고 '안심·안전' 등의 키워드는 이 3대 소비효과가 낳은 공통결과다. 외출기회가 적어 집에서 여유롭게 지내며 이를 위해 건강·관계·환경을 유지하되 가능한 한 안전한 소비행태를 보여서다. 종합하면 의료·보험·보수유지(주거·관계)·일용품 등의 항목이 핵심적인 지출후보다.

타깃고객을 세분화한 시도도 있다. 시니어시장의 라이프스타일을 세분화한 연구보고서가 그렇다(닛세이기초연구소·2012년). 크게 3가지다. 어떤 걸 추구하느냐에 따라 각각 일, 인간관계, 생활환경 중시그룹으로 나뉜다. 50대 중년부터 시작하는 젊은 시니어가 중심이 된 일 중시그룹은 현재소득은 상대적으로 많아도 자산형성이 불충분해 노후생활에 여유가 없다. 인간관계 중시그룹은 여성과 65세 이상 고령자 등 은퇴세대가 많다. 지인·이웃과의 관계를 소중히 여기는 저소득·고자산가계로, 현상유지를 전제로 사교모임과 국내여행에 적극적이다. 생활환경 중시그룹은 성별·연령과 무관하게 10~20% 존재한다. 인간관계부터 의식주·자산운용·자기계발 등 폭넓은 활동을 펼친다. 관심이슈가 넓어 잠재성이 높다.

이렇듯 시니어시장을 쥐락펴락할 전략키워드는 다양하다. 다만 뜯어보면 성공전제는 하나다. 고객이 가려워하는 곳을 정확히 찾아내는 것이다. 책상머리보다 현장고민을 들을 때 그 가능성이 높아지는 건 물론이다. 출발은 은퇴세대 특유의 상황변화에 대한 주목이다. 단순연령이 아닌 특정상황의 변화흐름이 소비행태를 좌우하는 법이다.

옷 벗은 은퇴세대라도 최소 30년의 생존전략은 필수다. 가늘고 길지 않으면 버텨내기 힘든 시기다. 보편적으로 봤을 때 장수사회에 맞춰 고령세대의 소비행태는 절약지향성이 높아질 수밖에 없다. 물론 그들로서는 대단히 합리적인 소비선택이다. 결국 시니어마켓은 매스마켓은 맞지만 처음부터 대박시장으로 연결될 수는 없다. 다시 강조하건대 시니어마켓은 다양한 미시시장의 거대한 집합공간일 뿐이다.

6
3不을 읽으면, 답이 보인다

불안, 불만, 불편이라는 3不 키워드

'불不을 해소하라!'

시니어산업은 다양하게 불린다. 시니어Senior니 그레이Gray니 하며 새로운 개념제시로 천문학적인 시장개척의 승기를 쥐기 위해서다. 절대인구가 탄탄하니 시장파이는 불문가지다. 다만 일본사례처럼 무분별한 시장접근이 가져온 필패경험을 잊어선 곤란하다. 단순한 연령구분법에 따르거나 전통적인 선입견에 기초한 시장진출은 십중팔구 쓴맛을 볼 수밖에 없다. 정확한 수요니즈의 확인이 요구되는 이유다.

문제는 고령인구가 까다로워졌다는 사실이다. 현역시절 시대변화에 조응한 경험누적으로 과거와는 확연하게 달라진 가치관을 지녔다. 원하는 제품·서비스는 세분화됐다. 그럼에도 불확실성 탓에 지갑은 일단 묶어두고 시작한다. 기본적으로 소비지출에 방어적이고 부정적이니 시장으로서는 고될 수밖에 없다. 장수위험이 사회전체로 확산되면서 부지불식간 체감하는 일종의 학습된 소비저항이다.

이것을 뚫자면 속내를 알아내는 게 먼저다. 뭘 원하고, 어떨 때 지갑을 여는지 치밀한 분석노력이 전제된다. 이들만의 소비키워드의 장악과제다. 가장 대표적인 게 '불不'이다. 자세하게는 '불안, 불만, 불편'으로 요약되는 키워드 '3不'이다. 이를 해소하면 지갑은 열릴 확률이 높다. 가격이 좀 비싸도 안전하고 만족스러우며 편리한 가치제공이 포인트다. 즉 '불不'을 없앤 상품생태계의 필요다.

이를 한자리에 모아 제공하면 +알파의 잠재니즈로의 연결효과도 높다. 쇼핑이 서툰 퇴직자에게 캐주얼을 판다면 옷부터 구두·가방까지 동일공간에 전시하는 식이다. 구매환경 지원도 필요하다. 보행거리의 최소화와 휴게공간의 최대화를 위해 곳곳에 쉼터를 마련하는 형태다. 의자배치로 체제시간을 늘리면 일석이조를 기대할 수 있다. 동선파악 후 판촉효과에도 제격이다. 쉴 때 무료체험서비스를 실시해 인기를 끈 백화점도 많다.

구체적으로 살펴보자. 불안이다. 건강, 경제, 고독불안이 대표적이다. 가령 건강불안은 노인인구의 숙명이다. 뇌졸중을 비롯해 치매·낙상(골절)우려가 구체적이다. 주택가에 요양시설과 정형외과(접골원)가 많은 이유다. 그 대응전략은 운동이다. 성공사례는 여성전용 피트니스클럽을 운영 중인 '커브스Curves'다. 값비싼 헬스장의 반복운동에 질린 중장년 여성을 타깃으로 주택가에 설치해 화제를 모았다.

포인트는 'Three No M'이다. 남자Man가 없고 화장Make-up 필요가 없으며 거울Mirror이 없다. 중장년 여성이 느끼는 불만까지 억제한 것이다. 또 30분 안에 끝내고 샤워시설과 목욕탕을 없앰으로써 불만거리일 수 있는 사항을 저가경비의 주택가 입지로 해결했다. 값싸게 다니며 샤워는 집에서 해결한다는 게 기본이다.

식생활에서 불(不)을 해결한 사례도 주목된다. 나이가 들면 건강식을 선호한다. 건강불안이다. 그런데 마트대형화로 신선제품을 사기는 더 힘들어졌다. 쇼핑불편이다. 해법은 신선제품 주력마켓의 대두다. 마트를 편의점처럼 소형화해 채소·고기 등 신선제품을 판다. 로손의 '스토어100'이 그렇다. 용량을 줄여 가격저항을 없앴다. 집주변에서 신선제품의 소량구입은 고령인구의 소비니즈와 결부되면서 입소문을 냈다.

여기에 더해 물품배달과 쇼핑조언 등 실버인구가 원하는 것을 읽어내 성공한 사례가 적잖다. 세분화된 절임종류를 200가지 넘게 배치하고, 소량만 주문해도 들여오는 노력으로 고객감동에 성공한 다이신백화점도 불(不)의 해소로 유명해진 사례다.

반면 불(不)의 해소니즈에 소홀해 의외로 고전 중인 경우가 있는데 스마트폰이 그 예다. 스마트폰의 잠재력은 상당하다. 다만 경제활동인구에 타깃을 맞춰 중장년층에의 배려가 부족한 게 현실이다. 스마트폰은 경쟁하듯 복잡·고도화되는 추세다. 즉 정작 실버인구에겐 불필요한 기능이 많다. 문자입력이 어렵고 이용가치가 거의 없는 기능이 태반이다.

그런데도 쓸모없는 다기능 탓에 배터리 소모는 빨라진다. 자신 있게 구매했다 불평이 끊이지 않는 배경이다. 후지쯔가 이에 주목해 '라쿠라쿠 스마트폰'을 시니어타깃으로 내놓아 적잖은 반향을 얻어냈다. 물론 후속주자는 생각보다 별로 없다. 결국 IT문화에 익숙한 베이비부머가 은퇴세대로 넘어가는 와중에 이들의 불편을 해소하는 제품출시는 한층 시급해졌다. 스마트폰을 예로 들었지만 가전제품도 상황은 비슷하다. 고기술·고기능의 탑재경쟁이 불필요한 '갈라파고스화(기술고도화로 범용성을 잃은 현상)'를 낳았듯 작지만 결정적인 불편의 해소는 그만큼 중요해졌다.

불편의 해소가 파워풀한 결과로 연결되는 곳은 판매현장이다. 이들 거대집단을 고객으로 삼자면 그들이 느끼는 쇼핑에서의 불편을 경감하는 매장배치가 필수다. 노안대책이 출발이다. 광고·팸플릿은 노안 앞에서 무용지물이다. 돋보기를 배치하든가 쉽고 큼직한 글자도안이 필요하다. 빽빽한 상품정보보다는 몇 가지 어필요소로 강렬한 인상을 남기는 게 좋다. 특히 늙을수록 기억력과 분석력이 약해진다는 점에서 복잡한 제품기능보다 확실한 1~2가지로 설득하는 게 효과적이다.

다리도 아프다. 쇼핑동선을 최대한 우호적으로 바꾸고 의자를 둬 휴식여유를 제공하는 게 방법이다. 체류시간이 길어지면 쇼핑기회는 늘어날 수밖에 없다. 보행거리가 짧다는 점에서 화장실 위치도 관건이다. 고령일수록 요로기관이 약해져 화장실을 자주 사용하게 마련이다. 청력을 배려한다면 배경음악이나 볼륨선택에 신중한 게 좋다. 접객대화는 명료한 발음이 추천된다.

시니어의 세분화된 소비 욕구를 만족시켜라

노인타깃의 실버마켓은 사실 한국으로선 초유의 시장이다. 대량의 베이비부머들이 속속 은퇴인구에 가세하면 본격적인 시장개막이 기대된다. 돈 없이 은퇴한 선배세대와 달리 일정부분 대응전략을 갖춘 경우도 적잖다. 이들에게 판에 박힌 듯한 구태의연한 노인상품·서비스의 제공은 무의미하다. 시대가 바뀌었고, 사람이 변했다는 점에서 한층 세분화된 가치제공이 필수다.

그럼에도 불구, 변치 않는 소비가치는 가령 加齢에 동반하는 불편, 불안, 불만의 해소키워드다. 축적경험의 다양화에 기인한 시니어의 세분화된 가치관은 다품종·변량생산의 가능성을 높였다. 매스Mass는 설명력이 떨어졌다. 제아무리 포화시장일지언정 까다로워진 불不의 여지는 충분하다. 고령인구일수록 더 그렇다. 따라서 불不의 해소는 새로운 시장창출을 지속적으로 담보한다.

내수시장이 어렵다. 창업은 물론 수성마저 만만찮아졌다. 고객이탈의 염려가 현실적이다. 만약 영위업종·품목이 중장년층과 연결된다면 일본사례에서처럼 불不의 해소노력에 주목할 필요가 있다. "10년 후 무엇을 먹고 살 것인가"의 해결힌트는 가까이 있다. 누구나 알지만 미처 틈새를 읽지 못한 작은 노력에서 비롯된다. 사업기회는 달라진 고객의 면밀한 분석부터 시작되는 법이다. 그래서 불不은 저성장·고령화의 생존키워드 중 하나다.

7
시니어마켓, 경험 소비로 뚫어라

소유보다는 경험을 중시한다

'소유보다는 경험을…'
피파세대의 소비지점을 파악하자면 좀 더 정밀한 접근전략이 권유된다. 앞서 살펴본 소비지점의 연결키워드는 달라진 시니어고객의 일반적인 분석결과에 초점이 맞춰졌다는 게 한계다. 이것만으로는 부족하다. 대체적인 분위기를 파악하는 개론으로는 적당해도 세분화된 미시수요를 이해하는 각론으로는 뭉뚱그려진 결과일 수밖에 없다. 지금부터는 일본의 실패경험이 적절하게 반영된 결과 최근 새롭게 제시된, 보다 미세·정밀한 형태의 유력한 소비지점을 몇몇 키워드로 살펴본다.

물론 일본사례를 전적으로 받아들일 이유는 없다. 일본과 한국은 닮은 만큼 다른 곳도 수두룩하다. 법률제도·성장유형·인구변화·정책불신 등 판박이처럼 유사한 게 많다고 동일시해서는 곤란하다. 특정국가의 현재상황은 다양한 경로의존성과 역사맥락 속에서 톱니바퀴처럼 정교하게 얽혀 완성된 것이다. 겉모습이 비슷하다고 속까지 같을 것으로 예단하면 안 된다. 무엇보다 국민성과 관련해서는 천양지차다. 우리의 관심사인 고령인구의 재정상황은 물론 그들을 감싸는 복지제도 등도 확실히 구분된다. 가령 일본노인은 평균적으로 부자인 반면 한국은 그렇잖다.

그럼에도 일본의 선행경로는 한국에 적잖이 시사점을 제공한다. 당장 저성장·인구병·재정난 등 고령사회의 위기경고 3종 세트가 비슷하다. 이들 거시악재의 악화경로 또한 한일은 놀랍도록 닮았다. 인식기반과 문화배경·역사경험이 다르더라도 다가올 미래사회를 준비해야 하는 한국으로서는 일본사례를 주도면밀하게 분석하는 게 유효하다. 도움이 되지 않는 일본경험은 버리면 된다. 강조컨대 일본경험은 우리에게 벤치마킹의 대상일 수도 있지만 반면교사의 교훈일 수도 있다.

경험·노하우·자산을 가진 시니어 집단

확실히 시니어는 관록집단이다. 현역시절부터 장기간에 걸쳐 적잖은 경험·노하우·자산을 가졌다. 그래서일까. 이들은 애초부터 소비확대에 무덤덤하다. 있거나 없거나 잘 쓰지 않으려는 경향이 뚜렷하다. 여기엔 과거의 소비경험이 한몫했다. 그러니 '노후≠소비'의 구조식이 자연스레 성립된다. 일상적인 소유욕은 더 희박하다. 이미 가졌기에 특별한 자극이 없는 한 추가수요는 힘들다. 기껏해야 한계에 달한 내구소비재의 교체수요가 전부다. 초연해지는 노인특유의 소유욕이다.

이때 이론적인 대체수요는 현역소비다. 절약경향의 고령집단보다 가족확대의 현역인구에 집중하자는 논리다. 그런데 이게 힘들다. 저성장·고령화의 성숙경제 탓이다. 줄어들고 사라진 후속세대는 소비에 둔감하다. 돈이 없을뿐더러 있어도 본인만족을 충족시키는 일부품목을 빼면 소비저항감이 높다. 일례로 거대한 소비수요 발생시점인 '취업→독립→결혼→출생→양육'의 일련의 인생경로(라이프스타일)로부터 이탈하면서 이와 연결된 소비확대도 증발됐다. 소비시장의 주도권과 무게중심이 현역인구에서 은퇴세대로 넘어갈 수밖에 없는 이유다. 시니어마켓의 부각배경이다. 비록 방어적이고 절약적인 노후생활이 불가피하지만 시장파이 자체가 커져 무시할 수 없는 미래마켓이다.

앞으로의 소비열쇠는 은퇴세대가 좌우할 확률이 높다. 다만 꽤 힘든 주제다. 베이비부머를 비롯해 제아무리 거대인구라 할지라도 관록의 인생경험과 장수위험의 불확실성에 거슬러 손쉽게 주머니를 열어젖힐 은퇴세대는 별로 없다. 이때 주목해야 할 유력출구 중 하나가 '소유가치→사용가치'로의 인식변화다. 이들이 기꺼이 소비하도록 새로운 사용가치를 강조함으로써 시니어의 소비활성화를 유도할 수 있어서다.

즉 '갖고 싶은 것'에서 '하고 싶은 것'으로의 관점변화에 주목하자는 얘기다. 미츠비시종합연구소는 이를 물건에서 경험으로 변화하는 시니어 소비의 새로운 유형으로 규정했다. 관련설문(60대 이상)에서는 여성의 56%가 물건에 얽매이지 않는 생활을 원했다. 집 안 청소 등 가사경험은 물론 인생정리終活 차원에서도 새롭게 뭔가를 사는 것에 거부감을 나타냈다. 남성의 33%도 이에 동의했다.

반면 '하고 싶은 것'은 다양한 범주에서 높은 지향성을 띤다. 여행을 필두로 취미·외식 등 '현재 별로 못하지만 앞으로 해보고 싶은 것'을

▼ 노후에 즐기고픈 영역의 현재상황과 향후의향

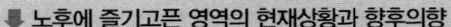

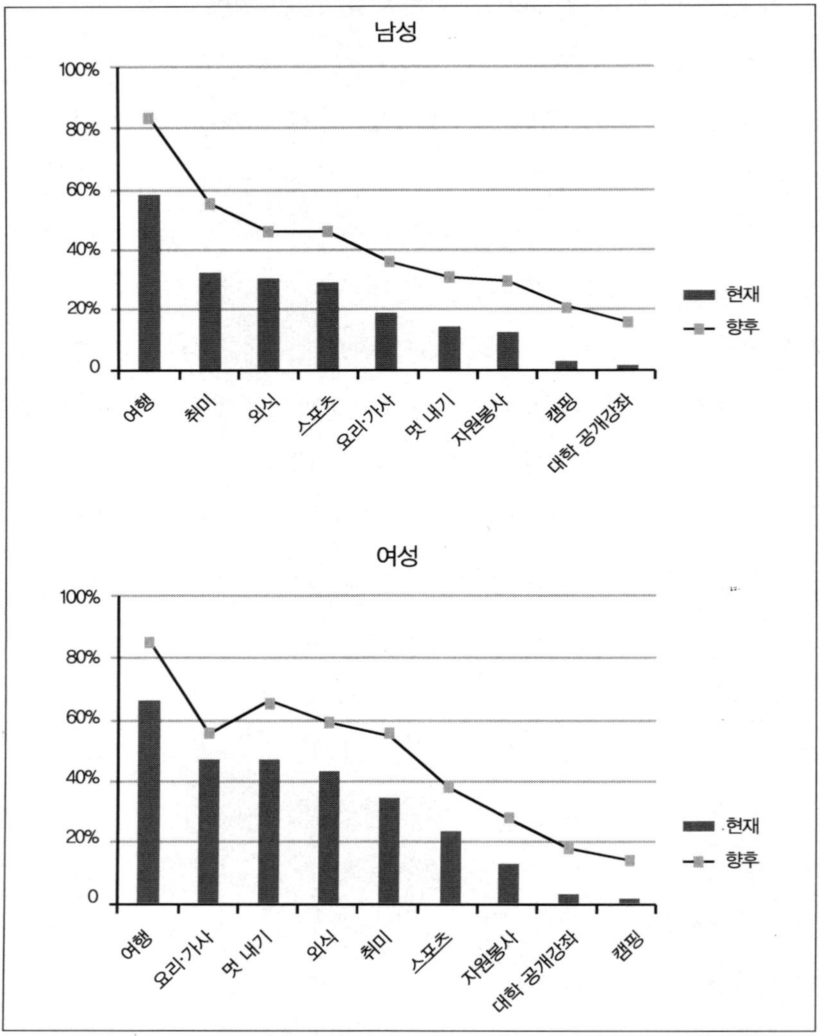

— 자료: 미츠비시종합연구소

물었더니 적극적인 응답이 나왔다. 남녀공통으로 여행의향이 80%를 웃도는 것으로 조사됐다. 특히 남성은 취미, 외식, 스포츠, 요리(가사) 등이 선순위에 배치됐고, 여성은 멋(내기), 외식, 취미, 요리 등이 선호됐다. 이들 '하고 싶은 것'은 현재경험보다 향후의향이 하나같이 높다.

결국 다양한 분야의 경험소비에 잠재적인 사업기회가 있다는 증거다. 관건은 이들 잠재수요를 현재화하는 방법이다. 동시에 경험소비는 단독으로 끝나는 게 아니라 복수의 경험소비가 연결될 때 커진다. 운동과 외식, 혹은 건강과 여유 등의 형태로 2개 이상의 경험소비가 맞물릴 때 만족도가 높아진다. 일례로 여행을 떠나지만 가급적 본인취미와 관련 있는 것을 경험하거나, 요리학원을 다니면서 건강식에 포커스를 맞추는 게 대표적이다.

고령인구의 소비의향이 낮다고 완전히 물건을 사지 않고 생활할 수는 없다. 이때도 새로운 구입기준이 적용된다. 키워드는 장기보유, 안전식품, 환경배려 등으로 요약된다. 이런 상품특징이 확인되고 그 가치를 인정할 경우 시니어는 다소 비싸도 기꺼이 지갑을 연다. 가령 안전식품의 구매의욕은 6070세대로 갈수록 평균 60%의 지지율을 획득한다.

환경배려도 마찬가지다. 환경배려적인 신상품의 보유율을 조사해보면 60대 이상이 전체평균보다 높다. 동일기능의 보통상품과 비교해 다소 비싼 LED전구의 경우 전체 평균 보유율은 34%에 그쳤지만 60대는 47%에 달한다. 이는 현역세대와 달리 고령인구의 경제적인 능력과 관련이 깊다. 비교적 유유자적의 삶이 가능한 자산 및 소득확보가 가격저항을 줄여줬기 때문이다. 이 점은 한국과 다소 다르기에 조심해야 한다.

이런 점에서 고령인구의 소비특징은 현역세대와 구분된다. 싸고 편리하다는 이유만으로 지갑을 열지 않아서다. 즉 상품이 갖는 다양한 특징에 관심을 갖는다. 이를 미츠비시종합연구소는 '스토리'로 표현한다. 제품특성이 가치공유 형태로 스토리처럼 얽혀 구체화될 때 소비증대가 가능한 셈이다. 결국 시니어의 선호를 파악해 이를 상품에 반영하고, 그것이 스토리로 흡수되는 게 중요하다. 환경에 좋기만 할 게 아니라 소비만족까지 높이는 스토리로 완성될 때 소비자극이 가능하다. 국산식료품이면 안심추구와 농업지원이 스토리의 주요뼈대다.

시니어마켓의 유도장치로서의 3C

이렇듯 고령소비를 위한 접근방법과 성향분석은 3가지 C로 요약된다. 먼저 'Communicate'다. 시니어가 무엇을 원하고 고집하는지 아는 게 관건인데, 이를 위해서는 해당소비자와의 직간접적인 접촉이 중요하다. 가급적 많은 시니어와 다양한 범주에 걸쳐 접촉Communication을 유지함으로써 이들의 의견을 청취할 필요가 있다. 잦은 대화와 접촉을 통해 이들의 필요와 지출한도 등의 니즈를 파악하자는 얘기다. 물론 물리적으로 많은 시니어와 주기적인 접촉을 갖기란 힘들다. 이때는 인터넷을 활용할 수 있다. 전용페이지를 구축해 설문조사·인터뷰 등을 실시해 대상자의 속내를 확보하는 게 대표적이다.

두 번째 C는 'Connect'다. 앞서의 'Communicate'와 유사한 맥락이지만 방향은 정반대다. 고객정보의 획득이 아니라 상품정보의 전달에 방점이 찍히는 까닭이다. 시니어는 시대변화에 뒤늦고 혁신기술에 미숙할 수밖에 없다. 새로운 제품이 나와도 설득은커녕 입소문조차 힘들다. 이때 중요한 것이 연결채널의 확보다. 즉 많은 시니어가 빈번하게 참여하는 시스템을 구축해 상품정보를 효율적으로 전달하는 게 중요하다. 고무적인 건 베이비부머다. 이들은 인터넷에 익숙하고 가상공간에서의 활동도 비교적 활발하기에 유력한 대안이 될 수 있다. 실제 친구가 많은 사람일수록 신상품의 구매율이 높다는 연구결과가 있다. 연결확보가 소비증가를 낳는 것이다.

마지막 C는 'Co-create'다. 'Communicate'와 'Connect'가 일방향의 교감이라면 'Co-create'는 쌍방향적인 채널공유를 의미한다. 시니어를 단순하게 소비자로만 보는 게 아니라 필요할 경우 이들의 풍부한 경험과 지혜를 활용해 공정과정에 반영하는 걸 뜻한다. 이로써 파악하기 힘든 시니어 니즈를 보다 정확하게 읽어낼 뿐 아니라 로열티를 향상시키는 효과가 기대된다. 수요는 충분하다. 은퇴이후 본인의 능력발휘에 대한 만족도는 떨어지게 마련이라, 참여기회의 제공으로 이들을 활용하면 충실한 상호만족을 이끌어낼 수 있다. 소일거리가 없어 방황하는 은퇴세대를 적극적으로 흡수함으로써 기업은 미래수요를 위한 정밀한 니즈축적이 가능해진다.

3C는 시니어마켓의 주역인 시니어를 소비시장으로 이끌어내는 유도장치나 마찬가지다. 소유욕이 희박한 이들의 주머니를 열게 해줄 새로운 접근전략인 동시에 이들의 가려운 곳을 긁어주는 적재적소의 상품·서비스를 창출하는 기본얼개가 3C다.

포인트는 '소유가치→사용가치'의 성향변화에 대한 주목과 사용가치의 극대화다. 특히 사용가치의 극대화는 현재경험과 향후의향의 갭을

좁히는 것인데, 이때 3C로 그들의 속내를 읽어낼 수 있다. 정확한 성향분석을 위한 3C의 채널확보야말로 그레이마켓의 승기를 쥐는 지름길이다.

부언하면 사용가치는 시니어의 또 다른 구매욕구인 시간소비와 일맥상통한다. '소유가치=물건소비'라면 '사용가치=시간소비'로 구분된다. 수명연장으로 늘어난 은퇴 이후의 대량시간을 만족스럽게 보낼 수 있는 소비시장의 창출필요다. 취미든 공부든 기분 좋은 사용가치라면 기꺼이 지불하려는 시니어의 의지를 감안컨대 시간소비를 위한 시장화는 필수다. 예를 들어 고령사회에서의 여가활동 주역은 10대에서 60대 이상으로 변화한다. 전체적인 레저시장은 줄어도 시니어가 선호하는 관광·오락부문 등은 전망이 밝다. 일본생산성본부에 따르면 고수입의 활동적인 70대가 레저시장의 주도세력이다.

8
쌈짓돈도 3E 앞에서는 무장해제된다

여전히 지적 호기심이 많은 시니어 소비자들

사례 1 = 2012년 시니어고객을 타깃으로 개발한 골프클럽 '화이즈PHYZ'는 실패했다는 게 중론이다. 쇠퇴근력을 보강해 적은 힘으로 원하는 비거리를 얻도록 일본브릿지스톤이 13년 만에 만든 독자브랜드지만 성과는 별로였다. 철저한 마케팅 조사에 힘입어 전략모델로 선정됐지만 성적표는 초라하다. 이 클럽을 쓴다는 것 자체가 신체쇠퇴를 알려주는 신호로 해석된다는 우려감이 부진원인이었다.

사례 2 = 2013년 〈이키이키(いきいき)〉가 내놓은 여행상품 '보스턴 1개월 여행Boston one Month Stay'은 발매 2주 만에 30명 정원을 채웠다. 여행사가 아닌 시니어여성 전문잡지가 구성했는데도 두고두고 입소문이다. 가격은 놀랍다. 1인당 120만엔의 초고가다. 비행기·호텔·식사·영어학원비

등 포함금액이다. 단순관광 대신 동경하던 도시에서 1개월간 주민처럼 생활하며 영어를 배운다는 지식체험적인 아이디어가 먹혀든 덕분이다.

극단적인 비교다. 다만 꼼꼼히 뜯어보면 시니어로 불리는 중·고령고객의 마음을 읽어냈느냐 여부가 사업성패를 갈랐음을 알 수 있다. 실패의 경우 편리는 읽었지만 속내는 못 읽었다. 있음 직한 제품수요였지만 요즘 시니어는 '늙음'을 싫어한다는 점을 놓쳤다. '실버·고령'이란 글자가 들어가면 팔리지 않는다는 점을 간과한 것이다.

반면 성공사례는 잡지사답게 기획기사로 일찍부터 고객의향을 묻고 분석해 원하는 뜻을 제대로 읽어냈다. 나이가 들어도 뭔가 시작하고픈 호기심을 충족시켜주는 수단으로 '여행+영어'의 조합이 탄생했다. 앞날이 불투명할수록 내적 호기심은 더 늘어난다는 점이 증명됐다. 반대로 이는 상식수준의 접근에 대한 경계다. 시니어의 소비심리 행태가 다양하게 변했다는 게 대전제다.

시니어의 인생 2막, '변신 욕구'에서 찾아라

물론 한국의 고령인구는 앞서 사례처럼 골프를 치거나 어학연수를 갈 정도로 자금력을 겸비한 경우가 드물다. 위화감이 적잖다. 사실 일본에서도 보편적인 풍경은 아니다. 즉 이들 사례는 일본, 그중에서도 일부 부자노인을 타깃으로 기획한 아이디어다. 이와 달리 한국의 현실은 냉엄하다. '노후=빈곤'의 일반론은 손쉽게 받아들여진다. 설혹 보유자산이 있어도 소비여력은 낮다. '집 가진 가난뱅이'란 표현처럼 자산은 있어도 소득이 없어 소비지출에 깐깐하다. 장수불안까지 겹친다.

다만 앞으로는 얘기가 달라질 수 있다. 거대집단인 베이비부머가 가세하면 한국에서도 소비능력을 갖춘 중·고령인구가 등장할 수 있다. 실제 한국은 여전히 노노老老격차가 상당하지만, 조만간 은퇴를 앞둔 50대의 경제능력이 탁월하다. 평균 3억5,848만원을 보유해 연령대별 1위에 올랐다(2010년). 은퇴 이후 여유시간이 많아졌다는 점도 고령아이템이 유망산업이 된 이유다. 시니어마켓의 만개에는 시간이 걸리겠지만 과거와 달리 소비여력이 개선된 후속인구의 은퇴가세는 중요한 신호다.

이런 제반여건을 감안할 경우 피파세대의 소비지점을 확인할 유력힌트 중 하나는 '해방심리'다. 시니어 전문가 무라타 히로유키村田裕之는 인생 2막에 즈음했을 때 발생하는 변신욕구에 주목할 것을 권한다. 50대 중반부터 70대 전반을 통칭해 '해방단계'로 부르며 이들의 변신의욕에 부응하는 상품·서비스를 추천한다. 조기퇴직 후 해외이민을 가거나 전업주부가 취미강사로 변신하는 추세 등에서 가능성을 읽어냈다. 더 늦기 전에 자아실현을 하려는 의지발현과 자녀독립·봉양종료(부모) 등 라이프스테이지의 변화가 맞물려 적잖은 에너지의 해방심리가 발생한다는 얘기다. 의학적으로도 충동·욕구·동경 등 '이너푸시Inner Push'로 불리는 자기해방 촉진에너지가 이 연령대에 충만해진다고 덧붙인다.

변신을 꾀하는 시니어를 위한 키워드 3E

해방심리를 사업기회로 연결하자면 '3E'라는 키워드가 권유된다. '호기심 자극Excited', '자발적 경험Engaged', '심신자극의 배양

Encouraged' 등이다.

먼저 호기심 자극Excited이다. 소비자의 눈높이는 높아졌고 정교해졌다. 가격이 싸거나 품질이 좋다고 불쑥 구매하는 시대는 지나갔다. 호기심을 자극하는 가슴 떨리는 뭔가가 꼭 필요해졌다. 그러자면 판에 박힌 시장조사는 무의미하다. 되레 아날로그적인 직감과 상상력의 발휘가 필요하다. 워크맨·아이폰 등처럼 기존에 존재하지 않는 새로운 가슴떨림이 제공될 때 지갑을 열기 때문이다.

다만 많은 소비자가 잠재적으로 원하지만 상품화되기 전에는 적어도 소비자로부터 구체적인 수요·정보가 확인되지는 않는다는 게 한계다. 즉 영역을 뛰어넘는 과감한 변신과 새로운 경험을 기업 스스로 선행해보는 게 좋다.

자발적 경험Engaged은 중대한 소비자극제다. 시니어를 최종소비의 단순고객이 아니라 중간제작의 스태프로 참여시키자는 발상이다. 어차피 시니어는 꾸준한 소득이 적은 대신 시간은 많다. 즐기며 용돈벌이를 할 수 있다면 꽤 매력적인 선택이다.

여행사인 '클럽투어리즘' 사례다. 시니어타깃의 테마여행을 전문적으로 판매한다. 이 회사엔 '고객참가시스템'이 있다. 여행정보 월간지를 회원에게 배포(무료)할 때 우편과 함께 직접전달도 실시한다. 이 전달자가 에코스태프로 불리는 고객그룹에서 선발된다. 월 1회 배포로 최대 3만엔의 아르바이트를 하는 구조다. 회사로선 배송비보다 저렴해 경제적인 데다 직접전달로 대면접촉이 가능해 홍보효과를 극대화할 수 있다. 이렇게 모은 돈으로 다시 여행을 떠나니 회사·스태프 모두에게 일석이조다. 만족도는 높다. 희망자가 쇄도하는 가운데 스태프가 1만 명을 넘어섰다.

심신자극의 배양Encouraged은 시니어산업의 최대품목인 건강키워드와 일치한다. 신체건강에서 비롯되는 다양한 파급효과에 대한 주목이다. 유병장수 시대라지만 건강할 때 비로소 소비심리가 높아지기 때문이다. 아플 때 지불하는 의료·간병비용은 파괴·소모적인 반면 건강에서 파생되는 각종소비는 건설·확산적이다.

한국에도 도입된 여성전용피트니스 '커브스'를 보자. 일본에서 커브스는 단순한 운동시설을 넘어섰다. 동네사랑방처럼 새로운 부가가치를 만들어낸다. 친구를 사귀면서 살 빠진 김에 쇼핑을 같이 다니거나 여행팀마저 꾸려지는 추세다. 점포로서도 이를 권하는데, 분위기가 살고 운영하는 데 한결 수월해서다. 무엇보다 질병확률이 떨어지기에 유무형의 경제효과가 크다. 피트니스클럽에 단 3%의 인구만 다닌다는 점에서 확산에 따른 기대심리는 높아질 수밖에 없다. 길게는 건강한 소비경제의 디딤돌이 될 수 있다.

물론 '3E'가 고령산업 전체를 커버하는 성공키워드는 아니다. 다만 적어도 새로운 소비경로를 확인하는 계기일 수는 있다. 특히 장수위기와 소득단절로 불가피한 소비절벽을 선택하는 수많은 시니어인구의 속내를 읽어내는 나침반일 수 있다.

결국 까다로운 피파세대를 설득해야 하는 시니어마켓의 성공안착을 위해서는 그간의 상식수준에서 벗어나 달라진 고객의 절절한 내적욕구를 분석하는 게 중요하다. 노인이란 선입견에 맞춰 대충 필요하겠거니 해서 몇 가지 기능만 강조해 내놔봤자 팔리지는 않는다. 이들의 쌈짓돈을 노리자면 다각적인 성공분석이 필수다. 꼬불쳐둔 자산마저 할애해서라도 사고 싶은 상품과 서비스를 적극적으로 고안·출시하는 게 성공관건이다.

9
늙음에 맞서는 'GS세대'를 잡아라

소비자를 설득하는 의미부여 방법

'칭찬은 고래도 춤추게 하는 법!'
 판매왕의 타이틀은 함부로 주어지지 않는다. 잘 파는 직원에겐 그만의 특별함이 있다. 백미는 커뮤니케이션의 탁월한 능력이다. 사실상 예외가 없다. 대화능력의 기본은 설득자세다. 상대방을 움직이게끔 정보와 자극을 시의적절 제공할 때 원하는 결과가 얻어진다. 이를 위해 필요한 것 중 하나가 의미부여다.
 의미부여는 상대를 설득하는 주요무기다. 제품·서비스의 특·장점을 잘 설명하는 것만큼 고객에게 구매의미를 부여해주는 게 유효하다. 실제 오래도록 잘 팔리는 브랜드에는 스토리가 있고, 그 스토리의 최종목적은 의미부여로 요약할 수 있다. 이렇듯 긍정적인 의미부여를 통해 비로소 적극적인 고객발굴이 가능하다. 잘 구성된 대고객 의미부여가 먹혀들 경우 소비확대로 귀결되는 가치창조는 당연지사다.

조심할 건 지나친 강박증이다. 잘 어울리지 않는 의미부여는 자칫 거부반응으로 연결된다. 상대를 읽고 동의를 얻어낼 만한 보편성을 지녀야 수긍할 수 있다. 지금껏 시니어마켓의 고객성향과 생활환경 등의 분석을 통해 지갑을 열 수 있는 일련의 소비지점을 몇몇 키워드로 살펴봤지만, 이것만으로는 다소 부족하다. 결정적인 한 수는 잠재고객의 지출저항을 약화시키고 소비결정을 재촉하는 의미부여 작업이다.

의미부여를 위한 손쉬운 방법은 잠재고객의 유형화작업이다. 차별화와 동질화를 적절히 혼용해 특정그룹의 경험과 환경을 소비자그룹으로 묶어내는 전략이 그렇다. 이때 효과를 극대화하는 세부전술 중 돋보이는 건 신조어 제안·확산이다. 대표적인 게 '액티브시니어'다. 고령인구가 갖는 고정관념 및 부정인식과 구별되는 능동적이고 적극적인 단어를 연결함으로써 의미부여에 성공했다.

이런 예는 숱하게 많다. 실패한 것도 많고 성공한 경우도 적잖다. 지금부터는 시니어마켓의 잠재고객인 고령인구의 분주화 과정에서 일정부분 입소문을 획득한 신조어를 선별, 그 의미와 기회를 모색해본다. 역시 일본사례일 따름이며, 한국적인 벤치마킹을 위해서는 우리만의 경로탐색과 고객연구가 필수다.

'GS세대'가 뜬다

최근 낙양지가를 올리는 신조어는 'GS Golden Sixties 세대'다. '황금의 60대'란 뜻의 신조어다. 일본판 베이비부머인 1947~49년 출생자가 대표적이다. 광의로는 ±60대의 시니어를 의미한다. 사실상 열도가 낳은 최초이자 최후의 부유층으로 기록될 확률이 높다. 여러모로 현역세대보다 지갑사정이 낫다. 이들 800만 베이비부머가 노인인구(65세)로 접어들면서 유력한 소비주체로 부각됐다. 연금수급도 시작된다. 상당수는 아베노믹스 덕에 자산증액Wealth Effect마저 늘어났다.

GS세대의 구매의욕은 꽤 높다. 호화열차부터 해외크루즈는 물론 폴 매카트니의 초청공연까지 이뤄냈다. 좋은 상품이면 돈은 얼마든 낼 태세다. 풍부한 금융자산과 자유로운 시간자원 덕분이다. 시장은 열악한 현역세대보다 이들 GS세대에 러브콜을 날린다. 평균 소비성향은 현역세대 공통적으로 줄지만 유독 60대만큼은 잠깐의 경로이탈을 빼면 일률적으로 상승세다(가계조사).

GS세대의 부각이유는 또 있다. 은퇴연령대지만 여전히 일하는 노동인구가 적잖다. 정부주도의 정년연장(60세→65세)도 한몫했다. 경제활동 중인 노인인구의 증가다. 현역처럼 부담스러운 출퇴근은 없다. 재고용이라 월급은 줄지만 스트레스는 낮다. 출세경쟁도 없다. 본인건강에 따라 페이스를 조절하며 최대한 즐겁게 일하려는 욕구발현이다.

자녀양육은 종료됐다. 악전고투의 자녀·손주를 위한 경제적 지원이 없진 않지만 고비용은 아니다. 대접받는 어른이자 스폰서 정도의 품위유지비면 족하다. 선배세대로선 생각지도 못한 새로운 라이프스타일이다.

이들의 소비력은 파워풀하다. 2014년 기준 스바루의 '스바루XV하이브리드' 구입(249만엔)은 30%가 GS세대 등 고령고객이다. 주문쇄도로 국내공장을 풀가동하고 생산을 2배나 늘렸다(월 2,000대). 300만엔대까지

가격을 떨어뜨린 '벤츠C클래스'도 GS고객의 마음을 훔쳤다. 부자대상 여행상품인 'JTB로열로드긴자'는 매출증가가 뚜렷하다. 베테랑 담당자가 여행자의 희망사항을 받아들여 주문식 프로그램을 기획한 덕이다.

원하면 무엇이든 만들어주겠다는 적극대응의 산물은 또 있다. 청소로봇인 '룸바'는 세세한 데까지 신경을 써줘 GS세대를 움직였다. 다른 청소기처럼 허리를 굽히지 않게 설계됐고 플러그를 꽂고 빼는 게 곤욕인 점에 착안해 이를 없애버리기까지 했다. 좀 비싸지만 원하는 가치를 추가함으로써 가격정당화에 성공한 셈이다.

GS세대의 소비 특징들

GS세대의 소비특징은 몇 가지로 나뉜다. 대표적인 게 늙음에 대한 반대다. GS세대에게 암묵적으로 규정된 '실버'나 '시니어' 등의 단어를 쓰면 대놓고 못 본 체한다. 노인·고령 등은 금기어다. 강한 젊음 지향성이다. '753의 법칙'이란 말도 있다. 7세 젊게 하고, 5kg 줄이며, 3cm 가늘게 보이고픈 심정발로다. 당연히 건강·환경·관광·교육에 관심이 많다. 선배세대의 60대 때와 달리 인터넷 등 IT에도 친숙하다.

가족중시는 뺄 수 없다. 자녀·손주를 위한 소비지출이면 묵혀둔 신용카드마저 쉽게 열린다. 인연 부활적인 기획에도 관심이 많다. 명함이 없어지는 은퇴 이후 동창회가 활발한 게 그 증거다. 정년이 늘어도 60세 이후엔 촉탁신분으로 바뀌니 현역시절 동창회 참가를 꺼리게 만든 직업·소득격차의 장벽은 사라진다. 다들 그만그만하니 부담 없는 추억회

고가 가능하다. 인연마케팅이다. 인연은 내구소비재 등 거대소비가 일단 락된 GS세대 여유고객을 소비시장에 끌어내는 중대한 소구장치다. '즐거운 시간'의 구매자극이다. GS세대에게 인기인 건 '여행'이다. 뒤에서 보다 자세히 살펴보겠지만 여행사 '클럽투어리즘'이 1인 여행객을 위해 내놓은 상품(라라여행)이 대표적이다.

가족기쁨을 사려는 GS세대도 많다. 혈연과 시간을 즐기는 데 드는 비용을 아까워하지 않는 소비창출이다. 요즘 신도시엔 3세대 대가족이 자주 보인다. 가족해체로 단신세대가 주류인 세태와 비교된다.

이유는 단순하다. 베이비부머였던 할아버지·할머니 집이 신도시에 많기 때문이다. 이들 자녀들은 1970년대 초중반에 태어나 이제 40대가 됐다. 결혼·양육과 주거마련 타이밍이다. 이들이 신도시로 하나둘 몰려든다. 동거가 아닌 '3세대 근접거주'의 실현이다. 잦아진 세대교류적인 만남이다. 이때 큰 도움이 되는 게 패밀리카다. 이른바 'One Box Car'다. 3세대를 위한 7~8인승 차량이다.

GS세대의 하루를 분석하라

그렇다면 GS세대의 하루는 어떨까? 먼저 보편적으로 대졸 후 60세까지 일한다면 총근로시간은 약 10만 시간에 달한다. 하루 출퇴근 포함해 10시간 일할 경우다(주 50시간×40년). 그런데 60세 은퇴 이후 평균여명인 82세(남성)까지 주어진 자유시간도 약 10만 시간이다. 하루 12시간에 22년을 곱한 결과다. 엄청난 시간이 아닐 수 없다.

▼ 55~64세의 일평균 생활시간

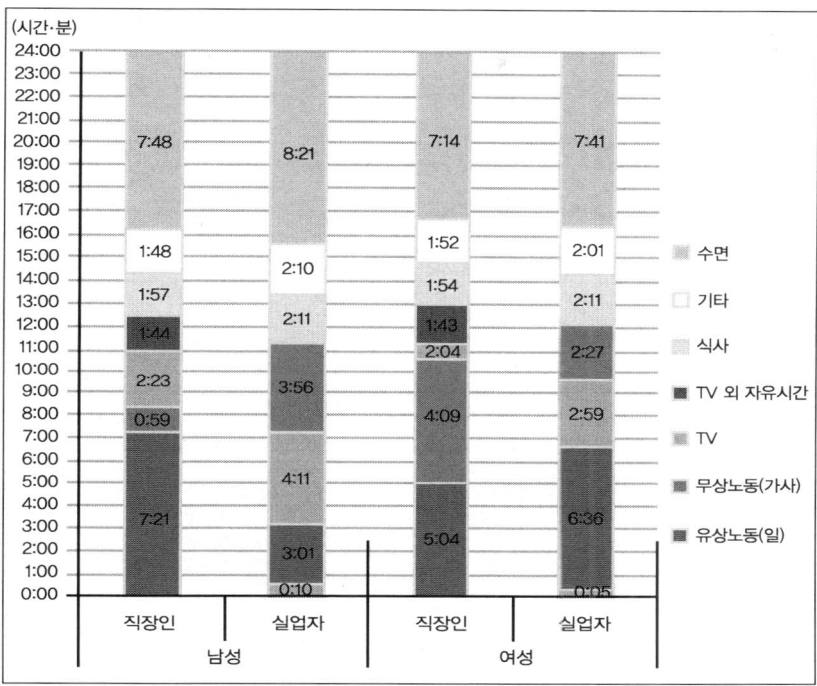

– 자료: 총무성, '사회생활기본조사', 2011.

이들 GS세대의 하루를 따라가 보자. 먼저 GS세대 중 55~64세를 남녀별·직업유무별로 나눠보니 여성·무직자는 일평균 6시간 36분을 가사에 사용한다(사회생활기본조사·2011). 깨어 있는 시간의 40%가 가사다. 당연히 자유시간은 줄어들 수밖에 없다. 반면 남성·무직자는 TV시청을 비롯해 7시간 12분의 자유시간이 확인된다. 특이한 건 남녀무직자에 공통적인 TV시청 일변도의 자유시간의 활용이다. 특히 남성무직자의 TV시청이 과도하다.

GS세대도 정년연장 시점인 65세를 넘기면 상당수가 무직자가 된다. 본격적인 은퇴생활의 개시다. 이들의 일평균 생활시간을 살펴보면 당장

수면시간의 증가가 확인된다. 동시에 가사시간은 추세적으로 하락한다. 55~64세 때와 달리 그 이상이 되면 자녀와의 동거비율이 줄면서 가사필요가 감소해서다.

독거비율의 증가도 마찬가지다. 자유시간의 경우 독거남성은 TV시청을 포함해 큰 변화가 없지만 독거여성은 가사감소만큼 자유시간은 늘어난다. 75세 시점이면 1시간이나 증가한다. 자유시간 중 TV시청은 남녀 불문 늘어나는데 특히 75세 이상에서 급증한다. 즉 활동시간의 상당량을 TV 앞에서 지낸다는 결론이다.

즉 연령·성별과 무관하게 자유시간의 50~60%를 TV시청에 쓴다. 청년세대의 TV이탈과 대조되는 현상이다. GS세대의 풍부한 자유시간을 사업기회로 활용하는 데 제한여건이 아닐 수 없다. 결국 TV에서 분리할 수 있는 강력한 콘텐츠가 필수다. 역으로 적극적인 TV활용도 숙제다. 시니어의 충성도를 장악한 TV라면 이를 유력한 마케팅도구로 인식하고 홈쇼핑, 프로그램 등을 전략적으로 개발·배치할 필요가 있다.

자유시간 이외의 시간·수고를 덜어주는 전략도 고려대상이다. 식사·청소 등을 자유시간과 연결할 수 있는 아이디어의 필요다. 즐거운 요리라든가 기분 좋은 외식 같은 게 그렇다. 즉 수면시간 이외는 자유시간이 되도록 유도하는 것이다. 시니어시장을 장악하자면 GS세대의 생활풍경에 대한 통찰이 필요한 이유다.

10
한국판 하나코세대는 어디에 있을까

고령 사회, 여성의 힘이 커진다

고령사회는 모계사회다.

여성파워가 돋보이되 남성근육은 퇴화된다. '고성장→저성장'으로 성장엔진이 바뀌는 감축시대답게 섬세한 여성DNA가 우월인자로 평가된다. '제조업→서비스업'으로의 패러다임 전환결과다. 소비주체로서도 여성부각은 일상적이다. 성별 임금격차가 축소·역전되면서 가처분소득·소비주도권을 장악하기 시작한다.

고령세대는 더 그렇다. 전업남편의 은퇴이후 가계경제권을 전담, 장수불안을 극복하려고 시도한다. 억눌렸던 현역시절의 반대급부로 적극적인 자아실현 의지도 커진다. 딜레마적인 선택지다. 어쨌든 관건은 중·고령여성의 파워증가다.

다만 심증일 따름이다. 소비시장의 여심확대는 맞지만 누구인지 정확한 대상선정과 어떻게 공략할지 정밀한 수요체크는 미지수다. 두드린다고 열릴 문이 아니듯 열릴 만한 문을 찾는 게 먼저다. 유사경로를 걸었던 일본이 막상 뚜껑을 열어보니 그랬다. 고령시장 기대감은 대단했는데 시장조성은 생각보다 저조했다.

미시시장의 거대집합체인 고령수요를 너무 쉽게 재단·접근한 게 패착이다. 실버시장, 요컨대 시니어마켓은 수요분석·타깃선정이 결정적이다. 단순한 고령인구가 아닌 보다 세분화된 유력고객을 찾는 게 중요하다. 승수효과를 높여줄 고객세분화다.

일본의 시니어마켓을 이끄는 하나코세대

일본시장은 최근 '하나코세대'에 주목한다. 고령소비의 결정적인 주인공으로 본다. 이들을 통해 축소지향적인 내수일지언정 생존·성장확률을 높일 걸로 기대한다. 하나코세대란 1959~64년 출생의 여성 총칭이다. 버블세대·신인류로도 불린다. 경제성장의 화려한 잔치를 즐긴 최후세대다. 이들이 자녀양육을 끝내고 정년은퇴를 가시권에 뒀다. 2020년 도쿄올림픽 때면 선두세대가 60대에 진입한다. 고령시장의 유력한 예비고객인 셈이다. 〈주간다이아몬드〉는 최근 '하나코세대는 시들지 않는 생애주역'이란 기사로 화제를 모았다. 앞서 나온 『하나코세대를 노려라』라는 책이 토대다.

이들의 원류는 1988년 창간된 동명의 잡지타이틀. '일과 결혼만으로는 싫다'는 슬로건으로 인기를 끌었다. 특히 독신그룹은 잡지를 상징처럼 들고 다니며 명품쇼핑, 음식, 해외여행, 스키 등 왕성한 소비의욕과 광범위한 행동력을 발휘하며 청년시절을 풍미했다. 현역시절엔 '중산층보다 한 랭킹 위'라는 인식으로 차별화를 지향했다. 선도세력은 고학력 여성. 여대생 붐이 일고 여성등용에 우호적인 기운(1985년 남녀고용균등법)이 겹치자 일본사회는 이들 가치관에 주목했다. 여성상위라는 말도 이때부터다. 현재 하나코세대는 50대 중후반이 되며 재차 소비견인의 유력주자로 떴다.

청춘시절의 경제경험과 성공체험은 좀체 잊어지지 않는 법이다. 중년을 넘긴 하나코세대도 예외는 아니다. 여전히 소비마인드는 적극적이고 또 즐기고자 한다. 이들보다 어린 1차 베이비부머의 자녀세대(±1970년 출생세대=단카이주니어)가 버블붕괴 후유증으로 소비생활에 신중한 것과는 대조적이다. 즉 독특한 인생경로 자체가 소비의욕이 높은 최후세대임을 유감없이 증명한다.

이들은 대부분 금전결핍 없이 경제적인 풍요를 광범위하게 누렸다. 유년기는 고도성장기였고, 사회데뷔 이후엔 버블경제를 경험했다. 풍요롭고 잘 벌며, 또 그때그때 소비하는 것이 본인·사회 모두에 좋은 것으로 인식한다. 돈의 힘을 확인·경험한 셈이다. 소비자체가 자기실현적 의미를 가지며 살아가는 힘의 원천으로 이해된다. 이들을 본격화될 시니어마켓의 잠재고객으로 삼지 않는 시장·기업은 없다. 자원봉사·지역공헌 등 최근 관심을 끄는 이타적 사회활동 감각은 비교적 희박하다. 사회공헌을 자원봉사가 아닌 비즈니스화로 보고, 소비행위야말로 사회공헌이라는 사고가 많다. 자녀교육도 시장논리로 본다. 교육환경이 열악하면 어려서부터 사립학교 수험·유학에 매진한다. 금전적 해결시도다.

　이들 하나코세대는 학력결과도 교육투자의 범위·규모로 결정된다고 여긴다. 성적편차·사회지위는 경제력의 비례결과다. 이게 훗날 승자로의 사회데뷔를 의미한다고 확신한다. 세대특유의 경제지상주의다. 그렇다고 이들의 평균적인 금전감각·경제사정을 폄하해선 곤란하다. 성장훈풍이 멈춰버린 고령사회, 소비활력을 끌어올릴 유력주체인 까닭이다. 하나코 여성은 떠오르는 소비파워다.

하나코세대의 소비 특징들

　　　이들은 특징적인 소비패턴을 갖는다. 먼저 시간을 돈으로 사려는 수요다. 가사업무를 외부에 맡겨 에너지가 줄어들면 적극적으로 지출하겠다고 밝힌다. 물론 가사는 기본적으로 본인역할이되, 바쁠 때나 아플 때는 청소 등 가사대행서비스를 자주 찾는다. 반찬을 사 먹는 건 기본적인 허용범위다. 이는 확실히 현재 고령세대와 확연히 구분된다. 하나코세대는 가사의 외주화를 시도하는 최초세대다. 새로운 사업기회임은 불문가지다. 단순히 하기 싫어서의 방임형은 아니다. 본인을 빛내기 위한 시간의 유효활용을 위한 전향·적극적인 사고결과가 외주수요로 연결된다.

　항노화 패턴도 강력하다. 미용투자를 아까워하지 않는 식이다. 하나코세대는 20세 전후 경험한 미의식을 기억한다. '여성=외모'란 등식이다. 때문에 갱년기든 아니든 여성스러움을 버릴 수 없다. 즉 기미·주름 등을 비롯해 체형변화가 불가피해지는 각종의 노화징후는 막아내야 할 절실한 현실숙제다. 방치하지 않고 고기능의 고가화장품으로 옮겨 타거나 에스테틱 등 관련시설에 민감하다. 미용기기·미용의료 등 현존하는 모든 노화방지 케어시스템이 관심사다. 연령에 맞서려는 '안티에이징'을 넘어 연령불상의 '에이지리스Ageless'의 뷰티감각을 좇는다. 나이가 들어도 아름다움을 유지해 실제연령을 느끼지 못하도록 적극적인 소비투자를 고집한다. 엄청난 열의로 취미를 완전히 정복하려는 패턴도 있다. 꽃꽂이나 요리를 취미이상으로 배워 집에서 강좌를 열거나 와인·전통의류 등의 문화계열에 정통한 경우가 많다. 배우는 것만이 아닌 일정정도 궁극의 경지까지 나아가 주변인정을 받으려는 부류다. 심지어 만들어봤거나 몸에 익힌 테크닉으로 부수입까지 올린다. 자기만족 이상의 성과도출 지향적이다. 이와 관련해 만나는 사람들과의 모임을 중시해 교제비는 아까워하지 않는다. 노인적인 취미나 자택에서 혼자 즐기는 취미에 익숙한 선배세대와 뚜렷이 구분된다. 열심히 일하고 배워 주변과 나누려는 외향성이 기본이다.

공략루트는 '일상생활 업그레이드'다. 선배세대가 해외여행 등 비일상적인 이벤트에 소비하는 것과 달리 이들은 현실적이고 경험적인 소비를 선호한다. 일상생활의 품질을 높이는 패션, 미용, 취미 등의 3대 분야가 결국 유망해질 확률이 높다.

공통점은 활력지향이다. 이들에게 나이를 인지시키면 필패다. 무대도 필요하다. 주변의 인정을 중시해서다. 여주인공답게 돋보이고 칭찬해줄 무대가 절실하다. 키워드는 커뮤니티, 가족, 외출이다. 연대감을 지닌 동년배와의 공유기회를 만들거나 리폼·교체수요 등의 부분소비, 쾌적한 외출지원 등의 사업이 떠오른다. 평생숙제도 관심사다. 제아무리 경제지상주의라도 소비만으로 노후생활을 유지할 수는 없다. 평생 시들지 않는 꽃이 되자면 간병, 금전, 노후 등 3대 키워드의 효율적인 관리수요는 필수다. 저부담의 편안한 간병상품·서비스를 미리미리 준비할 수 있도록 접근장벽을 낮춰주는 게 좋다.

하나코세대는 확실히 구분된다. 선배세대가 '생애현역'을 목표로 하는 것과 달리 곧 고령인구로 접어들 하나코세대는 '생애주역'을 지향한다. 아내·엄마·주부 등 가정 내부의 역할보다 사회와 함께 살고 어울리는 인생주역, 여주인공으로 남고 싶다. 따라서 남편은 따라다녀야 할 종속존재가 아닌 파트너이며, 자녀는 철저히 본인의 성과물일 따름이다.

신조는 시들지 않으려는 선배세대와도 구분된다. '시들 수 없거나 혹은 계속해서 피고 싶을 뿐'이다. 이들이 시니어마켓에 본격적으로 들어오면 시장상식은 더 이상 통용되지 않는다. 노인취급을 해서는 망할 수밖에 없다.

한국판 하나코세대는 언제 출현할까

이쯤에서 한국판 하나코세대의 출현도 얼마든 기대할 수 있다. 700만 베이비부머의 대량은퇴만을 주목할 게 아니라 그 이후의, 규모는 다소 작아도 계속해 은퇴생활에 진입할 잠재고객을 선점하려는 자세가 필요하다. 베이비부머의 동생뻘이니 한국으로 따진다면 대략 1960년대 중반부터 1970년대 초반 정도다.

  동시에 기본적인 성장과정과 경험정도는 일본의 하나코세대와 크게 다르지 않다. 얼마든 한국적 재해석이 가능하다. 어쩌면 이들은 다가올 한국적 모계사회의 첫 번째 유력결정권자로 부각할 수 있다. 적극적인 상황분석과 경로탐색을 통해 한국판 하나코세대의 소비지점을 일찍부터 파악하는 건 그래서 의미가 남다르다.

◆ **백금세대**

시니어시장의 모객차원에서 주목받는 건 단연코 여성인구다. 특히 곳간열쇠를 쥔 은퇴 전후 여심이 관심사다. 그래서 이들을 '플라티나(Platina=백금)세대'로 부른다(미츠비시종합연구소). 적극적인 곳은 패션업계다. 60세 즈음의 여성에게 물으니 "멋지게 꾸미고 싶다"는 답변이 60.2%를 넘겼다(고령자 일상생활에 관한 의식조사·2009년). 2004년보다 6.8%P 늘었다. 또 70대 전후라면 전후 미국영향에 노출돼 할리우드 여배우 스타일에 익숙하고, 살면서 대부분의 유행패션을 체험했다는 점도 고무적이다. 시장규모는 3조4,000억엔대다. 잠재수요까지 합하면 6조엔을 넘긴다. 이들 여성의 월 의류구입비는 6,000~7,000엔이지만 원하면 2배 이상 비싸도 사겠다는 응답이 압도적이다.

11

시니어의
소비욕구 5단계

매슬로의 욕구 5단계란

'금강산도 식후경'

들을수록 무릎을 치는 명문이다. 제아무리 빼어난 경치인들 당장의 배고픔이 우선이라는 의미다. 살아보면 딱 맞는 말이다. 사람들의 소비욕구란 것도 마찬가지다. 배고픔을 해결한 뒤에야 비로소 추가적인 가치지향이 반영된 제품·서비스를 소비한다. 필수재가 먼저고 사치재는 이후의 선택영역일 따름이다. 의식주처럼 생명선과 직결된 기초재화의 경우 가격탄력성이 낮고 생애전체에 걸친 반복구매도 당연하다.

은퇴생활에 돌입한 고령인구의 소비성향도 똑같다. 노화특유의 가령加齡별 필수재의 종류·수준이 현역인구와 구분되기는 하지만, 먹고 자고 입는 기초의식주는 동일하다. 오히려 은퇴 이후 장기·안정적인 소득확보가 중단됨에도 의식주는 필수기에 전체소비 중 필수재의 지출비중이 더 커지기까지 한다. 실제 고령가구의 지출수준을 분석해보면 의식주(필수재)의 비중부담이 상당하다. 여기에 의료·간병 등 새로운 필수소비까지 가세하면 전체지출의 절대지분이 생명유지와 직결된다.

물론 밥만 먹고 살 수는 없는 노릇이다. 현역인구든 고령인구든 마찬가지다. 그러니 사치재란 게 그 나름의 의미를 갖는다. 의식주의 절대가치가 인류필수이듯 차별적인 욕망실현도 인간본능이다. 최근처럼 빈부격차가 사상최대치로 벌어지는 상황에서 사치재의 소비선호는 남과 구별되는 중요한 발현기제다. 그럼에도 의식주만큼 기본적이고 보편적이진 않다. 특히 감축성장이 불가피한 향후의 한국사회에서 소득증대는 일부만의 전유물이란 점에서 사치재의 소비인구는 줄어들 수밖에 없다.

피파세대의 소비시장, 즉 시니어마켓은 치밀하게 연결·형성될 확률이 높다. 지금처럼 재화성격별로 듬성듬성 관련시장이 펼쳐지기보다 소비니즈로 요약되는 욕구실현에 따라 단계적으로 접점을 가지며 확대될 개연성이다. 요약하면 '필수재→사치재'로의 소비확대다. 이때 둘의 연결지점 안에 피파세대의 개별상황이 반영된 소비욕구가 단계별로 실현될 수 있는 세부적인 재화품목이 위치한다.

따라서 필수재·사치재의 극단적 사고방식은 그다지 바람직하지 않다. 사업모델에 따라 우선순위와 가중치는 둘 수 있지만, 미시수요의 거대집합인 고령인구의 소비욕구를 감안할 경우 유연한 사고체계가 권유된다. 필수재지만 사치재의 성격을 가미할 수도, 사치재지만 필수재의 여지를 둘 수도 있기 때문이다. 그래야 시장도 열리고 소비도 커진다. 자산수준·교육경험 등 차별적인 생애모델을 살아온 베이비부머까지 가세한

▼ 매슬로의 욕구 5단계와 관련 항목

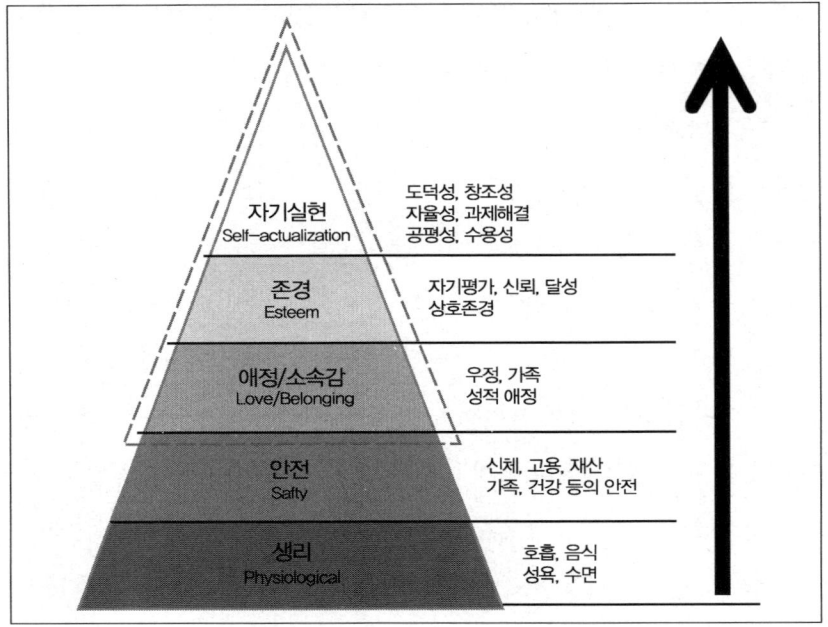

한국적 피파세대를 떠올리면 필수재·사치재의 간극은 더 넓어진다.

이를 뒷받침하는 이론도 있다. 인간욕구란 게 위계·계층적인 단계별 질서를 갖는다는 내용의 매슬로A. Maslow의 욕구이론A theory of human motivation이 그렇다. 인간욕구란 하위단계의 욕구충족이 상위계층의 욕구발현을 위한 기본조건을 충족하면서 확대된다는 의미가 요지다. 이는 대개 피라미드로 그려지는데, 가장 밑바닥부터 생리욕구, 안전욕구, 애정(공감)욕구, 존경욕구, 자아실현욕구 등의 단계로 정리된다.

이는 정확히 피파세대의 소비욕구에도 적용된다. 생리욕구는 기초생활에 필수인 의식주와 직결된 필수재의 영역항목이다. 음식, 성욕, 수면 등의 소비영역이다. 그다음은 안전욕구로 신체, 고용, 재산, 가족, 건강

등 일상거주를 위한 기초적인 키워드가 포함된다. 안전한 삶을 위해 꼭 필요한 영역이다. 여기까지가 사실상 필수재의 범주에 해당한다. 다음 단계인 애정(공감)욕구부터가 선택영역에 들어간다. 애정(공감)욕구의 소비항목은 대개 우정, 가족 등 소속감과 네트워크로 정리된다.

존경욕구는 남들에게 인정받기 위한 소비로 삶의 품질과 직결되는 자기평가, 신뢰, 달성, 상호존경 등의 영역이다. 마지막 자아실현은 인간욕구의 최상단계답게 외부활동을 통해 도덕성, 창조성, 자율성, 과제해결, 공평성, 수용성 등 사회가치의 실현으로 자아를 찾아가는 일련의 소비활동을 의미한다. 5단계 피라미드의 중간인 애정(공감)욕구부터는 재화성격으로 구분할 때 선택적인 사치재에 가깝다.

시니어의 욕구로 보는 5단계 소비형태

이제 구체적으로 한국형 피파세대가 소비활동을 펼칠 공간인 시니어마켓의 단계별 시장영역을 5가지로 구분해 살펴본다. 이는 은퇴생활의 상황별 소비니즈를 욕구이론 5단계에 접목한, 사적인 실험사례 및 분석결과일 따름이다. 다만 일본적 선행사례를 장기간에 걸쳐 관찰·연구한 결과로 최대한 가치중립적인 접근을 지향했다. 이 결과 각 단계별로 비교적 구분되는 시장영역이 있음을 확인했다. 필수재·사치재의 극단적 과거경험에서 추출된 일본적 시행착오를 반영했음은 물론이다.

인위적이긴 해도 이 5단계 구분법은 논리적일 뿐 아니라 공급자의 시장접근을 위한 실효성을 담보한 걸로 판단된다. 생애지향점의 욕구이론

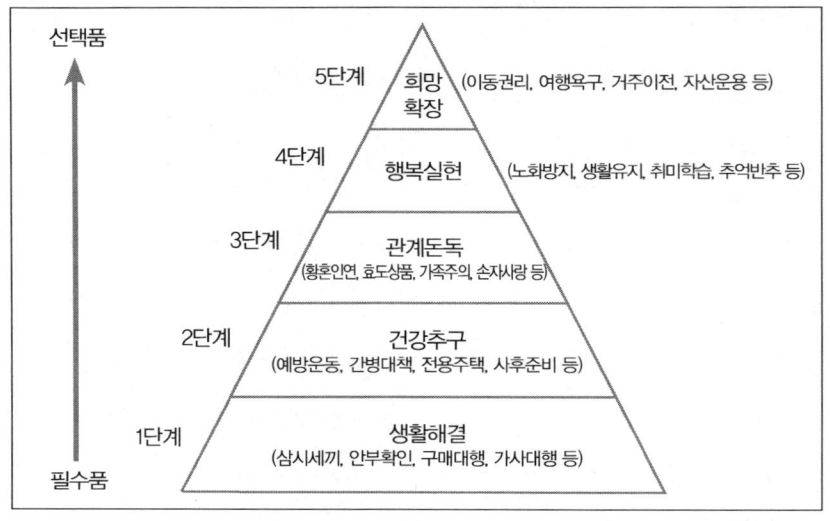

▶ 피파세대의 5단계 소비욕구별 지출지점 및 세부키워드

과 시니어마켓의 소비지점을 연결해보는 것도 의미가 있다. 각각 1단계에서 5단계의 진행방향에 따라 '생리욕구=생활해결', '안전욕구=건강추구', '애정(공감)욕구=관계돈독', '존경욕구=행복실현', '자아실현욕구=희망확장' 등으로 정리할 수 있다. 즉 시니어마켓의 단계별 소비이슈는 '생활해결→건강추구→관계돈독→행복실현→희망확장'의 순서로 탄생하고 또 확장된다. 1단계에 가까울수록 범용성이 높고, 5단계로 진행할수록 선택성이 강조된다.

먼저 피파세대의 욕구단계별 5대 시니어마켓 중 1단계는 가장 일상성이 높고 생존욕구와 직결되는 필수영역인 '생활해결' 소비수요다. 은퇴생활자라면 누구도 회피할 수 없는 기초적인 생활소비가 해당한다. 5단계 피라미드의 가장 바닥이다. 생활필수재의 공급시장답게 고령인구 전체의 광범위하고 보편적인 소비욕구가 발현된다. 살아내야 할 최소한의 인간적인 기초수요답게 노노(老老)격차 및 빈부여하와 무관하다. 돈이 있든 없든 생명줄인 기초생활Life은 해야 하기 때문이다. 주로 삼시 세끼 등 먹는 문제와 생활공간에서의 불편·불안·불만장벽을 해소해주는 생활밀착형 제품·서비스가 여기에 속한다. 키워드로 정리하면 삼시세끼, 구매대행, 안부확인, 가사대행 등이 있다.

2단계는 늙어감에 따라 발생할 수밖에 없는 신체 및 죽음과 관련된 지출영역이다. 요컨대 건강Health으로 수렴되는 소비욕구다. 확률적으로 죽음과 직접적인 연결고리가 적은 현역세대와 달리 고령집단의 건강단계를 둘러싼 관심사는 생각보다 폭넓고 깊다. 최근에는 50대 이상의 중장년세대가 노후대책 차원에서 앞당겨 준비하는 경우도 늘어났다. 1단계의 생활이슈와 비슷하게 사실상 비켜설 수 있는 고령인구가 적다는 점에서 범용적인 재화영역으로 해석할 수 있다. 특히 평균수명과 건강수명이 10년 정도 차이가 난다는 점에서 2단계 시장의 현재적 시장조성 및 미래적 시장성장 모두 우호적인 환경이다. 이미 일본은 물론 한국에서도 의료·간병시장은 시니어마켓의 절대적인 지분을 자랑한다. 가족부담을 덜고자 스스로 죽음을 준비하는 적극적인 고령인구도 주목된다. 키워드로는 예방운동, 간병대책, 전용주택, 사후준비 등이 2단계에 속한다.

일상생활이 가능하고 질환·죽음준비까지 마친 경우 관심사는 저절로 애정(공감)욕구의 실현·확대로 연결된다. 3단계의 관계Relation영역이다. 여기서부터는 비교적 중산층 이상의 경제적 여유를 갖춘 고령인구에게서 확인되는 소비욕구가 주를 이룬다. 즉 1~2단계만 해도 생활필수적인 소비지출에 가깝지만 3단계부터는 본인 및 가족의 가치추구를 뒷받침하는 확장형 선택영역으로 넘어간다. 그렇다고 금전능력이 3단계 진입의 필수조건은 아니다. 일부지만 3단계의 연결안전망을 촘촘하게 다져 1단계(생활)와 2단계(건강)를 실현하기도 한다. 혼자 외롭고 불안하게 살기보다 가족연대를 통해 생활과 건강, 그리고 관계까지 확보하는 방법이다. 유교문화권인 한국에서 특히 그 정합성이 높다. 소비욕구로 정리할 수 있는 키워드는 가족주의, 손자사랑, 효도상품, 황혼인연 등이 있다.

4단계는 행복Happiness을 소비하는 영역이다. 생존과는 무관하게 외부로부터 인정·존경 및 유희적 쾌락을 즐기려는 소비지점이다. 당연히 이를 뒷받침하는 일정수준의 경제능력은 필수일 수밖에 없다. 한국의 피파세대로 말하자면 까마귀형(부유+질환) 및 일개미형(빈곤+건강)의 일부그룹과 암사자형(부유+건강) 전체가 후보그룹이다. 향후 시니어마켓이 본격적으로 성장하자면 4단계부터의 소비욕구가 확장되고 지출여력이 확보될 필요가 있다. 따라서 한국의 경우 4단계 시장은 아직 초보단계다. 여유롭게 노후를 즐기는 등 행복추구의 생활유희를 실현할 고령인구가 턱없이 부족할뿐더러 관련소비를 주도할 시장주체도 빈약해서다. 고령인구의 유희적 행복소비를 주도할 키워드는 각각 노화방지, 생활유희, 취미학습, 추억반추 등으로 정리할 수 있다.

마지막 5단계는 시니어마켓의 최종적인 도달지점이다. 물론 본격적인 고령사회의 개막과 함께 관련수요의 적극적인 개발 및 공급체계의 재정비가 전제된다면 5단계를 뛰어넘는 추가적인 소비욕구가 제안·실현될 수 있지만 시장초기인 현재로서는 자아실현만 해도 실제소비가 별로 없는 미개척시장에 가까운 영역이다. 한국처럼 고령인구의 절대빈곤 및 은퇴 이후 '중산층→빈곤층'으로의 전락사례가 많은 사회에서는 더더욱 기대하기 힘든 일부만의 전유시장이다. 그럼에도 준비는 권유된다. 베이비부머를 필두로 자산여력 및 소득기반을 갖춘 후속소대가 은퇴생활로 진입할 수 있어서다. 은퇴 이후 의식주 필수시간을 뺀 여유시간만 10만 시간에 달한다는 점에서 자아실현을 통한 희망Dream실현은 갈수록 강조될 수밖에 없다. 그 소비적 연결키워드는 이동권리, 여행욕구, 거주이전, 자산운용 등 주관적 행복감이 확인되는 영역으로 귀결된다.

PIPA

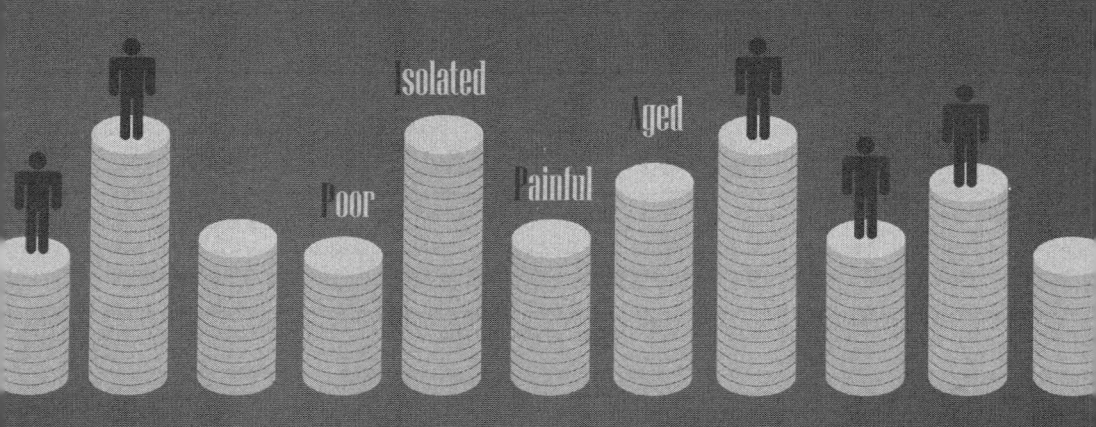

2부

소비욕구 5단계에 맞춰 시니어마켓을 뚫어라

6장

1단계
생활욕구 :
생존을 위한
최소한의 욕구부터
해결하라

- 5단계 : 희망 욕구
- 4단계 : 행복 욕구
- 3단계 : 관계 욕구
- 2단계 : 건강 욕구
- 1단계 : 생활 욕구

1
동네백화점 '다이신'의 흥행 비밀

'반경 500m, 100% 주의'라는 경영 전략

아베정권 출범 이후 일본경제가 회복됐다지만 중론은 아니다. 뚜렷한 온도차 탓이다. 특히 내수시장은 여전히 힘들다. 셔터를 내린 폐업점포가 꾸준하다. 소매유통은 그 최전선이다. 덩달아 유통시장의 고객쟁탈전은 눈물겹다. 역세권은 경쟁축소판이다. 쟁쟁한 상대가 많아 영구패권은 힘들다. 단 예외가 있다. 도쿄 서남부의 오타大田구 오오모리大森 역세권 패권을 장악한 '다이신백화점'이 그렇다. 이곳은 고령고객의 절대적인 지지 속에 불황무풍의 예외사례로 자주 거론된다.

백화점은 JR역 도보 10분 거리에 위치한다. 그런데도 해당상권의 시장점유율 70%다. 8개의 막강한 거대점포는 명함조차 못 내민다. 사실상 '다이신공화국'이다. '쇼핑=다이신'의 등식성립이다. 외견은 6층짜리 아담한 건물이 전부다. 메인출입구는 찾기조차 힘들다. 이곳에 많을 때 하루 2만명이 몰려든다. 연간 400만명이다. 행사 때는 인근도로 전체가 교통정체다. 명색이 백화점인데 식품매장은 동네슈퍼처럼 번잡하다. 괴상(?)한 건 운영방침. 상식파괴의 전형이다. 소매업체지만 '물건이 아닌 행위(서비스)를 판다'고 소개한다. '초超지역밀착전략'이란다. 어정쩡한 지역밀착은 아니다. '팔리지 않는 시대'에 '팔리는 점포'를 만든 히트비밀이 여기에 있다.

경영전략은 단순하되 강력하다. 유통업체답게 '반경 500m, 100%주의'다. 반경 500m 안에서는 경쟁자의 시장장악을 불허한다는 포부다. 실천무기는 '고객제일주의'다. 고객이 원하면 뭣이든 진열·판매하겠다는 의지다. '살래 말래'의 일방적인 방식과는 다르다. 고객과의 쌍방향 커뮤니케이션으로 눈높이에 맞춘 제품구성을 고집한다. 성공인자는 얼추 다음과 같다. △고객특화 △감동서비스 △지역밀착 등이다. 공통접점은 시대변화의 정확한 관찰과 민첩한 대응체제다.

가장 강력한 성공무기는 타깃고객의 특화관리다. 핵심고객은 노인고객이다. 고령사회답게 이 지역도 노인고객 천지다. 전체의 60~70%다. 80대의 쇼핑풍경은 흔하다. 걷기도 힘든 굽은 허리로 카트를 가득 채우며 지나간다. 어떻게 갖고 갈지 고민흔적은 없다. 이게 히트비밀 중 하나인 부가서비스의 힘이다. 돈이 있어도 일상품을 제때 못 사는 '구매난민'의 모습은 없다. 보통이었다면 거대자본의 대형·대량전략에 밀려 구매난민이 되기 십상인데 이곳에서만큼은 예외다. 토종상권이 지켜진 덕에 장 보기에 연령차별은 없다.

심지어 회사는 고령자를 더 챙겨준다. 구매약자인 노인의 제반한계와 소비심리를 파고드는 전략구사다. 이는 틈새공략도 아닌 사활을 건 메인전략이다. 선택은 성공했다. 별로 싸지도 않은데 흑자행진 중이다. 기꺼이 찾아와 소비하는 충성고객 덕이다. "고령고객은 한번 감동하면 반드시 고정고객이 된다"는 판단은 파워풀했다. 입소문마저 빨라 지역에서의 상승효과까지 굉장하다. 노후불안으로 지갑을 닫게 마련인 고령고객의 마음을 열어젖힌 차별적인 감동서비스의 힘이다.

손님이 원하는 것은 반드시 구해준다

부가서비스의 핵심은 감동이다. 제품진열부터 감동은 발휘된다. 다이신의 제품라인업은 상상초월이다. 무려 18만종을 판다. 진정한 '백화百貨'점이다. 웬만해선 빈손으로 되돌아갈 일이 없는 다양성을 구비했다. 인근매장과는 비교불가다. 압권은 식품매장이다. 노인이 선호하는 절임상품은 300종을 웃돈다. 된장은 출시제품 전부를 완비했을 정도다. 계절과일 단일품목도 20~30종류 이상이다. 칫솔도 300가지가 넘는다. 반려동물용 사료는 그 종류만 1만 가지 이상이다.

일반매장에선 보기 힘든 이색상품도 많다. 재래시장 창고에 먼지 덮인 채 잊힐 법한 추억상품도 수두룩하다. 노인고객 전용상품도 많다. 일상생활의 불편·불안을 경감할 실버상품은 기본품목이다. 최고급매장에서나 팔림 직한 고가제품도 있다. 인테리어매장에선 250만엔짜리 페르시아융단이 심심찮게 팔려나간다. 전문점이 아니면 없는 품목까지 갖췄다. 다만 무게중심은 고기능의 최신제품보다 익숙한 과거제품 위주다.

고객이 이를 원해서다. 이곳저곳 갈 필요 없이 다이신이면 전부 해결된다는 이미지의 완성이다.

감동을 더하는 건 맞춤판매다. 손님이 원하면 뭣이든 구해주는 게 기본원칙이다. 1년에 1~2개 팔려 유지비가 더 들어도 타협은 없다. 고객감동이 추가구매로 이어진다는 걸 임직원은 체감한다. '소량판매'도 특화아이템이다. 김밥 한 줄조차 여러 개로 잘라 별도포장 후 판다. 정육이든 생선이든 소량은 기본. 소식하는 노인취향을 위한 배려다. 접객원칙은 '천천히'다. 매장의 커뮤니케이션은 확연히 차분하고 세세하다. 일부매장은 의도적으로 고령직원까지 배치한다. 배려는 더 있다. 가령 의류매장은 동일컬러 옷을 1벌만 입하해 좁은 동네에서 같은 옷이 띄지 않도록 조치한다.

매장 분위기는 고령 친화적으로

쇼핑환경은 고령 친화적이다. 신체불편의 노인을 위해 통로를 넓혔다. 진열공간이 넓으면 통로가 좁아지기 마련인데 이곳은 예외다. 힘들면 쉬도록 곳곳에 의자도 설치했다. 탈의실에는 앉아서 갈아입도록 의자가 필수다. 무료송영버스도 운영한다. 회원이면 누구든 이용한다. 송영버스 출발지인 5층 주차장에는 정원과 함께 족탕을 설치한 세심함도 엿보인다. 그렇다고 노인만 대접받는 건 아니다. 지역밀착답게 현역인구의 내점확대 노력도 많다. 체험활동과 강좌개최 등이 일상적이다. 특히 '자녀동반' 프로그램이 돋보인다. 노인·현역을 아우르는 신구조합의 점포구성을 위해서다.

서비스는 돈이다. 그러니 효율은 좀 낮다. 다량입하를 포기한 대신 10~20%는 비쌀 수밖에 없다. 그런데 거부감은 별로다. "다른 데 없는 걸 팔면 그 정도는 지불하라"는 주의다. 경영효율을 위한 통합관리·인원감축은 지양대상이다. 효율포기 대신 서비스를 택함으로써 '친밀감→구매력'의 시너지확대를 더 바란다. 직원도 많다. 1인당 매출액 대비 인건비 비중이 12%로 업계평균보다 높다. 서비스를 강조한 현장주의 때문이다. 아웃소싱 없이 코너직원이 상품조달부터 판매단계까지 아우른다. 현장이 고객을 누구보다 잘 안다고 봐서다. 실제 직원은 매장 곳곳에 산재한다. 통로 1개당 거의 1명씩 배치된다. 노인배려 차원이다. 물건을 찾느라 고생할 일은 없다.

고령고객과 감동서비스는 자연스레 매장부활로 연결된다. 이는 곧 지역부활의 유력한 출발신호다. 회사도 스스로 지역사회의 가교역할을 자임한다. '이곳에 살아 좋았다'고 느끼는 마을조성에 앞장선다. 지역신뢰를 기초로 한 생활가치의 실현이다. 가령 계절축제를 주최해 지역사회의 단결과 화합에 기여한다. 2008년 시작했는데 매년 참가자가 급증세다. 지역사회의 유력한 커뮤니티 기회로 알려지자 공식축제로 승격됐다. 공짜에 가까운 음식·게임쿠폰을 나눠주며 추억과 즐거움을 선사하는 데 1회당 1,000만엔의 예산(1년 2회)이 들지만 괘념치 않는다. 즐거운 동네를 만들고 또 회사가 지역상징이 되는 데 그 정도 부담은 당연하다는 입장이다. 회사이익의 환원차원이다.

노인 맞춤의 배달 무료 서비스

지역밀착 아이디어는 진화된다. 배달서비스가 그렇다. 원류는 2008년의 '행복배달'이다. 임산부·장애인은 물론 70세 이상 고객이면 집까지 쇼핑물품을 배달해준다. 금액제한은 없다. 전담직원이 배치돼 배달과정에서 접점기회를 더 넓히는 기회도 안겨줬다. 2009년 별도의 '배달도시락'까지 도입했다. 500m조차 힘든 노인을 위해 도시락 값만 받는 배달무료 서비스다. 500엔짜리로 메뉴는 매일 바뀐다. 영양균형을 맞춘 건강지향적인 메뉴로 노인입맛에 맞췄다. 여기엔 별도목적도 있다. 이게 감동적이다. 도시락 배달과정에서 고객과 대화하고 안부를 확인하는 것이다. 건강상태 등 문제가 발생하면 사전 등록한 가족·친지에게 연락해준다. 타이틀인 '안전·안심의 맛있는 도시락'다운 특별한 마음씀씀이다. 이 밖에 '통상배달(3,000엔)', '당일배달(2,000엔)'도 가능하다.

지역밀착을 위한 고집스러운 애정성과는 단골고객의 응원소비로 확인된다. 물론 매출로만 봤을 때는 아직 미미하다. 대놓고 자랑할 만큼 매출증대는 없다. 고도성장기 한때 350억엔대의 유통체인이었음을 감안하면 아직 갈 길이 멀다. 6개의 분점을 없애고 회사주인까지 바뀌면서 매출이 축소된 까닭이다. 2006년 100억엔의 매출정점 이후 최근에는 60억~80억엔대를 오가는 수준이다(비상장). 그럼에도 '전기, 수도, 가스, 다이신'이란 자신감처럼 지역생활에서는 없어서는 안 될 인프라가 된 것만큼은 부인하기 힘들다. 실제 지역사회에서는 다이신 없는 일상생활은 힘들다는 말까지 있다.

2
삼시세끼 : 고객 연령층이 높아지는 편의점의 진화

'구매난민'이 되기 쉬운 노년층

다이신의 성공사례는 고령인구가 생활밀착적인 서비스를 얼마나 원하는지 잘 알려준다. 이렇다 할 입지장점은 물론 자본력마저 갖추지 못한 부도심의 작은 백화점이 쟁쟁한 거대백화점을 이겨낸 비결은 결국 정확한 고객연구와 그 소비욕구에 부응하는 맞춤형 제품·서비스의 제공이다. 따라서 잠재적인 고객집단의 성격과 욕구를 정밀하게 분석하고 그들이 원하는 게 뭔지 알고 제공하는 게 급선무일 수밖에 없다.

1단계인 생활Life욕구에서 무엇보다 중요한 건 기초적인 생명욕구와 직결된 의식주의 해결문제다. 특히 먹는 문제는 굉장히 중요하다. 늙어감에 따라 쇠약해지면서 이동권이 제약받으면 돈이 있더라도 제때 원하는 물품을 손에 넣기가 힘들다. 요컨대 '구매난민買物難民'이 확산될 가능성이 높다. 일본에서는 2010년대 이후 '또 하나의 고령자문제'라 불리며 심각한 사회이슈로 떠올랐다.

실제 두부 한 모 사자고 1㎞ 이상을 걷거나 하염없이 길어진 버스도착을 기다리는 노인실상은 상당한 충격이었다. 이동수단이 없고 신체·경제적으로 불편한 고령자를 중심으로 한 구매난민은 한국에도 이미 본격화되고 있다. 생활 인프라의 붕괴다. 삼시 세끼와 직결된 생필품을 적시에 못 구해 생명줄Life line이 간당간당하는 경우는 많다. 동네상권이 붕괴된 곳은 거의 그렇다. 동네상권이 무너지면서 생선·정육·야채·과일가게 등 신선식재료 취급점포가 찾아보기 힘들어져서다.

물론 대형할인점은 편리하다. 단 교통권을 갖춘 현역세대에 해당한다. 한번 장으로 1~2주일 치를 사 쟁여두고 먹을 수 있는 경우다. 고령인구는 다행히 할인점이 생활반경 안이면 몰라도 좀 벗어나면 꽤나 힘든 쇼핑행렬이 될 수밖에 없다. 도심권은 낫다. 지방·농촌지역은 심각한 지경이다. 대중교통은 매출하락·구조조정 탓에 노선폐지가 일상다반사다. 이 틈새를 고맙게도 현대판 보부상의 트럭행상이 대체해주는 장면도 TV에선 간간이 목격된다. 당연하지만 이것마저 곤란한 과소지역이 적잖다. 일부지자체가 '100원 택시' 등 정책지원으로 교통권을 도와주지만 일반적이진 않다.

구매난민은 생각보다 광범위하다. 일본에서는 800만명이라는 통계도 있다. 신선식품 점포로부터 주거공간이 500m 이상 떨어지면 구매난민인데, 해당인구만 1,000만명이다. 고령인구 3명 중 1명이다. 실상은 충격적이다. 생필품 구매난항은 가랑비에 옷 젖듯 천천히 생존기반을 침식한다. 건강한 식료품이 충분하지 않다면 영양결핍·건강훼손은 불가피하다. 그럼에도 행정순위에서는 밀린다. 의료·간병이슈보다 덜하다는 이유에서다. 최근에는 1960~70년대 수도권에 대거 공급된 뉴타운·신도시에서도 구매난민 문제가 목에 찼다. 단지 내부의 중소형점포가 문을 닫으면서 유령도시로 전락한 결과다.

편의점의 고객 연령층이 점점 높아지는 이유

결국 1단계 생활욕구와 관련된 출발점은 '삼시 세끼'가 아닐 수 없다. 이때 유력한 대안모델이 바로 편의점이다. 편의점이 고령인구의 생활안전망이 돼주며 은퇴세대에게는 없어서는 안 될 유력한 생존물품 공급기지로 안착했다. 일본의 경우 6만개에 육박하며 인구 2,000명당 1개라는 포화논쟁까지 불러온 편의점이지만, 여전히 세를 확장하며 골목상권의 패자(覇者)로 유통혁명을 써가고 있다. 그 중심에 고령고객이 위치한다. 편의점과 관련된 기존한계와 선입견을 깨며 고령수요를 정확히 제공하고 있다.

편의점의 전략변화·개혁조치는 구매난민의 대량양산을 막아준다. 편의점의 진화변신이 노인가계의 '먹는 문제'에 타깃을 맞춘 덕분이다. 구매난민에겐 단비나 마찬가지다. 인스턴트보다 신선식품을 우선해 노인건강의 위협요소에서 지원우군으로 변신했다. 즉 도시락을 필두로 외식과 내식의 경계선인 중식中食을 강화해 독거노인의 생활자립을 돕는다. 덕분에 업계도 숨구멍이 뚫렸다. 저가의 PB(P-ivate Brand)상품으로 가격장벽을 낮추고 특화된 상품·서비스를 다양화하면서 노인인구를 단골명단에 넣기 시작했다.

원래 편의점 주력고객은 어렸다. 젊음을 내세워 차별전략으로 성장해왔다. 청년입맛에 맞는 상품·진열·입지선택이 원칙이었다. 직장생활 중 야간활동이 잦은 30~40대 남성이 충성고객으로 분류됐다. 한때 70%까지 점했다. 그랬던 게 최근에는 노인·여성·10대로 고객유형이 넓어졌다. 이 중 공을 들이는 타깃은 고령자다. 이들에게 편리한 유통채널을 위한 아이디어 싸움이 치열하다. 덕분에 고객은 확실히 늙어졌다. 일본의 경우 1990년대 10%에 불과했던 50대 이상이 최근 30%대를 넘어섰다. 재택·근린近隣 지향성 등 노인인구의 라이프스타일에 편의점이 '편의'를 제공해서다.

노인고객을 잡기 위한 일본 편의점의 변화들

노인고객을 잡은 일등공신은 단연 '삼시 세끼', 즉 식품이다. 50세 이상의 히트상품 1위는 주먹밥이다. 중·고령고객 3명 중 2명은 주먹밥 때문에 편의점에 간다(오토나컴비니연구소·2010년). 2위가 빵, 3위가 도시락이다. 이 외엔 냉동조리·디저트·만두·어묵 등의 순서다. 외식에서 중식中食으로의 뚜렷한 변화다. 귀찮고 힘들어 주먹밥·도시락·샌드위치 등 (반)조리된 음식을 사 먹는 경향이다. 대세는 혼합형이다. 집의 밥·반찬에 편의점 메뉴를 조합한 형태다. 특히 남편은퇴 후 편의점을 활용하는 60대 여성이 많다. 50대보다 60대가 앞선다. 고령남성일수록 신선식품 구매목적으로 편의점을 자주 찾는다.

편의점의 눈높이 변신은 일상적이다. 신선식품 중심의 라인업 강화

가 대표적이다. 먼저 노인고객이 선호하는 도시락과 반찬수요를 반영한다. 노인고객을 위한 중식메뉴도 강화된다. 『남자 독신의 길(男おひとりさま道)』이라는 책은 이를 '도시락업계의 혁명'으로 표현했다. 다양화다. 당뇨식·감염減鹽식·키자미(잘게 쓴 재료)식·환자식 등 광범위한 제품출시가 특징이다. 인스턴트와도 결별이다. 유기농은 물론 인접지역에서 재배된 농수산물을 재료로 잘 계산된 영양분을 반영해 건강음식을 내놓는 추세다. 일부는 과일·채소·두부 등 신선도가 생명인 민감한 상품까지 커버한다.

결국 도시락은 고령인구의 생활욕구와 관련된 수요원점인 먹는 문제를 가장 경제적으로 해결하는 방법이다. 삼시 세끼의 가장 보편적인 실천수단인 셈이다. 이때 주목할 것은 앞서 잠깐 언급한 중식中食경향이다. 편의점을 필두로 한 다양한 전문업체의 도시락을 사 들고 와 집에서 먹는 경우다. 총칭해 일본에서는 '나카쇼쿠中食'라 부른다. 도시락을 포함해 반찬과 디저트 등이 구매항목에 포함된다. 밖에서 먹는 외식外食과 집에서 해 먹는 내식內食의 중간식이란 의미다. 일본의 경우 이 시장이 급성장 중이다.

이는 2000년대 초반부터 활성화됐다. 최근 10조엔대를 넘어선 것으로 추정된다. 선두주자는 편의점이지만 도시락 전문메이커의 삼시 세끼 공략접근도 적극적이다. 프랜차이즈 체인업체가 대표적인데 매출규모로 볼 때 홋토못토(ほっともっと), 혼케가마도야(本家かまどや), 홋카홋카테이(ほっかほっか亭) 등이 파워풀하다. 중식도시락은 값싸고 조리필요가 생략된다는 점에서 특히 독신세대에게 인기가 높다. 독신자 중 65%가 1주일에 1회 이상 나카쇼쿠를 이용하는 것으로 조사됐다(인터넷식생활조사·2008년).

시간이 안 걸리고 인스턴트보다 먹은 것 같으며 다양한 메뉴가 인기비결이다.

아예 편의점을 노인점포로 개편하려는 경우도 있다. 로손은 노인친화적인 점포를 장기적으로 전체의 20%까지 늘릴 계획이다. 실험삼아 운영해보니 꽤 짭짤한 경영성과가 나온 덕분이다. 틀니세정제와 염색약 등 신규상품 진열이 부쩍 늘었다. 노인점포까진 아니라도 레이아웃을 노인친화적으로 바꾸는 점포는 일상적이다. 휠체어가 다니도록 통로를 넓히고 진열선반을 낮추는 흐름이다.

쇼핑 중 휴식을 위한 안마의자까지 설치한다. 소외·고립의 심리불안을 해소하고자 편의점에 대화(담화)공간도 만들어진다. 재래시장 단골손님과 시시콜콜한 얘기를 나누는 것과 비슷한 풍경이다. 혈압계를 준비해 언제든 쓸 수도 있다. 지역밀착을 위한 연대강화다. 문의·민원을 듣고 직접 해결·중개하는 서비스도 있다.

이를 위해 의도적으로 대화하기 편한 중·고령점원을 배치한다. 상품배달 때는 고객의 신변잡기와 관련된 대화주제를 만들어 커뮤니케이션을 시도하도록 교육하는 편의점도 있다. 점포내부에 쇼핑카트를 배치하는 곳도 많다. 행정서비스(증명서신청·세금납부 등)를 비롯해 관심사인 간병정보 등도 강화대상이다.

'노인=단독가구' 이미지가 정착되면서 1인용 반찬제공도 인기다. 편의점 등을 필두로 1인 가구를 위한 다양한 카테고리의 제품이 확대·보급이 그 증거다. '99플러스'란 전문점은 고기·채소·잡화 등 일상품목 1만2,000개 이상을 소량으로 포장해 99엔의 동일가격에 판매해 화제를 모은다. '로크필드'라는 고급반찬 전문점은 다양한 채소를 먹고 싶어도 비용부담 때문에 주저하는 수요를 위해 30종 이상의 채소가 들어간 샐러드를 판매해 성공했다. 창업비용이 비교적 저렴해 소자본창업에 어울리는 업종이다.

물론 한계는 있다. 고령인구를 대상으로 한 시장의 최대단점은 채산성이다. 특히 기존점포의 경우 추가적인 노력·비용투입으로 인테리어를 바꾼다면 상당한 부담요소다. 한정공간에 고령상품·서비스가 확충되면 다른 고객을 위한 진열은 줄일 수밖에 없다. 이종상품의 배치에 신중해야 하는 이유다. 고령고객의 눈높이에 맞췄다가 생각보다 고객확보가 힘들고 원가채산이 떨어져 포기하는 경우도 잇따른다. 업계가 잠재수요·사회공헌 등의 메리트에도 불구, 시니어마켓에 자신감을 드러내지 못하는 이유다.

한국의 경우 아직까지 일본처럼 고령인구의 소비여력이 뚜렷하게 확인되지 않고 있다는 점에서 신중할 필요가 있다. 지역별 혹은 품목별로 선호가 엇갈리는 경향도 짙다. 따라서 시간을 갖고 전략적이고 계획적으로 접근하는 게 옳다. 무엇보다 살아내야 할 길어진 시간동안 반복해 발생할 수밖에 없는 최소한의 기초수요가 '삼시 세끼'인 만큼 그와 관련된 소비욕구는 확실히 늘어날 전망이다. 손 놓고 있기엔 시장규모가 매력적이란 점에서 관련업계의 선제적인 시장분석이 권유된다.

3
구매대행 :
외출이 힘든
독거노인의
생활 속 불편 해소

노인층을 위한 생활 밀착형 서비스의 증가

고령자에겐 생활불편이 가득하다.

옛날엔 몰랐지만 나이가 들면서 불편함으로 다가서는 경우가 셀 수 없이 많다. 역으로 불편은 새로운 사업거리다. '불편→편리'로 변신하는 순간 부가가치가 얹어진다. 과다출점·과당경쟁의 상징이던 편의점이 '불편→편리'에 주목해 삼시 세끼를 해결하는 등 고객밀착형 제품을 선뵈며 제2의 전성기를 누리는 것과 같다. 참고 살 수가 없는 필연적인 노후틈새를 읽음으로써 잠재니즈를 고스란히 매출증진으로 연결했다.

앞서 알아본 '삼시 세끼' 키워드를 제외해도 고령인구의 생활불편은 많다. 건강하면 얼마든 손쉽게 해결할 수 있지만 신체쇠락은 생활 곳곳에 난관과 장애를 설치한다. 교통이용이 제한된 구매난민의 생존을 위해 생활주변의 도시락 등 음식제공이 이 핸디캡을 넘어서는 중요한 의미를 갖는 이유다. 다만 이것도 제한적인 것은 그나마 생활주변에 편의점과 적어나마 상권형성이 확인될 때의 구매가능 아이템이란 점이다. 외출조차 힘든 고령인구가 생각보다 많다는 점은 빠졌다.

대략 70세 넘어서부터 건강수명이 끝난다는 점에서 80대의 평균수명까지 누구든 고령질환 1~2개를 가지는 게 현실이다. 한국의 고령인구는 본인이 인지하거나 의사진단이 있는 만성질환의 유병비율이 남녀모두 50%에 육박할 정도다. 갈수록 거동조차 힘들어지는 고령인구가 늘어날 것은 불문가지다. 독거노인의 증가세도 우려스럽다. 공동체가 깨지고 이웃과의 교류가 사라진 아파트문화가 지배적인 한국의 주거현실을 감안할 때 독거노인의 생활불편은 치명적인 결과로 이어질 수도 있다.

삼시 세끼만 의식주의 기초생활을 설명하지는 못한다. 먹을거리를 사고자 외출하는 것만으로 일정부분 불편문제를 해결할 수 있어서다. 확정적인 구매난민이라도 택시를 부르면 돈은 들지만 외출은 가능하다. 그러나 몸이 불편해 바깥활동이 힘들다면 얘기는 금전차원을 넘어선다. 외부관심마저 끊기면 고립무원이다. 이때 필요한 고령고객의 기초수요 중 유력한 것이 '구매대행'이다. 음식뿐만 아니라 생활유지를 위해 필요한 일상제품의 구매를 대행해주는 서비스다.

시니어마켓 중 1단계(생활)에서는 일상생활과 직결되는 불편·불만·불안의 최전선에 위치한 잠재수요가 우선적인 공략화두다. 가려운 곳을 긁어주면 곧 돈이 된다는 의미다. 이때 구매대행, 즉 구매·배달서비스는 그 확장적인 시장잠재력이 대단하다. 몸이 불편한 노인세대를 직접 찾아가 새로운 수요를 발굴·제공하겠다는 형태다. 일종의 대행업으로 고령인구가 급증하는 장수사회에는 관련수요가 늘어날 게 명약관화다. 일본의 경우 생활밀착형 맞춤서비스는 갈수록 진화 중이다.

진화하는 일본 편의점의 배달 서비스

생활주변을 주요상권으로 삼는 편의점은 찾아가는 배달서비스에 익숙하다. 삼시 세끼 등 도시락을 위시한 택배·배송서비스다. 즉 전통적인 점포판매에서 고객주문의 배송서비스로 판매방식에 변화를 준 것이다. 도시락을 비롯한 냉동식품의 즉각적인 배달서비스는 더 이상 특별하지 않다.

가령 세븐일레븐은 일찌감치 '세븐밀'이라는 식사배달사업을 시작했다. 도시락을 비롯해 500엔 이상만 주문하면 배달료 없이 집에서 받을 수 있는 서비스다. 처음부터 구매난민을 염두에 두고 50대 이상의 중·고령인구를 타깃으로 한 아이디어다. 처음에는 화젯거리에 머물렀지만 서비스개시 10여 년이 흐른 2010년대 이후 입소문이 나면서 관련매출은 뚜렷하게 증가하는 추세다. 부가적인 효과도 돋보이는데 뒤에서 살펴볼 안부확인 기능이 그렇다. 편의점 직원이 정기적으로 고령고객을 방문, 안부를 확인한다는 점이 그렇다.

세븐일레븐은 직접 보고 고르라는 차원에서 이동판매까지 진출했다. 식품·일상품을 실은 이동판매 차량도입이다. 구매난민의 잠재파워에 주목한 경우다. 아직은 농촌지역이 실험무대지만 점차 도시지역으로 확산되는 추세다. 원래 이동판매는 생활협동조합·동네상점가 등이 잘 활용했었다. 전국에 산재한 개별점포를 출발기지로 쓰면 세밀한 서비스가 가능할 것으로 평가된다. 이동판매의 원조는 로손이다(2008년). 로손은 대지진 이후 재해현장에 이동차량을 배치돼 화제를 모았다.

물론 편의점의 배달서비스는 채산성이 부담스럽다. 대량구매도 아닌데 일일이 배달하자면 추가적인 인력확보가 불가피해서다. 이때 재미난 아이디어를 낸 게 패밀리마트다. 신문판매점과 제휴해 택배서비스에 나선 사례다. 상품은 있는데 전달체계가 없는 편의점과, 발은 있는데 수익구조가 마땅찮은 신문보급소의 만남이다. 애초 기업고객만을 위한 택배서비스에 한정했지만 최근 개인고객까지 범위를 확대했다.

편의점만은 아니다. 고령인구의 생활유지를 위한 구매대행은 업계전체로 확산된다. 당장은 먹을거리와 관련해 배달도시락이 돋보인다. 요리소매업은 고객이 직접 점포를 찾아 구매하는 테이크아웃 형태다. 별도의 반찬판매까지 포함된다. 반면 배달도시락은 최근 새롭게 부각된 사업아이템이다. '간병식'이 그렇다. 죽 등 유동식과 영양식 도시락을 고령자 등 고객에 배달해주는 구조다. 아직은 시설고객을 대상으로 한 도매시장이 크지만 개별적인 고객단위의 배달서비스 시장규모도 성장세다.

어쨌든 안정적인 것은 음식에 곤란을 겪는 노인입맛에 맞춘 전용도시락의 개발·배달이다. 일반식은 물론 수요에 따라 건강·치료식 도시락을 추가할 경우 이를 찾는 수요가 적잖기 때문이다. 반찬 등을 배달하는 것도 틈새 아이디어다. 고령인구의 경우 로열티가 높아 지속주문으로 안정적인 매출유지가 가능하단 게 장점이다. 대부분 냉동이 아닌 냉장식재료를 사용해 만족감이 높다. 점포는 굳이 번화가일 필요가 없다. 임대비용이 낮은 3등지라도 얼마든 가능하다. 초기비용 부담해소다. 필요에 따라 자택에서의 창업과 함께 기존점포에 얹혀 개업하는 경우도 최근에는 증가세다.

노인층의 생활불편을 해소하는 다양한 사업 아이템들

감동의 배달서비스는 또 있다. 시가(滋賀)현을 중심으로 132개 점포를 운영 중인 슈퍼마켓 '헤이와도平和堂'를 보자. 창업 60여 년을 앞둔 업계 8위의 노포·중견슈퍼다. 그런데 이 슈퍼의 본거지는 최근 고령화로 매출감소에 직면했다. 새로운 매출확보와 지역사랑을 독차지하는 슈퍼마켓의 명성회복을 위해 승부수를 던졌다. 2011년부터 시작된 '용건청취'로 불리는 주거지원Home Support 서비스다.

이는 단순한 상품배달이 아니다. 상품배달 때 필요한 기타용건을 청취해 추가적인 부가가치를 찾는 서비스다. 잔디정리, 전구교체, 지붕수리 등 소소한 것부터 중대한 고민처리까지 다양하다. 요금은 시간당 1,500엔. 서비스 전담직원은 퇴직한 OB로 구성된다. 콜센터는 퇴직여직원이, 배달원은 퇴직남직원이 도맡는다. 장수사회의 난제 중 하나인 고령자 고용창출이다. 이들은 장기근속으로 고객과의 접점도 훌륭하다. 일자리 창출과 새로운 수익모델까지 곁들인 1석2조의 노림수다.

덕분에 지역주민의 압도적 인기 속에 연간 3,300만엔의 매출을 자랑한다. 인기비결은 콜센터다. 아침 9시면 전화에 불이 난다. 유통기한 등 까다로운 신청까지 전부 받아들인다. 받자마자 그 직원이 직접 매장으로 나가 장을 본 후 포장까지 해서 배달원에게 넘긴다. 당일배달이면 1회 105엔을 받는다.

단순배달만으로 끝나지도 않는다. 독신의 고령남성에겐 콜센터 퇴직 여직원이 일일이 손으로 적은 조리법까지 동봉해 넣어준다. 메모에 간단히 적는 수준이지만 독신할아버지에겐 소중한 생활정보다. 배달과 함께 냉장고에 넣어주는 건 기본이다. 단골이 생길 수밖에 없는 구조다. 앞서 용건청취건 중 배달원이 그 자리에서 할 수 있는 간단한 일은 전액무료다. 가구이동 등이 대표적이다.

독거노인용 반찬상자 사업모델이라는 독특한 아이템도 화제다. 직원 10명에 불과한 '이와키노카상'이라는 지방 식품업체의 아이디어다. 정기적으로 고객자택을 방문해 반찬상자를 관리해주며 말상대를 해준 게 주효했다. 최초 반찬상자를 전달해준 후 1~2주일에 1회씩 찾아가 먹은 양만큼 돈을 받고 또 채워주는 구조다. 1상자에 50종류의 반찬이 있는데 가격은 품목당 150~300엔대다.

반찬은 야채·생선의 일본식부터 양식까지 다양하다. 1년간 상온보관이 가능하도록 진공·살균처리로 안전성을 높였다. 철저한 품질관리로 모두 수제품이다. 긴급·비상시에 제격이고 메뉴가 다양하며 데우면 곧 먹을 수 있는 데다 적정분량으로 구성돼 낭비를 막는다. 고령고객이 좋아할 만한 요소를 거의 다 반영한 셈이다.

특이한 건 방문스태프의 일처리 자세다. 정기방문으로 반찬교체뿐 아니라 전등교체 등 생활불편까지 돌봐준다. 제품개발 의도부터 외로운 고립사망을 막자는 사회적 목적이 일정부분 반영된 결과다. 아이디어를 낸 회장이 90세를 넘긴 단신고령자로 누구보다 독거생활의 비참한 현실과 수요를 잘 알아낸 게 주효했다.

이 밖에도 구매난민 구출작전, 즉 구매대행 및 배달서비스에 준하는 아이디어는 곳곳에서 제기된다. 당장은 지자체와 연계된 자원봉사가 눈에 띈다. 일부지자체長野는 아예 노인인구의 구매대행을 책임질 임시직원까지 채용했다. 슈퍼폐점 후 고령자의 배송서비스 요구가 높았기 때문이다.

NPO 등 시민단체 주도로 이동장터를 여는 곳도 증가세다. 특정요일에 인근광장을 식재료 판매현장으로 활용하는 형태다. 일부는 지속적인 생활지원을 위해 점포를 임대해 고령자 안심센터로 변신시켰다. 이때 재정지원이 동반된다. 일본정부는 문제가 불거진 2011년부터 구매난민 지원을 시작했다. 개별진행으로는 예산과 연속성에 한계가 있어 중앙통제의 목소리가 반영된 결과다.

상점가·편의점·슈퍼 등 유통업자 관심이 높다. 정부는 관련 사업비의 3분의 2를 보조한다. 최대 1억엔이다. 가령 택배회사가 점포접근성을 높이고자 고령자용 차량개조 등을 추진하면 지원한다. 지원방법 등을 소개하는 사례집(구매약자응원매뉴얼)도 배포했다.

결국 구매난민을 구할 방법은 크게 4가지다. 택배서비스, 이동판매, 점포접근 수단제공, 편리한 입지제공 등이다. 모두 구매환경을 개선하는 처방이다. 택배서비스는 가장 유효하다. 인터넷슈퍼와 NPO법인·생협 등에 의한 신규서비스도 확장세다. 이동판매는 상품의 현물확인을 원할 때 효과적이다. 현재 일본 전국의 이동슈퍼는 200대에 육박한다. 자택에서 500m 반경을 설정해 공백지가 있으면 이동판매를 실시하거나 도심에서도 휴일·야간영업을 실시하는 게 그렇다.

이동수단 제공도 괜찮은 솔루션이다. 공공교통의 감소틈새를 보완하는 커뮤니티버스 등이 있다. 점포의 송영버스를 적극 활용할 수도 있다. 인근에 점포를 유치하는 방법은 지역공동체 부활정책과 맞물려 긍정적인 평가를 받는다. 복잡하고 시간이 걸리지만 골목상권을 부활시킨다는 점에서 선호된다. 결국 구매대행의 성공관건은 세분화된 타깃고객과 특별한 제품구성, 그리고 특화서비스로 요약된다. 공급차원에서는 민간자원부터 시민·정부자원까지 아우를 수 있어 고무적이다.

4
안부확인 :
내 부모는
안녕하십니까?

사고에 무방비로 노출된 고령자들

장수는 축복일까?

이제는 아니라는 대답이 더 많다. 긍정적인 답변을 얻자면 2가지 조건이 공통적으로 전제될 필요가 있다. '무병無病 · 유전有錢장수'다. 건강하고 부유할 때만의 장수가 인생후반전을 빛내준다. 뒤집으면 '장수=재앙'이다. 절대빈곤의 한국노인에겐 더 그렇다. 사회로선 부양보호가 절실한 약자그룹의 대량발생을 뜻한다.

따라서 시니어마켓은 장수위기의 불확실성을 어떻게 소비심리로 연결할까가 관건이다. 수요를 읽고 제품 · 서비스를 공급하면 고령소비가 꼭 경직적이지는 않다. 의료 · 간병산업이 대표적이다. 문제는 생활관련 지출의욕이 장수위기를 좀체 넘기 힘들다는 점이다. 치밀하고 신중한 실태파악과 정보축적이 일본사례의 반면교사다.

장수대국 일본에서 고령인구의 필수적인 소비키워드는 안전욕구다. 노인특유의 신체·정신적인 불안해소를 위한 소비품목은 물품이든 서비스든 제법 잘 먹혀든다. 연령이 높아질수록 활동제약이 늘면서 각종사고에 무방비로 노출되는 경우가 비일비재해서다. 독거노인 및 고독사망의 추세증가도 생활안전의 필요로 직결된다.

안부확인 서비스가 필요하다

기본적인 아이디어는 일상관찰을 통한 안부확인서비스다. 통상 '안부확인'으로 불린다. 단신거주일지언정 일상생활의 유지여부를 각종 수단을 통해 체크, 만일의 사태를 보호받으려는 소비수요다. 노인본인뿐 아니라 자녀세대의 확인의뢰도 일상적이다.

관련시장은 성장세다. 노인인구가 4명 중 1명(26%)인 가운데 수명연장으로 유병비율이 높아지는 75세 이상 인구까지 늘면서 안부확인은 유력한 필수소비처로 인식된다. 2050년이면 고령인구가 40%에 육박할 전망이다. 시장조사업체 시드플래닝에 따르면 2014년 고령자 안부확인(긴급통보 포함)서비스 시장규모는 142억엔이다.

아직 시장개막이 본격화되지 않은 신생산업임을 감안하면 적잖은 덩치다. 10년 후인 2025년엔 227억엔의 성장세가 예상된다. 이용경험이 적다는 점도 성장기대를 높인다. 동사의 설문조사 결과 이용경험자는 8.7%뿐이다. 필요성을 강하게 느낀다(13.7%)거나 언젠가 필요할 수(50%)도 있을 것이란 응답을 보건대 조심스러운 낙관론이 점쳐진다.

무연無緣사회답게 가족·관계의 단절심화가 확산 중이다. 특히 독거노인의 최대고민은 대화상실이다. 가족으로선 부모를 못 챙기는 아쉬움이 크다. 이 니즈에 맞춘 사업거리가 광의의 안부확인이다. 긴급통보장치는 물론 긴급통보서비스까지 일체화한 생활지원이 그렇다. 가사대행·심부름센터便利屋도 이를 커버한다.

당장 지자체가 적극적이다. 2014년 이와테岩手현의 '건강발신(おげんき發信)' 프로그램은 건강상태별 번호부여로 매일 아침 8시 해당노인이 발신하면 이를 체크한다. 상태가 나쁘거나 발신이 없으면 연락·방문해 안부를 확인한다. 구조는 간단하다. 기계음으로 "○○씨, 오늘 몸 상태는 어떠십니까?"라는 질문에 상대노인이 1번(좋음), 2번(조금 좋음), 3번(나쁨) 등의 버튼을 눌러 건강상태를 입력하는 식이다.

'NTT니시니혼'은 2012년부터 전화로 대화·상담, 보호, 생활지원 등을 제공하는 노인대상지원서비스를 시작했다. 과거 '당신의 전화(あなたのでんわ)'로 노인 얘기를 들어줬는데 70%가 만족해하면서 최근 전국서비스로 확대됐다. 즉 고령자 대화상대 유료사업이다. 전화번호 안내서비스인 104번 직원을 활용, 교육수료를 거쳐 고령자의 고민상담·푸념 등 어떤 전화에도 대응토록 했다. 대화로 노인생활을 즐겁고 편리하게 지원하는 게 포인트다. 부정·반론·정론은 물론 상대 얘기의 무시는 금기사항이다. 요금은 10분에 수백엔 정도로 계획됐다. 회사는 고정전화 수입하락을 타개할 신규모델로 선정, 독거노인의 눈높이에 맞춰 가려운 곳을 긁어주겠다는 전략이다.

기존인프라도 활용된다. 게이오전철은 '시니어시큐리티서비스'를 통해 철도주변 거주노인에게 긴급통보, 안부확인, 무제한대화통화(정액) 등의 서비스를 제공했다. 경비업체와 협력해 긴급출동서비스를 옵션으로 붙였다. 비용은 다소 높다. 대화서비스는 월 2~3만엔대, 가사대행은 1회 (2시간) 1~2만엔 정도다.

안부확인 서비스는 계속해서 진화 중

안부확인 등 생존확인시스템은 이미 고전적인 사업아이템이다. 가령 전기포트의 사용여부를 무선통신으로 파악해 가족·지인의 핸드폰에 자동적으로 알려주는 시스템이 대표적이다. 차를 즐기는 일본인 특성을 고려해 일상파악이 가능해진다. TV광고로 알려진 이후 인기다. 월 3,000~4000엔이면 이용 가능해 문의가 많은 것으로 알려졌다.

독거가구의 생활정보로 이상사태를 파악한다는 점에서 가스사용량, 냉장고 개폐정도 등의 유사기술도 활용된다. 일부 지자체는 수도를 사용하지 않으면 자동적으로 통보해주는 긴급사태 알림시스템을 도입했다. 매일 아침 안부를 확인하는 전화서비스도 있다. 전화를 걸면 신호음이 컴퓨터에 자동으로 저장되는데 그게 없으면 직원이 직접 안부를 확인하는 시스템이다. 일부 지역사회 NPO는 애초에 계약을 맺어 안부확인부터 장의·납골절차까지 지원해 화제를 모았다. 뉴타운 등 아파트단지에서 제격인 서비스다.

확장적인 업계재편은 활발한 편이다. 지금껏 안부확인서비스는 주로 지자체의 주민서비스 중 하나로 인식, 시장규모가 제한적이었다. 복지

제공을 위한 사회서비스 차원에서 기획·구축된 사례가 일반적이었다. 2013년부터는 상황이 달라졌다. 주된 관찰대상인 75세 이상 인구의 증가세가 뚜렷해지면서 민간주체의 시장진입이 적극적이다. 2025년엔 베이비부머(단카이세대)가 75세로 진입한다는 통계도 이를 뒷받침한다. 신규진출은 새로운 제품·서비스의 다양화로 연결된다. 입소문이 나자 잠자던 관련소비가 기지개를 펴는 건 당연지사다. 시장성장의 선순환 기대감이다.

최근엔 연결기획이 돋보인다. 고령자의 경우 나이를 더 먹어도 결정적인 이유가 아니면 가급적 의료·간병필요조차 자택생활에서 해결하려는 심리가 압도적이라, 이를 반영한 일상생활의 포괄적인 안심·안전지원서비스로 연결된다. 2015년 정부주도의 지역포괄의료체제와 지방창생·지역재생전략도 이와 맞물려 '건강+생활'의 복합지원에 포커스가 맞춰진다. 살던 집을 떠나지 않으려니 살기 좋게 불편·불안·불만을 줄여줘야 할 필요다. 그 행정중심에 선 지자체로선 독거노인의 안부확인 수탁서비스를 확대할 수밖에 없다. 시장성을 본 민간업체 출사표도 증가할 게 확실시된다. 소속직원의 간병휴가·이직고민을 해결하고자 복리후생 대책으로 안부확인서비스를 제공하는 기업도 적잖다.

스마트폰·로봇 등 기술혁신은 시장성장에 우호적이다. 비용절감을 통해 잠재소비를 끌어올릴 수 있어서다. 새로운 신기술과 독창적인 서비스가 체화된 선택카드도 속속 발표된다. 2015년 '아이신정기精機'는 침대에 수면의 질을 정량화하거나 기상해동을 가시화할 수 있는 센서가 부착된 제품을 선뵀다.

고령자 안부확인서비스 종류

복합서비스	– 긴급통보, 관찰·안부확인, 건강·생활 관련지원 등 다양한 서비스의 세트제공 – 고액이지만 긴급센터 설치·운영, 긴급대응 가능 – 서비스제공자는 주로 대기업	세콤, ALSOK 등
센서·기기	– 평시 혹은 긴급 때 유효한 안부확인시스템 – 생활특성 맞게 센서·기기 설치·감지 선택다양 – 합리적 가격대, 센서·기기 초기비용 필요 – 대기업부터 중소·영세기업까지 포괄	필립스긴급대응서비스, 치바통신시스템(안심확인시스템) 등
자동전화·메일	– IT기술 활용, 이용료가 저렴함 – 본인상황 자기신고로 일상갈등 파악불능 – 안부확인의 입문서비스로 인식·이용 – 중소·영세기업이 많음	Plan-net, 사쿠라콜시스템일본 등
교환원	– 세심한 안부확인이 포인트 – 친구가 적은 고령자에게 대화상대 메리트 – 교환원 능력과 경력 따라 서비스레벨 차이 – 중소·영세기업이 많음	C&C, 안심마마콜어라이브 등
택배서비스	– 식사·물품 등 상품배달 때 안부확인 가능 – 배달원 직접 확인으로 안심감이 높음 – 부가서비스가 많아 긴급대응력은 미지수 – 대기업부터 중소·영세기업, 복지NPO 등	위즈네트, 저녁배달마이시코프가나카와 등
스마트폰	– 통신사 독자기능, 앱 설치로 서비스 실현가능 – 가격경쟁력이 좋거나 혹은 무료이용 가능 – 확인주체의 개입이 없어 만일사태 대응불가 – 전원소진 때 기능하지 못함	아톰시스템(스마트폰앱 안심365) 등

– 자료: 高齡者安否確認比較.com(http://anpi-hikaku.com/)

원래 개인용으로 출시했다 이번에 유료노인시설에 납품하도록 접근성을 높여 출시했다. 침대기둥에 센서를 붙여 상황을 확인한 후 무선랜을 경유해 태블릿단말기로 결과를 알려주는 구조다. 보호자로서는 실시간으로 상태확인이 가능하고 일상생활의 규칙성을 파악해 만일 사태를 대비할 수 있다. 센서 2개의 개인주택용(3만엔)과 4개의 시설납품용(7만5,000엔)으로 구분된다.

제품·서비스 제공주체는 크게 몇 가지 범주로 구분된다. 경비, 의료기기, 전기제품, 전력, 가스, 센서업체 등은 민간회사다. NPO, 생협 등 복지법인과 자원봉사그룹도 많다. 원래 유력한 제공주체는 지자체다. 기본구조는 간단하다. 안부확인의 주체가 센서기계냐 사람관찰이냐에 따라 갈린다. 기계의 경우 센서와 단말기를 노인가정에 설치, 행동관찰 후 특정시간 동안 반응이 없을 때 사전등록 보호자에게 연락하는 형태다.

혹은 노인 본인이 버튼을 눌러 만일사태를 자발적으로 알리는 것도 가능하다. 사람인 경우 고가긴 해도 주기적인 방문으로 직접 확인·대화하는 게 장점이다. 기기비용은 크게 2가지다. 설치비용과 매월이용료다. 설치비용은 1만엔 전후, 매월비용은 ±4,000엔대가 많다.

사업연대의 재미난 아이디어는 많다. '야마토운수'는 아키타현과 노인안부확인 및 리콜제품회수를 위한 연대협정을 2015년 맺었다. 리콜제품의 회수와 노인안부 확인서비스를 세트로 묶은 건 최초다. 배송료는 리콜제품메이커가 부담한다. 2010년 구매대행 및 안부확인서비스를 시작한 게 이후 탄력을 받은 덕분이다. 현재는 전국서비스망과 배송직원을 엮어 250개 지자체를 커버한다. 요컨대 '마고코로택배'다.

기반논리는 비교적 간단하다. 이동불편의 고령자가 사회복지협의회(=지자체)에 전화해 구매대행을 요청한다. 그러면 직원이 구매 후 슈퍼에 맡기면 택배차량이 와 수거·배달한다. 전화주문 이후 '지자체→슈퍼→택배업체'를 거치는 구조다. 이때 겉으론 구매·배달대행이지만 속으론 안부확인서비스가 기능한다. 택배직원의 안부보고서가 작성·제출되는 까닭이다. 단말기로 확인하는 시범사업도 실시 중이다. ID와 패스워드를 입력하면 시간대별 움직임이 실시간으로 확인된다.

'일본우정'은 안부확인 사업모델을 위해 애플·IBM과 제휴를 체결했다. 2015년 10월부터 고령자 전용태블릿 1,000대를 활용해 실증실험을 시작했다. 이미 우체국안부확인서비스를 시행 중이라 승수효과의 기대가 높다. 매월 1회 우체국직원이 자택을 방문하거나 24시간 전화상담이 가능한 사업이다(월 1,000엔). 한편 'NTT데이터'는 대화로봇을 활용해 실태조사를 실시하는 등 기존의 인프라와 기술을 활용해 안부확인서비스를 확대하려는 기업이 줄을 잇는다. 로봇과의 대화·대응여부가 안부확인 기초자료가 된다.

잠재소비시장을 끌어내기 위한 다각적인 모색들

물론 염려가 없진 않다. 대표적인 게 시장규모를 둘러싼 비관론이다. 높게는 100조엔대로 추산되는 일본의 시니어마켓에서 안부확인서비스는 고작 100억엔대에 불과하다. 훗날 성장은 하겠지만 선뜻 뛰어들기엔 파이 자체가 작다는 불안감이 상존한다. 결국 잠재소비를 활성화할 편리하고 저렴한 공급체계의 재편이 불가피하다. 앞선 사례처럼 단독제공이 아니라 시너지효과가 기대되는 주체·상품과의 연계강화로 라인업을 강화하는 것도 필요하다. 리스크를 줄이면서 고객만족은 높아질 수 있기 때문이다.

또 하나 고민거리는 절박감의 문제다. 안부확인 등의 니즈는 분명 크지만 이를 분해하면 절박감이 낮은 경우가 많다. 즉 안부확인 등은 식사택배서비스나 우편배달 등의 흐름 속에서 해결할 수 있다. 또 대화상대는 전문적인 자원봉사자가 이미 존재한다. 이 서비스만으로 사업을 완성하기엔 힘들다는 얘기다.

구매자가 노인당사자인지 자녀인지도 관건 중 하나다. 경제수준·건강상태 등 다종다양의 환경에 처한 고령자는 개개의 니즈가 산발적이다. 독거변수 이외에 체크할 게 많다. 즉 본인이 서비스를 신청하는 것 자체에 저항감이 많다. 늙었다는 인정과 같아서다. 자녀가 신청해도 거절하기 일쑤다.

가격도 문제다. 기존서비스의 요금설정은 연금소득 수준에 비하면 꽤 고액이다. 행정서비스나 NPO라면 별개지만 민간이면 큰 장벽이다. 가령 대화서비스면 월 2~3만엔대다. 가사대행이면 1회(2시간)에 1~2만엔 정도다. 생활비에서 헐어내기엔 부담스러운 금액이다. 따라서 이런 노동집약적인 서비스를 일정부분 구조화해서 저가제공의 기회를 넓히는 게 권유된다.

5
가사대행 :
어르신 살림
대신 해드릴까요?

가사대행, 어르신 살림 대신 해드릴까요?

살림불가의 고령인구가 증가세다.
노구老軀라는 표현처럼 늙어갈수록 간단했던 일상생활조차 힘들어진다. 가족·배우자 등 동거인이 없는 독거노인의 경우 어렵고 힘든 생활 주변의 자질구레한 일은 부담스러워질 수밖에 없다. 가족해체·관계단절의 비애다. 옛날이었다면 봉양수혜를 입으며 집안일은 할 이유조차 없었지만 지금은 달라졌다. 살림담당자의 빈자리는 커질 수밖에 없다. 늙었음에도 살림은 고스란히 해당 노인, 본인 몫이다.

이런 점에서 역할대행은 가족해체의 고령사회에선 필연적인 아이템 중 하나다. 가족이 못 해주니 이를 대신해줄 제품·서비스가 강력한 소비욕구에 맞춰져 부각할 것이란 시나리오다. 일본에서는 몸이 불편한 할아버지·할머니 등 독거노인의 존재증가가 가사대행 수요로 연결되는 게 비일비재다. 시급을 주는 대신 가끔 불러 생활주변의 불편거리를 해소해주는 신종사업으로 유망하다.

앞서 다룬 슈퍼마켓체인 '헤이와도平和堂'의 유명세에는 이런 주거지원 Home Support 서비스가 한몫했다. 상품배달은 물론 별도용건을 듣고 서비스를 실시해 인기를 얻었다. 배달서비스를 마친 후 별도요금으로 잔디정리, 전구교체, 가구이동, 지붕수리 등을 해결해주는 시스템이다. 건장한 남성이면 이 정도 일은 아무것도 아니지만 고령자에겐 부담스럽기 마련이다. 직원으로서도 별도소득을 올리니 금상첨화다. 다른 배달서비스업체도 본업인 배달하는 과정에 대략 10분당 100엔의 가격을 정해 간단한 집안일을 서비스로 넣는 경우가 일반적이다.

가사家事대행서비스는 바쁘고 외로운 이들의 살림을 대신 해주는 신종사업이다. 청소, 식사준비, 설거지, 세탁·다림질, 분리수거 등 일상생활에서 발생하는 모든 가사활동이 서비스대상이다. 고령세대를 필두로 맞벌이가구, 독신인구 등 잠재고객은 무궁무진하다. 실제 시장성장세는 뚜렷하다. 어떤 기준과 범주냐에 따라 시장규모가 달라지지만, 어떤 통계든 성장세만큼은 공통적이다. 서비스시장의 유력모델로 손색이 없다.

종류는 다양하다. 광의로는 일상적인 가사전반을 개별적인 생활스타일에 맞게끔 대행해주는 제한적인 서비스부터 특수도구·전문세제 등을 사용하는 청소업체나 개인과 직접 고용계약을 맺는 가정부·집사 Housekeeper 등까지 아우른다. 일본의 경우 가족을 위해 필요한 음식, 세탁, 청소, 쇼핑 등 가정생활에 관한 작업대행서비스(3,000억엔대)부터 잠재고객까지 아우른 경우 최대 8,000억엔대에 육박한다.

고객수요를 응대하는 공급체계는 과거와 뚜렷이 구분된다. 즉 과거에는 가사대행의 주역이 가전이었다. 고도성장 때 가사보조의 역할임무를 맡은 전기가동의 세탁기·냉장고·청소기 등의 추가적인 기능강화가 추세였다. 이후 연거푸 확대·보급된 일련의 조리가전이 요리부담을 들어준(덜어준) 건 물론이다. 이후 친환경 등의 기능부가로 단순한 역할대행을 넘어 생활필수품으로 정착됐고, 가사부담도 경감됐다.

다만 최근엔 가사대행 양상이 '가전→사람'으로 옮겨왔다. 가사를 통째 맡기려는 수요결과다. 물론 일부가전은 이에 호응해 새로운 고부가제품을 출시했다. 버튼 하나로 작동하는 전자동청소기가 대표적이다. 빨래도 마찬가지로 세탁 이후 주름을 자동적으로 없애주는 세탁건조기까지 나왔다. 그럼에도 불구, 가전대행은 기능한계가 불가피하다. 기계는 절대 따라 할 수 없는 사람손길의 재조명이 자연스러워졌다.

가사부담을 줄이려는 노인층의 욕구를 활용하라

미래시장의 블루오션을 찾으려는 기업·자영업으로선 고무적인 사업모델이다. 출사표가 잇따른다. 사업연관성이 있는 기존메이커는 물론 유통업체, 가전양판점, 부동산회사, 통신사 등까지 속속 가세한다. 지역단위 소규모 자영업의 창업사례도 숱하게 많다. 공급주체의 다양화는 시장성장을 한껏 견인한다. 신규서비스 등을 통한 라인업 강화는 물론 서비스의 품질향상에 우호적이다. 가령 고령인구·여성인구가 메인 고객인 탓에 근육이 필요한 서비스가 돋보인다. 가구이동, 대형쓰레기

처리의뢰부터 여성스태프에게 보여주기 싫은 부엌살림 등을 맡길 때 남성스태프의 서비스 만족도가 높다. 고객기호별 제공서비스의 항목세분화는 입소문을 타며 확대되는 추세다.

활용후기는 만족스럽다. 전용기자재, 전문노하우의 손길은 확실히 효율적이다. 서비스제공자의 과묵, 이해, 통찰, 충실 등도 호평이다. 의뢰받은 서비스에 충실하면서 필요하면 잠재요구도 읽어낼 뿐 아니라 무엇보다 충실한 접객능력이 만족스럽다. 그럼에도 비용은 부담스럽다. 비싸다는 이미지가 많다.

1983년 창업한 일본최초 서비스회사 '미니메이드서비스'는 주 1회 2~3명 방문상품(2시간)이 월 2만엔대다. 이용범주가 커지면 10만엔에 육박한다. 그러니 인지도는 높은데 가격부담 탓에 이용률은 낮다. 극복을 위한 특화모델도 많다. 가격을 낮춰 원하는 서비스만 집중적으로 받을 수 있는 차별화된 프로그램도 제안한다. 고객성격에 맞게 필요한 서비스를 제공함으로써 불가피한 마찰과 비용을 절감할 수 있어서다. 실제 의뢰건수는 매년 증가세다. 가령 세탁서비스는 고객이 원하는 유연제의 양과 종류까지 반영하는 맞춤세탁도 있다. 세탁물 1봉투에 3,000엔을 받는데도 고객이 1만5,000명에 달한다. 맞춤형 배려와 감동의 값만큼 지불하겠다는 의사표현의 결과다.

가격대는 점차 다양해지는 추세다. 서비스 개시 초기만 해도 고가장벽이 부담스러웠지만 지금은 많이 좋아졌다. 'CaSy'라는 가사대행업체는 주 1회 정기이용을 끊을 경우 시간당 2,190엔에 불과하다. 교통비(700엔)가 들지만 적어도 가격부담은 상당히 낮춘 서비스다. 일반적으로 저가상품의 경우 3,000엔대란 점에서 주목을 받는다. 갈수록 가사대행의 스태프 관리가 철저해지면서 관련민원은 줄어드는 추세다.

꼭 필요한 서비스로 저가를 내세운 경우도 적잖다. 대형슈퍼업체가 세운 가사대행 전문회사 '카지타쿠'의 서비스를 보자. 회사는 철저한 고객조사로 사업가능성을 확인했다. 가령 청소대상별로 가격을 구분해 책정한다. 부엌·목욕탕·세면대의 배수구처럼 청소하기 힘든 곳만 세트로 엮어 값싸게 제공한다. 유리창, 베란다 등 구분영역은 얼마든 가능하다. 회사는 채산성을 맞추고자 지역을 한정해 이동시간을 줄였다. 하루 3곳이던 서비스를 10곳으로 늘리는 박리다매의 추구다. 가전양판점과 연계해 서비스이용권을 위탁·판매하는 아이디어도 내놨다. 편리하고 손쉽게 이용하라는 의도다. 이용권을 사면 전화로 희망일시·의뢰대상 등을 협의한다. 판매처를 백화점까지 늘려 현재는 전국 3,000점이 커버한다.

가격대를 제외하고 고령인구 특유의 한계도 거론하지 않을 수 없다. 살림을 남에게 맡길 때의 저항감이 그렇다. 없을 때 방문한다면 그 불안감은 더 커진다. 이런 이유로 확산속도는 제한적일 것이란 의견이 있다. 설문조사에 따르면 이용경험자는 전체의 1.7%에 불과하다(니혼게이자이·2014). 향후 이용하겠다는 답변도 21%뿐이다. 10명 중 2명만 우호적이란 의미다. "집에 남이 들어오는 게 싫다"는 이유가 제일 많다.

그럼에도 고령인구의 가사부담 경감의욕은 높다. 특히 취미생활, 가족시간, 자기계발, 친구교류 등에 쓰고 싶어 하는 맞벌이 여성수요와 달리 고령의 독신인구라면 가사를 둘러싼 살림부담의 경감욕구가 실질적인 까닭에서다. 무엇보다 남성고령자의 의식주 관련 가사대행 서비스의 이용욕구가 높아질 게 불을 보듯 뻔하다. 남의 손이 부담스럽고 또 집에 들인다는 게 께름칙해도 결국엔 맡길 수밖에 없기 때문이다.

7장

2단계 건강 욕구 : 건강은 노후설계의 핵심이다

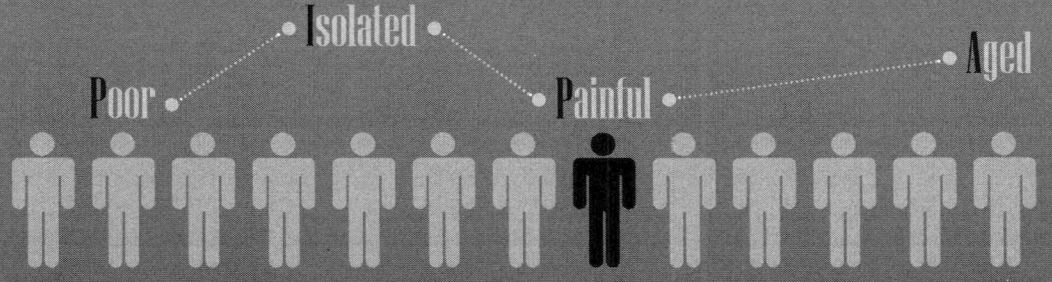

- 5단계 : 희망 욕구
- 4단계 : 행복 욕구
- 3단계 : 관계 욕구
- 2단계 : 건강 욕구
- 1단계 : 생활 욕구

1

평생 헬스케어를 위한 시니어 커뮤니티의 붐

지속적인 은퇴자 관리 커뮤니티, CCRC

늙으면 어디서 살까?

누구든 한두 번은 해보는 고민이다. 은퇴세대라면 눈앞의 당면과제다. 남든지 떠나든지 까다로운 문제다. 도시거주라면 특히 그렇다. 주거비·생활비 등 생존원가는 그대로인데 소득단절의 은퇴진입은 부담스럽다. 지방선택이라고 비교우위가 월등하진 않다. 돈은 덜 들어도 관계자본이 단절된다. 커뮤니케이션과 소속감·친구관계를 중시하는 여성이 결사반대를 외치는 기본맥락이다. 아플 때는 더 문제다. 간병·의료서비스 때문에 나이 들어 되레 도심유입을 택하는 고령가구가 적잖다.

인구이동은 심각한 후폭풍을 야기한다. 인구감소를 한층 부추기는 게 인구이동이다. 교육·취업·의료 때문에 지방인구의 도시유입이 가속화되는 도심블랙홀을 저지하는 게 인구정책의 현실적인 대안으로 떠오르는 이유다. 문제는 자발적인 도심선택을 막을 방법이 없다는 것. 지금처럼 생존을 위한 핵심자원이 도심일변도로 집중되는 한, 들어오는 인구를 돌려세울 정책카드는 없다.

이런 차원에서 일본정부는 인구대책의 핵심방향으로 '도시→지방'으로의 인구이동을 선정·발표했다. 2015년 여름 이른바 '소멸리스트'가 발표된 이후 도농양극화가 인구이동을 가속화한다는 연구결과에 기인한다. 실천방법으로는 생존자원의 지방투입에 방점을 찍었다. 직주완성을 통해 청년인구를 잡아두고, 의료완비를 통해 고령인구를 유인하겠다는 것이다. 이 과정에서 제안된 게 '일본판 CCRC(Continuing Care Retirement Communities)'다.

고령인구가 적어도 신체불편·간병필요 탓에 도시로 오지는 않도록 최선의 거주공간을 만들겠다는 포부다. 2단계 소비욕구인 건강(Health) 실현을 위한 서비스제공의 집적공간인 셈이다. 비록 정부주도라는 한계가 있지만, 서구사례를 볼 때 CCRC가 대부분 민간공급이라는 점에서 눈여겨볼 만한 시니어마켓의 유력아이템 중 하나다. 이런 식이면 조만간 한국에서도 CCRC와 관련된 이슈가 조성될 여지가 충분하다.

CCRC는 미국에서 탄생한 대표적인 은퇴자 주거공간이다. 은퇴인구 집적지역으로 그 안에서 노인질환 등의 연속적인 돌봄이 제공되는 커뮤니티다. 캠퍼스로도 불리는 일종의 노인동네다. 고령자가 건강할 때부터 간병이 필요할 때까지 중간에 이사하지 않고 계속적으로 돌봄을 받는 것이 보증된 커뮤니티를 뜻한다. 미국에는 대략 2,000여 개소에 75만명의 입주자가 생활 중이다. 큰 곳은 1개소 3,000명이 거주하는 곳도 있다.

유형은 다양하다. 신체가 건강한 고령인구를 위한 독립생활Independent Living, 보조지원을 통한 생활유지Assisted Living, 전적인 지원이 필요한 전문적인 간병시설Skilled Nursing Home 등을 필두로 치매중심Dementia Unit, 재활센터Rehabilitation Center 등이 부가·구성된다. 원할 경우 별도의 단독주택에서 생활한다. 일부는 외부로 출퇴근하며 직장을 다니는 등 경제활동도 이뤄진다. 음식점·탁아소 등도 운영한다. 비단 아플 때만 들어가는 곳은 아니라는 점에서 2단계 건강욕구와 연결된다.

CCRC는 건강할 때부터 지속적인 케어를 받을 수 있는 고령중심의 지역공동체를 건설하겠다는 거대구상이다. 이를 위해 고령자를 지방으로 이주시키는 계획을 중앙정부 차원에서 진행한다는 게 일본의 차별성이다. 건강할 때부터 옮겨와 의료·간병을 보장받으며 활동적으로 살아가자는 게 포인트다. 일본정부는 이를 '평생활약의 동네'로 명명, 2015년 시작된 아베노믹스 2.0의 핵심기둥으로 지목했다. 반복적인 인구유출로 과소화가 심화된 농촌·지방이 대량 발생하면서, 이를 저지하는 지방창생의 유력수단으로 부각된 것이다.

기대감은 높다. 일본정부는 유력정치인을 '지방창생성'의 장관으로 임명, 힘을 실어줬다. 이로써 활기찬 은퇴마을을 만들려는 국가구상의 실현 여부가 초미의 관심사로 떠올랐다. 2015년 2월에는 '일본판CCRC구상유식자회의'가 발족했다. 다만 이 정책을 받아줄 카운터파트너인 지방정부의 추진의향은 신중하다. 지자체 중 80%가 상황파악 중인 가운데 11% 정도인 200여 곳이 추진의사를 밝혔다. 이에 정부는 CCRC가 추진되면 지역한정의 규제완화를 추진하는 '지방창생특구'로 지정하는 방안도 고민 중이다.

중앙정부의 핵심정책으로 강조되면서 일본판 CCRC의 건설의욕은 활기차다. 교부금을 기대한 지자체와 기업 등이 앞다퉈 개발경쟁에 뛰어든 모습이다. 일부지자체는 사활을 건다. 인구유출로 지역사회가 붕괴되는 걸 더 이상 내버려 둘 수 없다는 절실함이 한몫했다. CCRC를 유치하면 지역의 청년인구에게 취업기회가 주어질 뿐만 아니라 지역경제와 세원확보에도 우호적인 까닭이다. 건설을 위한 용지를 무상 혹은 저가에 제공하는 곳도 있다.

CCRC의 거점으로 대학을 선정한 곳도 있다. 고령자가 평생학습을 할 수 있는 대학을 만듦으로써 그곳을 중심으로 주택·간병시설 등을 배치하는 게 효과적이다. 민간기업으로서는 간만의 사업기회다. 대형건설사를 중심으로 선점확보전이 치열하다. 관련업계는 사업기회를 엿보고 있다. 고령자의 건강하고 활동적인 생활을 지원할 필요 때문에 테니스코트·당구장 등 스포츠시설과 병원, 음식점 등이 CCR의 필수공간이다. 의사를 필두로 간호사·보건사 등 의료인력의 상주도 필수다.

일본 CCRC의 시행착오와 가능성

다만 문제는 사업성이다. 적잖은 부작용 때문이다. 정부구상에 앞서 민간이 만든 CCRC는 충분한 간병 혹은 관련서비스를 제공하지 못하는 경우가 많다. 원하지만 들어갈 수 없는 간병시설 입소대기자의 대량발생이다. 대기명단에 이름을 올려놓을 정도라면 불안감은 상시적이다. 지자체로서도 불안해소를 위해 시설확대 등을 꾀하지만 상황은 녹록지 않다. 즉 CCRC로 불리기 위해 필요한 필수시설을 갖추지 못한 곳이 태반이다. 간병시설 없이 방문간병서비스만 받는 곳이 CCRC로 불리기도 한다. 이때 중증간병이 필요하면 소유권이 있어도 별도의 간병시설로 옮겨갈 수밖에 없다.

일본에서도 선행사례는 있다. 초기에는 사업성 탓에 고전을 반복하며 실패모델로 자주 거론됐지만, 지금은 기적적으로 회복된 경우다. 1990년대 중반 일본 최초로 건설된 CCRC는 '미나기노모리美奈宜の杜'다. 모두 3개 마을 804구획으로 구분된 대규모 슬로라이프타운으로 관심을 받았다. 취미향유와 인연치유를 강조하는 고령자 커뮤니티로 크게 3가지 스타일을 구비했다. 영주스타일, 주말별장스타일, 직주겸용스타일 등이다. 한때 600명 이상의 정주자와 150호의 세컨드하우스이용자가 이 커뮤니티에 합류했다.

다만 오래가진 못했다. 애초부터 목표달성은 실패했다. 1,000명 모집계획을 채우지 못했을뿐더러 개발업자의 경영악화도 시작됐다. 현재는 200명도 채 못 된다. 익숙한 생활공간을 벗어나 노년안전을 위해 이주하려는 이가 생각보다 적었던 탓이다. 주민교류를 위해 건설될 예정이었던 다목적공간과 운동시설 등의 건설도 중지됐다. 한 언론인터뷰에 응한 정주자는 "애초의 유토피아적인 구상은 절반은커녕 10~20%도 채우지 못하고 끝났다"고 실망했다. 그뿐만 아니다. 간병을 원하는 주민은 늘었지만 도우미 부족사태가 반복됐다. 결국 마을을 떠나는 이들까지 생겨났다.

실패는 값졌다. 입주세대를 중심으로 부활전략이 개시됐다. 고령자만 모여서는 안 된다는 생각에 개발업자와 협의, 30~40대의 자녀양육 현역세대를 입주시키기로 결정했다. 남은 건물을 신축가격의 60% 정도에 판매하면서 노력은 성과로 나타났다. 도심과의 근접성과 쾌적한 주거환경에 매료된 현역세대가 몰려들기 시작했다. 젊은 피가 수혈된 동네는 변하기 시작했다. 할 일 없이 소일하던 고령주민과 현역세대의 커뮤니티가 형성됐다. 노청老靑의 공창共創작업이 이뤄지면서 봉양과 부양의 세대교감적인 경제활동까지 확산됐다. 간병도우미 부족문제는 저절로 해결됐다. 현재 전체주민의 25%가 현역인구다. 입소문이 나면서 이주의향을 밝힌 은퇴세대도 늘어났다.

원조국 미국의 성공사례와 달리 일본의 민간모델 실패교훈은 2가지로 압축된다. 어떤 사람이 이주할까와 이주 이후 간병·의료서비스와 연결되는 주거형태·이주양태와의 연결고리가 원만하지 않았다는 점이다. 즉 미국의 CCRC는 민간주도적인 사업일 뿐이고, 기본적으로 부유층이 입주한다. 입주원가가 고가인 것은 물론 매월 내는 비용도 상당수준이다. 여기에 반해 일본은 입주대상이 후생연금의 평균수급액월 21만엔을 받는 평범한 은퇴인구로 비용압박이 상당하다. 집을 팔고 옮겨와도 그 정도 경제력으로 유유자적의 노후생활을 위한 조건충족은 불가능하다.

이주수요도 근본적으로 미국보다 적다. 지방이주의 검토여부를 묻는 설문조사에 60~70%의 잠재타깃60대이 고려하지 않는다고 답했다. 50대 남성의 경우 절반가량이 긍정적인 검토 중이지만 그것도 큰 효과가 없는 게, 50대 여성의 66%가 반대하고 있기 때문이다. 현재의 거주공간에서 구축된 커뮤니티를 더 중시하는 한편 새로운 지인모색에는 부정적인 탓이다. 여성특유의 인간관계 중시경향이다. 50대 남성 중에서도 1년 이

내 구체화할 것인가의 물음에는 3.3%만이 끄덕였을 뿐이다.

미국의 CCRC가 성공한 데는 경제력이 뒷받침된 서비스 제공체계가 주효했다. 워낙 비용부담이 커 필요할 때 의료·간병서비스를 확실히 제공하도록 계약상 정해두기 때문이다. 반면 일본은 운영주체가 제각각이라 결국 공적인 의료·간병서비스에 의존하지 않을 수 없다. 지자체로서는 처음에는 건강한 고령인구의 이주를 환영하지만 그 기대가 계속될 수는 없다. 갈수록 공적서비스가 필요해지면 이주민에게도 세금지출이 불가피해지며, 이때 기존주민을 납득시키는 것도 새로운 과제다.

CCRC의 진화를 위한 방책이 필요하다

그럼에도 CCRC의 구상여부에 이견은 없다. 현재의 갈등문제를 해결할 수 있는 꽤 괜찮은 대안이다. 따라서 투입대비 산출효과를 높이는 방책이 요구된다. 그중 하나가 빈집활용을 통한 비용절감이다. 거액을 투입해 새로운 시설을 인위적으로 지어 생소한 커뮤니티를 조성하기보다 기존의 유휴자원을 재활용하려는 시도다. 병원·간병시설도 이미 있는 것을 이용한다는 점에서 경제적이다. 어차피 빈집증가가 추세라는 점에서 그 한계를 되레 장점으로 승화시키려는 일석이조의 시도로 해석된다.

즉 CCRC에 붙는 '대규모 개발단지형'의 이미지 대신 '소규모 동네부활형'이 낫다는 판단이다. 미국처럼 호화로운 스포츠센터에서 건강을 챙기기보다 일본문화에 맞게 지역공동체의 관심·배려로 노후안전망을 확보하는 게 낫다는 점도 강조된다. 동시에 노인·청년의 이분법적인 사고체계에 대한 경계도 합리적이다. 굳이 고령자에 한정해 차별적인 CCRC를 짓기보다, 과소지역의 문제해결 차원에서 세대전체를 아우르는 융합적인 정책세트가 필요해서다. 세대연대를 통해 서로 의지할 수 있는 커뮤니티의 제안이다.

결국 일본판 CCRC는 은퇴 이후 거주공간의 선택고민을 한층 깊어지게 했다. 조성필요와 거주의의는 충분히 좋지만 실제운영은 생각보다 만만찮아서다. 1990년대 중반 이후 한국에 붐을 일으킨 전원주택의 기대감과 실망감의 여운도 떠오르지 않을 수 없다. 건강할 때부터 노환불안을 대비해 미리미리 준비한다는 점에서 꼭 필요한 최후공간이지만, 이면의 경제성과 편리성 등도 충분히 감안해야 하기 때문이다. 이런 점에서 무병장수를 찾아 떠나는 은퇴이후의 공간마련은 뜨거운 감자일 수밖에 없다. 잠재고객의 상황분석, 욕구확인을 통한 면밀한 시장조성이 필요한 이유다.

2
질병예방 : 아프기 전에 관리하라

발병 속도를 늦춰라

'내 몸은 내 스스로'

2단계 건강Heath욕구의 핵심은 자발적이고 주체적인 신체관리로 요약된다. 1단계의 기초생활과 관련된 욕구가 충족되면 그다음은 본격적인 건강관리를 통해 노후생활의 안정성과 경제성을 확보하려는 기제심리가 발동한다. 건강할 때 그 상태를 최대한 유지하고, 어쩔 수 없이 맞닥뜨릴 노환은 가급적 지체시킴으로써 무병장수 등 노후생활의 질적인 행복수준을 담보하고, 만약의 경우 유병노후에는 그 질환단계별로 간병수요, 전용주택, 사후준비 등의 연장된 구매니즈에 따라 소비지출을 결정할 것으로 판단된다.

건강이야말로 최선의 노후대책이다. 건강은 비재무적인 노후설계의 핵심기둥이다. 돈이 아무리 많아도 건강하지 않다면 은퇴생활의 품질은 급속도로 악화된다. 반대로 돈이 적어도 건강하면 적으나마 활로를 열 수 있다. 한정재원이지만 신체건강을 토대로 잘 배분하면 생활품질을 향상시킬 여력은 존재해서다. 유병속도를 늦추는 것만으로 지출압박이 줄 듯 질환도 관리대상이다. 결국 건강관리와 질환대책, 사후준비는 고령인구의 불안경감·행복증진의 중대한 아이템으로 부각된다. 시니어마켓에서는 기초적인 생활욕구와 비슷한 범용욕구일 수밖에 없다. 굳이 나누면 2단계 건강이슈의 세부수요는 무병장수를 위한 예방운동과 유병노후와 연결된 질환·사후관리로 압축된다.

우선은 예방운동에 초점을 맞출 수 있다. 노후질환은 불가피한 측면이 강하다. 무병장수가 최선이지만 유병노후도 사실상 무차별적이다. 수명연장 속의 절대빈곤이 보편적인 피파세대처럼 가난하고 외로운데 아프기까지 한 노후생활로부터 자유로울 수 있는 인구는 손에 꼽는다. 중산층으로 은퇴해도 살아내야 할 절대시간과 질환위협을 감안할 때 빈곤층으로의 전락은 시간문제다. 단절된 근로소득으로 가뜩이나 불안한데, 현역시절 힘들게 쟁여둔 자산소득을 헐어 쓰며 버텨내기란 만만찮은 과제다.

시니어를 위한 스포츠클럽이 증가한다

고령인구의 예방운동과 관련된 최대수혜는 역시 스포츠클럽·피트니스클럽 등을 아우르는 운동업계다. 인구변화에 따른 산업 패러다임의 전환을 예측한 일부업계가 어느새 주력고객의 무게중심을 '청년인구→고령인구'로 바꿨듯, 어린이·청소년을 포함한 현역인구를 지금처럼 계속해서 고객으로 포섭하는 게 쉽잖다는 위기감은 갈수록 고조된다. 선진국에선 장난감·학원업계의 시니어시프트마저 흔해졌다. 패러다임 전환이다.

인구변화(출산↓·고령↑)는 매섭다. 그간의 게임법칙을 순식간에 역전시킬 중대변수다. 인류 탄생 이후 최초로 재화뿐 아니라 시장(고객)까지 '과잉→과소'로 전환되고 있다. 가랑비라 여긴다면 때는 늦다. 이미 흠뻑 젖었다는 정황증거가 많다. 주변풍경은 인구감소 조류에 말려들었다. 인구증가 덕분에 만들면 팔리던 시절은 끝난 대신 향후엔 남아도는 과잉해소가 절체절명의 과제다. 게다가 과잉은 무차별적이다. 그만큼 과잉해소 노력은 절실하고 급박하다. 혁신적 아이디어와 재편시도가 잇따른다.

관건은 조류변화의 정확한 관찰과 해석이다. 구(舊)체제의 지속가능한 대체모델은 이때 설명력을 얻는다. 제조업, 서비스업 등 예외는 없다. 동일 맥락에서 최근 일본에선 인구변화를 이기려는 스포츠클럽업계의 전략수정이 화제다. 불황압박 속에 출산감소까지 겹쳐 현역세대 등 애초의 주력고객이 적잖이 축소된 탓이다. 이를 대체할 새로운 유력고객을 찾는 게 발등의 불이 됐다. 운동하려는 고령인구의 증가추세가 운동수요로 연결되자 미래시장까지 염두에 둔 전략수정이 한창이다.

선두주자는 대형 스포츠클럽인 '르네상스'다. 회사는 업계 3위 수준이다. 2013년 407억엔 매출에 22억엔의 경상이익을 기록했다. 최근 10년에 걸쳐 매출액이 2배나 늘었으며, 도쿄증시에 상장까지 끝냈다. 일본 전역에 120개 이상의 시설을 보유했다. 약 40만 회원 중 자유이용자가 25만, 스쿨회원이 15만 정도다. 1970년대 후반 문화사업과 함께 테니스스쿨을 오픈하면서 성장기반을 마련했다. 지금은 수영과 피트니스를 병행한 종합스포츠클럽으로 전국망을 연결했다.

다만 1990년대 버블붕괴 이후 상황은 역전됐다. 20~30세대 회원의 탈퇴가 늘면서 시련기에 봉착했다. 경기불황 때 스포츠클럽에서의 운동지출이야말로 불요불급의 1순위 항목인 까닭에서다. 르네상스는 시대변화에 맞서지 않았다. 되레 위기를 기회로 활용코자 입회금제로 캠페인 등 공격적인 변신실험에 나섰다.

인기를 끈 아이디어는 시간대를 달리한 회원모집 프로그램이다. 이용가능 시간대를 아침, 낮, 저녁 등으로 나눠 회원을 분리·모집하며 매출을 늘린다. 현재 회사가 러브콜을 날리는 고객군은 중·고령층 중에서도 특히 고령인구다. 4,000억엔 스포츠클럽시장의 중심고객이다. 60~70대의 운동지출이 기타세대보다 높다는 통계근거도 뒷받침한다. 건강지향성 덕분에 평균 1만엔의 월 회비지출에 부담은 없다.

눈여겨봐야 할 건 고령수요의 분리대응이다. 건강한 고령자뿐 아니라 정상생활에의 복귀의지가 높은 질병초기 환자 등에 주목한 것이다. 요컨대 가볍게 들르는 간병시설Day Service 오픈결심이다. 기존 간병시설과는 다르다. 주력장점을 살려 운동처방을 특화한다. 관련 전문가인 이학요법사, 간병예방운동지도원 등이 상주한다. 신체기능을 회복시켜 질병회복 및 신체불편으로부터 탈피하는 게 기본목표다. 고령인구의 잠재수요 발굴카드는 일단 긍정적이다. 일부회원은 기능회복 이후 통상의 스포츠클럽시설로 복귀한다. 입원·투약 등 노인인구에 집중되는 사회비용의 절감효과도 있다. 고령고객을 위해 자택 혹은 병원근처의 입지개발에 열심인 것도 주효했다.

앞서 간단히 거론한 바 있지만 여성전용 피트니스클럽인 '커브스 Curves'도 노후질환을 지체시켜주는 예방운동의 시장수요를 정확히 읽어냈다. 커브스는 주택가 잉여공간을 피트니스클럽으로 개조해 큰 호응을 얻고 있다. 자동차 쇼룸처럼 폐점한 주변부 상업지 등도 유력한 활용후보다. 회사는 급성장 중이다. 2005년 3개 직영점포로 시작했지만 10년이 지난 2015년 일본 전역에 1,648개의 점포로 성장했다. 회원은 73만명에 육박한다(2015년). '여성만의 30분 건강체조 교실'이란 슬로건의 잠재파워가 실현된 덕분이다. 주력고객은 중·고령여성, 즉 아줌마·할머니다. 50대 이상이 70%다.

애초부터 운영전략·타깃고객이 차별적이었으니 상식파괴는 기본이다. 피트니스클럽의 어마어마한 시설과 도심입지의 고집은 버렸다. 철저히 실속위주로 접근한다. 월 회비는 6,000~7,000엔대로 가격저항을 낮췄다. 소득단절의 은퇴고객을 모시기 위한 가격정책이다. 시간도 30분 안팎으로 프로그램을 만들어 신체부담을 덜어준다. 사전예약 없이 원하는 시간에 와 전문 스태프와 함께 운동한다. 유산소운동, 근력운동, 스트레칭 등 프로그램은 철저히 고객지향에 맞춰 예방운동을 실현한다.

주택가에 전용클럽을 오픈한 건 중·고령여성의 운동욕구를 실현하기 위한 최적공간이 생활반경임을 읽어낸 덕분이다. 심지어 겉으로 봐선 일반맨션(아파트)이지만 개조작업을 통해 내부를 연결해서 운동공간을 만들어낼 정도다. 가령 3~4채를 연결해 충분한 운동시설을 배치한다. 이때 등장하는 상징문구가 'No 3M'이다. 남자Men가 없고, 화장Make-Up이 불필요하며, 거울Mirror조차 없다는 의미다. 하나같이 여성이 운동에 집중할 수 있는 환경조성의 노력이 반영된 결과다. 샤워시설·목욕탕이 없으니 운동종료 후 집에서 해결하고, 남자가 없으니 화장할 필요도, 거울을 볼 필요조차 없애버렸다. 대신 실속경영을 위해 역세권보다 주택가를 선택해 임차료·개조비용을 최소화, 이를 이용료에 반영했다.

고객발굴에도 역발상이 반영됐다. 값비싼 헬스클럽에 익숙하지 못한 50~60대 여성주부를 공략했다. 기존 경쟁사가 대부분 운동경험이 있는 젊은 고객에 눈높이를 맞춘 것과는 차별적이다. 요컨대 새로운 고객창조다. 그러니 중년주부를 끌어당길 접근성이 관건이다. 주택가에 점포를 열어 걸어서 5분 안팎이면 다다르게 한 이유다. 쇼핑·산책길에 잠시 땀을 흘리자는 콘셉트다. 주부특유의 입소문도 한몫했다. 성과는 만족스럽다. 틈새활용으로 경쟁조차 없어 전망이 밝다는 게 회사설명이다.

재미난 부가효과도 화제다. 커브스의 점포가 동네 아줌마·할머니의 새로운 교류거점으로 등장한 것이다. 하나둘 운동을 함께 다니다 보니 어느새 이곳이 동네의 정보수집 및 발신공간으로 승격(?)된 셈이다. 이곳에 다니지 않으면 소외되거나 따돌림당할 수도 있다는 일본특유의 집단주의적 소속감이 발휘되며 사랑방으로 진화한 사례다. 실제 이곳에서 새 친구를 사귀고, 살을 뺀 김에 쇼핑을 같이 다니는 경우가 흔하다. 더 돈독해지면 동네친구들끼리의 자발적인 여행팀 구성까지 이뤄진다. 몸도 챙기고 교류도 늘리는 일석이조의 노후공간이 된 것이다. 회사로는 분위기가 살고 운영도 수월해져 좋다.

심리적 질환을 예방하기 위한 제품들

예방운동은 체력향상을 통해 노후질환을 막거나 최대한 지체하려는 욕구수요다. 노후질환에 걸릴 경우 엄청난 정신·금전적인 비용부담이 발생하기에, 이를 사전에 막으려는 고령인구의 공통니즈에 해당한다. 그럼에도 은퇴시간이 길어질수록 건강수명을 지나 유병노후가 불가피하다. 이때 치명적인 것은 정신적인 노환이다. 치매 등이 대표적이다. 다음에서 좀 더 자세히 살펴보겠지만 치매발병과 그에 따른 간병비용 및 가족의 고통은 상상을 초월한다. 때문에 신체를 건강하게 하는 예방운동과 함께 노구에 따른 정신적인 파괴행위를 막으려는 동기도 자연스럽다.

역시 최선책은 사전예방이다. 현재로서는 오른재미와 질환예방을 동시에 추구하는 완구제품에서 유효한 아이디어가 도출된다. 대개 완구메이커와 복지아이템 관련기업의 공동개발이 주류다. 온종일 자택에서 TV만 보며 은거 중인 독거노인을 타깃으로 한 대화형 커뮤니케이션 로봇은 상품화됐다. 물개로봇 '파로'는 온몸이 하얀 털로 덮여 있고 접촉하면 반응을 보여 우울증·치매환자 등의 심리치료에 좋다. 2011년 일본의 원전폭발 당시 독거노인에게 보급돼 효과를 거뒀다. 또 '마루모'는 치매주인이 한 일을 알려주고, 못 찾는 물건을 찾아주며, 복약시간까지 알려줘 화제다.

일단 엔터테인먼트업계의 노인전용 생활완구 시장을 위한 도전이 적극적이다. 고령자를 위한 신규시장이 형성됐다는 판단에서다. '반다이남코홀딩스' 산하의 복지서비스센터('가이카야')는 약기메이커·대학병원과

공동으로, 즐기면서 운동하고 뇌기능을 활성화하는 게임기를 개발했다. 일명 '두근두근 뱀퇴치 2(ドキドキヘび退治2)'다. 의자에 앉아 차례차례 나오는 뱀을 밟으면 득점하는 게임기다. 발의 힘을 길러 넘어지는 사고를 막을 수 있어 호평이다. 버전을 올리되 가격을 낮춰(59만엔) 간병시설의 수요에도 대응한다. 또 실재하는 조형물을 재현한 상품시리즈('大人の超合金')를 내놨다. 처녀작은 1957년 출항해 화제를 모은 남극관측선으로, 이를 기억하는 60~70대가 타깃이다. 아폴로 우주왕복선, 신칸센, 혹성탐사기 등의 시리즈물을 연속해서 출시·판매한다. 이들 상품을 통해 당시 기억을 떠올리며 뇌의 활성화를 돕는다는 기대효과가 거론된다.

고령자와 간병인의 부담을 줄인 독특한 완구도 등장 중이다. 의료위생 및 완구메이커가 힘을 합쳐 만든 커뮤니케이션 로봇 '끄덕 호박씨(うなずきかぼちゃん)'가 그렇다. 호박팬티를 입은 3세 남아를 닮은 로봇으로, 상대 소리에 반응해 끄덕이거나 말을 거는 게 특징이다. 등록단어는 400개로 간단한 동작요구와 후속재촉 등의 반응이 재미나다. 개당 2만1,000엔이지만 독신노인과 중년부부만의 세대에서 구매가 많은 것으로 알려졌다.

2002년 발매된 '다카라토미'의 인형시리즈는 애초 아동용으로 개발됐지만 지금은 고령자에게 오히려 더 인기다. 말하는 인형으로 '꿈의 아이 네루루(夢の子ネルル)'와 '꿈의 아이 유메루(夢の子ユメル)' 등이 주인공이다. 요컨대 아기(어린이) 대행로봇이다. 1,600개의 단어·대화가 가능하다. 수면리듬을 인식해 인사를 하거나 걱정·위로를 해주며 독거노인과의 생활대화를 자연스레 유도한다. 구입자의 80%는 50대 이상이며, 치매노인에게 선물하려는 수요가 최근 증가세다. 2016년 현재 회사는 'Hearing Partner'라는 제품그룹을 설정, 모두 5종류의 말하는 인형을 출시했다.

3
간병관리 : '간병지옥'을 피하는 법

간병은 가족의 고통을 가중시킨다

(혹은, 간병은 가족의 비극을 부른다)

'간병필요=하류노인'

쓰러지면 끝이다. 목숨을 구해도 남은 건 침대생활이다. 치매는 더 그렇다. 집에서 모신다는 건 어불성설이다. 요양시설도 부담스럽다. 효도부담·친척압박을 극복하고 요양시설을 찾은들 비용과 서비스 앞에서 무너지기 일쑤다. 좋은 곳은 비싸고, 값이 적당하면 간병품질이 걱정된다. 공공시설은 대기라인이 엄청나다. 갈수록 간병피로는 극에 달한다. 이는 곧 가족파탄의 출발점이다.

일본에선 이를 총칭 '간병지옥'으로 부른다. 사례는 희귀하지 않다. 갈수록 무차별적인 확장세를 띤다. 간병공포는 충격 이상이다. 그래서 지옥이란 평이 붙는다. 멀쩡하던 중산층을 순식간에 빈곤층으로 떨어뜨리는 게 간병수요다. 우연을 가장한 비극이지만 고령화를 보건대 실은 필연에 가까운 문제다. 잠재적인 간병예비군·후보가 흘러넘친다. 노인국 가면 언제든, 누구든 해당되는 무차별적인 불행도미노다.

즉 '단란한 가족행복→불행한 간병지옥'이다. 이 둘은 백지장 차이다. 메커니즘은 '고령사회→노인급증→노환증가→간병필요→금전부담→가족해체'의 악순환이다. 문제는 간호기한마저 알 수 없다는 사실이다. 끝을 모르니 버텨내기 힘들다. 체력·금전으로 숨이 차도 현실은 냉정하다. 장기간호다. 간병주체의 건강·정신만 갉아먹는 데서 끝나지 않고 환자 불행도 커진다. 삶의 마지막에 엄청난 민폐 속의 비참한 마감예고다.

2015년 연초엔 83세 남성이 도쿄의 도시고속도로를 역주행해 교통사고를 낸 후 사망하는 사건도 발생했다. 그럴 수 있는 일이지만 사고원인이 밝혀지면서 대서특필, 사회문제로 비화됐다. 사망운전자가 행방불명된 치매환자로 밝혀져서다. 일본사회는 더 이상 감추기 힘든 사회이슈가 터졌다는 반응이었다. 예고된 사건이란 이유다. 2011~13년 고속도로 역주행(541건) 중 68%(370건)가 고령운전자이고, 이 중 200건이 치매의심으로 조사됐을 정도다. 이처럼 치매에 따른 사건·사고는 반복된다. 사기편취부터 강력범죄까지 치매에 따른 사회·경제적 유발비용이 만만찮다.

간병공포는 생생하다. 최근 핫이슈인 고독사孤獨死도 가난·질병의 합작품이다. 인간관계가 끊기고 복지그물에서 제외된 노인환자와 간병가족이 사망 후 오래 방치되었다가 발견되는 사회문제다. 엽기사건으로도 연결된다. 병수발에 지친 배우자가 치매환자를 살해하거나 동반자살을 선택하는 경우다. 회복희망조차 없으니 멀쩡한 중산층마저 망가뜨린다. 만성질환에 치매까지 겹쳤다면 개인간병이 힘든데도 금전부담·주변시선 탓에 집에서 돌봐 파탄이 나는 경우다. 이는 일본사례만이 아니다. 지금 대한민국 곳곳에서 발견되는 간병충격의 일반적인 사례와 맥이 닿는다.

구체적인 건 치매다. 고령사회는 치매사회다. 65세 이후 치매환자의 급증추세는 의학계의 정설이다. 건강식에 익숙한 일본노인에게조차 치매위협은 일상적이다. 4명 중 1명(초고령사회)이 노인이니 치매인구는 상당수다. 2012년 462만명으로 치매유병률은 15%다(한국 9.2%, 61만명). 문제는 증가세다. 65세 이후엔 6년마다 2배씩 치매환자가 늘어난다. 70세를 넘기면 급속하게 증가한다. 10년(2025년) 후면 치매인구가 최대 730만명까지 치솟는다(후생성). 노인인구 5명 중 1명꼴이다. 체감공포는 높다. 일본노인 대부분은 노후건강과 관련해 치매를 가장 두려워한다. 본인치

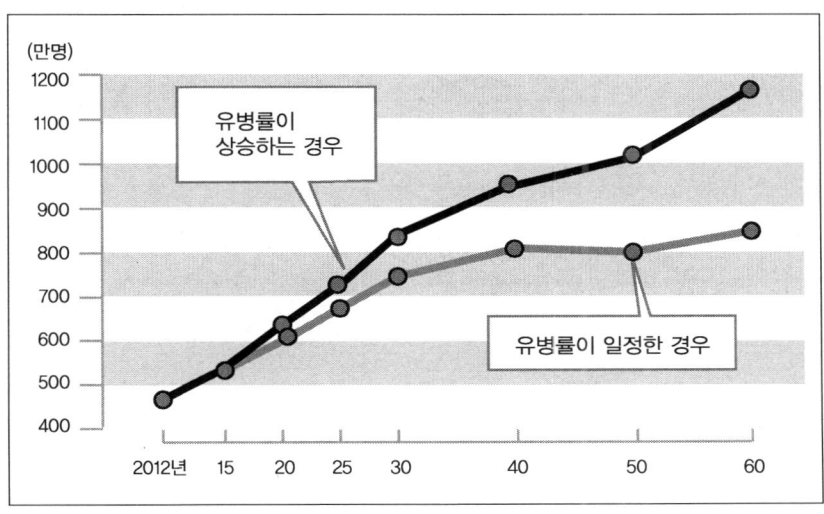

▼ 치매인구의 장래추계

— 자료: 후생노동성 연구반 속보치

매(51%)는 물론 노노老老간병을 부르는 가족치매(59%)까지 불안감이 구체적이다(세콤·2015년).

2015년 여름 출간, 일본에서 화제를 모은 『하류노인(下流老人)』은 일본노인의 90%가 하류화의 길로 접어들 걸로 봤다. 책은 '중산→하류'로 전락하는 5가지 대표유형 중 무려 3가지를 노화질환에 배치했다. △질병·사고에 따른 과도한 의료비용 △고령자 요양시설의 입소불가 △치매발병과 의지가족의 부재 등이 그렇다. 나머지 2가지는 △무능력의 자녀부양 △황혼이혼 등이다.

비용부담과 생활피폐를 확정적으로 예고하는 간병발생은 그래서 시니어마켓의 불가항력적인 성장기반 중 하나다. 무병장수를 찾아 떠나는 길에 적극적으로 뛰어들 수밖에 없는 건 간병공포의 실체와 체감이 구체적인 까닭이다. 생활수요인 1단계에 이어 2단계에 예방운동과 간병대책을 연이어 제안한 이유가 여기에 있다. 노후생활의 품질을 극단적으로 떨어뜨리는 의료·간병비용을 최대한 절감해본 후, 그래도 힘들 땐 그에 맞는 적절한 공급대상을 찾아내는 게 급선무인 까닭이다. 즉 간병공포는 간병대책으로 체화된다. 위협적인 간병공포에 대처할 맞춤형 제품·서비스를 원하는 수요는 늘어날 수밖에 없다.

어떻게 간병안전망을 마련할까

간병지출은 장례비와 함께 최종단계에서 지불되는 최후소비처다. 자녀에겐 부모를 위한 최후효행인 동시에 거액쇼핑이다. 그럼에도 지출하지 않을 수 없다. 일본의 교훈은 간단하다. 간병공포에서 한 발짝 비켜서는 지혜도출의 핵심은 촘촘한 간병안전망의 확보다. 인생 2막 전체를 커버하는 질병보험은 물론 간병수요 발생 때 버팀목이 됨 직한 자산소득의 추가확보가 절실하다. 무연간병이 되지 않도록 네트워크 확보방안도 필요하다. 건강할 때 간병비용과 재산관리 등 후견인제도를 활용해두는 것도 좋다.

수요는 공급을 낳는 법. 1단계의 생활(의식주)욕구처럼 의료·간병비용은 소비탄력성이 굉장히 낮다. 지출하지 않을 수 없는 필수서비스다. 역으로 고령사회에 먹힘 직한 유력한 성장산업의 힌트가 찾아진다. 당장은 정부가 나설 수밖에 없다. 해당수요는 급증하는데 민간공급에 전적으로 맡길 수는 없어서다. 간병수요의 공급체계란 게 적잖은 수준의 자본투하가 불가피하다는 점도 민간공급의 한계로 거론된다. 민간기업도 확실성이 없으면 주저한다. 규제완화·자금지원 등 원가절감에 목을 맬 수밖에 없다.

≫ 일본의 치매시책 종합전략안

실제 일본정부는 치매시책 종합전략안을 냈다(2015년). 모두 7대 범주로 적시적절의 의료·간병 제공, 환자·가족 의견의 반영중시 등이 포함된다. 지역보호 체제정비, 사기 등 피해방지, 간병부담 경감로봇 개발지원, 직업·간병의 양립지원 환경정비 등도 있다. 목표는 치매발생 후 일상생활을 위해 근로지속, 봉사활동 등이 가능하도록 지원하는 것이다. 특히 예방치료 차원에서 조기진단법을 확정하고 근본적인 치료약을

2020년까지 내놓겠다고 밝혔다. 전담부서(후생성) 외에 관계기관의 횡단적인 업무구성도 추가됐다.

먼저 '치매초기 집중지원 팀 설치추진'이다. 의료·간병 전문가가 팀을 이뤄 치매환자를 방문·지원하는 사업으로, 2018년부터 모든 지자체가 실시한다. '간호직원의 치매대응력 향상연수'도 들어갔다. 환자지원을 위해 최저요건의 지식·기능을 연수시키는 '신입간병직의 이러닝도입'도 추가됐다. 또 치매대응력을 갖춘 의사를 2017년까지 확대(6만명)한다. 동시에 치매를 정확하게 알고 지역사회에서 환자·가족을 보조하는 '치매서포터'를 2017년까지 800만명 양성할 계획이다.

2016년부터는 치매원인을 찾는 대규모 역학조사가 진행된다. 첫 출발은 공공부문이지만 곧 민간공급의 진출확대로 연결된다. 내수시장을 주도할 새로운 사업모델로 손색이 없어서다. 적잖은 기업이 정부지원(바우처)과 연결된 서비스뿐 아니라 적극적인 예방치료에까지 수요발굴에 나선 형국이다.

≫ 재택간병과 시설간병

간병대책 중 구체화된 시장영역은 간병서비스의 공간제공과 관련해 크게 둘로 나뉜다. 재택간병과 시설간병이 그렇다. 재택은 환자를 집에 모시고 각종의 간병서비스를 이용하는 방법이다. 입욕·야간대응 등의 서비스를 방문·통근형태로 받는 경우다. 간병수준이 낮고 치매증상이 없다면 이걸로 충분하다. 반면 중증 이상이면 부르는 게 값이다. 대부분은 시설간병이 불가피하다. 침대생활·중증치매 등으로 일상간병이 필요하면 재택보호는 무리다.

방법은 시설간병이 가장 합리적이다. 문제는 금전부담이다. 비교적 싼 공공시설은 월 20만엔대지만 문제는 공급부족이다. 시설간병의 상당비중인 간병노인복지시설(특별양호개인홈)은 입소대기만 2~3년이 걸린다. 3도 이상이 아니면 들어가기가 힘들다. 원칙적으로 자택복귀를 위한 요양시설이라 평생 살 수도 없다. 뚜렷한 한계다.

사실상 대안은 민간시설, 유료노인홈이다. 단, 금전부담을 피할 수 없다. 정부도 간병보험 재정악화를 우려해 유료노인홈의 총량규제에 나섰다. 웬만하면 집에서 간병하라는 메시지다. 틈새는 주택기능을 강조한 주거시설(주택형 유료노인홈·고령자전용임대주택 등)이다. 차이는 간병서비스의 상시제공 및 요금체계로 구분된다. 시설간병을 제공받는 유료노인홈은 '동일간병=동일비용'이 원칙이다. 반면 주택형 주거시설의 간병서비스는 외부업자와 별도계약의 서비스를 받는다. 비용은 서비스별로 달라진다.

간병수준과 가족상황 등에 따라 간병비용은 천차만별이다. 평균수명이 90세를 웃도는 여성은 최소 수천만엔 이상이란 게 정설이다. 유료노

▼ 공공시설과 민간시설의 차이

	특별요양노인홈(공공)	유료노인홈(민간)
운영주체	지방공공단체, 사회복지법인	민간기업
목적	간병시설	간병, 식사 등 서비스 가능한 생활시설
대상	65세 이상 요규병3 이상인 자	주로 65세 이상, 자립부터 요지원·간병자
입주상황	중증 및 긴급환자부터 입주, 최장 10년 대기, 대기자 약 40만명	공실 있으면 입주가능
비용	월 약 5만~15만엔	월 약 15~20만엔
건물	오래됐고 다인실 위주	신축이 많고 1인실이 기본
의료케어	의료서비스는 한정, 야간의료대응 및 상시의료대응이 힘듦	24시간 간호직원 배치, 클리닉 병설도 있음. 서비스종류는 다양

인홈은 최소 월 20만엔 이상이다. 정부지원이 있지만 부족하다. 가사대행·시중 등 원하는 서비스를 받자면 별도비용이 상식이다. 또 시설입소는 5년~15년분의 집세를 보증금으로 받고 매월 요금까지 낸다. 최대 1억엔을 웃돈다. 게다가 상각구조로 일부만 반환하는 게 보편적이다.

반면 서비스품질은 글쎄다. 이용불만이 반복된다. 직원퇴근에 맞춰 5시에 저녁식사를 주거나 기저귀를 정해진 시간에만 갈아주는 등 비상식적인 간병이 그렇다. 노동력 부족과 직원의 미성숙 등이 문제다. 간병을 하는 게 아니라 본인이 간병을 받으려는 취업자까지 있다는 우스갯소리도 있다. 불만 중 70%는 요금갈등이다.

한국도 상황이 비슷하다. 어쩌면 이리 비슷하게 일본을 따라가는지 알 수 없을 정도로 유사하다. 당장 공공시설이 부족한데 입소수요가 늘어나는 빈틈을 노린 업체난립이 문제다. 재가서비스를 필두로 요양원·요양병원 등에서의 품질저하 등 서비스문제가 우려할 수준이다. 2008년 노인장기요양보험이 시작되면서 요양급여를 타깃으로 한 노인의료복지시설만 3,000개를 넘기는 수준이다. 다만 전문성과 시설부족은 상시적이다. 불만·불안·불편이 새로운 시장창출의 연결지점이라면 간병수요만큼 유력한 곳도 없다. 치밀한 기업가정신을 발휘한다면 꽤 매력적인 시장일 수밖에 없다.

이와 관련해 최근 〈NHK〉는 '간병졸업'을 키워드로 특집방송을 내보냈다. 노인인구의 질병우려와 활동부재를 엮어낸 3가지 융합모델을 소개했다. 아픈 노인을 건강한 노인이 돌봐주는 매칭모델이다. 다만 이들 사례는 민간공급이 아닌 공공주도라는 점에서 시니어마켓의 시장성장과 직결되지는 않는다. 그럼에도 힌트는 얼마든 얻어낼 수 있다. 가용자원을 동원함으로써 저비용·고효율의 간병수급을 완성할 수 있기 때문이다.

≫ 와코시의 프로그램

사이타마에 위치한 와코和光시의 프로그램이다. 간병필요를 인정받은 노인별로 철저한 자립계획을 수립·지원해 이를 완수하도록 신체기능을 회복시켜주는 모델이다. 간병졸업 프로그램은 심각하지 않은 초기질병을 대상으로 실시 중인데 참가자 중 40%가 종료 이후 졸업식을 가진다. 졸업근거는 자력생활의 가능여부다. 즉 본격적인 간병필요로 넘어가기 전의 경미한 상황에서 체력증진을 돕는다는 점에서 간병예방으로 해석된다. 몸이 망가지기 전 자신의 생활스타일을 최대한 지켜내는 차원이다. 조만간 닥칠 '대大간병시대'의 딜레마를 풀어낼 유력해법으로 관심을 받는 이유다.

와코시는 약 8만 명이 거주하는 도쿄의 베드타운이다. 위성도시답게 노인인구가 많아 시의 재정상황은 꽤 악화됐다. 문제는 향후다. 간병보험의 7단계 인정수준에 포함될 노인인구가 향후 10년에 걸쳐 2배나 늘 것으로 추산된다. 그래서 찾은 해법이 간병졸업 프로그램이다. 지원이 필요한 1~2단계의 경미한 상황일 때 선제적이고 적극적으로 개입해 적어도 간병필요의 5단계로 넘어가지 않도록 하자는 아이디어다. 노인 본인은 물론 재정안정에도 도움이 되는 일석이조의 노림수다.

만족도와 실효성은 높다. 먼저 담당공무원의 개별방문과 청취조사다. 어떤 서비스를 해주면 자립생활이 가능할지 맞춤지원을 위해서다. 획일·일방적인 서비스에 수동적으로 참가하는 게 아니라 수요자가 원하는 서비스에 방점을 찍는다는 게 차별적이다. 지원계획은 매월 2차례 열리는 커뮤니티케어회의에서 재차 확인된다. 공무원과 보험당국만이 아닌 민간전문가까지 참가해 서비스의 적정여부와 시행기간을 체크한다. 과학적이고 객관적인 평가도출이 목적이다. 그 결과를 해당노인에게 보고하고 동의를 얻은 후 본격 지원한다. 일상생활 중 넘어져 보행이 곤란하거나 급격한 체력저하에 직면한 경우가 많다.

간병졸업은 졸업으로 프로그램이 끝나지 않는다. 이후에도 무료 간병예방 프로그램을 만들어 참여를 독려한다. 재차 악화돼 보험지원이 필요해지지 않도록 하기 위함이다. 덕분에 와코시의 간병보험료와 인정비율은 전국평균 이하다. 서비스를 제공하는 사업자(복지법인 등)에게도 동기부여를 제공한다. 간병보험의 구조는 사회가치의 실현이라는 선의를 지닌 사업자에게 정부가 사업을 위탁하는 형태지만, 사업지속을 위한다면 순수성만 강조할 수는 없다. 그래서 갈등이 발생한다. 열심히 치료·자활시켜 건강해지게 하면 역으로 사업자로서는 해당수입이 줄어든다. 서비스는 엉망인 채 수입확보에 연연하는 몰상식한 사업자의 발생유인인 셈이다. 이때 행정이 책임을 갖고 개입해 전달체계를 고칠 수 있다는 게 와코시의 교훈이다. 건강해질수록 보험료가 줄어들면 보험자에게도 유리해진다.

≫ 자원봉사

와코시의 간병졸업 프로그램이 간병수요에 포인트를 맞췄다면, 간병예방을 위한 건강한 노인인구의 자원봉사 사례도 있다. 나가사키의 사자초佐々町는 노인질병 등의 해법을 위한 대응체제로 노인중심의 자원봉사에 포인트를 맞췄다. 간병예방의 역할주체로서 65세 이상의 건강한 노인참가자를 꾸려 이들에게 자원봉사의 장을 제공토록 했다. 이 지역도 노인마을답게 간병보험의 인정비율이 한때 20%를 웃돌았고, 보험료는 인근지역에서 가장 높은 6,000엔대에 육박했다. 이대로라면 지자체의 재정은 끝이 뻔했다.

구원투수는 은퇴노인이다. 행정은 일부 도와주되 간병예방을 위한 기획·주체는 자원봉사에 호응한 은퇴인구에 맡겼다. 주 1회 열리는 남성노인 요리교실을 보자. 강습주체는 여성노인으로 자원봉사자다. 참가자는 요리에 미숙한 할아버지로, 요리교실이 없다면 방치돼 외롭게 살아가는 경우다. 이들은 참가해 영양보충뿐 아니라 교류증진, 건강예방의 다목적 효과를 얻는다. 체조교실도 있다. 참가자의 평균연령은 77세로 최고령은 92세. 강사도 73세의 고령으로 공감대를 나누며 건강증진과 생활자극을 얻는다. 덕분에 이곳의 2014년 간병보험 인정비율은 2010년보다 5%P 낮아졌다(20.8%→15.5%).

≫ 동네 차원의 지역 참여

간병공포를 막고자 동네전체가 나선 모델도 있다. 포인트는 간병예방으로 주민전체가 솔선해 지역과제의 해결책으로서 간병문제에 접근했다. 농촌지역인 미에의 이가伊賀시 사례다. 활동증심은 초등학교별로 설치된 주민자치협의회다. 자치회, 노인회, 민생위원뿐 아니라 주민이면 누구든 참가한다. 기업, NPO, 사회복지법인, 자원봉사조직 등 해결능력을 갖춘 단체와 연계해 간병서비스에 들어가기 직전의 생활지원 니즈를 발굴해 공급한다.

그간 이곳에선 대중교통이 부족해 노인인구의 은둔비율이 높고 인지능력도 덩달아 떨어지는 문제가 자주 제기됐다. 그래서 간병시설의 차가 아침저녁의 송영시간을 빼면 움직이지 않는다는 사실에 주목해, 서비스를 받지 않는 노인도 무료로 슈퍼·병원에 데려다주기 시작했다. 이 밖에 치매가족 간병경험을 갖춘 자원봉사자가 돌아가며 치매노인을 맡기도 한다.

≫ 민영간병보험

간병공포를 막으려는 보편적인 접근법 중 우선순위는 민영간병보험이다. 자조노력으로 민영간병보험에 들어두자는 움직임이다. 간병지출비의 확대불안에 대응하는 차원에서 생보사가 판매하는 독자적인 간병전문상품이다. 이는 소정의 간병필요 상태가 됐을 때 현금을 받는 상품이다. 대부분 서비스를 제공하는 공적제도와 차별적이다. 목적에 따라 자유롭게 쓸 수 있다는 얘기다.

급부내용은 일시금과 연금은 물론 둘의 병용타입이 일반적이다. 가입방법은 크게 3가지다. 종신보험에 간병특약을 부가하거나 주계약으로 간병보험에 가입하는 경우, 또 종신보험 등의 보험료 납부만료 시점에 간병보장으로 이행하는 방법이 있다. 보장내용은 침대생활(臥床)과 치매 등은 기본이며 공적보험의 간병인정 정도에 따른다. 일정기간·연령까지만 보장하는 것부터 종신보장까지 다양하다. 가입조건은 20세 이상이다.

일본업계의 마케팅 열의는 뜨겁다. 보유계약고의 감소 등 시장침체가 우려되는 가운데 간병수요 증가세를 감안하면 드물게 시장성장이 예상되는 실버품목이기에 판매경쟁이 치열하다. 다만 초기시장답게 아직은 상품라인업을 만드는 단계다.

　메이지야스다明治安田생명의 '카이고노사사에(介護のささえ)'는 7단계의 정부인정 중 간병필요도가 비교적 높은 '요간병3' 이상일 때 평생 지급하는 종신연금을 메인상품으로 내놨다. 자택간병이면 공적제도의 지급한도액을 넘는 서비스이용에 도움이 된다. 일시금으로 자택의 손잡이 설치 등 개수경비와 시설입소 때의 보증금 등을 충당할 수 있다. 대신 사망보험금은 종신연금의 1년~5년분으로 줄였다. 자녀독립 이후 사망보험을 바꿔보려는 50대 가입이 많은 것으로 알려졌다.

　히마와리(ひまわり)생명은 사망보장의 종신보험에 간병비의 선지급 특약을 설정해 불안감을 낮췄다. 계약자가 65세 이상이고 보험료 불입기간 종료 후에 '요간병4' 이상의 중증상태에 빠지면 사망보험금 전액 혹은 일부를 청구할 수 있다. 하나의 종신보험에 다양한 노후위험을 대비하는 기능을 강화하려는 차원이다.

4
전용주택 : 나에게 꼭 맞는 안식처 찾기

시니어를 위한 맞춤 공간이 필요하다

늙으면 특별한 맞춤공간이 필요하다. 질병·노환 등 각종 신체한계로, 현역시절 살던 일반주택은 여러모로 불편해지게 마련이다. 좀 고쳐보고 정 안 되면 옮겨보기도 하지만 힘들긴 매한가지다. 삶의 마지막을 보낼 최적둥지를 찾기가 만만찮다는 얘기다. 실제 노인고민의 상당부분이 거주이슈다. 장수대국 일본에선 엄연한 현실문제다. 고령화비율이 25%를 넘겼고 빈집비율이 14%에 달하는 등 고령자와 주거의 맞춤셈법을 찾을 필요가 급증했다. 관련업계의 주목과 관심도 높다.

고무적인 건 미래수요다. 고령사회답게 노인비중은 급증추세다. 2015년부터 제1차 베이비부머(단카이세대, 1947~49년생 800만명)가 65세 정년연장마저 끝남으로써 은퇴집단으로 가세하는 것도 기대변수다. 한국으로 치자면 1955~63년 출생 베이비부머의 선배인 1955년생이 2020년이면

65세에 진입한다. 이렇듯 고령비율은 단기간에 급증할 수밖에 없다. 수요증가다. 무엇보다 홀로 사는 노인이 문제다. 건강할 때야 자립생활이 가능해도 건강악화가 시작되면 1인 생활은 힘겨워진다. 고립 후 사망하는 고독사의 공포확대다. 이런 불편과 불안을 없애줄 거주공간이 간절해질 수밖에 없다.

새로운 주거 형태인 '서비스부가고령자주택'

가려운 곳을 긁어주는 대안공간이면 미래수요는 밝다. 물론 이미 고령자전용주택은 수두룩하다. 일찌감치 수요단계별로 전용공간이 마련됐다. 서비스종류, 시설규모 등에 따라 가격은 천차만별이고, 운영주체도 민간부터 공공까지 아우른다. 포인트는 노인특유의 생활수요를 커버해주는 서비스내용과 가격수준이다. 지금껏 전용주택은 품질과 가격별로 선택폭이 한정된 상태였다. 좋으면 비싸고 싸면 별로였다. 이 미스매치를 메울 새로운 대안모델이 최근 관심집중이다. '서비스부가고령자주택'이다.

서비스부가고령자주택은 높은 시장성에 고무돼 많은 기업·업계가 앞다퉈 출사표를 던지는 사업모델이다. 영리조직뿐 아니라 정부와 지자체의 동참열기도 뜨겁다. 수도 도쿄는 2014년 8월 의료·간병연동형 서비스부가고령자주택 모델사업(13~14호)의 운영을 시작했다. 노하우를 보유한 이종업체의 합종연횡으로 이 시장에 진출하려는 흐름도 목격된다. 2014년 6월 간병시설 전문건설사인 ㈜파나홈과 3,000명의 간병전문가를 확보한 중소기업복지사업단은 업무제휴를 통해 시너지를 내는 데 합의했다. 학계와 업계 주최의 관련세미나는 일상적이다. 우수모델을 뽑는 전국대회도 최근 개최됐다.

서비스부가고령자주택은 고령자에게 필요한 서비스가 부가된 임대주택이다. 간병 등 일상생활의 불안감을 해소해주는 장치를 마련한 게 공통특징이다. 이는 과거 우후죽순으로 난립한 각종 주거공간을 통일한 형태다. 정부가 영역구분이 애매했던 '고령자원활입주임대주택', '고령자전용임대주택', '고령자형우량임대주택' 등 3개 시설을 폐지하고 일체화한 결과다. 시장이 서비스부가고령자주택으로 재편된다고 보는 이유다.

덕분에 하드웨어 측면의 설립기준과 제공서비스 등은 명확해졌다. 원칙적으로 $25m^2$ 이상(일부 조건은 $18m^2$)에 장벽해소(Barrier Free, 단차 없는 마루를 비롯해 손잡이 설치와 휠체어 이동가능 등) 건축조건이 의무화됐다. 제공서비스의 최저기준은 안부확인과 생활상담이다. 이는 사실상 필수서비스다. 일과 중에는 간병복지사와 도우미Home Helper 등 케어전문가가 상주해야 한다. 안심장치는 더 있다. 지방공공단체의 등록과 지도·감독이 부가된다. 들쑥날쑥한 최저조건을 명문화함으로써 서비스의 질을 높이려는 차원이다. 그럼에도 서비스부가고령자주택은 복지시설이 아닌, 엄연한 임대주택이다. 사업자에 적잖은 자유가 허용된다. 최저조건에 머물러도 되고 다양한 추가서비스를 붙여도 된다. 수요측면에서는 눈높이에 맞춘 선택지의 확대다.

서비스부가고령자주택의 부각배경은 자연스럽다. 기존한계를 극복한 새로운 주거형태인 까닭이다. 간병과 생활이 결부된 전용주택 중 익숙한 건 특별양호노인홈이다. 공공시설로 가장 대중화됐지만 문제는 시설 부족이다. 확충확률은 낮다. 재정압박을 피하고자 아베내각이 간병정책을 '시설에서 재택으로(고비용→저비용)' 전환할 만큼 비용압박이 상당하다. 저비용·고효율의 전문화된 간병시설답게 2~3년 입소대기(2013년 52만명)마저 흔하다. 프라이버시를 지킬 수 없다는 태생한계도 있다.

틈새를 노린 게 민간시설이다. 공공시설보다 비싸지만 맞춤선택이 가능해 인기다. 그 선두주자가 '양질서비스+프라이버시'를 강조한 서비스부가고령자주택이다. 이는 민간시설의 다른 한 축인 '유료노인홈'과 구분된다. 유료노인홈은 간병 등 신체한계에 포커스를 맞춘 임대주택이다. 주택형과 간병부가형이 있는데, 기본적으로 충실한 간병서비스가 붙어 입주·이용비가 높다. 가령 치매대응이 가능한 경우 수백만엔에서 천만엔 단위의 거액일시금이 필요할 뿐 아니라 도심부의 경우 월비용만 30만엔에 달한다.

반면 서비스부가고령자주택은 건강한 일상생활이 전제된 자택감각이 더 지배적이다. 간병서비스는 필요할 때 선택적으로 제공되기에 입주 때 내야 할 일시금 부담이 낮다. 월비용은 대략 15만~25만엔대다. 가격메리트가 상당하다. 치매환자라도 상주도우미가 있어 배설처리 등 기본서비스는 받을 수 있다. 추가적인 간병서비스는 외부의 간병사업자와 계약해 별도로 받으면 된다. 비용은 임대료, 공익(공용관리)비, 관리비, 식비, 기타잡비다. 제공서비스의 품질여하에 따라 달라진다. 이곳에서도 민간이 아닌 정부의 간병보험서비스를 받으면 비용의 10%만 내면 된다.

입주는 단신고령자 혹은 고령부부에 한정된다. 입주기간은 자유롭고 퇴거는 원할 때 가능하다. 유료노인홈처럼 방을 옮겨 다닐 번거로움은 없다. 입주일시금이 없지만 약간의 보증금은 요구될 수 있다. 다만 프라이버시를 지킨다지만 완벽하지는 않다. 방은 독립적이지만 부엌과 욕조 등의 공동이용도 적잖다. 또 저비용인 대신 입지조건이 나쁘거나 고령자 전용의 시설설비가 충실하지 못한 경우도 있다. 더불어 간병중시의 유료노인홈 등은 대부분 외출제한 등 엄격한 관리체제에 놓이지만 이곳은 독립생활이 가능하다. 그럼에도 생활편의와 보호서비스 등 안심장치는 보장된다.

사업자로서도 매력적이다. 먼저 보조금이 짭짤하다. 정부가 공급촉진을 위해 주택 및 시설의 건설·개조비용을 보조해준다. 민간업체든 NPO(비영리활동법인)든 직접보조다. 100만엔의 국비상한을 전제로 건설

↓ 서비스부가 고령자주택과 유료 노인홈의 비교

	서비스부가고령자주택	유료노인홈
계약형태	임대차계약 혹은 이용권방식	이용권방식
감독관청	국교성, 후생성 공통관리	후생성
입주비용	보증금(저액, 원칙상 퇴거 때 반환)	입주일시금(고액, 입주 때 20~30%가 상각, 잔액은 선불임대료로 수년간 상각, 퇴거 때 환불금액 체감)
월비용	임대·공익(공용)비; 약 10~30만엔	월이용료; 약 15~30만엔
이용대상자	60세 이상 고령자	60세 이상 자립고령자, 65세 이상 요간병인정자
생활감각	프라이버스 중시	공동주택 감각
간병서비스	외부서비스 이용	가능
식사서비스	가능	가능

- 자료: サ高住.com

비(10분의 1), 개조비(3분의 1)로 나뉜다. 조건은 붙는다. 10년 이상 등록할 것, 임대료가 근접한 동류시설과 비슷할 것, 임대료는 선불징수만 요구하지 말 것 등이다. 입주자의 권리보호 차원이다. 이 밖에 경감조치 등 세제혜택도 있다. 한계도 있다. 현행제도로는 사업기반이 우호적이지만 언제든 바뀔 수 있다는 리스크의 존재다. 완공 후 계약이 체결되기에 자금순환에 위험이 있고, 무엇보다 입주비용을 시장가격에 맞춰 산정해야 한다는 조건도 부담스럽다.

그렇다고 이 모델이 만능일 수는 없다. 틈새에 주목했다지만 한계가 우려스럽다. 가령 건강한 입주자라면 간병서비스를 받을 필요가 없지만 시설운영자는 간병제공을 위한 최소인원·시설의 보유의무가 붙는다. 비용전가 및 경영압박의 우려다. 경영자로선 수지타산을 위해 요간병자만 우선해 뽑으려는 유인이 발생해 애초 취지에서 벗어날 수 있다. 간병인력 부족도 품질저하의 원인이다. 베이비부머가 유병연령(75세)에 도달하는 2025년 250만명의 노동공급이 필요한데 현재인력은 150만명이다. 처우개선·경력확립·노동재해 등이 해결과제다. 그럼에도 공급은 과부족상태다. 2014년 5월 말 등록건수는 15만호 수준이다. 정부목표는 2025년까지 100만호 공급이다.

5
사후준비 : 웰다잉을 위하여

조금이라도 건강할 때 마지막을 준비하라

'건강할 때 죽음을 준비하자!'

죽음은 당연지사다. 회피불능의 영역으로 누구나 맞는 엄연한 실존사건이다. 슬픔과 눈물이 교차하겠지만 어쩔 수 없다. 준비된 떠남으로 인생최후를 마무리할 때 그나마 행복을 떠올릴 수 있다. 급작스럽고 황망하며 괴로운 떠남은 삶의 완성일 수 없다. 어떤 죽음인들 슬프고 괴롭지 않을까마는 적어도 이를 준비하며 다독이고 품을 수 있다면 이것만으로도 그 선택은 옳다. 사후준비다.

떠남에는 준비가 필요하다. 그래야 후회·허무·여한 없이 마지막에 다가선다. 동시에 죽음준비는 주변인을 위한 마지막 예의다. 남은 자는 떠난 자보다 더 괴롭다. 황망한 작별은 남겨진 이들에게 또 다른 상처다.

그럼에도 한국사회의 죽음준비는 설익은 주제이자 피하고픈 이슈다. 죽음은 그래서 터부이자 금기어다. 인생 100세 시대, 길어진 노후만큼 성실한 죽음준비가 절실하다. 이젠 죽음을 의연하고 건강하게 받아들일 때다. 삶의 질만큼 죽음의 질을 공개적으로 논의하고 준비할 때다.

장수사회답게 죽음은 일상적이다. 아슬아슬한 삶의 고비도 어느 때보다 많아졌다. 떠남이 무차별적으로 확산되는 위기시대라는 뜻이다. 필요한 건 떠남을 둘러싼 인식변화다. 죽음이 어둡고 부정적일 이유는 없다. 더불어 죽음은 삶의 영역에도 걸쳐진다. 죽음을 떠올릴 때 겸손과 배려가 생겨난다. 이해하고 용서하고 끄덕일 수 있는 여유의 획득이다. 죽음준비에서 비로소 풍요롭고 안정적인 삶의 힌트가 주어지는 법이다.

죽음은 고령사회의 중요한 고민거리다. 황망한 죽음에서 결별하고자 생전에 차근차근 본인사후를 대비하려는 수요가 꾸준한 증가세다. 무병장수를 찾아 떠나는 건강모색과 함께 그 이후의 사후준비와 관련된 각종수요는 시니어마켓의 아랫부분을 담당하는, 꽤 포괄적이고 광범위한 사업영역이다. 정리하고픈 우선순위와 가치관이 다종다양하듯 세부종류는 많다. 대체적으로는 유언장을 통한 인생정리와 이와 관련된 재산상속, 그리고 본인의 사후공간이 될 장례·묘지 준비 등이 대표적이다.

일본에서 유행한 '종활 비즈니스'

일본은 비교적 죽음에 익숙하다. 주택가에 공동묘지가 있으니 삶과 죽음의 구분이 한국처럼 뚜렷하지 않다. 물론 피하고픈 단어이긴 매한가지다. 그럼에도 죽음은 최근 고령화·도시화·빈곤화의 상황변화 앞에서 완벽히 해체된다. 늘어난 평균수명과 불안한 노후생활이 일본사회의 죽음준비를 눈앞의 생활이슈로 현실화한 결과다. 일본인 넷 중 한 명이 고령인구(65세↑)이니 죽음은 일상적이다.

이런 분위기를 종합한 유행어까지 나왔다. '종활(終活: 슈카츠)'이다. 2012년 신조어로 등장한 후 일약 그해 유행어 톱10에 들었다. 일본사회가 인생최후는 본인 의지대로 스스로 준비하자는 제안에 동의한 것이다. 이로써 죽음준비는 중·고령인구의 필수과제로 등장했다. 유명 방송인이 생전에 본인의 장례식·묘 등을 준비해둔 것도 화제였다. 이를 통해 죽음을 적극·긍정적인 의미로 받아들이는 이가 급증했다.

슈카츠는 크게 3가지다. △마지막 스스로 준비하기 △물건·재산 물려주기 △생각·추억 남겨두기 등이다. 본인의 최후준비는 장례형태의 결정, 장의업체 사전선택, 연명치료 희망여부 등이 포함된다. 생애최후의 행사준비다. 실질적이고 품이 많이 드는 건 유산 등 물질적인 양도과제다. 최근 관련한 비즈니스가 성황 중이다. 마지막은 가족과 후세를 위해 생각과 가르침을 남겨놓는 것이다. 소중한 사람에게 추억거리를 만들어주는 것도 해당된다. 이런 죽음준비의 최종목적은 지금을 보다 잘 살기 위함이다.

≫ 유언장

먼저 사후준비의 단골항목은 유언장이다. 경쟁격화로 삶의 피로·한계가 심화되면서 진지한 인생고찰이 제기된 흐름과 일맥상통이다. 장수사회라면 유언장 붐은 포괄적이다. 유언장은 40대가 주도한다. 중년의 죽음준비다. 전반과 후반 사이에서 과거평가·미래계획을 고민하기에 제격인 까닭이다. 유언장을 통해 가족관계와 가치관·지향점 등의 효과적인 재검토가 가능하다. 실제 "유언장을 쓴 뒤 인생가치가 달라졌다"라는 후기가 많다. 바쁜 일상의 한계를 벗어나 차분·신중하게 사고하는 기회로 제격이란 평가다.

유언장 작성은 일부만의 전유물이 아니다. 40대로 주도권이 내려왔다는 건 작성의지가 확대됐다는 의미다. 붐의 일등공신은 책자형태로 만들어진 유언장 키트다. 문구회사 '고쿠요'의 제품으로, 애초 연 2만개 판매목표를 세웠는데 4개월 만에 초과달성했다. 전문가에게 맡기기보다 스스로 써보려는 수요가 많다는 데 착안해서 대히트를 쳤다. 생존가족의 불안감을 희석하려는 동기도 덧붙여졌다. 키트엔 봉투·용지 등 유언장 작성에 필요한 걸 전부 넣었다. 작성 안내책자도 포함됐다. 즉시실행이 가능한 게 주효했다. 위·변조를 막고자 복사가 불가능한 안전장치까지 덧붙였다. 봉투는 한번 열면 다시 못 붙인다. 유언장에 들어가는 권유내용은 △본인역사와 미래연표 △소중한 우선순위(사람·물건·가치 등) △자산항목 △상속내용 △기부대상(원할 때) 등이다.

원래 일본에선 죽음, 유언 등은 소수관심사였다. 한국도 매한가지다. 다만 일본사례를 통해 볼 때 한국에서도 유언장 작성빈도가 확대될 것으로 보인다. 유언장을 미루게 했던 한계인 △상속재산의 과세라인(상속세 신고불필요가 대부분) △법정상속인은 가족인식(자동승계) △죽음의 터부문화 등의 재검토가 일어나서다. 당장 중년의 위기고조가 구체적이다. 비혼非婚 독신자와 사실혼 부부의 증가세도 유언필요를 독촉한다. 이들은 사후수속이 거대공포다. 죽어도 죽지 못하는 무연·고독사로의 전락

염려, 옅어진 가족관계로 자녀불화의 우려도 작성배경이다. 상속갈등이 대표적이다. 실제 상속갈등은 급증세다. 무연사회와 상속분쟁의 비례관계다. 거대한 상속재산을 둘러싼 갈등고조다.

유언수요가 늘면서 관련된 각종서비스도 증가세다. 유언투어가 일단 재미나다. 유언투어는 온천여행을 주선해 한적한 장소에서 유언장을 쓸 환경을 제공하는 서비스다. 일상생활에서 벗어나 본인인생을 뒤돌아보는 시간제공은 물론 구체적인 작성방법까지 알려준다. 주로 법률사무소와 여행사가 제휴·기획한다. 참가비(2박3일)가 10만엔을 웃도는 고액이지만 만족도가 높다. 비슷한 처지의 사람들이 모여 유언정보와 인생정리를 교감하는 사이트도 늘었다. 일종의 카페형태로 구성되는데 오프라인에서의 정기회합도 잦다.

≫ 엔딩노트

유언장뿐만이 아니다. 유언장은 이제 '엔딩노트Ending Note'로 영향력을 확대한다. 엔딩노트란 삶의 마지막 메시지다. 유서, 유언, 비망록 등과 같은 의미다. 재산상속 등 법률관계의 정리 격인 유언장은 엔딩노트의 일부다. 법률조항 외에도 남기고픈 감성적이고 교훈적인 메시지를 포함해서 완성한다. 엔딩노트는 많은 장점을 갖는다. 무엇보다 본인이 떠난 후의 중요한 추억박스다. 가족·친지에게 생의 값진 의미와 지혜를 가르치고 유지하는 일종의 저장장치다.

화제영화인 『엔딩노트』의 히트배경이다. 후기는 이구동성 눈물바다다. 한국에도 개봉돼 상당한 반향을 불러일으켰다. 다큐멘터리 스타일로, 시한부 선고를 받은 아버지의 마지막을 담담히 그려냈다. 죽음을 따뜻하고 유쾌한 분위기로 엮어 화제를 낳았다. 주인공은 막내딸 감독이 직접 찍은 그녀의 아버지다. 아버지 영전에 바치는 딸의 작별인사이자 사부思父곡이다. "죽는 건 안 무서운데 혼자 남을 아내가 걱정"이라던 주인공이 위암말기 선고 직후 한 첫 일이 엔딩노트 작성이다. 죽기 전 하고 싶은 10가지 희망사항이 내용이다. 그래서 버킷리스트다. 또 결국엔 모두 이뤄낸다. 남겨진 가족도 떠나는 아버지의 뜻대로 웃으며 그를 마중한다. 건강하고 건전한 이별작업이다.

이후 미리 써보는 엔딩노트는 많은 이들의 공감대를 이뤄냈다. 연령과 건강여부에 상관없이 평소에 준비해두자는 식이다. 관련안내서를 보면 엔딩노트는 미리미리 준비할수록 좋다. 적어도 1년에 1~2회는 엔딩노트의 날로 정해 인생정리를 하자고 권한다. 반드시 엄숙할 필요는 없다. 농담도 좋고 우스갯소리도 괜찮으며 때론 퍼즐문제처럼 복잡해도 괜찮다. 준비자체가 본인을 남기는 방법이기 때문이다.

여세를 몰아 최근엔 시리즈 2탄이 발매됐다. 사후가 아닌 생전에 포커스를 맞춘 기획이다. 엔딩노트 붐은 유언장을 넘어서는 인기추세다. 1탄인 유언장의 확대시도로 '만약의 때'를 대비한 비망록이다. 부담스러운 유언보단 본인의 주요정보를 1권의 책에 가볍게 집약해보자는 시도다. 대상고객은 연령불문이지만 일단은 젊은이 눈높이에 맞췄다. 때문에 지금까지 살아온 삶을 반추하는 데 의미를 둔다. 등시에 버킷리스트처럼 후회하지 않기 위한 마음잡기 차원에서 청년그룹의 지지를 얻었다. 회사는 "지금까지의 본인정보를 정리하거나 혹은 청년세대의 후회 없는 인생경로를 제안해주고자 기획됐다"고 했다.

≫ 유산 상속

유언장이든 엔딩노트든 빠질 수 없는 게 유산상속의 이슈다. 잘 사는 것만큼 잘 끝내는 게 중요한 법이다. 무난한 상속완성이야말로 가족행복의 지름길이 아니던가. 부자노인이 많아 일본의 상속시장은 규모가 크다. 50조엔대에 달한다. 2020년 140조엔에 육박할 것이란 추정도 있다(노무라자본시장연구소). 이 거액자산이 자녀세대로 이전된다는 점에서 관심집중이다. 거액자산의 주인교체다. 상속과 관련한 소비니즈는 이후의 8장 3단계 관계Relation에서 더 자세하게 다루므로, 여기서는 상품위주로 간단히 살펴본다.

상속의지는 높다. 신고가 불필요한 경우까지 합하면 상당한 인구가 상속혜택을 입는다. 상속규모가 큰 만큼 관련분쟁은 증가세다. 가정재판소

▼ 상속시장의 추이

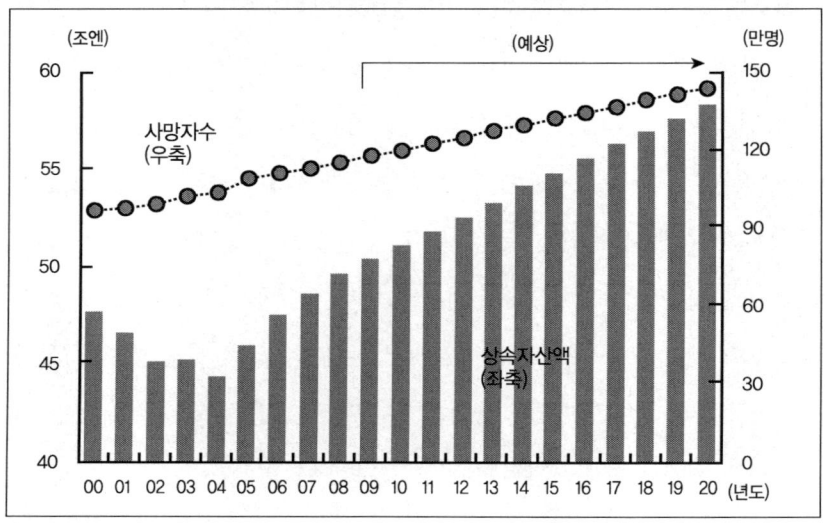

- 자료: 닛세이기초연구소

에 제기되는 상속트러블(재판건수)은 연 16만건에 육박한다(2013년). 자녀세대의 생활압박이 커진 최근 10년 새 2배나 늘었다. 분할이 힘든 부동산 등의 현금화와 관련된 형제자매의 의견대립이 많다. 특히 평범한 중산층 이하에서도 자주 발생한다.

상속규모와 유산분쟁은 새로운 거대시장을 낳는다. 금융권의 상속재산 운영대행이 대표적인데 상속세의 경감대책과 신고대행 등이 포함된다. 가업이 있다면 사업승계 · 양도대책을 조언하는 회사도 많다. 상속재산의 상당부분이 부동산이라 이를 활용하는 정보제공업도 인기다. 상속업무에 납세 · 분할문제가 빠지지 않아 변호사 · 회계사 등 전문가와의 업계제휴도 일반적이다. 상속비즈니스의 실제범주는 더 광범위하다. 고인의사를 따르면서 유족불만을 중재하는 사업거리도 많다. 경쟁은 심화된다. 주요은행은 유언장 집행 등을 대신하는 유언신탁과 함께 상속에 관한 상품 · 서비스 강화에 부쩍 관심을 갖는 추세다.

와중에 사업모델로 뜬 게 '유언대용신탁'이다. 위탁자가 생존 중에는 본인을 수익자로, 사망 후엔 가족을 수익자로 설계한 신탁이다. 사망 등 본인의 재산관리가 힘들어질 걸 대비해 생전에 피상속인을 설정하는 구조다. 상속세 경감대책과 신고대행 등을 포함, 유언장 작성 · 보관 대행까지 포괄하는 유언신탁 · 유산정리다. 수수료 수입은 물론 유산상담을 계기로 자녀세대까지 고객흡수가 가능해 경쟁이 치열하다. 상속재산을 대상으로 한 금융상품과 자산운용 등의 라인업은 확대추세다. 생전증여도 한 흐름이다. 유언대용신탁의 신규수탁은 2010년 44건에서 2014년 10만건을 가볍게 넘어섰다.

주역은 50대다. 상속에의 관심이유는 건강불안(66%)과 상속갈등의 경

▼ 유언대용신탁의 수탁건수 추이

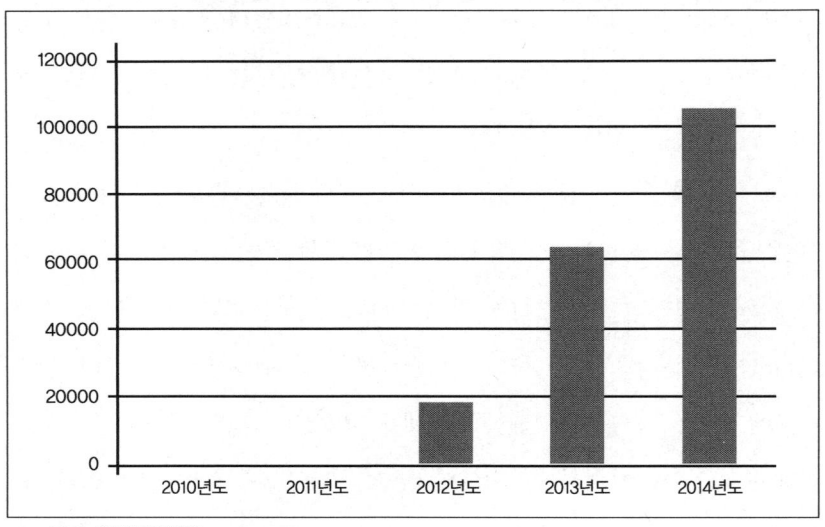

- 자료: 일본신탁협회

험(25%)이 크다(미츠비시UFJ신탁은행). 그럼에도 50대의 유언장 작성 및 자산승계 준비여부는 미미하다. 반면 이들 50대의 생활상황은 상속준비를 서두르도록 강요한다. 50대의 사고·자살 등 급사확률이 12%에 달한다. 50~54세라면 21%다(후생성). 50대에게서 치매가 자주 발병한다는 연구결과도 상속준비에 힘을 싣는다.

선두주자는 미츠비시UFJ신탁은행이다. '아주(ずっと)안심신탁'은 수탁자가 본인상황에 맞춰 생활자금을 계획적으로 받을 수 있고, 사망 후엔 상속인·상속액 결정 때까지 동결되는 은행계좌와 달리 손쉽게 유족에게 자금이 넘어가는 게 장점이다. 상속 이후 생활자금을 유족이 계속해 받을 수도 있다. 원본보장이 되는 예금보험제도 대상상품으로 관리보수는 무료다. 200만엔부터 가입돼 문턱도 많이 낮췄다.

유연성도 갖췄다. 본인용과 가족용으로 나눠 일시금 혹은 정시정액$_{定時定額}$을 섞어 설계할 수 있다. 신탁금액을 2,000만엔이라고 하면 본인용 1,300만엔과 사망 때 가족일시금 200만엔, 그리고 가족이 생활자금으로 계속 받도록 500만엔 등으로 설정할 수 있다. 연금지급이 격월제라는 점에서 수탁자는 대개 2개월에 1회씩 본인용(1,300만엔) 계좌에서 생활비 부족분을 받는다. 본인계좌는 상속발생 시점에 잔금이 있으면 유족에게 나눠준다. 가족일시금으로 장례비용을 쓰면 가족부담도 줄어든다.

≫ 장례 및 묘지

재산정리까지 일단락을 했다면 본격적인 사후준비다. 장례식을 포함한 본인묘지 등의 사전적인 선택의지가 이때 발현된다. 물론 죽음은 여전히 터부단어다. 특별한 사유가 없는 한 스스로 본인의 사후공간을 미리 계약하는 경우는 드물다. 장례비 부담을 덜고자 생전에 상조회사의 장의프로그램을 선택·납부하는 사람이 늘었지만, 납골당을 포함한 최후공간까지 챙긴 사례는 희박하다. 이는 일본과는 좀 구분되는 현상이다. 일본에선 장례비가 워낙 비싸(1인당 평균 500만엔) 생전에 준비하는 중장년인구가 적잖다. 무덤광고마저 흔하다. 부동산 광고처럼 역세권을 자랑하며 '인생 마지막 집' 구매를 강조한다.

특이한 건 사전선택 공동묘지다. 같이 묻힐 것을 전제로 교류를 쌓자는 취지다. 사후묘지가 염려되는 독신여성을 모아 매년 묘지에서 가든파티를 열어준다. 서클활동처럼 즐겁게 사후준비를 하자는 취지다. 의외로 희망자가 쇄도한다. 묘지투어도 있다. 연휴 때 본인 묘를 직접 보고 선택하라는 취지다. 패키지로 묶어 후보물건을 탐색하는 프로그램이 그렇다.

본인상황에 맞춘 눈높이 묘지를 고르라는 의미다. 경기침체를 반영한 맞춤형 묘지분양이 인기다. 생전장례도 특이하다. 친지·지인을 모아 이별행사를 갖는 식이다. 환갑 때 1회, 70세 때 2회 등의 식으로 반복하는 형태다. 장례불안의 희석의도다.

이유는 무연묘의 공포로부터 벗어나기 위해서다. 후손단절과 관계약화로 묘를 관리하는 문화자체가 희박해져서다. 부모장례·제사까지 챙길 여력도 없어졌다. 비혼·이혼증가로 독신가구가 늘어난 것도 관련이 있다. 묘지형태는 다양화된다. 승계자가 불필요한 절·묘지관리자의 대행공양묘지는 물론 벽묘지, 합장묘지, 납골당 등 다양하다. 자연으로 돌아가는 수목장·산골장도 증가세다. 일반적인 것은 공동납골당이다. 유골을 넣는 로커형태의 수장고에 모시는 경우다. 공동묘도 선택지다. 남이지만 생전에 미리 인간관계를 쌓아 함께 묻힘으로써 비용을 줄이려는 차원이다.

장례식은 허례허식 대신 실리지향으로 귀결된다. 작은 장례식이다. 소비자로선 필수소비의 금전피로를 풀고, 틈새업자는 새로운 시장장악이란 노림수가 일치했다. 인륜대사를 내세워 울며 겨자 먹기로 완성된 공고한 독과점구조가 깨지는 순간이다. 당연히 인식변화가 한몫했다. 빚까지 내가며 망자를 보낼 필요가 있을지 냉엄해진 저성장의 현실과 타협한 덕분이다. 덕분에 장의문화는 다양화의 카드를 확보했다. 장의순서 중 일부를 생략하거나 묘지도 금액·가족사정별로 선택지를 넓혔다.

최근 장례유행을 주도하는 작은 장례식은 인터넷에서 판매되는 저가 정액의 장의시스템을 뜻한다. 대표주자는 2006년 창업한 '유니퀘스트온

라인'이다. 황망한 틈을 타 관행처럼 요구되는 추가요금을 없앤 명확한 비용청구서가 장점이다. 동시에 저가실현의 유력수단인 철야기원을 생략한 대담한 상품기획력도 화제다. 즉 장례식장과 문상인원에 맞게 장의비용을 자동으로 견적해주는 소프트웨어를 개발, 고객의 정보입력 후 장의사가 비용을 제안해 서로 연결되는 구조다. 일종의 역경매다. 제안된 가격순서대로 장의사 명단이 확인돼 부담 없이 업자를 고를 수 있다.

다만 고민거리가 생겨났다. 검색결과를 보면 동일서비스인데 공급자간 가격차이가 과도한 일이 발생한다. 결국 어느 장의사를 택해야 하느냐는 고객문의의 증가로 이어졌다. 회사는 이를 받아들여 추가적인 아이템을 발굴해냈다. 가격격차 원인이 장례식장 대여비용과 공물(관·수의 등)값 때문으로 확인되면서 이를 공정가격으로 추산해 정액상품을 탄생시킨 것이다. 관련한 도매시장의 가격조사 결과를 반영해 이 회사만의 '작은 장례식'이란 상품명이자 새로운 문화를 제안한 셈이다. 인터넷에서 판매한 후 제휴한 장의사에 위탁해 장의를 대행해주는 업계최초의 비즈니스 모델구축이다.

상품은 다양하다. 인기가 높은 건 철야기원, 고별식, 화장을 세트로 묶은 표준상품인 '작은 가족장(49만3,000엔)'이다. 할 건 다 하되 저가를 실현해 비교적 무난하다는 평가다. 같은 내용이지만 참배인원이 늘어날 경우 100명까지 커버하는 상품(64만3,000엔)도 있다. 혹은 부담스러운 철야기원을 생략한 '작은 하루장(34만3,000엔)'이나 화장만 도와주는 '작은 화장식(19만3,000엔)'도 판매 중이다. 최대장점은 역시 저가 메리트다. 시장판매의 유사내용 상품보다 절반 혹은 3분의 1 이상 싼 가격이다. 무엇보다 사전협약의 옵션메뉴를 빼면 추가요금이 없다는 게 매력적이다. 40~60대 고객문의가 많은데 역시 가격만족도가 가장 높다. 처음 팔린 2009년 5,000건이던 판매실적이 2013년 1만4,000건까지 늘었다.

사후정리는 무연無緣사업이라는 독특한 아이템을 낳는다. 다양한 독신대상 비즈니스와 그들의 수요를 읽어낸 상품개발이 대표적이다. 사후 주변정리와 유품정리·화장 등을 전문으로 하는 특수청소업이 여기에 해당한다. 전국에 수백 개 회사가 성업 중이다. 〈NHK〉에 따르면 특수청소회사와 NPO법인 등이 최근 급증했다. 고독사에 대응하려는 지자체의 의뢰수요도 증가세다. 공동묘지와 대화파트너(유료전화), 보증대행 등의 사업도 번성 중이다. 고독사 후 유품정리·청소대행을 해주는 '키퍼즈'라는 회사는 경쟁격화에도 불구, 연간 1,500건 이상 처리한다. 요금은 건당 25만~30만엔대다. 무연의 단신노인이 많은 고령자시설엔 묘지알선 등 사후준비 광고가 수두룩하다.

2011년엔 송골送骨서비스도 나왔다. 유골을 우편박스에 넣어 납골시설에 보내면 알아서 뒤처리(?)를 해주는 사업이다. 어느 절이 시작한 사업아이템인데 5만5,000엔으로 50년간 납골당에 모셔준다. 입소문이 난 지 채 2~3년도 못 돼 상당한 고객의뢰가 있었다고 알려진다. 천문학적인 묘지관리비를 감안할 때 저렴할 뿐 아니라 굳이 고인과 연결되기 싫어하는 고객이 많다는 후문이다. 물론 비난이 적잖다. 다만 무연추세 탓에 사체인수를 거부하는 가족·친족에 비하면 그나마 좀 낫다는 게 위안거리(?)다.

≫ 기억 은행

좀 긍정적인 사후준비로는 생각·추억을 남기는 아이디어가 있다. 노인의 재평가와 관련해 장기·누적된 지혜·경험·기술 등을 존중·대우하는 차원에서 기억을 정리해 후대가 활용하자는 차원이다. 이른바 '지혜주머니'로서의 인식변화다. 엔딩노트 등과는 구분된다. 개인차원을 넘어 그들의 기억을 사회적으로 활용할 수 있어서다. 엔딩노트가 개별노인의 자발적인 시도라면, 기억정리는 외부에서의 의뢰행위다. 노인의 지혜를 사회재산으로 후세에 남기자는 대표활동은 '기억의 은행(메모리)'이 있다.

주변의 고령자를 인터뷰해 그들의 '옛날얘기'를 기록·공유하는 프로젝트로 최근 사회적 반향이 크다. 주로 1940년 전에 출생한 전전(戰前)세대가 기록대상이다. 이들의 기억에 남은 과거역사와 생활·연애·유행 등 서민스토리가 메인줄거리다. 누구든 기록한 걸 공유할 수 있어 확산속도가 빠르다. 내용과 형식은 무제한이다. 체험담은 주로 비디오촬영·온라인공개를 통해 공유된다. 2010년 공식사이트 오픈 이후 평범하지만 특별한 개별인생을 기록한 동영상이 끝없이 투고된다. 개별인생이지만 모이면 일본사회의 발전역사로 완성된다. 기억은 편당 5분 전후로 찍힌다. 카테고리는 직장(일)·장소·교육·역사·사회·생활·음식 등이다. 다운로드 최다기록은 '전쟁 중의 식사추억'이다.

8장

3단계
관계 욕구 :
행복한 관계가
행복한 노후를 완성한다

Poor   Isolated   Painful   Aged

- 5단계 : 희망 욕구
- 4단계 : 행복 욕구
- 3단계 : 관계 욕구
- 2단계 : 건강 욕구
- 1단계 : 생활 욕구

1

아사히카세이의 '2.5주택'에 담긴 의미

삶의 질을 높이는 관계의 문제

3단계는 관계에 초점을 맞춘 고령인구의 소비니즈에 주목한다. 1단계의 생활Life수요, 2단계의 건강Health수요에 이은 3단계의 관계Relation 수요다. 1~2단계가 생활해결과 건강추구의 필수적인 기초소비를 다뤘다면, 3단계부터는 중산층을 포함해 금전여력을 적으나마 완비한 은퇴세대의 선택적인 지출항목에 해당한다. 삶의 질을 향상시키기 위한 소비욕구로 사람과 관계를 통한 연결안전망을 촘촘하게 다지려는 차원이다.

동시에 3단계가 반드시 중산층 이상을 타깃으로 하지는 않는다. 오히려 유기적인 자원결합을 통해 사람·관계성의 네트워크를 구축, 3단계를 선제적으로 성취함으로써 1~2단계의 기초안전망을 확보할 수도 있다. 과거 전통사회가 상생의 공동체문화를 구축해 비록 빈곤할지언정 노후생활의 기초구조인 의식주와 간병체계를 구축한 것이 이를 뒷받침한다. 다만 현대사회에서는 예가 드물다. 적어도 1~2단계를 밟은 후 경제능력에 따라 3단계를 넘어 4~5단계의 정신적인 욕구충족으로 확대·이전되는 게 일반적이다. 이런 점에서 3단계는 물질수요와 정신수요의 교차점이자 완충지대로 해석된다.

3단계 관계수요의 핵심은 인적 네트워크의 확보를 통한 안심충족이다. 가깝게는 가족, 멀게는 친구·동료 등과의 관계돈독을 위한 일련의 소비지출로 압축된다. 매슬로 5단계의 애정(공감)욕구와 일맥상통한다. 반대로 관계욕구가 충족되지 못하면 은퇴생활은 급전직하의 품질악화로 전락한다. 노후생활에 재무와 비재무의 균형적인 준비가 중요하다는 점에서 금전능력만큼 결정적인 게 신체건강과 함께 관계자본일 수밖에 없다. 이는 시니어마켓의 결정적인 소비품목이란 점에서 주도면밀한 관찰이 권유된다.

1인 가족에서 대가족으로 회귀하는 이유

관계돈독이 노후생활의 중요한 지출욕구로 부각된다는 건 역으로 현대사회의 관계단절이 그만큼 심해졌다는 방증이다. 주지하듯 현대화·도시화·공업화는 필연적으로 인적결합을 통한 관계자본을 황폐화했다. 생애단계별로 수많은 욕구와 필요를 자연스레 해결해줬던 관계자본의 상실은 곧 자본주의의 치명적인 한계와 부작용으로 거론된다. 그 원점에 가족해체가 있고, 그 결론에 노후불안이 자리한다.

현대사회는 가족을 거부한다. 정확하게는 거부함으로써 눈앞의 생존환경이 개선되고 생존능력이 확대됨을 반복적으로 주지시킨다. 가족을 유지하기보다 이탈을 선택함으로써 교육·취업전선에서 비교우위에 올라선다는 이상한(?) 논리의 확대재생산이다. 연애·결혼·출산도 똑같은 논리구조에서 연기되고 포기된다. '가족=비용'의 다분히 의도적이고 착취적인 인식확대를 강조함으로써 자본은 더 많은 몫을 얻어간다. 1인 가구의 자유롭고 가벼운 긍정적인 이미지도 어쩌면 자본주의가 만들어낸 허상일 확률이 높다. 실제로는 빈곤하고 고독한 독거인생의 대량발생일 따름이다.

그나마 최근 반박논리가 힘을 얻는다. 주목해야 할 반작용이다. 흩어지면 죽고 뭉치면 산다는 자연발생적인 삶의 경험이 공감을 얻어낸 덕분이다. 대가족주의다. 가령 부모와 함께 사는 캥거루·연어족의 등장은 시대환경이 낳은 당연지사다. 저성장·고령화로 '졸업→취업→결혼→독립'의 표준모델이 힘들어지자 그 타개차원에서 떠오른 게 대가족주의다. 비용지출을 줄이려는 경제적인 선택이다. 부정적으로 볼 필요는 없다. 대가족의 부활로 얻을 수 있는 부가효과가 만만찮다. 경기불황을 넘는 힘을 축적하고 길게는 관계단절에서 비롯되는 유무형의 복지수요를 벌충할 수 있다. 최소한의 복지공동체답게 부모봉양·자녀부양의 딜레마를 세대분업에서 해결할 수도 있다. '갈등→융합'으로 전환할 기초안전판으로서 대가족주의라는 카드가 갖는 정합성이다.

은퇴생활도 마찬가지다. 캥거루·연어족의 주체가 집을 떠난 자녀세대인지라 가족연대의 필요와 수혜가 현역세대에 집중될 것 같지만, 실은 고령의 은퇴부모에게도 상당한 경제·정서적 합리성을 제공한다. 즉 3단계 관계욕구를 복원함으로써 1~2단계인 생활·건강욕구를 충족하기 위한 기반조건이 자연스레 해결되기 때문이다. 시장에서 돈을 주고 구입해야 할 생활·건강욕구를 자녀와의 연대강화로 해소할 수 있다면 그야말로 일석이조가 아닐 수 없다. 이를 통해 4~5단계인 행복과 희망욕구도 손쉽게 추구된다.

관계회복을 위한 소비시장 중 돋보이는 건 주거공간의 결합욕구다. 교육·취업·결혼을 계기로 둥지를 떠난 자녀세대가 다시 부모세대와 거주공간을 합치려는 유인책이 갈수록 늘어나고 있기 때문이다. 다분히 경제적인 이유로 떨어져 생활하는 것보다 부모와 연대함으로써 생존원가를 절감하기 위함이다. 특히 '부모·자녀·손주'의 3세대라면 자녀부양과 부모봉양을 일체화해 해결할 수 있다. 미혼 및 비혼자녀도 부모세대와 거주공간을 결합하려는 의지가 증가세다.

이를 정리하면 가족구성의 재구축이다. 현대조류에 맞서고 전통기저에 회귀하려는 심리다. 개별·파편화된 핵가족에서 집단동거의 대가족으로 무게중심을 옮기려는 시도다. 단독세대와 맞벌이의 뚜렷해진 한계가 한몫했다. 그간의 압축성장기 가족해체의 설명력이 더 이상 지속되지 못하면서 감축성장의 가족연대가 주목받기 시작한 것이다. 외벌이(남성전업·여성가사)모델만으로는 가족유지가 힘들어져 발생한 맞벌이모델의 응원차원에서도 새로운 가족재구성은 생존전략으로 손색이 없다.

대가족제 대안으로서의 '근거모델'

그렇다고 처음부터 동거를 선택하기는 어렵다. 동거가 갖는 불편과 약점이 적잖아서다. 그래서 등장한 게 변질된 형태의 가족재구성인 '근거近居'모델이다. 함께 살진 않되 근처에서 대를 넘어선 가족인연을 유지하려는 시도다. 요컨대 가까운 거리에서 독립적으로 살지만 언제든 손쉽게 찾아갈 수 있다면 각자의 삶을 즐길 수도, 은퇴부모와의 동거효과를 누릴 수도 있다는 노림수다. 나아가 전략적인 결합이 실행되면 은퇴부모는 손주에게서 소일거리를 찾고, 현역자녀는 양육염려 없이 맞벌이하며 효도까지 실천할 수 있어 합리적이다. 근거추세는 가족관계 복원욕구와 맞물리면서 갈수록 확대된다.

은퇴세대의 근거선호도 의외로 증가세다. 본인들의 생활욕구(1단계)와 건강욕구(2단계)를 관계회복(3단계)으로 해결하려는 시도다. 특히 단신노인·고령부부로 구성된 은퇴세대의 생활필수품 조달필요와 의료·간병수요를 근처에 사는 자녀에게서 찾으려는 심리발현이다. 가까이 사는 자녀에게서 부모의 일상을 공유하며 긴밀한 가족관계를 유지하고 싶어서다. 배우자가 없다면 더더욱 그렇다. 곤란해질 때 의지하는 것이 자녀이듯, 기억력·판단력이 흐려진 것을 눈치채는 것도 자녀일 수밖에 없다.

가족재구성은 미혼자녀와의 조합에서도 해당된다. 특히 딸의 경제력 향상이 전제될 경우 더 심화된다. 능력 있는 미혼의 딸과 함께 살며, 자칫 고독·위험해질 수 있는 노후생활의 안전망을 다지려는 의도다. 거꾸로 일정부분 부모에 의탁하며 독신생활의 메리트를 향유하려는 딸의 바람과도 일맥상통한다.

새로운 거주형태인 '2.5세대주택'의 등장

일본의 건설업체 '아사히카세이'는 이런 시대변화와 소비욕구를 정확히 읽어냈다. 가족의 재구성이 새로운 거주공간을 필요로 한다는 점에서 이에 걸맞는 혁신적인 세대융합의 다세대주택을 제안한 것이다. 요컨대 '2.5세대주택'이다. 2013년 소개된 후 건설업계에 화제를 몰고 온 신형모델로 고령사회의 욕구가 고스란히 반영됐다는 호평을 얻었다. '함께'라면 '따로'보다 금전부담은 경감되고, 생존원가의 부담거리로 작용해왔던 가사·양육소비를 가족내부에서 해결할 수 있기 때문이다.

원래 보편적인 주거모델은 2세대주택이다. 부모와 자녀(손주)의 동거모델로, 1970년대 이후 일본의 대표적인 단독주택으로 자리매김했다. 여기에 0.5세대가 붙은 게 2.5세대주택이다. 0.5란 다름 아닌 성인의 미혼자녀다. 2.5세대주택이란 '고령부모+기혼자녀(손자손녀)'에 '미혼자녀'가 합쳐져 동거하는 거주형태다. 회사는 0.5의 평균모델로 '37세의 독신 커리어우먼'을 제시해 관심을 끌었다. 나이가 찼지만 결혼예정이 당분간 없는 딸과 살기 위해 독립공간을 강화한 형태라는 설명이다. 실제 미혼으로 부모동거 중인 타깃고객은 35~44세 6명 중 1명(300만명)꼴로 방대하다.

결혼한 형제자매로서도 만혼晩婚·비혼 추세를 감안할 때 언제 결혼할지 모를 미혼혈육이 독립공간에서 공생하고자 할 때 2.5세대주택은 갈등축소·관계강화의 열쇠가 된다. 특히 2.5세대주택은 일과 직장의 양립조화WLB와 부모봉양을 위해 핵가족에서 2세대주택으로 넘어가려는 기혼자녀에게서 미혼형제라는 복병을 치워주는 역할로 제격이다. 근육(제조업)보다 섬세함(서비스업)이 부각되면서 미혼 커리어우먼의 소득수준이 향상됐다는 점도 부담 없는 동거유인이다. 생애미혼비율이 여자(11%)보다 남자(20%)가 높음에도 불구, 굳이 업계가 미혼여성을 타깃으로 한 데는 그럴 만한 이유가 있다. 기생독신일 수 있지만 딸이라면 적어도 아들보다 부담이 적다는 게 중론이다.

2

가족주의 : 가족구성원이 바뀌면 소비형태도 달라진다

가족의 재구성

돈은 가족을 깼다(경제성장→가족분화).

독신세대 증가이유다. 가족의 표준모델은 '4인 가구→1인 가구'가 됐다. 외로운 독거인생의 증가는 무연사회無緣社會를 낳았다. 고독·소외의 확산추세다. 그 성장이 이제 끝났다. 불가피한 감축성장이다. 가족해체를 당연시했던 돈벌이의 약화다. 다만 관성 탓에 가족분화는 현재진행형이다. 근거가 약화됐지만 해체양상은 여전하다. 부작용은 크다. 외롭게 끊어진 파편화된 객체증가다. 새로운 사회병리다. 해결책은 뭘까. 대가족으로의 복귀다. 비용절감·관계회복의 가치복원에 제격이다. 대가족으로 감축성장, 재정불안, 노후불안, 관계단절 등의 시대난제를 이기려는 수요다.

'핵가족→대가족'으로 가족모델이 재구성되면 새로운 시장개막은 불문가지다. 지금껏 핵가족을 타깃으로 맞춘 제품·서비스에서 벗어나 일정부분 재검토해야 할 필요가 있다. 즉 대가족의 눈높이에 맞춘 새로운 소비욕구가 발현된다는 점에서 관련수요를 파악해 적재적소에 제공해주는 선점전략이 바람직하다. 향후 고용불안과 비용부담이 심화되면 안전판으로서 대가족단위의 생존전략과 소비경향은 더 뚜렷해질 전망이다. 식사부터 거주, 유통, 외식, 여행 등에서 1인분과 4~5인분은 제품과 서비스의 상당한 격차를 유발할 수밖에 없다. 대형화 추세 속의 연결수요는 당연지사다.

1인 가구 25% 시대다. 4가구 중 1가구가 1인족인 셈이다. 1인 가구가 한국의 세대유형 중 대표사례가 될 날도 조만간이다. 추세대로라면 1인 가구는 계속해 늘어날 전망이다. 대가족주의로의 반동조류도 뚜렷해지겠지만 그나마 이는 대가족 성립을 위한 경제적 거주조건을 갖춘 경우에 한정되는 반면 1인화의 근본원인인 빈곤화는 심화될 게 뻔해서다. 즉 대가족과 1인족으로의 극단적인 분리추세가 예상된다.

실제 1인 가구 증가세가 명확한 한국사회에서도 한편에선 대가족화의 결합사례도 적잖은 걸로 추정된다. 통계에는 잘 잡히지 않는다. 함정 탓이다. 아래위층의 독립거주라면 세대로는 분리된 가족유형이 많다. 부모에게 기생(?)해 연명하는 캥거루·연어족도 그 유형 중 하나다. 최근엔 중년의 부모회귀족까지 생겨났다. 시집·처가살이마저 자연스럽다. 게다가 꼭 동일공간일 필요는 없다. 육아·가사 등 일상생활을 공유한다면 혈연으로 뭉쳐진 대가족의 부활징후로 해석할 수 있다.

비단 혈연기반의 가족이 아니어도 무방하다. 타인과의 인위적인 연대일지언정 가족주의의 기대효과가 발휘된다면 이것도 새로운 가족결합의 유형이다. 당장 일본에서는 고독과 소외경감 차원에서 자발적이고 인연부활적인 가족의 재구성을 사업모델로 한 게 유행이다. 혈연이 아닌 독신·핵가족이 뭉쳐 한 지붕 밑에서 연대하며 가족인연을 쌓는 사례다. 남이지만 가족처럼 살아가는 셰어Share하우스가 대표적이다. 감축성장기답게 뭉쳐서 상생적인 대가족의 연대파워를 체감하기 위해서다. 실제 적잖은 연구기관에서는 새로운 유형의 대가족을 매력적인 소비탈출구로 해석한다.

대가족 부활환경은 우호적이다. 부모가 빠진 조부모와 손주의 관계회복이 대표적이다. 부모야 경제활동에 바쁘니 은퇴조부모가 어린 손주를 돌보는 형태다. 전통적인 분업관계의 회복이다. 비용절감을 위해 아예 3대가 함께 사는 대가족주의로 회귀하는 사례도 증가세다. 감축성장을 이길 유력한 대안전략으로 손색이 없다는 판단이다.

2010년 일본에서 '화장실의 신(トイレの神様)'이란 노래가 히트를 친 배경도 대가족과 관련이 깊다. 돌아가신 할머니에게 어렸을 적 "화장실을 깨끗이 써야 미인이 된다"고 들은 추억담을 떠올리며, 돌아가신 할머니를 그리는 가사다. 각박해진 심금을 울린 건 물론이다. 가사핵심은 할머니의 손주양육이다. 노래가사처럼 조부모에게 길러진 20대가 많았다는 점이 주효했다. 지금의 20대라면 엄마가 재취업하면서 할머니에게 맡겨진 경우가 많았기 때문이다. 일종의 공감대였고, 히트배경이 됐다.

새로운 가족결합은 증가세다. 전통적인 대가족으로의 회귀는 아니지만 효과는 비슷하게 누리는 변형된 형태의 가족결합이다. 가령 한 지붕

밑에서 살지는 않지만 사실상 가까운 거리에 살면서 동거효과를 기대하는 식이다. 앞서 잠깐 언급한 근거모델이다. 함께 사는 스트레스는 줄이고 부모봉양·자녀양육의 노림수는 강화하는 구조다.

예를 보자. 일본의 건설회사 CM 중 단골콘셉트는 복합세대다. 2~3층에 3세대가 어울려 정겹게 사는 이미지다. 실제 단독주택이 주류인 일본에선 2층짜리 집이 태반이다. 다만 3세대의 동거가구는 생각보다 적다. 무너진 가족관계를 떠받치는 게 조부모지만, 그럼에도 3대가 동일공간에 어울러 사는 건 힘들다. 그래서 나온 게 '보이지 않는 대가족', 즉 근거 스타일이다.

이는 도심에서의 주거스타일을 바꿀 정도다. 실제로 자녀결혼·출산 이후 시골부모의 도심이사가 증가세다. 자녀를 봐주기 위해서다. 때문에 집을 구할 때 근거는 주요변수로 떠오른다. 중요한 건 거리다. '15분의 법칙'이 나온 이유다. 도보·자동차로 15분 이내의 3대 거주가 유리하다는 경험이다. 15분은 국물이 식지 않는 거리다. 근거비율은 꾸준하게 늘고 있으며, 희망자는 30대의 90%를 넘긴다. 지자체별로 근거 지원정책까지 나온다.

'한 지붕 여러 가족'의 다소 이상한(?) 동거형태도 있다. 고독사와 결별하고 무연의 네트워크를 해결하려는 고육지책이다. 무연·폐쇄적인 환경을 유연적인 생활공동체로 바꾸려는 노력이다. 셰어(컬렉티브)하우스로 불리는 집합주거가 그렇다. 개별세대(전용면적)와 주민공유(공용면적)가 각각 존재하는 구조다. 어린이부터 노인까지 구성원이 다양해 세대교류 주택으로도 불린다. 유명물건은 대기기간만 1~2년일 정도다.

인기이유는 다양하다. 우선 자녀양육에 좋다. 동거 중인 은퇴세대가

부모외출 때 공용면적에서 애들을 돌봐준다. 여성가구라면 안전측면이 탁월하다. 맞벌이부부는 공용거실에서의 식사가 우호적이다. 세대를 뛰어넘는 활발한 교류다. 고독·상실을 이웃연대로 극복하기에 소통·상생의 전통가치 복귀나 다름 아니다. 최근엔 '지방출신 여성한정', '싱글마더와 노인조합' 등의 맞춤식 재구성이 인기다. 애초부터 공통관심사를 걸거나 상생효과가 기대되는 조합으로 구성하려는 일종의 실험이다.

고령 사회의 소비 키워드 '대가족'

그럼에도, 대가족은 힘들다. 처음부터 함께 살아오지 않았다면 특히 그렇다. 동거가족으로서 관계회복이 최대과제다. 대가족의 관계강화를 위한 연결고리의 필요다. 이때 3대가 함께 즐기는 레저·취미활동이 유력하다. 선두주자는 아웃도어다. '가족바비큐'란 신조어가 탄생했을 정도다. 온 가족이 쉽고 간편히 즐기도록 설계한 제품위주로 여름 이외에도 팔려나가는 스테디셀러가 됐다.

대가족여행도 트렌드로 안착된다. 최근 가족여행 참가자가 부쩍 늘었다. 3대가 함께 묵는 숙박시설의 강화배경이다. 객실을 연결해 쓰거나 노래방 기계를 비치하는 경우가 많다. 여행사는 대가족을 겨냥한 상품기획에 심혈을 기울인다. 편의점도 대가족주의를 염두에 뒀다. 신선야채·과일 등 1~2인에 맞춘 소량·소형화의 바통을 중시하되, 일부나마 대가족용의 대량제품을 선뵈며 틈새수요를 발굴해낸다. 어중간한 건 없애고 양을 불려 대가족수요에 맞게끔 유도했다. 아직 일반적이지 않지만 대가족의 거실 크기에 맞게 고가·대형의 내구재소비도 꾸준히 팔려나간다.

대가족은 고령사회의 유력한 소비키워드로 그 전망이 밝다. '세대동거→인연강화→자산이전'의 선순환까지 기대된다. 일본만큼은 아니지만 한국도 가계 금융자산 중 상당액은 이미 중장년의 기성세대 몫이다. 또 이들은 늙어간다. 이 돈이 세대이전으로 돌려지면 내수회복의 중대한 불씨가 될 수 있다.

일본정부가 손주세대를 위한 교육자금이면 1인당 1,500만엔까지 증여세를 면제해주는 세제개혁안을 내놓은 이유다. 2015년에는 NISA(개인종합자산관리계좌)에 만 18세 미만의 손주·자녀 명의로 주식·펀드에 투자하면 연간 80만엔 이익까지 비과세혜택을 주기로 했다. 자발적 투자이전인 셈이다. 이러니 대가족주의가 먹혀들지 않을 수 없다. '부모→자녀(손주)'로의 자산이전 유도촉진을 위한 상품은 계속해 늘어날 전망이다.

일본에서 가장 행복한 지역은 서일본권역이다. 47개 현 중 행복도 상위권은 대개 한국 동해와 접한 지역이다. 자연환경만이라면 살기는 확실히 힘든 동네다. 일본에선 가장 돈이 돌지 않는 낙후지역 중 하나로 인식되는 곳이다. 일자리도 없고 산업이라 한들 농업이 전부다. 그럼에도 불구, 행복도가 일본열도에서 가장 높은 이유는 뭘까.

가족관계가 유력가설 중 하나다. 이들 지역은 가구당 평균인구가 많고 출생률이 높다. 대가족주의의 공통특징이다. 행복 1~2위인 야마가타와 후쿠이는 세대인원이 각각 2.94명, 2.86명이다. 열도평균을 한참 웃돈다. 무연충격이 거세지는 와중에 감축성장까지 불가피해진 한국이 이곳에서 미래의 생존카드를 찾아내야 하는 이유다. 동시에 성장동력의 상실시대, 기업·시장이 가족주의에 주목해야 하는 까닭이다.

3
손주사랑 : 손주를 위해서라면 뭐든지 기꺼이

절로 지갑이 열리는 손주 비즈니스

'내리사랑에 주목하라'

결국 내리사랑이다. 저성장·재정난·인구병의 위기경고 3종 세트는 후속세대의 소비여력을 심각하게 훼손한다. 디플레 시대라 더 벌기가 힘드니 더 쓰기는 더더욱 어렵다. 그래도 인플레 맛을 본 기성세대는 좀 낫다. 일본처럼 '은퇴노인=부자그룹'의 평균적 이미지는 아니지만, 50대 이상의 베이비부머가 은퇴세대로 가세하면서 지출여력이 개선된 고령인구가 늘어날 수 있어서다. 일 없는 은퇴인구일지언정 60대 이후 일정기간 동안은 일하는 자녀세대보다 소비여력이 좋을 수 있다는 얘기다.

물론 은퇴인구의 소비여력은 핍박살림일 확률이 높다. 살아내야 할 불확실성을 확보하자면 씀씀이를 줄여 곳간을 채워두는 게 지상과제다. 덜 쓰고 안 쓰는 경향 탓에 시니어마켓이 생각보다 어려운 것이다. 한국처럼 절대빈곤인 사회에선 불문가지다. 그럼에도 경직적이지 않은 소비품목은 존재한다. 앞서 살펴본 1단계 생활항목과 2단계 건강항목의 소비욕구가 대표적이다. 여기에 더해 3단계의 관계욕구도 비슷하다. 이때 유효한 소비대상이 손주품목, 즉 내리사랑을 실천하는 소비항목이다.

즉 관계자본의 회복·확충을 위한 가족주의를 보다 구체화하면 핏줄소비로 압축된다. 우선적인 건 내리사랑이다. 치사랑(효도상품)도 있지만 광범위성을 생각할 때 내리사랑의 지출동기보다는 순위가 밀린다. 아무리 금전여력이 부족해도 손주를 위해서는 끊임없이 열리는 마법의 지출대상인 셈이다. 일상생활에서는 마른수건을 쥐어짜듯 절약생활을 실천하겠지만, 눈에 넣어도 아프지 않은 손주를 위해서라면 기꺼이 지갑을 열 수 있다는 얘기다. 특히 기념일 등 이벤트성 손주사랑은 이미 상당수준의 시장규모로 성장했다.

손주사랑이 고령사회의 중요한 소비항목 중 하나임을 뒷받침해주는 유행어도 있다. '421사회'라는 말이다. 고령사회의 상징문구답게 노인 4명, 부부 2명, 자녀 1명을 의미한다. 장수국가의 전형적인 가족패턴이다. 관심집중·비용지출의 최종깔때기가 아이를 향한다는 뜻이다. 시니어마켓의 틈새에서 부각된 손주시장의 힘이다.

다른 말로는 '6개의 주머니Six Pocket'로도 회자된다. 도합 6명의 어른 지갑이 1명의 손주에게 집중되기 때문이다. 용돈만 해도 1명이 직계존속 6인분 몫을 독점하니 손주를 향한 구매력과 영향력은 상상을 초월한다. 이젠 8개의 주머니Eight Pocket로까지 확대된다. 미혼의 삼촌과 고모까지 가세, 양쪽 집안의 하나뿐인 아이를 위해서 성인 8명이 키즈Kids용품을 구매하기 때문이다.

물론 해당손주로선 역설적이다. 당장은 좋아도 나중엔 어떤 식이든 부담이 돼서다. 내리사랑을 해줬던 당사자들이 은퇴 후 피부양인구가 되면 어떤 식이든 부양압박이 거세게 되돌아올 수밖에 없다. 한국사회의 세대갈등 논리도 여기에 있다. 그럼에도 당장은 유력한 소비주체의 타이틀을 움켜쥔다. 세대초월의 손주사랑을 거드는 정책도 있다. 일본사례지만 치바千葉시는 3세대 동거 때 필요비용의 일부를 지원한다. 주택취득 때 취득세를 감면하는 등의 제도가 대표적이다.

피붙이를 위한 소비는 내리사랑의 본능이다. 특히 어린 손주 사랑이 각별하다. 돈 냄새는 시장창조로 연결되는 법이다. 돈 있는 조부모를 설득·유혹해 손주사랑을 자극함으로써 지갑을 열려는 마케팅이 한창이다. 엔젤(손주)고객을 위한 실버(조부모)공략인 셈이다. 소비종착지는 손주지만, 구매결정자는 어디까지나 조부모인 까닭이다.

시장분석은 민첩하다. 쿄리츠共立종합연구소는 2002년과 2012년 '손주를 위한 지출실태'를 조사하고, 행사별 지출비용·선호품목 등을 발표해 주목을 받았다. 일본노인의 손주지출은 불황 탓에 최근 10년간 줄었다. 2002년 연평균 30만엔에서 2012년 26만7,000엔으로 감소했다. 손주지출은 동거여부로 금액이 다소 갈린다. 동거손주는 1인당 8만3,000엔(2002년 9만5,000엔)인데 별거손주는 7만2,000엔(2002년 7만엔)이다.

손주마켓을 달구는 핵심행사는 손주생일이다. 3만9,382엔이 생일선물비로 지출됐다. 정례적인 대중이벤트보단 손주거인의 특별한 날을 중시하는 경향반영이다. 설날 세뱃돈(2만9,589엔)과 크리스마스(2만2,512엔)가

손주를 위한 항목별 연간지출액(2012년)	
여행	12만5,433엔
외식	5만2,649엔
생일	3만9,382엔
세뱃돈	2만9,589엔
크리스마스	2만2,512엔

— 자료: 쿄리츠(共立)종합연구소

뒤를 잇는다. 모두 2002년 조사 때보다 줄어들었다. 손주가 있다면 세뱃돈(87.3%), 생일(71.0%), 크리스마스(49.0%) 순서로 꼭 챙긴다고 답했다.

손주지출 중 가장 빈번한 항목은 외식·여행비용이다. 외식은 연평균 6.1회 즐기며 지출금액은 5만2,649엔이다. 1회당 8,687엔으로 꽤 비싼 외식을 즐기는 편이다. 여행은 연평균 2회 떠나며 12만5,433엔을 지출한다. 1회당 6만2,570엔이다. 특히 손주와의 동반여행은 2002년보다 금액변화는 없이 횟수가 늘었다. 저렴한 여행을 자주 떠난다는 추정이다. 물품소비보단 서비스소비로의 관심전환이다. 손주와의 공동경험을 통해 핏줄을 확인하고 관계를 강화하려는 차원이다.

손주시장을 주목하라

손주시장은 다양하다. 기대감이 높다는 점은 전문잡지의 등장에서 확인된다. 조부모를 위한 전문잡지 『손주의 힘(孫の力)』이 그렇다. 혈연가치가 반영된 에세이를 비롯해 손주세대와의 관계증진을 위한 조언과 추천여행지·인기선물 등이 고정꼭지다. 2011년 창간 이후 격월로 5만부

▼ 최근 1년 손주를 위한 고액지출 항목(2012년)

지출목적별 순위			지출금액별 순위		
순위	지출내용	평균금액	순위	지출내용	평균금액
1	입학·졸업·취직축하	14.6	1	주거관련	120.0
2	학비·학용품	16.6	2	자동차관련	48.3
3	용돈·예금	12.4	3	결혼축하	45.0
4	명절소품	11.1	4	성인축하	18.0
5	장난감·일상품	4.8	5	학비·학용품	16.6

- 자료: 쿄리츠(共立)종합연구소(단위: 만엔)

넘게 발행된다. 회원대상으로 손주와 참여하는 각종 이벤트·강연회를 개최하며, 손주와의 커뮤니케이션 향상을 위한 종합서비스를 제공한다.

자주 다루는 건 여행코스다. 손주와 함께 떠나는 다양한 여행패키지를 소개하는데 특히 방학·연휴시즌에 맞춘 기획코스에 관심이 높다. 현역동반과 달리 기동성이 약해 코스·숙소를 패키지로 묶은 정보 등이 인기다.

손주시장의 선두주자는 교육이다. 손주교육에 시간·비용을 투여하려는 조부모가 늘었다. 특히 할아버지가 적극적인데 은퇴 이후 소일거리로 제격인 까닭이다. '育G3'이라는 신조어도 있다. 육아育兒의 일본 발음(이쿠지)과 동음인데 G는 할아버지Grandfather를 뜻한다. 손주교육에 열정적인 할아버지의 등장이다.

광고대행사 덴츠는 '育G프로젝트'를 제안한다. 손주교육으로 세대교류의 확장과 시니어마켓의 성장을 연결한 아이디어다. 〈아사히신문〉은 조부의 93.1%가 손주와의 접점강화에 찬성한다는 통계를 내세워 "은퇴세대의 힘과 활력이 사회에 퍼지는 계기가 될 것"으로 봤다. 앞서 잠깐 소개한 '손주교육자금증여 비과세제도(1인당 1,500만엔까지 비과세)'도 힘을 싣는다. 제도 이후 실제 증여의향이 높아졌는데 희망 증여금액은 조부의 평균연봉(연간수입)과 맞먹는 482만엔에 달한다는 설문결과도 있다(育G 프로젝트).

장난감 등 완구시장도 활발하다. 1세대와 3세대가 함께 만드는 조립 장난감이 늘었고 인형놀이에 할머니 역할까지 새로 등장했다. 1967년 출시 이후 소꿉장난 필수아이템으로 안착한 소녀인형 '리카'가 대표적이다. 지금껏 5,000만개가 팔려나간 스테디셀러다. 일본가정에서는 웬만하면 1~2개는 있을 정도로 인기를 끈 필수아이템이다.

원래 인형가족은 전형적인 핵가족이었다. 초등학교 5학년(만 11세)인 리카를 중심으로 부모, 형제(언니·여동생·남동생), 사촌, 애완동물 등이 주변캐릭터였다. 그랬던 게 2012년부터 할머니가 새로 나왔다. 56세의 카페·꽃집 주인인 할머니는 "손녀와 놀 때 할머니 역할이 없다"는 요청이 쇄도해 기획됐다. 56세의 설정은 최초출시 때 타깃소녀가 2012년 해당연령에 도달했기 때문으로 알려졌다. 패션디자이너인 엄마가 맞벌이로 집을 비울 때 할머니가 틈틈이 손녀를 돌봐준다는 설정이다. 할머니인형까지 나와 대가족다운 인형세트가 완성되면서 역할극의 소재와 내용이 더 깊어졌다는 후문이다.

손주시장에 금융기관이 빠질 수는 없다. 평균적인 부자노인이 넘쳐나는 일본에서 은퇴자금은 초미의 관심사다. 아베노믹스처럼 이 돈을 유동성 함정에서 끌어내 '디플레→인플레'로 유도하는 게 일본부활의 키워드로 거론된다. 손주교육자금에 비과세혜택을 주는 조치도 그래서 나왔다.

제도시행 후 금융기관은 교육자금증여신탁을 잇따라 내놨다. 가령 미쓰이스미토모은행은 '가족릴레이신탁'을 출시했다. 노후의 생활자금·장의비용·상속(증여)자금을 하나로 묶어 관리하려는 은퇴세대의 니즈에 부응한 경우다. 이는 향후 손주세대를 추가적인 예비고객으로 확보할 수 있다는 점에서 기대된다. 보험업계는 상속세 절세차원에서 손주에게 보험금을 지급하는 요컨대 '손주보험'에 심혈을 기울인다. 펀드도 거든다. '조부모로부터 손주세대를 초월한 꿈 만들기'라는 타이틀이 붙은 자손번영펀드(오카산자산운용) 등 3세대를 아우르는 타이틀의 공모펀드가 속속 출시된다.

손주시장은 한국에서도 전망이 밝다. 비록 평균적인 부자노인은 일본보다 적지만 베이비부머의 대량은퇴가 예고되는 등 규모 자체는 만만찮기 때문이다. KB금융지주경영연구소는 한국의 손주시장이 2003년 10조 원에서 2011년 30조원으로 불어났다고 분석했다. 아직 부자 조부모의 고가선물 등에 한정되지만 일본처럼 각종 분야의 상품·서비스로 확장될 확률이 높다. 고령소비의 감소우려를 극복하고 고질적인 내수침체를 저지할 수 있는 유력한 대안시장으로 손색이 없다.

4
효도상품 : 핏줄 소비의 본능이 되살아난다

효도가 새로운 수요를 창출한다

풍수지탄風樹之嘆.

효도하려니 정작 부모는 없다. 경제자립과 부모봉양의 엇갈리는 거리 탓이다. 요즘처럼 자녀세대의 경제독립이 지체될 땐 효도실천이 힘들어진다. 효도를 할 수 있을 정도로 살 만해지는 데까지 상당시간이 필요해서다. 때문에 효도는 저성장·고령화의 '뜨거운 감자'다. 압축적인 고도성장 후 기능부전·동맥경화에 봉착한 한국사회에서 효자효녀가 줄어든 배경이다. 그렇다고 효도가 없어졌다 단언하긴 힘들다. 정도 차이는 있지만 유교적 본능은 건재하다. 무엇보다 자식으로서의 기본도리가 의심받아선 곤란하다. 핍박상황 탓에 못할 뿐, 마음만큼은 효도봉양에 반론은 없다.

일본은 한국보다 효도의식이 낮다. 조기독립·균등상속·고도성장·

관계단절·유교희박 등 이유는 많다. 집안마다 사정이 다르고 예외가 있 듯 단정하긴 힘들어도 적어도 한국보다 봉양의식이 낮은 건 사실이다. "키워줬으니 거둬줘"라는 부모반발도 없고 "끝까지 지원해줘"라는 자녀 기대도 없다. 결론은 '부모자식의 느슨한 연결고리'로 요약된다. 분가생 활을 당연시하는 서구사회 이미지와 꽤 닮았다. 배우자 선택에 대한 부 모반응은 개입보다 방임이다. 반대로 봉양부담은 상대적으로 낮다.

이랬던 일본이 변신 중이다. 기이한(?) 일이 계속된다. 거세지는 효도 붐이 그렇다. 언제부터인가 청년층인 3040세대의 효도 붐이 한창이다. 대형재난(2011년 동일본대지진)과 무연사회의 그늘자가 알려지면서 홀로 남겨진 고령의 부모세대를 챙겨야 한다는 목소리가 높아졌다. 아무리 바 쁘다고 방치해서는 안 된다는 위기감이 고조된 결과다. 부모를 챙기자는 인연부활 캠페인(키즈나, 絆)이 전개된 것도 한몫했다. 부모봉양에 관심을 갖고 신경을 쓰자는 국민적 슬로건으로의 승화다. 덕분에 자녀진학·독 립 이후 헤어져 살던 부모자식의 물리적 거리감은 물론 커뮤니케이션의 빈도가 부쩍 늘었다. 자연재해는 없지만 파편화된 현대사회의 우선적인 희생양인 고령·빈곤·질병·고독 상태의 부모를 챙겨야 한다는 논리 는 한국사회도 중차대한 이슈일 수밖에 없다.

일본에서 잊어진 효도가 수면 위로 부상한 데는 베스트셀러 한 권이 기여했다. 2010년 발간된 후 2개월 만에 10만부 기록을 세운 효도 관련 서다. '부모가 죽을 때까지 하고 싶은 55가지(親が死ぬまでにしたい55のこ と)'라는 제목이다. 낡은 종이를 이미지로 한 인상적인 표지가 눈길을 끌 었다.

▼ 부모가 죽기 전까지 하고 싶은 55가지

구분	내용
부모에게 물어야 할 것	모자수첩 보기. 첫사랑. 내가 태어났을 때 얘기. 집안내력. 걱정시킨 것. 내가 처음 한 단어. 연애초기. 나의 이름유래. 내가 처음 맞았을 때. 부모의 꿈. 부모의 고민. 부모에게 일이란 무엇
부모와 함께 할 것	아버지와 팔짱끼기. 가족사진 찍기. 술 마시기. 부모의 젊은 시절 사진보기. 쇼핑. 부모취미 공유. 아버지와 캐치볼. 앨범보기. 콘서트. 디즈니랜드 가기. 설날 보내기
본인이 해야 할 것	부모가 좋아하는 곳 10번 쓰기. 부모 비디오 찍어두기. 부모가 쓴 돈 갚기. 유명선고 여부결정. 가족 모일 날 정하기. 부모생일 수첩에 남기기. 휴대전화로 부모사진 찍기. 부모와 싸운 것 생각하기. 부모이름 다시 써보기
부모를 위해 하고 싶은 효도	어깨 주무르기. 직접 음식 · 접대하기. 직접 지은 옷 해드리기. 손주 안겨주기. 본인 돈으로 한턱. 추억장소로 안내. 동반 해외여행. 꽃 선물. 정밀검사 모시기. 소중한 것 다시 사드리기. 본인생일에 부모 위해 선물. 메일조작법 알려주기. 등 밀어드리기. 어머니 요리 즐겁게 먹기. 머리카락 잘라주기. 연말대청소 돕기. 부모달력 만들어주기. 일 없이도 전화. 결혼기념 축하. 부모가 사줘서 기뻤던 것 말하기
기타	편지보내기. 감사하다 말하기. 만나러 가기

– 자료: 『부모가 죽을 때까지 하고 싶은 55가지(親が死ぬまでにしたい55のこと)』

　내용은 구체적이고 긴박하다. 부모가 현재 60세면 앞으로 함께할 시간은 55일뿐이라는 계산식까지 등장한다. 80세까지 산다고 가정하고 1년에 6일을 만나며 그때마다 11시간을 함께할 경우 도합 1,320시간뿐이라는 계산 결과다(20년×6일×11시간=1,320시간). 하루 24시간으로 나누면 55일이 전부다. 그렇다면 효도할 시간은 의외로 적다. 이별을 준비해야 할 조바심의 발로다.

　기획은 여기서 비롯된다. "이렇게 짧은 시간인데 소중한 부모와 무엇을 할 것인가"다. 한정된 시간에 부모에게 해드리고 싶은 일을 55가지 에피소드로 나눠 행동강령까지 내놨다. 한편 효도 책은 출판대국 일본에서도 소외파트다. 아마존저팬에서 효도親孝行로 검색하면 2016년 5월 현재 105건에 불과하다. 그나마 2012년의 2배(61종)다. 유사주제까지 묶었을 때의 검색결과다. 이 와중에 베스트셀러가 나왔으니 주목을 끈 건 당연지사다.

효도가 뜨자 관련업계는 반갑다. 효도 붐에 올라탄 신상품·서비스 기획이 봇물처럼 터졌다. 블루오션인 줄 알았는데 처참히 깨져버린 시니어마켓에 오래간만의 설렘을 안겨줬다. 폐색감에 멈춰 서버린 내수소비의 기폭제가 될 수 있을 것이란 낙관론까지 있다. 효도재화의 구매자와 이용자가 달라 고령시장의 자충수를 피해갈 수 있어서다. 효도재화의 경우 소비대상은 노인그룹이지만 구매주체는 자녀세대로 구분된다. 과거 고령상품은 공략대상을 노인계층에만 집중해 뒤통수를 맞았다. 노인그룹이 애초 예상을 깨고 장수불안에 겁먹어 지갑을 닫아버렸기 때문이다.

그런데 이제는 다르다. 효도·봉양에 목마른 자녀세대의 공략여부에 따라 얼마든 실수요로 연결될 수 있다는 자신감을 회복했다. 관련업계는 타깃고객을 자녀세대로 옮기는 중이다. 30대부터 50대 전후가 공략대상이다. 주지하듯 시장매력은 충분하다. 시장규모에 대한 통계적 논란은 있지만 시니어마켓의 규모는 상당하다. 그나마 이들 자료가 '고령구매=고령사용'을 가정한 추정결과라는 점에서 효도상품의 이중패턴을 감안한 '자녀구매→부모사용'까지 합하면 더 커질 수밖에 없다.

효(孝) 비즈니스의 세계

효도시장의 움직임은 민첩하다. 부동산부터 여행·결혼·유통은 물론 전자제품업계까지 가세한 분위기다. 과거의 실패교훈을 딛는 정밀한 타깃공략과 소구수단을 속속 내놓고 있다. 핵심은 지갑을 열 당사자인 자녀마음 읽기다. 효도를 커버스토리로 다룬 바 있는 〈다이아몬드〉는 "본인 부모의 일로 치환해 생각하면 이해가 빠르고 해결실마리나 사업힌트를 찾기가 수월해진다"고 했다.

반대효과도 기대된다. 효도시장을 계기로 '자녀→부모'의 효도뿐 아니라 '부모→손주(자녀)'로의 외연확대 가능성이다. 자신을 위해선 저가 건강식품에만 지갑을 열던 노인이라도 애정확대·관계돈독이 전제될 경우 핏줄이 얽힌 자녀·손주를 위해 기꺼이 쌈짓돈을 내놓을 수 있어서다. 앞서 살펴본 손주사랑의 기반논리다. 특히 개인자산이 적잖은 일본의 경우 자녀·손주를 위한 선물시장은 상속·증여의 전초무대가 될 수도 있다. 자녀효도를 계기로 보답차원에서 이뤄질 노인세대의 소비주체로의 변신기대다. 효도가 확산될수록 노인지출이 정비례하는 효도특유의 파급·승수효과다.

▼ 자녀대상 효도품목의 장르와 사례

장르	내용	사례(회사)
생활지원형	가사대행	가사택배(카지타쿠), 홈인스테드(다스킨)
	일용품배달	인터넷 슈퍼(이온, 이토요카도 등)
	도시락배달	와타미노타쿠쇼쿠(와타미타쿠쇼쿠), 택배 쿡 123(시니어라이프크리에이트)
	주거서비스	스마트커뮤니티이나게(스마트커뮤니티)
안부확인형	안부확인	보호포트라인(조지루시), 코코세콤(세콤)
	전화, 통신	부자 끈 다이얼(다이얼서비스), 스카이프대응TV(파나소닉)
여가지원형	여행	마음접촉여행(JTB)
정보수집형	포털사이트	부모의 것.net, 부모의 것 매거진(오야노코토넷)

효도시장의 선두주자는 부동산이다. 앞서 살펴본 근거모델과 함께 최근 건설사의 대표상품은 복합세대 하우스다. 2~3층 단독주택에서 3세대

가 함께 사는 수요에 부응하는 차원이다. 부모는 맞벌이에 조부모와 손주가 일상생활을 즐기는 광고이미지가 많다. 지방거주 및 원거리 부모를 도시로 모셔와 함께 살자는 설득이다. 이를 반영해 공동화에 고전 중인 신도시에선 단지를 나눠 세대복합형 거주형태로 변신시킨 사례가 적잖다. 한 동은 고령세대를 위해, 인접한 다른 동은 현역세대를 위해 설계를 변경해 재건축하는 경우가 최근 도쿄 인근의 신도시에서 심심찮게 목격된다. 반면 한때 도심의 표준스타일로 인기를 끌었던 2세대 동거형태는 유물이 됐다.

웨딩업계의 효도이벤트도 강조추세다. 요컨대 '부모사랑결혼(親ラヴ婚)'이다. 2~3년 전부터 눈에 띄게 유행하는 형태로, 결혼주빈으로 부모를 극진히 모시는 경우다. 한국에서는 당연한 얘기지만 일본은 부모의 결혼참가가 한국만큼 결정적이진 않다. 버블경기가 한창이던 1980년대엔 신랑신부가 행사주역으로 해외결혼처럼 제한된 형태의 결혼식이 많았다. 케이크커팅도 부부만의 행사였다.

그랬던 게 지금은 부모를 포함한 가족전원이 함께 손을 얹고 케이크를 자르는 등 부모사랑을 확인하는 장치가 곳곳에 배려됐다. 자녀도 결혼식을 효도이벤트로 활용하는 데 적극적이다. 결혼을 빌려 감사와 효도를 떠올리기 위해서다. 물론 결혼비용을 경감하기 위한 계산된 효도실천일 수도 있다. 그럼에도 부모로서는 자녀결혼에 개입해 의견을 타진하고 새 식구와 돈독해질 기회를 갖는다는 점에서 환영한다.

여행사는 부모를 위한 여행상품을 전략적으로 내놓는다. 40~50%의 자녀가 효도항목으로 부모의 여행선물을 원한다는 여론분석에 따른 결과다. 효도여행뿐 아니라 가족동반도 많으며 최근엔 좀 더 세분화돼 모

녀여행까지 등장했다. 고령부모를 배려해 편리한 호텔·여관을 엄선하고, 문턱 등의 각종설비와 이동수단을 노인눈높이에 맞추는 건 기본이다. 여행업계 선두주자인 JTB는 '마음접촉여행(心ふれあう旅)'이라는 브랜드를 내놓고 효도여행을 즐기도록 했다. 간병자격을 갖춘 전문가를 대동해 만일 사태를 대비한 상품이 특히 인기다. 함께 떠나는 여행도 성황이다. 70대 부모와 40대 자녀가 세트로 구성된다.

효도시장의 성공은 구매타깃의 설득여부에 달렸다. 부모가 소비주체지만 자녀가 구매결정을 한다는 점에서 명확한 전략마련의 필요성이다. 자녀고객과의 눈높이 접점확보다. 자녀세대는 대량생산·대량소비의 풍부한 재화·서비스 제공시대를 만끽했으며, 동시에 IT보급 등으로 정보수집·분석력이 넓고 깊어 부모세대와는 적잖이 구분된다. 결국 노인상품을 팔되 자녀관심에 포커스를 맞춰야 한다.

기업전략은 몇 가지로 요약된다. 우선 업계전체가 공동전선을 펴 연대·협력으로 자녀세대를 공략하는 형태다. 지금처럼 단독으로 시장독점을 위해 진출하기엔 시장상태가 미성숙한 데다 투입비용이 과다할 수 있기 때문이다. 지역부활과 공동체 재구축에 사활을 건 지자체와의 협력도 중시된다. 자녀세대라면 익숙한 IT의 적극공략도 포인트다. 정보기술의 확대보급으로 신규고객을 흡수하면 미래시장 선점효과까지 기대할 수 있다.

5
노후인연 : 황혼의 우정, 황혼의 로맨스

나이 들수록 관계자본이 중요하다

이웃사촌이랬다.

노후생활의 성공조건 중 하나인 고독타파는 자금마련만큼 중대이슈다. 곁에서 말하고 들어주는 상대방의 존재는 노후품질을 가름하는 결정적인 변수다. 온종일 방 안에만 머물며 대화상대조차 없는 독거노인은 결코 행복하기 힘든 법이다. 이런 점에서 이웃사촌은 중요한 연결안전망이다. 먼 가족보다 가까운 이웃의 힘이다.

핏줄연대가 노후생활의 품질향상을 담보해주면 좋겠지만 어렵다면 그에 준하는 관계자본을 구축하는 게 좋다. 가시권에 들어오는 대체모델은 이웃과 친구, 그리고 황혼인연이다. 과소화의 고민이 깊은 한국의 농촌사회가 그래도 아직까지 버텨내는 건 고령인구들로 구성된 장기·안정적인 연결고리, 즉 공동체적 네트워크가 살아 있기 때문이다. 대부분 일상생활이 힘든 1인 가구지만, 동네의 마을회관에 모여 사실상 집단거주를 실현함으로써 품앗이와 말벗을 확보한 덕분이다.

외로우면 더 자주 아프다. 인간은 사회적 동물이다. 끊임없이 관계를 유지하며 상대와 교류함으로써 존재이유를 충족할 수 있다. 근로현장에서 물러난 잉여인력의 은퇴세대가 가장 답답해하는 것 중 하나가 관계단절이라는 분석은 그래서 의미가 있다. 회사 때문에, 명함 때문에 유지됐던 관계가 일순간에 끊어지면 궁극의 정신적 고립상태에 내몰릴 수밖에 없다. 은퇴 이후 관계회복·돈독을 위한 사회적 데뷔가 중요한 이유다. 그럼에도 관계성은 쉽사리 얻어지지 않는다. 여기에 관계욕구의 소비지점이 있다. 노후만남을 주선·심화하는 효과적인 데뷔장치의 제공 필요다.

고령 사회에서 미용실이 인기 있는 까닭은?

먼저 가벼운 얘기부터 시작한다. 고령사회의 거리간판 이슈다. 간판만 잘 봐도 산업재편의 얼개는 추정된다. 사양아이템은 문을 닫고, 유망산업이면 신장개업이 늘어나게 마련이다. 그렇다면 고령사회는 어떨까. 병원이면 산부인과는 닫고 정형외과는 커진다. 학원자리에 요양병원이 들어서는 것과 같다.

이와 함께 또 하나 유력한 차기주자는 미용실이다. 고령친화업종의 선두주자로 급부상 중이다. 일본에서는 6만 편의점의 4배에 육박하는 20만 점포가 미용실 간판 아래 모인다. 흥망성쇠가 반복되는 편의점과 달리 경쟁조차 별로 없다. 난립처럼 보여도 다들 돈 벌며 생존 중인 업태다.

미용실이 고령사회 히트업종인 이유는 뭘까. 크게 2가지인데, 하나는 특유의 원가절감형 사업모델이란 점이고, 나머지 하나는 시니어마켓의 3단계 소비욕구인 관계Relation수요를 공급해주는 주요한 생활공간이란 점이다. 더 보태면 고령인구의 항노화Anti-aging 욕구도 미용실의 생존능력을 높인다. 젊게 보이는 데 가장 효과적인 수단 중 하나가 염색임은 두말할 필요가 없다.

원가절감형 사업모델이란 점은 간단하다. 대부분 개인경영인 데다 원재료비용이 매출액의 10%가 안 된다니 수익성이 높다. 가족경영이면 인건비조차 적다. 가정집과 붙은 점포라면 임대비 걱정조차 없다. 손익분기가 낮은 것이다. 평생직업답게 은퇴걱정이 없는 건 당연지사다. 그럼에도 평균요금은 꽤 좋다. 선진국일수록 용역산업의 대가가 비싸진다는 점에서 미래전망은 밝다.

정말 중요한 포인트는 관계수요의 공급공간이란 사실이다. 고령사회에 필요한 노인친화성 교류공간으로의 변신가치다. 사실 동네미용실의 머리손질 기술차이는 크지 않다. 더 중요한 게 정신적 만족서비스다. 미용실의 단골여부는 여기에 달렸다. 즉 미용실은 아줌마·할머니의 사적 교류장소이자 몸과 마음을 달래는 치유공간일 때 존재감이 높아진다. 중·고령여성의 동네사랑방인 것이다. 머리손질을 계기로 수다·위안의 모임장소를 제공받을 뿐 아니라 커뮤니티의 정보수집에 제격인 것이다.

실제 일본사례를 보면 미용실은 과소상권에서도 비교적 건재하다. 유령도시로 전락한 신도시의 한적한 상점가에도 미용실만큼은 예외다. 한

집 건너 셔터를 내린 음산한 거리가 보통이지만 미용실 입간판은 쉽게 찾아진다. 도심주택가도 마찬가지다. 새로 건설되는 부심역세권의 상권에도 미용실은 단골간판이다. 원주민도 있지만 의료·간병서비스를 찾아 도시로 몰려든 이주노인들이 주된 고객이다. 도심회귀다. 이때 빠지지 않는 게 미용실과 편의점이다. 수요는 공급을 낳는 법이다.

끊임없이 새롭게 관계를 넓혀나갈 것

그래도 미용실 문을 열 수 있는 아줌마·할머니는 사정이 낫다. 정말 문제인 건 회사인간의 관계상실이다. 은퇴 이후 투명인간으로 살아갈 수밖에 없는 정년남성의 관계단절은 심각한 사회문제로까지 비화된다. 새로운 취미와 교류 등을 통한 등 후반전 인생을 꿈꾸지만 여간 녹록지 않다. 아무것도 할 수 없다는 무력감은 가족 전체를 불행으로 내몬다. 특히 은퇴가장의 집 안 거주가 아내의 스트레스로까지 연결된다. '재택남편스트레스증후군'이다. 애완견만 곁을 지킬 따름이다.

2010년 『코슈孤舟』란 책이 나왔다. 정년퇴직 이후의 인생굴곡을 엮은 소설이다. 갈등과 고민에 무릎을 치는 은퇴인구가 늘면서 베스트셀러로 자리매김했다. 이를 토대로 '고족孤族'이란 신조어도 나왔다. 무연사회의 무연가족이다. 외로운 배란 비유처럼 은퇴 이후 제2의 인생살이를 힘겨워하는 남성들을 주로 지칭한다.

실제 퇴직 이후 중년남성은 갈 곳이 없다. 의지할 곳은 더 없다. 퇴직한 회사에서의 인간관계를 빼면 아는 사람조차 드물다. 물론 은퇴 이후 명함은 사라진다. 지역사회에 복귀하기도 쉬운 과제는 아니다. 평소 안면을 터놓지 않으면 기회는 줄어든다. 이 밖에도 자의 반 타의 반 걸림돌이 많다. 외롭게 동네를 어슬렁거리면서 잉여인간의 현실에 개탄, 시간을 보낼 뿐이다. 성격마저 적극적이지 않다면 온종일 집 안에 머물며 함몰된다. 늙음과 함께 진행되는 '고독→질환→빈곤'에 시달리는 것이다.

해법은 새로운 관계설정, 즉 말벗이 되고 취미를 공유하며, 서로를 위로하는 친구를 사귀는 방법뿐이다. 지역사회를 포함해 동일취미·지향을 공유하는 동년배들과 모임활동을 시도하는 게 그렇다. 또 생활주변에선 특정연령의 노인을 대상으로 한 모임활동과 관련된 정보가 넘쳐난다. 이처럼 생활반경에 친구가 있다는 건 중요한 삶의 지지기반이다. 친구야말로 홀로 살아가야 할 노후를 만끽하는 데 꼭 필요한 존재다. 남편은 남편대로 시간이 많아졌고, 아내는 아내대로 양육종료·자녀출가로 친구가 필요하다. 맨션(아파트)거주로 단절·고립화된 주거환경도 친구의 존재감을 높인다.

그 결과가 일본에서 유행 중인 '토모카츠友活'다. 취직활동(就活=슈카츠), 결혼활동(婚活=콘카츠) 등의 유행어와 일맥상통한다. 생활반경에 여러 명의 친구를 만드는 활동과 그 마음준비를 일컫는다. 좁게는 직장 이외에 친구가 없는 사람이 은퇴 이후 생활주변에서 친구를 만드는 걸 뜻한다. 방법은 많다. 쓰레기 분리수거 때 동년배 이웃과 사귀거나 근처 상점의 단골이 되는 게 비교적 손쉬운 토모카츠다. 혹은 다양한 커뮤니티가 주최하는 모임에 참가하는 것도 방법이다. 인터넷 등호회가 대표적이다.

관계자본을 원하는 고령인구의 증가세는 관련업계의 다양한 아이디어로 사업화된다. 주로 취미·특기 등을 공유하는 오프라인을 만들어 서로 친해지도록 알선하는 중개업자가 아직까지는 많다. 일부는 여행코스에 연령조건을 넣어 그들만의 친교기회를 주선한다. 친구를 잘 사귀도록 전문적인 컨설팅을 해주거나, 관련정보를 취합해 일종의 플랫폼을 만들어 그 속에서 다종다양의 사업기회를 모색하는 벤처회사까지 생겨났다. 인터넷(구글저팬)에 '友活+60代'의 키워드를 넣으면 무려 37만건이 검색될 정도다(2016년 4월).

주된 타깃은 남성고령자다. 여성이야 원래부터 초면이라도 말을 섞는 게 자연스럽지만 남자는 그렇잖기 때문이다. 남자는 평생 명함교환이 아니면 적극적인 커뮤니케이션조차 힘든 게 보통이다. 이들에게 친구를 사귀는 방법과 기회를 제공하는 건 일종의 틈새 아이디어다. 워낙 경쟁이 치열해 아직 이렇다 하게 성공적인 사업사례는 찾기 힘들지만 그만그만한 사업체는 일일이 셀 수 없다.

고령인구의 친구확보는 다양한 사회·경제적 효과를 갖는다. 그 결론의 끝은 건강한 노후생활이다. 노인에게 친구가 생기고 커뮤니케이션이 가능해지도록 도와주는 아이디어와 사업모델이 구체화될 필요가 있다. 여담으로 은퇴세대의 친구교제를 위한 현실적인 방법은 '공원데뷔'가 거론된다. 집 주변의 공원에 나가 동일처지의 친구를 자연스레 사귐으로써 토모카츠의 확대기반이 꾸려질 수 있기 때문이다. 정보교환 등을 통해 한발 진전된 친구교제도 가능하다. 생활반경이 갖는 관계자본의 파워다.

늘어나는 황혼결혼

　노후생활의 독거와 고독을 풀어줄 관계자본은 확대된다. '가족연대→핏줄결합→친구교제' 등이 그렇다. 다만 친구교제가 끝이 아니다. 가족으로도 친구로도 해결되지 않는 최종적인 관계자본 확보방법이 있다. 은퇴시기를 같이할 새로운 배우자와의 인연 맺기가 대표적이다. 요컨대 고령결혼이다. 황혼이혼이 성황인 것처럼 황혼결혼도 증가세다. 인생후반전의 결혼수요가 늘면서 중·고령 결혼비즈니스도 활황이다.

　고령커플의 탄생배경은 복합적이다. 일단 건강이다. 심신건강은 수명연장과 동의어로 살아갈 절대시간이 늘었음을 뜻한다. 미래불안도 뒤늦은 결혼을 재촉한다. 경제적인 이유도 크다. 결혼속내의 변화를 보면 알 수 있다. 예전엔 노후고독을 탈피하고자 고령결혼을 택했다면, 최근엔 장수빈곤의 금전한계가 자주 거론된다. 적은 수급연금 탓에 노후불안이 커져서다. 단신노후에 불황까지 겹쳐 고립감·빈곤감은 더 심화 중이다. 이혼·사별의 가족해체도 많다. 독거장수의 공포증대다. 백년해로의 개념·대상이 달라진 것이다. 황혼연애·고령결혼은 이런 고령수요가 자연스레 발현된 결과다.

　당장 중장년을 위한 소개모임이 성황이다. 남성참가자 대부분은 제1차 베이비부머, 이른바 단카이團塊세대다. 연령으로는 60대 후반 근처다. 물론 물리적 숫자다. 스스로들은 몸과 마음 모두가 훨씬 젊다 여긴다. 결혼상담소에 따르면 환갑 초반의 독신남성 중 60%가 실제연령보다 젊다고 느낀다. 사별·이혼 등의 싱글이되 무자녀인 경우가 적극적이다. 혼인이력이 없는 동정남성도 적잖다. 일에 매진하다 뒤늦게 가족필요를 깨달은 전문직이 인기가 높다. 평생에 걸친 근로소득 확보가 장점이다.

십중팔구 구애대상은 연하여성이다. 10~20세 차이가 나는 경우를 선호한다. 해당후보군의 여성인식도 많이 변했다. 노인편견을 깨고 연상결혼의 장점을 받아들인다. 포용력이 넓고 경제력마저 좋다면 나쁠 게 없다. 상식파괴다. 전통적인 가족상이 깨지는 과도기란 점도 우호적이다. 고정관념의 불안허들이 낮춰진 셈이다.

실제 결혼업계의 노인회원은 급증했다. 출발은 2011년이다. 베이비부머(1947~49년생)의 퇴직행렬이 본격적으로 시작될 즈음이다. 이들 베이비부머들은 아직 60대 중반으로, 향후 10년간 결혼시도가 계속될 걸로 분석된다. 사회적으로 붐을 낳았던 혼활(婚活, 결혼을 위한 활동)이 정착된 것도 한몫했다. 상담업계에 따르면 60대 이상 고령회원은 과거 10%도 안

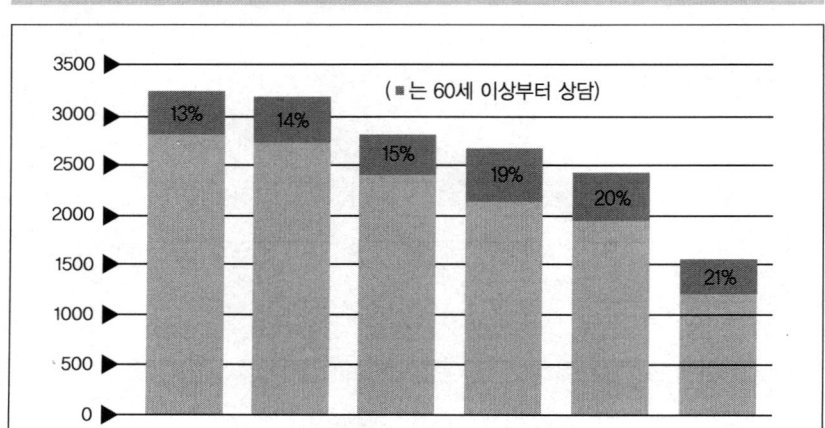

▼ 결혼시장의 트러블에 관한 상담건수 추이

― 자료: 국민생활센터(2014년은 12월15일 기준)

됐지만 지금은 최대 60~70%에 이르는 곳도 있다.

중·고령자 전문의 결혼정보회사도 적잖다. 창업 50년의 '아카네카이茜会'는 중년부터 시니어까지 아우르는 특화회사다. '어른의 사랑'을 표방하며 대면만남부터 각종 파티·이벤트를 통해 성혼을 주선한다. 건강해진 고령남녀의 증가세에 주목해 작년엔 오사카지점까지 개설했다. 적극적인 영업행보다. 고령결혼은 청년의 성혼작업보다 수월하다. 인생경험 덕에 매너가 좋은 경우가 많다. 안심하고 주선할 수 있다.

다만 원만한 결혼골인은 드물다. 당사자들은 좋아도 주변 피붙이가 반대한다. 유산 등 골치 아픈 문제 탓이다. 연애 중 파탄사례도 적잖다. 교토에선 상담소 소개로 만나 결혼한 75세 남성이 68세 여성을 독살한 사건도 발생했다. 일부는 사실혼을 택하기도 한다. 가족반대를 우려한 결과다. 그럼에도 허들을 넘자면 사실혼이 대안이다. 고령결혼의 당위성이 검증되면 향후 관련수요는 더 늘어날 전망이다.

부작용과 관련, '후처업後妻業'이란 말까지 유행했다. 노인유산을 노린 범죄를 테마로 한 소설로 2014년 발표됐는데 큰 반향을 불러일으켰다. 주목을 끈 것은 소설 내용이 실제 사건과 꽤 맞아떨어져서다. 저자 구로카와 히로유키黑川博行의 지명도도 한몫했다. 일본에서 가장 권위 있는 문학상인 나오키상을 2014년 받은 유명인사다. 공교롭게 65세 때 수상해 "연금과 나오키상을 함께 받았다"는 소감으로 화제를 모았다. 그래서일까. 1년 후 내놓은 신작『후처업』은 할아버지인 저자가 동년배의 고민 이슈를 줄거리로 잡았다. 동병상련인 듯 최근 급증한 노인대상의 각종범죄가 소설재료로 사용됐다.

줄거리는 이렇다. 결혼상담소에서 만난 22세 연하와 결혼한 91세 주인공이 뇌경색으로 쓰러졌다. 목숨을 건지긴 했지만 결국 병원에서 죽었다. 놀라운 건 그 뒤부터. 재혼아내와 결혼상담소 소장의 은밀한 계획이 드러난다. 서로 결탁해 자산가 노인의 후처로 들어가 사망 후 유산을 상속받는 은밀한 사업을 공모한 것이다. 이른바 '후처업'이다. 딸은 내용을 알고 변호사를 찾는다. 변호사는 다시 탐정을 고용해 후처아내의 괴물 같은 인생부침을 찾아낸다. 괴물로 살아갈 수밖에 없는 현대일본의 어두운 면을 속속들이 드러내는 것도 소설의 중요한 외침 중 하나다.

9장

4단계
행복 욕구:
삶을 지속하는 이유,
즐거움에 있다

Poor · Isolated · Painful · Aged

- 5단계 : 희망 욕구
- 4단계 : 행복 욕구
- 3단계 : 관계 욕구
- 2단계 : 건강 욕구
- 1단계 : 생활 욕구

1
디즈니랜드가 은퇴 고객의 마음을 사로잡은 비결

생활 · 건강 · 관계가 편안하다면, 그다음은?

4단계의 시니어시장 소비욕구를 정리하는 키워드는 '행복Happiness'이다. 생존과 직결되는 기초적인 생활욕구(1단계)와 건강욕구(2단계), 그리고 금전압박에서 다소 자유로운 3단계의 관계욕구까지 일정부분 확보되면 그다음은 삶의 정신적 가치를 추구하는 행복욕구로 소비니즈는 확대된다. 즉 4분위 피파세대의 범주로 환원하면 중산층 이상의 경제력을 갖춘 암사자형, 까마귀형이 주로 관심을 갖는 영역이다. 아무래도 생존압력이 상시적인 일개미형과 집토끼형과는 다소 거리가 있다.

4단계 행복욕구는 본인의 자아실현과 직결되는 소비니즈이자 상대 및 사회와의 관계성을 보다 중시하는 존경Esteem욕구와 일치한다. 행복달성을 위한 개별적인 실천단어는 자기평가, 신뢰, 달성, 상호존중 등이 있다. 앞 단계의 생활, 건강, 관계를 확보한 이후 현역생활에 대한 보답과 자위

차원에서 생활유희를 추구하려는 심리기제다. 웃으며 즐기는 노후생활을 위한 소비영역으로 키워드는 노화방지, 생활유희, 취미학습, 추억반추 등이 예상된다. 사실상 시니어마켓이 성장하자면 4단계인 행복욕구부터 뒤에서 다룰 5단계의 희망욕구를 실현하는 제품·서비스의 안정적인 공급체계가 필수다.

주지하듯 인구변화는 산업구도를 뒤바꾼다. 성황산업은 주력인구와 기호와 성향에 직결된다. 육아·교육 등 청년인구의 라이프사이클과 동행한다. 반대로 장수사회는 고령인구가 중심인데 이들은 내구소비재를 포함한 묵직한 기반산업은 무관심이다. 인구변화가 주력산업의 기상도를 바꾼 건 일본사례에서 잘 확인된다. 세계최고의 고령국가답게 일본내수의 주력아이템 중 상당수는 타깃을 '고령자'로 옮겼다. 시니어시프트다. 이들의 지갑을 열어야 장기지속이 가능하다는 위기감이 높다.

역으로 그간 청년을 포함한 현역세대용 사업모델은 설 땅이 줄어들었다. '취업→결혼→출산→양육(교육)'의 체인단절로 후속세대의 공급체계가 무너졌다. 사회데뷔를 통해 연령에 맞는 소비패턴의 바통을 받아줘야 할 후속주자의 실종사태다. 부동산·자동차·도소매 등 거대한 내수시장이 고객실종에 비명을 지르는 이유다. 숲의 한가운데에서 여유롭게 지내는 동안 식목부재에 따른 신규나무의 감소세를 잊은 대가였다. 가랑비에 옷 젖듯 뒤늦게 깨닫고 나니 이미 일본사회는 인구파탄의 한복판이었다.

인구변화란 그만큼 파워풀하다. 압권은 청년 등 현역인구 없이는 생존하기 힘든 레저산업에서 확인된다. 버블절정 때 앞다퉈 건설한 테마파크는 공급과잉 속에 출산감소 역풍까지 맞으며 사실상 개점폐업에 봉착했다. 주력고객인 아동인구가 줄자 입장수입은 급감했다. 흉물로 방치된 테마파크는 범죄온상으로까지 지적된다. 오락실도 마찬가지다. 단골고객이던 청년인구의 출입감소로 불황한파를 고스란히 맞았다.

수업료는 컸다. 버틸 여력이 없는 곳은 문을 닫고, 그나마 자본력을 갖춘 일부업체는 뼈를 깎는 체제전환에 나섰다. 많지는 않지만 일부사례는 성공적인 전략수정을 통해 새로운 성장기반을 마련해냈다. 인구변화의 맥락에서 적극적으로 전략을 수정해 폐업위기를 성장기회로 역전한 사례다.

가령 오락실의 경우 시간과 금전을 갖춘 노인그객을 새로운 공략타깃으로 선정, 방문유도를 위한 갖가지 아이디어를 총동원했다. 장시간 게임을 즐기도록 푹신한 의자로 대체했고, 전담직원을 배치해 필요한 조언을 충분히 제공해준다. 눈이 침침한 고령고객을 의한 돋보기 무료대여는 기본서비스다. 치매방지에 좋은 새로운 게임구색도 갖췄다. 입소문이 나면서 아예 경로당처럼 변질(?)된 곳마저 생겨났다. 일부는 쉴 수 있는 전용휴게실까지 설치했다. 노인사교장으로의 변화시도다.

덕분에 노인타깃의 접객서비스에 충실한 회사일수록 매출증가는 공통현상으로 거론된다. 마치 동네공원의 놀이시설이 건강기구로 대체된 것과 같은 이치다. '아동인구→은퇴세대'로의 인식변화와 매출확보다. 실제 일본의 주택가에 위치한 동네공원 중 사람 발길이 꾸준한 곳은 고령인구의 수요에 맞춰 놀이시설을 운동시설로 바꾼 경우다. 계단을 없애거나 턱을 낮춰 불편함을 최소화함으로써 공원의 이름값을 유지한 것이다.

은퇴자들이 디즈니랜드로 간 이유는?

은퇴인구가 즐기며 보내는 생활유희의 맥을 가장 잘 짚어낸 기업 중 하나는 '도쿄디즈니랜드'다. 회사의 성공스토리는 인구변화와 성장감축의 변화된 환경에서 어떻게 생존해야 하는지 그 성공전략을 잘 보여준다. 물론 실패와 정체를 겪지 않은 건 아니다. 1984년 개장 이후 버블시절을 거치며 안착했지만 1990년대 복합불황으로 매출감소에 고전했다. 2002년 바다를 주제로 한 디즈니씨Sea가 오픈하고서야 입장객 2,000만 시대를 가까스로 넘어섰다. 이후에도 정체는 반복됐다.

실제 업계는 만성적인 출산율의 저하로 아동인구가 줄면서 회사생존이 만만찮을 것으로 우려했었다. 독특한 네덜란드 거리를 재현해 화제를 모은 '하우스텐보스'가 최근까지 악화일로의 경영성적을 보인 것과 같은 맥락이다(경영권 이전 후 다양한 재건시도 속에 최근 안정세 회복). 경쟁상대까지는 아니지만 상당수 중소형 테마파크는 도산과 방치라는 수모도 겪었다.

이런 점에서 디즈니랜드의 성공스토리의 핵심줄거리는 '철저한 고객연구와 눈높이의 맞춤운용'으로 요약된다. 즉 인구변화를 토대로 한 고객성향의 세분화된 자료축적으로 은퇴인구를 포함한 중년이상의 신규고객을 확보한 데 이어 한결 감동적이고 환상적인 서비스를 혁신적으로 제공함으로써 기존고객의 이탈을 막아낼 수 있었다. 가족사랑·유희실천이란 키워드를 선점, 부모세대와 손주세대 등 1~3세대 잠재고객을 아울러 확대함으로써 집토끼(손주)와 산토끼(부모)를 모두 잡아낸 덕분이다.

≫ 광고 전략

'아동인구→은퇴세대'로의 무게중심 전환시도는 도쿄디즈니랜드의 광고전략 수정에서 확인된다. 2012년 광고는 반백노인이 등장해 어릴 적부터 지금까지의 추억을 떠올리는 몇 컷의 영상을 활용했다. 연령증가에 따른 라이프스타일과 가족변화를 연대기별로 구성해 행복한 추억의 배경장소로 놀이시설을 배치, 그 연장선상에서 지금도 이곳을 찾으면 언제든 가족사랑을 실현할 수 있다는 뉘앙스를 풍겼다. 일생에 걸친 도쿄디즈니랜드에서의 추억공유를 호소한 셈인데 꽤 설득력이 있었다.

이후 상당수의 테마파크가 도쿄디즈니랜드의 성공에 힘입어 노인눈높이에 맞춰 고객전략을 수정하는 흐름에 동참했다. 반응은 호의적이다. 놀이터조차 미끄럼틀·그네 대신 스트레칭 기구나 통증경감 의자로 바뀌는 마당에, 테마파크의 주력시설이 건강한 노인인구에 맞춰 바뀌는 건 당연한 결과라는 해석이다.

급속하게 늘고 있는 고령수요에 대응하지 못하는 정부정책의 반발차원에서도 테마파크의 변신은 무죄다. 전문가들은 "노인의 여가활동을 단순히 수동적으로 수용하려는 행정에 비해 민간시설의 공손한 대접·전략이 먹혀든 결과"로 본다. 추억의 명소라는 이미지마케팅이 중년이상 고령인구의 마음을 움직였기 때문이다. 어린이뿐 아니라 어른도 즐길 수 있는 마법의 연출결과다.

≫ 가격 차별화

은퇴세대를 위한 회사전략은 가격차별화에서 시작된다. 어른고객의 접근성을 낮추기 위해서다. 시니어 티켓할인 등 특전제공이 대표적이다. 일일입장권은 65세 이상 시니어에게 6,200엔으로 제공된다. 대인(6,900엔) 대비 할인가격이다. 연간입장권(5만엔)도 대인(5만9,000엔)보다 저렴하다. 기간한정의 시니어 입장권 판매행사도 잦다. 2일(1만1,800엔), 3일(1만5,800엔) 등으로 일반티켓보다 싸다. 2개 테마파크(디즈니랜드·디즈니씨)를 연간 무제한 사용하는 티켓은 일반용(8만6,000엔)보다 1만3,000엔 싸다(7만3,000엔).

아예 세트로 엮어낸 여행상품까지 출시한다. 2007년 '디즈니성인여행'이라는 대박상품이 원류다. 1박 2일 숙박상품으로 1인당 최대 7만엔의 고가지만 특별좌석과 우선탑승 등의 혜택을 제공해 가족동반 시니어의 환심을 샀다. 덕분에 입장객 중 40세 이상이 1990년대보다 20~30% 늘어났다. 〈타임〉지는 디즈니랜드가 마케팅주력을 청년고객에서 실버계층으로 옮긴 것을 두고 '테마파크의 주인공은 노인'이라고까지 평했다.

변신전략은 꽤 성공했다. 내수불황과 증세압박에도 불구, 2015년 3월 결산기 방문객은 3,137만명으로 사상최고치를 찍었다. 방문객 1인당 매출액은 1만955엔에 달한다. 그중 절반이 기념품·음식비로 판매수입은 갈수록 증가세다. 물론 2015년 3월기는 매출은 좀 줄어서 4,662억엔에 그쳤다. 2013년(3,955억엔), 2014년(4,735억엔)에 비하면 다소 나빠진 성적표다. 당기순이익도 1,106억엔에서 720억엔으로 줄었다. 일단은 소비증세에 따라 입장료 인상악재가 컸다는 분석이다. 그럼에도 시장장악력은 거세다. 전체 유원지·테마파크를 포함한 내수점유율이 70%에 육박한다.

덕분에 회사는 신규투자를 반복한다. 테마파크 사업에만 5,000억엔 규모의 신규투자를 2025년까지 실행할 방침이다. 인구감소 속에 소비증세(2014년 4월, 5%→8%)의 역풍을 감안할 경우 테마파크 확대를 위한 대형투자는 이례적일 수밖에 없다. 자신감의 표명이다. 물론 고객만족도를 높이려는 게 진짜 의도다. 면적은 그대로인데 고객이 늘어나면 혼잡해질 수밖에 없어서다. 즐거운 고민인 셈이다.

≫ 맞춤 서비스

도쿄디즈니랜드는 2013년 30주년을 계기로 가치창출에 방점을 찍는 경영전략을 강조한다. 남녀노소 단연 인기최고의 테마파크라는 명성을 유지하기 위함이다. 이를 위해 일상적인 축제일색의 퍼레이드와 관련 이벤트를 끊임없이 개최한다. 그때그때의 이벤트를 철저히 활용해 다양한 맞춤상품·서비스를 한정 판매해 고객관심을 유도한다. 회사는 이를 "디즈니의 가치를 파는 것"으로 갈무리한다.

실제로 디즈니랜드와 디즈니씨를 합한 상품라인업은 연 3만건에 달한다. 그중에서 대략 5,000~6,000점은 신상품이다. 이벤트마다 신규상품을 더해 단골고객에게조차 질리지 않는 신선함을 더했다. 덕분에 반복고객이 90%에 달한다. 특히 조부모와 동반한 1~3세대 방문고객의 호응이 크다. 할아버지와 손주 모두에게 즐거운 디즈니랜드의 존재감을 어필한 덕분이다.

그 근거는 맞춤서비스다. 즉 철저한 고객조사를 뺄 수 없다. 회사는 입장객 설문조사를 매일 실시해 방문빈도와 목적을 청취, 이를 비즈니스에 완벽하게 반영한다. 이는 30년간 단 하루도 빠지지 않았다. 맞춤서비스를 제공할 근로자의 근무의욕에도 공을 들인다. 내부고객의 잠재성에 주목한 것이다. 2만 전체 종업원 중 90%는 아르바이트로 전형적인 단기근무자다. 그럼에도 이들은 최강서비스를 제공한다. 능력발휘를 위한 비밀

장치 완비 덕이다. 즉 직원이 회사가치에 맞는 행동을 하면 칭찬카드를 주는데, 수령자는 연 2회 특별파티에 초청된다 Five Star Card.

아르바이트의 아이디어를 상품화하는 'I have 아이디어'도 일할 맛을 높인다. 아이디어를 내고 이게 상품화가 되도록 적극 장려한다. 인재육성을 위한 이런 독자시스템이 접객품질을 높이는 건 물론이다. 또 연간행사로 폐원 후 파크를 아르바이트 직원에게 개방하는 '땡스데이'도 유명하다. 직책을 넘는 팀워크가 고객에게 압도적인 행복감을 안겨준다는 차원에서 정규직이 아르바이트와 그 가족을 위해 서비스를 안겨주는 행사다. 임원이 음식을 나르고 사장이 청소한다. 대접받는 느낌은 가족의 만족감으로 이어질 뿐 아니라 잠재고객을 확보하는 데 주효했다.

도쿄디즈니랜드의 30년 우상향(↗) 성공스토리의 비밀은 시대변화를 선도하는 혁신적인 고객접점에서 찾아진다. 고령화·저성장으로 테마파크의 미래가 어두울 것이라는 예상을 깨고 승승장구하는 비결은 고객변화 및 성향분석에서 비롯되는 맞춤서비스로 압축된다. 포인트는 '아동인구→은퇴세대'로의 전략변화다. "디즈니랜드는 영원히 완성되지 않는다"라는 창업자의 말처럼, 중차대한 시대변화조차 일상적 도전의 반복으로 받아들인다. 이제 이 도전은 시니어를 넘어 해외고객을 향한다. 경험수출이다.

2

노화방지 :
시니어의
외모 변신은 무죄

기왕이면 젊게 보이려는 욕구

　　웃으며 즐기자면 준비가 필수다. 같은 값이면 은퇴인구의 외모·패션이 돋보일 경우 생활유희의 만족도가 높아질 수 있다. 이런 점에서 피파세대의 4단계 소비욕구인 키워드 '행복'은 다양한 산업연관적인 준비수요를 창출한다. 대표적인 것은 노화방지Anti-Aging다. 늙음을 거스를 수는 없지만 최대한 지체하거나 관리한다면 은퇴시기의 생활품질을 높이는 데 기여할 수 있다. 피부·체형관리를 포함한 의료·화장품부터 의류, 헤어 등 노화방지를 위한 상품과 서비스는 이미 셀 수 없이 많다.

　　특히 화장품업계의 떠오르는 고객 중 하나는 시니어인구다. 이들은 고정관념을 깬 남성화장품의 파격적인 성장세와 함께 돋보이는 유력시장으로 거론된다. 화장하는 남성그룹을 보건대 고리타분한 대고객인식은 서둘러 파기할 필요가 있다. 일본의 경우 섬세하고 부드러운 남자를 원하는 시대상황이 부각되며 화장하는 남자를 잡으려는 업계경쟁이 뜨겁다. 남성전용 물티슈에 화장수 사용비율은 20~50세대에서 30%에 달한다.

한발 더 나아가 이제는 '미백美白남성'이 화제이슈다. 자외선과 기미로부터 피부를 지키려는 남성의지가 확연해졌다. 젊은 시절 운동 등으로 생겨버린 기미를 없애고픈 중·고령남성의 수요가 시장성장을 견인한다. 그뿐만 아니다. 어머니의 영향으로 피부 관리의 경험이 빨라지면서 미백화장품을 접하는 연령대는 낮아졌다. 중학생부터 50대 남성을 대상으로 실시한 조사에 따르면 남성의 미백지향성이 확실히 늘었다(맨덤·2012년). 2012년 15.4%로 2001년보다 3배 증가했다.

시니어 화장품의 전성시대

늙음에 맞서는 남자화장만큼 고령화장도 긍정적이다. 예쁘고 젊게 보이려는 화장습관이 은퇴시기를 버텨내려는 고령인구의 경쟁력 강화 무기가 될 수 있어서다. 특히 앞으로는 고령남성의 피부·체형관리 시장 데뷔마저 낯설지 않을 전망이다. '제조업→서비스업'으로의 산업재편이 현역남성의 중성·여성화를 가속화하듯 여기에 더해 '회사인간→은퇴남편'의 판도변화도 은퇴남성의 성격·외모 등을 관리할 필요를 낳는다. 은퇴 이후에도 현역시절처럼 근육지향적인 생활을 연장하면 곤란하다.

물론 나이를 먹으면 늙는다. 자연의 거대순리다. 반면 거스르려는 건 또 인간의 기본욕구다. 결국엔 지겠지만 노화는 어떡하든 저지하고프다. 미美에 본능적인 여성이면 더 그렇다. 예뻐 보이고픈 심정발로다. 저성장에도 불구, 화장품시장이 잘 버텨내는 이유다. 단 출산감소로 청년인구가 감소하는 고령사회라면 얘기가 좀 다르다. 길게 봐 시장축소가 불가피하다. 타깃고객의 감소우려다.

그러나 음이 있으면 양도 있는 법이다. 장수사회가 반드시 화장수요를 줄이지는 않는다. 앞서 살펴봤듯 거대한 인구비중인 고령시장이 불황탈출구가 될 수 있기 때문이다. '화장하는 아줌마·할머니'의 등장이다. 이들은 특히 황혼노인보다는 숙년熟年여성을 자처·지향한다. 황혼연애·재혼 등 새롭게 신부꽃길을 걸으려는 실현욕구도 이를 뒷받침한다.

실제 이들은 관련업계의 유력한 알짜고객이다. 추계를 보면 일본의 경우 2019년 전체여성의 50.2%가 50대 이상의 아줌마·할머니인구일 전망이다(국립사회보장인구문제연구소). 기업·시장이 시니어시장에 관심을 쏠 수밖에 없는 인구변화다. 해당세대의 구입규모는 2조~3조엔대 화장품시장의 절반정도다. 한국도 크게 다르지 않은 것이, 인구변화를 감안컨대 중·고령 여성인구의 구매여력은 이미 최고수준이다.

덕분에 시니어전용 신규브랜드·상품은 경쟁적으로 발매된다. '시니어메이커화장품'의 전성시대. 최대메이커인 시세이도는 2015년 1월 '프리올'을 내세워 모두 33개의 전용상품을 출시했다. 카오가 내놓은 50대 고객대상 아이섀도는 자사제품 중 시장점유율을 3배나 올렸다. 쥐기 편하고 단번에 색조를 넣는 획기적인 기획이 먹혀들었다. 2011년 발매된 전용 파운데이션은 매년 두 자릿수 성장세다. 구매력은 생각보다 좋다. 60대 여성의 1개월 화장품 구입액은 약 1,700엔으로 30~40대와 차이가 거의 없다. 게다가 매년 증가세라 조만간 주력고객으로 연결될 게 확실시된다(카오).

마케팅도 뜨겁다. 왕년의 여배우(70세)를 광고모델로 발탁한 시세이도는 광고효과 덕에 애초 계획보다 1.7배 더 팔았다. 시니어광고는 자사의 고객조사 결과 "몇 살이든 여자임을 포기할 수 없다"는 반응에 고무된 결과다.

특이한 분석도 있다. 남녀고용기회균등법(1986년)의 수혜를 입지 못한 50대 이상 여성의 높은 성별자각성이 뒤늦게 화장수요로 연결된다는 의미다. 차별문화 없이 자라온 청년보다 상대적으로 억눌린 감정이 많은데 이게 황혼기 화장수요로 표출된 셈이다. 세분화하면 50대는 버블추억, 60대는 베이비부머의 소비성향, 70대는 남편외조 등의 인구특징이 화장수요의 기본배경이다.

시니어화장품의 최대특징은 가령加齡배려다. 큰 글자의 설명서는 물론 한 번의 터치로 짙은 색조가 연출되고, 악력이 약해도 쉽게 사용토록 용기모양을 바꾼다. 포인트는 '즐겁고 손쉽게'다. 뚜껑과 개폐부분을 몸통과 달리 보색으로 배치해 노안·백내장 등에도 대응토록 했다. 일부제품은 케이스 내부에 실물보다 2배나 더 잘 보이는 확대경까지 붙인다. 외부는 잘 미끄러지지 않도록 요철처리도 한다.

사실상 범용성Universal Design의 강화다. 연령·장애여부와 무관하게 편하고 안전하게 이용하도록 설계한 셈이다. 여성고령자에 맞췄지만 모두를 위한 디자인의 실현이다. 공간구조, 가구·시설배치 등에만 차용되던 노인배려가 화장품에도 차용된 형태다. 업계는 피부트러블과 화장지식·기술부족의 해소요구가 많다는 점에 주목, 관련수요에 맞춘 대응책에 적극적으로 나서는 형국이다.

아름다운 변신을 위한 시니어 전용 제품들

화장품만이 아니다. 노화방지의 커버리지는 대단히 넓다. 일단은 시장이 확인된 여성시니어의 마음을 사고자 열심이다. 먼저 고객이탈에 고심 중인 백화점은 고령여성을 위한 전용매장을 별도 층에 마련했다. '다이마루(大丸)백화점' 교토점은 2011년 60~70대를 노린 전용공간 '마담실렉션'을 오픈했다. 여유로운 쇼핑을 위해 브랜드를 줄이고 곳곳에 2~3인용 휴게공간을 갖췄다. 피팅룸은 원래보다 1.5배 늘리고 의자와 손잡이를 둬 배려했다. 지적 호기심을 맞추고자 전통녹차 매력을 알리는 강좌나 포장체험 등 강좌까지 개최한다. 눈높이에 맞춘 즐거운 쇼핑이 지향점이다.

과거에는 볼 수 없었던 시니어패션쇼도 이제 흔해졌다. 그간의 고령자 패션스타일과는 확연히 차별화된다. 화려한 가발에 최신 유행 조끼 등이 적극 권유된다. 전통인식과는 한참 멀다. 차분하고 소박한 컬러·패션이 불만인 고객심중을 읽어낸 결과다. 이와 관련해 시니어모델을 채용하는 등 활기찬 아줌마·할머니의 활약상에 주목한 관련회사와 매체기사도 급증세다. 굳이 고령고객을 타깃으로 한 전문메이커가 아니라도 특별기획 등을 통해 시니어의 노화방지를 주요한 아이템으로 구성한다.

그럼에도 불구, 체형변화로 젊은이와 같은 스타일을 입을 수는 없다. 색다른 걸 원해도 칙칙한 컬러에 대형사이즈뿐이다. 이런 옷에 패션은 없다. 틈새는 여기서 도출된다. 기능성을 강화하면서도 멋쟁이처럼 보이려는 패션제안이다. 늙은 몸매지만 맵시를 강조하고 편안하게 입을 수 있도록 했다.

아예 리사이클까지 트렌드다. '마담토모코'는 등과 허리가 맞지 않는 옛 옷을 수선해 완전히 새롭게 변신시켜준다. 늙어 등이 굽은 경우 뒤쪽이 길어지도록 주름을 넣어 표시가 안 나도록 했다. 평균 8cm를 늘려 주름으로 조정한 게 히트를 쳤다. 특허까지 얻었다. 2004년 전업주부가 창업한 후 지금은 직원 4명으로 불어난 성공창업 사례다. 통신판매와 인터넷이 주력루트로 연간 1억엔 매출을 달성했다.

감사편지도 줄을 잇는다. 젊음과 자신감을 안겨줘 즐겁게 외출할 수 있게 돼서다. 이 밖에 잘 풀리도록 버튼을 평평하게 하거나, 팔꿈치 노출을 싫어해 소매를 늘인 디자인까지 나왔다. 고객입장의 디자인이니 만족도는 높다. 버릴 옷을 재활용하고 추억까지 돌려준다는 점이 먹혀들었다.

물론 실패사례도 있다. 유명 통판회사 '닛센'은 고령자의 패션니즈에 주목해 2012년 그간 주력했던 20~30대의 타깃고객에서 벗어나 60~70대를 위한 전용 계절패션 카탈로그('ここいろ気分')를 선뵀다. 시니어마켓에 대한 본격적인 진출신호였다. 5호가 발매된 시점에 도합 100만부가 배포되는 등 큰 화제를 모았다. 실험초기는 판매액이 우상향하며 성공적인 평가가 잇따랐지만 오래가지는 못했다. 회사는 2016년 1월부로 카탈로그 판매를 중단했다. 시장관심 등 선점경쟁에서는 앞섰지만 고령고객의 차별화된 취향과 구매패턴 등 세세한 맞춤서비스에 실패했기 때문으로 추정된다.

3
생활유희 : 인생 후반전도 재밌게, 더 재밌게

놀이는 인간의 본성

인간은 '놀이'가 본성·본능이다. '놀이하는 인간'의 호모루덴스 Homo Ludens란 분석까지 있다. '존재이유=놀이추구'라는 입장이다. 평생놀이로 변화무쌍한 질곡세상을 살아내는 게 인생이다. 노동 등 일상생활은 모두 놀이에서 그 원형을 발견할 수 있다. 상대가 있고, 그들과 선택을 반복함으로써 식색食色을 완성하는 게 인생이다. 일종의 상대성 게임무대다. 인생후반전도 놀이를 뺄 순 없다. 어쩌면 놀이필요가 금전부담보다 우선변수일 수 있다.

다만 쉽잖다. 은퇴와 함께 호모루덴스란 타이틀은 자연스레 박탈당한다. 놀 여유도, 대상도, 의지도 없어지는 현실한계 탓이다. 현역강판은 이를 한순간에 뺏기는 충격적인 이벤트일 수밖에 없다. 직장은 돈벌이지만 동시에 놀이터다. 현역시절 다녔던 호구지책의 직장상실은 생계수단의 종료뿐 아니라 놀이터가 사라짐을 뜻한다. 가족보다 오래 보며 지지고 볶던, 인생사 절대지분을 투하한 놀이터의 실종은 그 충격과 여파가 훨씬 크고 길다. 인생후반전 내내 타격을 받는 게 보통이다.

방법은 없을까. 결국엔 양수겸장이다. 현실세계의 희로애락과 노후생활의 유희세계를 함께 준비하는 것이다. 물론 어렵다. 요컨대 재미를 좇기엔 소득이 울고, 소득을 밝히기엔 재미가 사라진다. 그럼에도 둘의 적절한 추구가 권유된다. 특히 장수시대의 대비차원에서 호모루덴스를 실현하는 양수겸장의 삶은 매력적이다. 현역시절부터 체득한 노동(소득)과 놀이(취미)의 균형적인 정력배분은 식색불일치의 인생한계를 넘어설 유력대안이다. 호모루덴스의 인생후반전은 이래야 행복해진다.

노래방, 게임센터 ··· 시니어를 위한 유희 공간들

4단계 행복추구의 실현욕구는 '생활유희'로 요약된다. 이때 은퇴인구에게 가장 저렴하고 효과적인 생활유희의 해결수단은 생활반경에서 큰 부담 없이 즐길 수 있는 간단한 오락거리의 마련과 실천이다. 스트레스 해소공간에서 이를 날려버리고 즐김으로써 노후생활의 경제적인 행복추구가 가능하기 때문이다.

역시 선두주자는 오락실(게임센터)이다. 일본에선 게임센터가 고령인구의 일종의 아지트로 최근 떠올랐다. 사양산업으로 추락한 레저·오락업계는 고령인구의 집단데뷔에서 활로를 찾는다. 2013년 『레저백서』도 "여가활동의 주력연령층이 10대에서 60대 이상으로 변화했다"고 밝혔다. 이유는 생각보다 멀리 있지 않다.

고령인구의 소비지점인 1~3단계 생활, 건강, 관계욕구가 일정부분 충족된 은퇴인구는 4단계인 행복욕구를 위한 행보를 개시하게 마련이다. 정신적인 생활품질을 향상시키기 위한 수요로 주로 중산층 이상의 금전여유와 시간여유, 그리고 신체건강을 겸비한 경우가 해당한다. 액티브시니어로 불리는 적극적인 소비주체로의 변신시도다. 여기에 발맞춰 도쿄디즈니랜드를 비롯해 레저·오락업계가 고령고객을 적극적으로 유치하고자 다양한 시설·서비스·제품을 앞다퉈 선뵌 게 주효했다.

≫ 노래방

먼저 노래방부터 보자. 업계에 따르면 갈수록 6080세대의 단골방문객이 증가세다. 스트레스 해소와 기분전환에 제격이란 점에서 고객의 30%가 노인계층으로 알려졌다. 젊은 고객만 노려서는 생존자체가 힘들다는 판단에 할인행사를 비롯한 각종 무료서비스를 제공해 매출감소를 줄일 수 있었다. 여기에는 사활을 건 부활노력이 있었다. 현역인구의 이탈을 막고, 고령인구를 모시려는 기발한 아이디어가 그렇다.

보편적인 업계대응은 특전제공이다. 시시때때의 요금할인 등 고령특전을 비롯해 음료·과자의 무료제공은 일반적이다. 인터넷·만화 등을 제공하는 복합공간의 경우 치매예방 프로그램을 비롯해 혈압측정·마사지 등 건강유지·증진메뉴까지 갖춘다. 바둑·마작·장기 등은 기본이고 일부는 동일공간에 손주용 놀이시설도 됐다.

고령전용 레저점포까지 있다. 회비를 내면 느래·요가 등 80종류의 레슨을 받고 건강식까지 제공하는 사업모델이다. 노인한정의 회원제로 고가지만 카페스타일을 지향해 인기다. 대형노래방업체 '다이이치흥상 第一興商'은 시험운영 후 성공에 고무돼 전용점포를 100개 이상으로 늘릴 계획이다.

회사는 아예 업계초월의 협업모델까지 추구한다. 발상을 깬 아이디어다. 노래방과 편의점을 합한 일체형 복합점포가 대표사례다. 협업을 통한 새로운 부가가치의 창출이 목표다. 편하게 찾을 수 있는 편의점의 편리성과 노래방의 오락성을 동시에 실현함으로써 양질의 서비스를 제공할 수 있다고 봤다. 주택가와 겹치는 도쿄도심의 번화가로 개점 이후 방문고객은 꾸준히 늘고 있다.

점포풍경은 생경하다. 간판부터 절반씩 나눠 공동점포를 뜻하는 플러스(+)가 붙는다. 점포 한쪽은 편의점, 반대쪽은 노래방을 배치해 계산대가 붙은 출입구에서 나뉜다. 상생효과는 노래방의 외부음식 반입허용에서 확인된다. 편의점에서 구입한 상품을 노래방에서 자유롭게 먹게 해준다. 스푼, 컵, 접시 등 필요한 건 10엔으로 빌려준다. 편의점은 입구근처에 노래방 손님을 위한 구강보호 캔디 등을 전략적으로 배치해 눈길을 잡는다. 평범한 편의점에는 거의 없는 다양한 주류도 280종 구비해 유흥을 돋운다.

노래방은 1인 1시간 840엔인데 편의점 음식가격이 싸니 고객으로서는 경제적이다. 실비가격인 셈이다. 노래방도 밑질 게 없다. 보통의 일본 노래방은 한국과 달리 음식주문이 가능해 접객은 물론 조리 스태프와 주방설비까지 필요하다. 그런데 공동점포에선 이런 비용지출이 불필요하다. 편의점에서 고객이 직접 사 들고 들어오면 끝이다. 셀프서비스에 따른 경비절감 메리트다.

주목해야 할 건 고령인구가 단골고객이란 점이다. 노래방 오후손님은 절반가량이 노인인구다. 때문에 이들 입맛을 고려한 차별화된 제품공급이 관건인데, 편의점은 어묵, 샐러드, 도시락 등 신선제품을 배치해 지갑공략에 성공했다. 공동점포지만 운영주체는 한곳이다. 노래방이 운영주체라면 편의점은 영업권을 노래방에 넘기는 대신 매월 판매금액의 일부를 지급받는 형태로 꾸려진다.

≫ 게임센터

상점가라면 어디서든 만나는 게임센터도 노인고객의 천국으로 변신했다. 유력한 신규고객층으로 고령자를 지목한 결과다. 공통점은 노인고객의 눈높이에 맞춘 접객서비스다. 돋보기 무료대여는 게임센터의 기본서비스로 정착됐다. 장시간 앉아 게임을 즐기도록 푹신한 의자로 대체했고, 직원교육을 통해 고령고객의 만족도를 높이도록 강구했다. 급증하는 단신노인을 위해 친절한 응대서비스는 물론 대화법을 교육해 직원과의 거리감을 줄였다. 덕분에 주 3~4회 방문하는 단골노인이 흔해졌다.

원래 게임센터는 고급화와 대형화로 효율적인 운영전략을 추구했었다. 젊은 이미지를 강조한 건 물론이다. 하지만 청년감소가 구체화되면서 고전이 불가피해졌다. 게임센터 시장은 2007년 7,000억엔에서 2010년 5,000억엔대로 급감했다. 오락 다양화와 게임기 공급과잉으로 적자점포가 늘어 폐쇄가 불가피해졌다. 소프트웨어는 그나마 히트상품이 창조되면 매출회복이 가능하지만 하드웨어인 게임센터는 그럴 여지가 없다. 그만큼 수익개선을 위한 압력이 직접적이고 충격적이었다. 와중에 건강해진 고령자를 타깃으로 한 신규고객 확보전략이 도출됐다. 다행히도 결과는 긍정적이다. 노인타깃의 접객서비스를 강조한 회사일수록 미약하나마 매출증가가 목격돼서다. 게임센터의 고육지책은 노인문제 해결힌트까지 제공한다. 고령자의 유력한 여가·취미활동으로 떠올라서다. 치매방지에 좋을뿐더러 파친코보다 경제적이란 게 장점이다. 입소문이 나면서 경로당처럼 커뮤니케이션 장소로도 각광이다. 일부는 전용휴게실까지 설치했다. 노인사교장으로의 변화시도다.

이 밖에도 차별적인 고령전용서비스는 다양하다. 노인인구에게 익숙한 방언을 사용하는 직원을 배치해 친근성을 높이는 점포도 있다(타이트). 지역밀착 중시경향으로 매년 접객대회를 열어가며 눈높이 노인대응을 강조하는 것은 물론 지자체·병원에서 게임교실 티켓을 배포하는 더 적극적인 회사도 있다(카프콘). 게임센터에서의 놀이방법을 무료로 가르쳐주는 티켓을 돌려 호기심을 자극하는 전략이다. 노인고객을 위해 점수(포인트)제도를 강화한 곳도 유명하다(세가). 게임 후 자동으로 포인트가 쌓이는 디지털카드와 스탬프로 점수를 모으는 아날로그카드 모두 준비해 선택의 폭을 넓혔다.

한편 고객을 뺏긴(?) 파친코업계는 비상이다. 원래 파친코의 최대고객은 중년 이상 고령고객이다. 출퇴근하듯 파친코에 몰두하는 탓에 중독환자도 끊이지 않을 정도다. 1950년대 '엄지족(親指族=파친코 레버를 엄지로 당긴다는 뜻)'이란 유행어까지 만들어낸 주인공이다. 하지만 파친코업계는 갈수록 불황일선에 내몰리는 양상이다. 2006년 구슬 1개에 4엔씩 하던 걸 1엔으로 떨어뜨린 '1엔 파친코'까지 고안해냈지만 대부분 여전히 적자압박에 고전 중이다. 우량입지가 아니면 생존이 힘들어졌다.

시장규모는 1990년대 30조엔에서 최근 20조엔대까지 줄어들었다. '레저=파친코'의 이미지마저 사라질 찰나다. 하물며 게임센터에도 밀렸다. 자금력을 갖춘 과점형태로 재편되면서 중소업체 자금회전은 더욱 힘들어졌다. 고령고객을 잡고자 신속한 기기교체와 당첨확률 조정 등이 요구되지만 중장기적으로 자멸행위에 가까워 부담스럽다.

결국 파친코업계는 노래방·게임센터의 벤치마킹을 통해 노인이탈을 막고자 사활을 건 분위기다. 눈높이 접객서비스는 물론 몸이 불편한 노인고객에겐 송영送迎서비스까지 제공한다. 스태프가 옆에 붙어 세세하게 조언하거나 필요한 걸 언제든 제공하는 감동서비스를 해주는 곳이 늘어났다. 음료를 건강식으로 바꾸는 곳도 적잖다. 덕분에 개중 일부업체는 노인고객 이탈에 브레이크를 건 모습이다.

4
평생학습 : 배움에는 은퇴가 없다

공부에 대한 열정은 멈추지 않는다

공부는 평생화두다. 학령기가 끝났다고 손 놓으면 더 나은 삶은 사라진다. 향상向上심은 인류발전의 원천욕구 아니던가. 하물며 생존환경이 빡빡해진 현대사회에서 공부는 불편·불안·불만을 통제하는 중대한 추동엔진이다. 공부란 게 바늘구멍이란 표현처럼 노력대비효과의 논공행상은 차치하고 '불행→행복'의 연결지점인 것만은 사실인 듯하다. 잘 살아냈다는 사람치고 평생 배우지 않은 이는 없으니 말이다.

은퇴시절도 마찬가지다. 그러니 평생학습이다. 실제 학습능력은 중요한 생존무기다. 써먹을 데가 없으니 배울 일도 없다고 여기기 쉬운 노후생활 때도 똑같다. 판단력과 사고력은 되레 한정자원 속의 의사결정이 잦은 은퇴시기에 더 필요하다. 효율적 학습능력의 부재는 장수사회 생존을 위한 최적화의 포기로 해석된다. 학습클리닉까지는 아니라도 본인에게 맞는 공부법의 수요는 그래서 많다.

이렇듯 은퇴시절 행복은 놀이로만 완성되지 않는다. 끊임없는 배움이 겸비될 때 비로소 은퇴생활의 행복은 일단락된다. 돈이 많아도, 사람이 넘쳐도, 즐길 게 많아도 그것만으로 행복인생을 장담할 수는 없다. 배움의 욕구와 이를 통한 성취실현은 갈수록 길어지는 노후생활의 품질을 결정할 주요변수 중 하나다. 상상과 사유가 멈추면 늙고, 배움과 학습이 멈추면 쓰러진다고 했다.

고령기일수록 취미학습이 중요하다. 웃으며 즐기는 생활유희의 한 축은 배움과 학습에 관한 고령인구의 소비니즈로 축약할 수 있다. 고령화가 진행된 선진국일수록 취미학습은 작지만 꾸준한 소비영역을 구축한다. 되레 현역시절 돈벌이에 급급해 포기할 수밖에 없었던 평생화두와 자아실현의 해소차원에서 은퇴 이후 보다 적극적이고 효율적으로 취미학습을 추구하는 경우가 적잖다.

그럼에도 한국의 경우 은퇴인구의 취미학습은 일부만의 제한된 소비영역에 머문다. 평생학습이라 해도 직장인을 중심으로 한 현역인구에 포커스가 맞춰질 뿐, 은퇴세대의 학습수요까지 커버하는 경우는 드물다. 일부 공공기관에서 지역민을 대상으로 한 생활교육이 그나마 다행스럽다. 조금씩 개선되고 있다지만 △부족한 프로그램의 라인업 △열악한 학습의욕의 발굴구조 △참여를 위한 진입장벽 등의 개선이 요구된다. 궁극적으로는 민간영역의 적극적인 시장창출이 시급하다.

한국보다 낫지만 일본사정도 엇비슷하다. 일본사회는 오랫동안 은퇴 이후 취미모색이라는 숙제를 풀고자 고전해왔다. 다만 성과는 생각보다 미미하다. 다종다양 혹은 확대일로라는 수식어를 붙일 수는 있지만 그렇다고 '은퇴인구=취미학습'에는 역부족이다. 은퇴 이후 집 안에 함몰돼 고립되는 등, 서구 선진국과 달리 활동성이 떨어지는 특유의 아시아적인 특징을 거론하지 않을 수 없다. 그럼에도 바람직한 풍경이 있는데, 한국으로서는 여기서 벤치마킹의 가능성을 끄집어낼 수 있다.

같은 맥락에서 닛세이기초연구소가 내놓은 '단카이퇴직자, 맘 둘 곳은 어디'라는 보고서(2012년 11월)가 화제를 모았다. 부제는 '공립도서관의 인기이유'다. 1947~49년생 베이비부머들이 2012년 65세에 달하면서 대량퇴직이 시작됐는데, 이들이 즐겨 찾는 공간으로 도서관이 인기목록에 올랐다는 요지다. 이용만족도를 높이는 대출업무의 신속화, 도서검색의 지원, 화제신간의 적극구입 등과 함께 베이비부머가 처한 현실한계가 도서관 방문을 끌어올렸다고 봤다. 쾌적한 시설환경, 경제적 부담경감, 여유로운 이용시간 등이 은퇴세대 특유의 불안감을 안심감으로 승화시키는 데 기여했다는 의미다.

이는 꽤 의미 있는 신호일 수 있다. 대내외로 위축된 은퇴생활이 갈수록 억압적이고 폐쇄적인 양상으로 흐를 공산이 큰데, 이때 공립도서관은 남에게 폐를 주지 않으면서 시간을 보내기에는 제격이기 때문이다. 물론 활기와 에너지가 넘치는 외향적인 성격 혹은 학습에 익숙지 않은 경우 해당사항은 없지만 적어도 집 안에서의 매몰확률을 낮춰줄 수 있다는 점에서 안전장치일 수는 있다.

실제 노인은 잘 움직이지 않는다. 간병이 필요한 노인환자야 둘째 치고 건강한 노인조차 일상생활에서 움직임이 별로 없다. TV 앞에 앉아 기계적으로 리모컨을 돌리며 시간을 보내는 경우가 일상다반사다. 집 밖에 나서면 돈이니 외출비용도 부담스럽다. 산책과 등산이 아니면 선택카드는 거의 없다. 은퇴남성 중 이곳저곳 기웃대며 집 밖에서의 활동공간을 찾으려는 인구는 더 없다. 이웃과의 일상교류는 물론이다. 활동영역이 좁으니 커뮤니케이션은 불통이다. 은둔생활의 독거노인이 양산되는 배경이다.

다행스러운 건 변화조짐이다. 길어진 인생 2막을 살아내고자 취미활동으로 사회참가의 끈을 유지하려는 수요증가다. 일본노인의 집단참가 여부를 물었더니 절반 이상이 참가 중이라 대답한다. 주로 건강과 유대를 챙기는 스포츠와 지역행사 등이 상위항목이다. 외부활동에 참가할수록 삶의 만족도가 높아진다는 현실이유가 한몫했다.

'배우려는 노인'도 늘었다. 학습·자기계발·훈련 등을 받은 고령자는 갈수록 증가세다. 베이비부머처럼 젊은 고령자가 새롭게 합류하고 노인활력을 높이는 각종 제도정책이 겸비된 결과다. 막 은퇴를 했거나 은퇴예비군 중 적잖은 수가 노후생활을 즐기고자 새로운 취미영역에 데뷔했다는 얘기다. 선배세대를 통해 돈보다 중요한 노후가치를 배운 덕분이다. 대부분은 유대와 연대로 요약되는 사람과의 연결고리다. 이를 더 갈무리한 게 취미다. 노년취미야말로 관계돈독의 메인장치인 셈이다.

이른 아침 문을 여는 시니어 교실들

일본의 경우 베이비부머가 본격적으로 고령인구로 접어들면서 시니어대상의 취미학습이 점차 주목을 끄는 양상이다. 아직은 틈새시장의 차원이지만 학령기 인구감소를 감안할 때 곧 본격적인 전략수정이 활발해질 전망이다. 가령 재수학원의 경우 대규모 교사校舍폐쇄가 잇따르면서 새로운 고객발굴을 위해 고전 중이다. 학원재벌의 조락뉴스가 일상적인 가운데 일부는 부동산업종으로 전환하기까지 한다. 융합프로그램을 만들어 고객그룹을 확대하거나 다양한 부가교육을 신설하는 건 보통이다.

와중에 일부업체는 시니어의 취미학습에 주목, 그들의 특징적인 라이프스타일을 적극적으로 수용해 사업모델로 전환한 사례가 있어 돋보인다. 일례로 늙으면 적어지는 아침잠을 취미학습의 기회로 연결한 시도다. 은퇴세대의 하릴없는 여유시간을 공략하면 지갑을 열 것이라는 기대감의 표명이다. 학원·세미나·운동 등 시니어의 아침활동을 응원함으로써 새로운 부가가치를 창출한다는 포부다.

원류는 직장인을 중심으로 한 '아사카츠朝活'다. 잦은 야근으로 시간에 쫓기는 직장인을 위해 아침을 충실히 활용하자는 차원이다. 이를 보다 확장해 이해한 게 10만 시간의 함정에 빠진 고령세대의 아침활동이다. 일본노인의 경우 늦어도 6시 이전에 일어난다. 기상 후 30분 정도 산책하다 TV 보며 아침을 먹는 스타일이 보편적이다. 그래봐야 7시면 할 일이 없어지는 셈이다. 특별한 취미나 일이 없다면 멀뚱멀뚱 보낼 수밖에 없는 고독시간이다. 반면 주택가 인근상점은 빨라야 9~10시 오픈이다. 틈새수요다.

아침을 활발하게 보내려는 노인수요에 발맞춘 제품·서비스는 증가세다. 일단 스포츠 및 레저시설이 적극적이다. 오픈시간을 앞당겨 시니어의 새벽활용에 대응하기 위해서다. 가령 도쿄의 '업티upty탁구스테이션'은 주중에 아침 7시 20분부터 시니어교실을 개최한다. 주택가에 위치한 전통음악, 피아노 등의 교습소도 아침의 무료함을 달래려는 시니어고객을 대상으로 각종 혜택을 제시하며 고객몰이에 나선다.

종합레저업체인 '라운드원'은 2013년 전국 100여 개 점포에서 주말 및 휴일 아침 5~8시에 볼링게임 할인제도를 실시했더니 시니어고객의 이용증가가 확연했음을 확인했다. 이후 아침할인은 정규제도로 안착한 분위기다. 계열사인 후쿠오카 노래방은 아침 6~12시까지 풀타임에 400엔 마케팅을 펼쳐 시니어고객의 호응을 얻어냈다. 여세를 몰아 아침식사까지 포함한 690엔짜리 할인권은 발매와 동시에 줄 서는 사태까지 낳았다. 지금은 전국공통 713엔에 노래·음료 무제한은 물론 동반할인까지 적용한다. 실버회원에게는 점포별로 추가적인 할인적용도 가능하다.

극장체인인 'TOHO시네마'는 빌 수밖에 없는 아침시간에 영화관을 활용키로 했다. 유효활용의 극대화를 이뤄줄 일등공신은 시니어고객이다. 요컨대 'Senior Voyage' 프로그램이다. 도쿄 근교의 절과 골목길 등 연배가 있는 이들이 추억을 반추하는 화면을 음악과 함께 3분 정도 흘려보낸 후 본편에서 역사인물 혹은 전통문화를 소개하는 상품이다. 하나같이 시니어의 호기심을 자극하는 영상물로 구성된다. 극장이 비는 8시부터기에 800엔의 저가에도 오히려 남는 장사다. 특히 행사종류 후 식사모임이나 여행 등 추가적인 교류기회를 지원해주는 게 입소문의 원동력이 됐다.

아침활동의 핵심고객은 여성고령자, 즉 중·고령의 아줌마·할머니

그룹이다. '여성〉남성' 및 '고령〉현역'일수록 아침잠이 적다. 실제 이들에게 러브콜을 날리고자 할머니들의 생활패턴에 맞춰 이들이 좋아함 직한 아침 할인제도를 만드는 곳도 늘었다. 유통업체 '이온'은 '아침이득(朝トク)'이라는 용어까지 만들어냈다. 아침 7시 개점 기획행사로 7~10시까지의 구매금액에 상응하는 쿠폰을 발행해준다. 애초 시니어만을 타깃으로 한 것은 아닌데, 뚜껑을 열어보니 수혜고객의 대부분이 고령인구로 집계되자 지금은 제품배치를 고령선호에 맞춰 변경하는 등 마케팅에 열심이다.

'스마트 시니어'의 탄생

인터넷 등 IT기술의 발전은 은퇴세대 취미학습의 루트와 재미를 한층 높여준다. 덕분에 열도노인 중 적잖은 수가 인터넷에 익숙해지고 있다. 현역시절 IT에 노출된 베이비부머가 은퇴세대에 가세하면서 가상공간을 적극적으로 활용하는 경우도 늘었다. 이들의 경우 늙음의 레테르를 거부하는 저항성이 적잖다. 지향성은 인터넷으로 요약된다. 첨단기기를 출입구로 활용해 가상공간에서 활력을 얻으려는 수요증가다. 노인을 둘러싼 기존시선으로는 이해하기 힘든 풍경이다.

이유는 많다. 젊은 노인이 많으니 나이로 인터넷과의 거리감은 설명할 수 없다. 독거노인과 인터넷의 연결고리도 의미 있다. 인터넷은 일정 거리를 유지하면서 커뮤니케이션 밀도를 높여주는 접촉도구로 제격이다. 지혜주머니답게 노인인구와 청년인구를 연결해주는 것도 인터넷이다. 고민상담 등 인생선배로서의 경륜발신에도 좋다. 무엇보다 정신건강을 뺄 수 없다. 건강할수록 도전의식은 비례한다. 즉 관리여하에 따라 내구耐久성을 늘릴 수 있는데, 이때 인터넷은 중요한 지지기반이다.

실제 고령인구의 인터넷 이용률이 증가했다. 현역에게 인터넷 없는 생활은 상상불가지만 노인은 이 고정관념에서 제외해 생각했었다. "몰라서 못할 것"이란 이미지였다. 결과적으로 틀렸다. 50대는 물론 60~70대의 인터넷 이용률이 이를 뒷받침한다. 60대 일본노인의 인터넷 이용률은 2001년 15%에서 2010년 65%로 늘었다. 2010년 기준 70대의 40%가 인터넷을 이용한다(총무성).

신조어도 나왔다. '스마트 시니어'다. 스마트폰·태블릿PC 등으로 무장한 노인인구다. 각종 IT기기의 확대·보급으로 고령인구의 정보화는 더 늘어날 전망이다. 히트상품까지 나왔다. 2012년 출시된 시니어 대상의 스마트폰 브랜드(후지쯔) '라쿠라쿠'가 대표적이다. 누적판매 2,000만대를 돌파한 고령전용 스마트폰이다. 불필요한 기능은 없애고 천천히 크게 듣는 기능을 강화했다. 버튼과 글자를 키운 것도 인기배경이다.

가상공간도 활발하다. SNS인 '취미인구락부趣味人俱樂部'는 노인정보는 물론 2030세대와의 공감이슈를 찾아내 화제다. 트위터에는 1만명 이상의 팔로워를 보유한 할머니까지 출현했다. 이들은 전쟁체험과 사회문제 등 광범위한 화제를 인터넷을 사이에 두고 2030세대와 교류 중이다. 덕분에 이들의 생활만족도는 60~70%에 달한다. 3명 중 2명이 현재의 라이프스타일에 만족한다.

인터넷노인은 사회문제 해결에도 활용된다. 구매난민처럼 생활주변에서 일상필수품을 사기 힘들어질 경우 노인인구의 배달수요 중 상당수를 인터넷으로 할 수 있다. IT가 생존과 직결된 것이다. 이런 점에서 보면 은퇴세대가 IT에 친근해지는 건 시간문제다. 인터넷이 점포위주의 소매채널을 위협하게 된다는 의미다.

'스마트 시니어'의 출현은 빙산의 일각이다. 인터넷에서 확인되듯 이제는 깨버려야 할 노인인구의 편견타파적인 행위·현상은 보다 광범위하게 펼쳐질 확률이 높다. 고령화가 심화될수록, 또 체력·기력을 확보한 젊고 건강한 노인인구가 적극적일수록 이들의 젊음 지향성은 장수사회의 유력한 사회풍경이자 사업기회일 수 있다.

5
추억반추 : 청년은 꿈에 살고, 노인은 추억에 산다

아, 옛날이여!

늙으면 추억으로 산다. 직장생활로 가족 건사하며 한창 먹고살 때야 추억이란 게 사치일지 몰라도 은퇴세대라면 얘기가 달라진다. 나름 인생숙제를 제법 끝내고 노후준비도 일정부분 완료한 중산층 이상이라면 특히 추억반추는 중요한 일상유희 중 하나일 수밖에 없다. 어쩌면 웃으며 즐기는 은퇴생활의 생활유희를 한층 풍족하게 해줄 중요한 공통접점이 '추억→행복'으로의 연결 시도일지도 모른다.

실제 한국에서도 어느새 과거 1970~80년대를 떠올리게 하는 새로운 소비제품·서비스가 중·장년 이상의 기성세대를 중심으로 지지를 얻으며 안착하는 모양새다. 전용카페는 물론 시대상황을 한눈에 보여주는 박물관·공원 등도 속속 등장한다. 압권은 2016년 세모를 달군 TV 드라마 '응답하라 1988'이다. 사회 전체를 집어삼킨 복고태풍은 유행을 넘어

주류장르로 안착했다는 평가까지 붙는다. 당시 풍미했던 제품이 음식료는 물론 의류 등에까지 확산, 새롭게 출시되며 추억반추의 힘을 추동하고 있다. 심지어 그간 소외됐던 단독주택마저 재조명을 받으며 고공행진의 가격대를 실현 중이다.

은퇴세대에게 추억공략은 히트상품의 상식코드다. 별도사례지만 향수자극의 광고효과로 매출증진을 일궈낸 사례는 이 밖에도 많다. '재출시', '부활' 등의 단골단어가 붙는 건 당연지사다. 앞선 사례처럼 TV인기에 편승해 전체세대에 고루 인기를 끄는 경우는 드물고, 대부분은 특화된 타깃고객을 공략하고자 추억반추의 소구지점을 활용한다. 그립던 그 옛날로 안내해주는 것만으로 은퇴세대의 지갑은 비교적 손쉽게 열리기 때문이다. 베이비부머가 65세가 되는 2020년이면 한국에도 고령인구를 설득하기 위한 추억반추의 소비키워드가 일상적으로 안착할 전망이다.

일본 시니어를 사로잡은 추억 마케팅, '쇼와 레트로'

일본의 시니어마켓에서 추억반추는 이미 중요한 성공화두다. 특히 막 은퇴세대로 진입한 베이비부머의 가처분소득이 높다는 점에서 50~60세대를 위한 추억반추가 유효하다. 고령과 청년을 연결하는 샌드위치 세대라는 점도 한몫했다. 이쪽저쪽에 다 걸친 연결소비의 장점을 잘 보여줘서다.

설명력이 확인된 건 감성마케팅이다. 추억을 매출로 연결하는 전략이다. 추억소구는 윗세대인 고령인구까지 한꺼번에 아우를 수 있단 점에서 실효성이 높다. 먹고살 만해질수록 추억은 확실히 돈인 까닭에서다. 추억을 내세워 성공한 제품·기업은 셀 수 없이 많다. 일본의 경우 매년 발표하는 10대 히트상품 중 반드시 1~3개는 추억키워드로 정리된다. 2010년대 초반 재출시 1년 만에 500만개 이상 팔려나간 요요나 5년 만의 부활로 대박을 낸 요구르트가 대표적이다. 모두 향수를 자극해 광고효과를 극대화, 매출로 연결했다.

추억반추를 위한 향수자극은 키워드가 생명이다. 어느 시대 누구를 대상으로 할 것인가에 따라 승패여부가 여실히 갈리기 때문이다. 절대다수가 힘들었지만 행복을 떠올릴 수 있는 특정연도는 물론 많은 이의 공감과 이해가 전제된 광범위한 이벤트 혹은 사회현상을 선점하는 게 중요하다. 당시를 살았던 사람이라면 누구든 해당연도·이벤트와 관련된 추억 1~2개 정도는 갖는 게 권유된다.

이런 점에서 일본의 추억반추는 '쇼와 레트로'가 핵심이다. 쇼와란 1926~89년의 63년에 걸쳐 사용된 연호 소화昭和의 한국 발음이다. 레트로란 영어의 Retrospective를 일본식으로 줄여 만든 단어다. 2000년대 이후 급부상한 쇼와 레트로는 옛날을 그리워한다거나 회고적인 느낌을 떠올릴 때 자연스레 쓰일 정도로 일반명사처럼 정착됐다. 쇼와시대는 현대일본을 만든 중추적인 시간대다. 일본현대사의 절대부분을 쇼와시대가 떠맡았다.

특히 쇼와 레트로는 전쟁직후의 경제회복·성장기를 지칭한다. 전쟁이 막 끝난 뒤 특유의 희망·정렬이 넘치던 쇼와 30년대(1955~64)를 떠올리는 이들이 많다. 긍정적 분위기와 역동적 에너지가 모여 일본이 자랑하는 30년 고도성장의 주춧돌을 세운 시기에서다. 쇼와 30년대는 학생운동 격화와 환경오염 확산 등으로 떠들썩했던 40년대(1965~74)와 구분된다. 추억은 추억이되 40년대 기억은 별로 떠올리고 싶지 않아서다.

특히 쇼와 33년은 쇼와 레트로의 클라이맥스다. 1958년도다. 『쇼와 33년』이란 책까지 있다. 시장·경제상황을 보면 58년은 에너지가 넘쳐났다. 58년 6월부터 61년 12월까지 지속된 42개월간의 이와도岩戶경기로 경제성장의 불씨를 지폈다. 고도성장의 시작이다. 구매력이 늘면서 삼종3種의 신기라는 냉장고·세탁기·흑백TV도 보급됐다. 마법이라 불리던 인스턴트 라면을 비롯해 캔 맥주와 자판기 등도 이때 나왔다. 사회적으로는 쇼다 미치코正田美智子가 민간인 최초로 황태자(현 125대 천황)와 결혼해 미치코 붐이 일었다. 일본국민을 TV 앞에 집합시킨 역도산의 레슬링도 화제가 됐다. 연말엔 일본경제의 자존심 333m의 도쿄타워가 준공돼 뿌듯함을 안겨줬다.

추억반추의 쇼와 레트로는 다양한 형태로 진화 중이다. 눈에 띄는 형태는 몰락하는 지자체의 정상화 카드와 일반기업의 마케팅·제품출시 전략에의 활용 등으로 요약된다. 먼저 쇼와를 모티브로 한 박물관·테마파크의 급증세다. 요코하마 라면박물관이나 오다이바 재현거리 등은 유력한 관광코스로 안착했다. 도쿄 인근의 소도시 오우메青梅도 뺄 수 없는 쇼와거리의 선두주자다.

추억반추로 지방부활에 성공한 지자체도 있다. 오이타大分현 분고타카다豊後高田시는 쇼와 레트로 덕분에 부활도시의 대명사가 됐다. 다른 지방 소도시처럼 이곳도 최근에까지 철도폐선과 자동차 보급증대 및 점포대형화·인구고령화 등의 이유로 조락의 전형을 걸었었다. 하지만 2000년대 이후 도시부활을 위해 민관이 자발적으로 고민한 결과 쇼와거리 실현을 경기침체 탈출카드로 선정·추진했다. 간판·건물을 옛날식으로 바꾸고 각종 도구·전시품 등도 과거로의 시간여행에 동참했다. 덕분에 이 도시엔 관광객뿐 아니라 정주인구까지 늘어나는 성과를 거뒀다.

추억시장에 도전장을 던진 기업은 많다. 음료시장부터 보자. 쇼와상품의 선두주자는 하이볼(산토리)이다. 위스키와 탄산수를 섞어 만든 하이볼은 쇼와출생자를 비롯해 최근엔 2030세대의 여성고객에게 인기절정이다. 비싼 술이란 이미지를 깨고 취급술집이 급증하면서 위스키 판매가 26년 만에 성장했다는 분석까지 나왔다.

은은한 맥주 맛이 나는 청량음료 홋피(홋피비버리지)의 인기부활도 쇼와레트로의 결과물이다. 돈이 없던 시절 홋피와 소주를 섞어 마시던 기억을 떠올리며 홋피를 찾는 중장년고객이 크게 늘었기 때문이다. 1958년 일본 최초로 맥주를 캔에 넣어 팔기 시작한 아사히맥주는 시판 당시 포장·캐치프레이즈를 그대로 되살린 한정판을 판매해 인기를 모았다. 쇼와시절 음료부활은 중장년의 그리움과 청년층의 신선함이 합쳐진 결과다. 특히 청년층에게 더 강력하게 어필한 것으로 보인다. 최초의 탄산음료세대로 알코올을 탄산과 섞어 마시는 데 익숙한 데다 과거세대를 경험해보려는 공감의식도 발휘됐기 때문이다. 특히 긴무기(산토리) 등 일부 맥주업체는 쇼와시대 이미지를 시리즈로 묶은 광고로 상당한 효과를 봤다.

서비스시장도 추억반추를 중시하긴 마찬가지다. 다음 5단계에서 살펴볼 하토버스의 성공사례처럼 고령고객의 적극적인 희망실현의 수단으로 추억반추를 사업모델로 채택한 경우다. 열차 분위기를 1950~60년대로 바꿔버린 케이한전철의 쇼와 레트로 맥주열차가 여기에 해당한다. 오 오츠大津 시내를 하루 한 차례 왕복하며 차내에서 맥주를 마시는 상품인데, 우체통·다이얼전화·옛날포스트 등 추억소품을 곳곳에 배치해 만족감을 높였다.

기계제조업계도 추억반추를 의식해 제품화에 나선다. 기계제조업에 쇼와시장은 되레 내수회복의 중대변수로까지 이해된다. 일례로 혼다는 'Return Rider'를 통해 떠나버린 과거고객을 다시 불러 모으는 데 역점을 둔다. 일본의 오토바이시장은 성장기를 지났다. 신규시장을 창출하지 않으면 사양화되는 건 시간문제일 정도다. 이때 출구전략은 예전에 오토바이를 즐기던 중년고객들로 압축된다. 신체기능은 다소 떨어졌어도 오토바이를 타려는 욕구는 여전하다고 봐서다. 이는 자연스레 승차감과 안전성이 강화된 오토바이 개발로 이어졌고, 또 상당한 성과를 거뒀다.

카메라도 과거와 현대의 문화수용체로서의 기능을 내장한 제품이 출시된다. 올림푸스의 'PEN시리즈'가 대표적이다. 원래 PEN시리즈는 1960년대 대중카메라로 등장해 히트상품이 된 전설적인 상품이다. 이게 지금 디지털카메라로 부활했다. 디자인은 초기모델이지만 젊은이에게 통하도록 세련감은 더했다.

이런 점에서 쇼와 레트로는 미래전략으로까지 연결된다. 실제 성공한 쇼와제품은 대부분 단순한 추억복제를 지양한다. 향수자극뿐 아니라 끊임없이 진화하며 현대소비자의 욕구에 부응하는 기능과 디자인까지 탑재함으로써 완성도를 높인다는 얘기다. 이는 내수를 넘어 해외공략 가능성으로까지 이어질 수 있다.

일본뿐 아니라 세계에 골수팬을 확보 중인 아날로그레코드의 인식전환이 그렇다. 레이저 턴테이블(엘프)은 바늘이 아닌 레이저로 마모염려 없이 영원히 노래를 듣는다는 점에서 400억장 아날로그레코드시장에 신선한 충격을 안겼다. 미세조정 탓에 수작업으로 만들어 연간 200대 정도밖에 못 만들지만 주문은 폭주한다. 이는 쇼와 레트로에 약간의 변화만 얹어줘도 많은 이들에게 통용될 수 있다는 힌트를 제공한 사례로 손색이 없다.

쇼와 레트로는 과거영광과 미래불안의 표리일체가 기반에 작용한다. 잃어버린 20년의 경기침체가 힘들면 힘들수록 옛날의 잘나가던 시절을 반추하려는 수요심리가 짙어져서다. 이런 점에서 한국의 추억시장도 잠재력은 대단하다. 한국의 경우 1958년 개띠로 상징되는 800만 거대시장의 존재감까지 뒤를 받친다.

추억을 되살리면 시장이 열린다

다소 일본적 성공사례지만 한국에도 시사점을 제공하는 사례도 있다. 일본처럼 고도성장을 구가했고, 회사인간이 많으며, 무엇보다 추억반추에 제격인 아이템이기 때문이다. 생소한 '공장견학'이 그렇다. 일본의 경우 공장견학 붐은 관광명소로까지 승격됐다. 삭막한 생산현장에 관광을 다닌다니 뜬금(?)없지만 붐은 조용하되 거세다. 관련 프로그램은 급증세다. 웬만한 기업이면 공장 등 제조현장의 외부공개가 홍보수단이 됐을 정도다. 서비스현장까지 견학대상에 오른다. 교육효과를 노린 자녀

동반의 가족그룹과 함께 60대를 훌쩍 넘긴 반백의 중·고령그룹이 단골 손님이다.

특히 주목받는 건 은퇴 이후 공장견학을 취미로 삼는 수요다. 무기력·소외감에 고전 중인 은퇴세대에겐 꽤 매력적인 소일거리다. "어른을 위한 인기절정의 신종레저"라는 수식어까지 생겼다. 인터넷엔 전문 사이트가 성황이다. 장르·거리별로 맞춤검색이 가능하다. 음료수·과자·식품 등 생필품 제조현장부터 교통기관·신문사·관공서 등도 포함된다. 일부 공장은 즉석시음·시식과 체험프로그램까지 운영한다. 일부는 현장판매를 하거나 공장에서만 파는 한정물품을 기획해 방문수요의 구매연결까지 시도한다. 공장견학만으로는 모처럼의 외출이 부담스러울 경우를 대비해 여행·드라이브 코스와도 접목한다.

어른을 위한 공장견학은 잘나가던 시절의 과거영광·추억반추의 기대심리와 맞아떨어진다. 향수자극이다. 특히 설득수단이 공장이란 점은 고도성장과 관련이 깊다. 경제성장의 주역에서 뒷방신세로 전락한 고령인구에게 공장견학은 훌륭한 탈출구다. 왕년의 자부심을 일깨워주는 중요한 만족수단이다. 뒷방퇴물을 산업전사로 중첩시키는 기억장치의 재가동이다. 일상복귀 후 살아갈 힘을 얻는 건 물론이다. 마치 성지순례처럼 방문리스트를 만들어 하나하나 경험해가는 열성팬도 많다.

아예 추억반추를 기록으로 남기는 고령인구의 참신한 시도도 있다. 고령출판이 그렇다. 고령저자의 인생경로를 복기하며 늙음과 기억을 토대로 본인의 삶을 정리하고 후대에 메시지를 남기려는 시도다. 덕분에 노인저자 발굴을 위해 공모전을 여는 출판사까지 생겨났다.

고령저자 붐에 불을 지핀 이는 소노 아야코曾野綾子다. 2010년 9월 내놓은 『늙음의 재각(老いの才覚)』이란 책이 대박을 냈다. 나이 80을 넘긴 여류작가로 남에게 의지하지 않는 자립적인 노후생활을 역설해 화제를 모았다. 100만부를 돌파한 베스트셀러다. 자서전적인 홀로서기의 이면고백·감상정리를 담은 내용으로 많은 이들의 공감대 속에 대형히트를 쳤다. 평범하지만 특별한 개별인생이 들려주는 잔잔한 감동·교훈이다.

100세 현역의사로 유명한 히노하라 시게아키日野原重明는 2001년 이미 『잘사는 방법(生きかた上手)』이란 책을 내 120만부를 팔았다. 여전히 병원진료를 보면서 전국각지에 노후생활과 관련된 강연을 다닌다. 틈틈이 저술하며 치매에 걸린 아내까지 돌보는 열성파다. 지금껏 100여 권에 이르는 저서를 낸 열혈저자이자 매스컴의 단골명사다. "행복에는 민감해지고 불행에는 둔감해지라"는 그의 메시지는 많은 이들의 노후지침으로 수용됐다.

2010년 출간된 『약해지지 마(くじけないで)』라는 시집은 평범한 노인도 베스트셀러 작가가 될 수 있음을 증명한 대표사례다. 99세 나이에 출간을 결정한 평범한 할머니 시바다 토요(柴田トヨ)의 처녀시집으로 그해 연간판매량 톱10에 올랐다. 10개월 만에 100만부 돌파기염까지 토했다. 지금껏 베스트셀러이자 스테디셀러로 입소문을 타고 있다(현재 150만부 기록). 이례적인 흥행몰이다. 2013년 사망했지만 지금도 많은 동년배·후배노인의 벤치마킹 모델로 부각되는 이유다.

10장

5단계
희망 욕구 :
자아실현은 계속된다

Poor Isolated Painful Aged

1
'잘 살아왔다' 격려해주는 하토버스 여행 상품

'액티브시니어'의 등장

피파세대의 5단계 소비욕구를 상징하는 키워드는 '희망 Happiness'이다. 은퇴생활자의 최종적인 소비지향점으로 '장수=축복'의 전제하에 생활품질과 직결되는 지출항목이다. 누구나 꿈꾸는 유유자적의 은퇴생활을 상상할 때 중첩되는 이미지와 일맥상통한다. 따라서 피파세대의 유형 중 암사자형인 건강하고 부유한 고령인구가 관심을 갖는 소비영역이다. 액티브시니어로 불리는 이들이 잠재적인 고객그룹인 셈이다. 가처분소득이 상위권인 현역인구도 희망실현을 위한 소비지출은 가능하지만 은퇴세대와 달리 시간여유가 없다는 점에서 시니어마켓 특유의 차별적인 포인트가 있다.

적극적인 자아실현의 확장도전기에 부응하는 피파세대의 희망소비는 그 잠재력이 적잖다. 아직은 시장자체가 조성되지 않은 데다 해당고객의 절대볼륨이 적어 구체화된 희망실현의 상품·서비스가 제한적이지만, 향후 고령사회에 깊숙이 진입할수록 관련소비는 다양하게 확장될 여지가 충분하다. 현역시절을 떠올리며 잘 살아왔음을 확인하고, 더 늦기 전에 자아실현적인 추가도전을 실행할 본능과 동기가 뚜렷하기 때문이다.

피파세대의 희망소비는 시장조성의 불완전성을 전제로 지금 상황에서 대략 4가지 키워드가 예상된다. 먼저 이동권리다. 교통권으로도 불리는 이동권리는 1~4단계의 소비욕구를 충족한 피파세대의 자아실현을 위해서는 꼭 필요한 항목이다. 자유로운 이동을 통해 집 안 생활의 압박한계를 뛰어넘고 확장된 재화·경험소비가 가능하기 때문이다. 이를 구체화한 키워드가 고령인구의 여행욕구다. 맞춤형 여행수요를 통해 소비만족도를 극대화할 수 있어서다. 아예 생활거점을 옮기는 거주이전도 있다. 말년의 생활품질을 확보하고자 국내외의 적절한 지역으로 옮겨가려는 수요다. 동시에 은퇴했음에도 불구하고 장수추세를 감안해 불확실성의 해소차원에서 추가적인 자산운용에 매진하려는 투자수요도 뺄 수 없다. 적극적인 자산운용을 통해 노후안전망을 촘촘하게 다지려는 동기발현이다.

성공리에 이룩한 하토버스의 노후여행 상품

적극적인 희망수요를 실천해 자아실현의 만족감·행복감을 찾으려는 은퇴인구의 우선적인 소비접점은 노후여행에서 확인된다. 은퇴생활에서의 자아실현 수단으로 여행이 광범위하게 꼽히는 건 역으로 시니어마켓의 성장기반이 탄탄할 수 있음을 뒷받침한다. 까다로운 미시수요의 거대집합으로 이해되는 고령인구의 다양성을 보건대 여행 이외에 다양한 지출대상이 제안될 경우 수요가 옮겨갈 수 있어서다.

실제 한일 양국 모두 아직은 여행이 자아실현을 위한 행복소비의 정점에 있다. 한국은 이른바 8대 고령친화산업(금융 제외) 중 여가산업이 전체의 34%를 차지할 정도로 압도적이다. 세부적으로는 문화(콘텐츠), 스포츠, 여행 등으로 구성된다(고령친화산업 실태조사 및 산업분석, 보사연, 2011). 이 중 문화는 고령친화방송·정보제공 등을 뜻하는데, 적극적인 확장소비가 아니란 점에서 제외하면 사실상 여행이 여가산업의 중추로 해석된다. 2020년이면 여가산업은 36%까지 성장할 전망이다. 일본도 비슷한데 국내·해외여행이 은퇴생활 중 1순위에 오르는 행복실현의 수단이다.

고령인구의 여행수요를 적극적으로 발굴, 불황염려를 성공적으로 잠재운 선행사례는 일본의 '하토버스'를 들 수 있다. 그간 몇 차례에 걸친 일촉즉발의 경영위기를 놀라운 V자 회복력으로 극복해냈는데, 그 일등공신이 은퇴세대로의 주력고객 전환실험이었다. 이후 반관반민의 관료주의를 떨쳐낸 회사는 버블붕괴 이후의 상시적인 도산압박을 벗어났다. 이 개혁과제의 중심에 '고객'이 있었다.

회사는 품질확보에 사활을 걸었다. 품질이란 곧 고객서비스다. ▷매력있는 상품개발 ▷차별적인 차량투입 ▷친절·우수한 직원배양 등이 그렇다. 서비스는 고객만 안다. 이에 회사는 직원에게 사비로 월 1회씩 자사투어에 참가토록 했다. 직원 전원이 참가하는 서비스연수도 실시했다. 이때 강조된 게 '100-1=0 및 100-0=200' 슬로건이다. 고객 100명 중 1

명이라도 불만을 느끼면 도루묵이되(100-1=0), 거꾸로 100명 모두 만족시키면 덤의 가치를 얻는다(100-0=200)는 의미다.

≫ 두 가지 경영 비전

경영비전은 2가지 추구가치(고객제일주의, 현장중심주의)와 1가지 지양가치(판매지상주의)로 세분화된다. 고객서비스추진부도 신설했다. 조직도 상부에 고객을 두고 사장은 제일 밑에 위치했다. 현장직과의 커뮤니케이션(건의함) 통로도 설치했다. 현장직과의 회의·토론은 생생한 아이디어로 연결됐다. 승하차 때 디딤판을 하나 더 만든 것이나 대당 200만엔을 더 들여 좌석높이를 높인 것 등이 현장고민에서 나왔다.

차내에서 제공하는 녹차품질 향상안도 현장에서 제안됐다. 연 15만엔의 경비절감을 위해 싼 녹차를 썼었는데 이게 이미지를 버린다고 판단, 이전의 고급품질로 되돌렸다. 대신 싼 녹차는 사장실에서 사용한다. '녹차 한 잔의 개혁'은 지금도 유명한 애기로 회자된다. 불만사항은 사장이 직접 챙긴다. 불만고객에게 사장이 직접 만년필로 사과문을 쓴다. "직원 중 한 명이라도 서비스 부적격자가 있다면 제대로 된 고객만족은 불가능하다"며 고강도의 서비스제공을 요구하는 차원이다. CS_{Customer Satisfaction}를 넘어 CD_{Customer Delight}를 목표로 절정의 고객만족을 지향하기 위함이다.

물론 힘든 과정이었다. 과당경쟁으로 인한 수익악화는 업계의 입버릇이었다. 손해지만 저가상품을 내놓는 곳이 부지기수였다. 3,000~4,000엔의 프로그램으로 버스대여·점심·온천·통행료·인건비 등을 빼면 적자이기 일쑤였다. 그나마 손님이 차지 않을 때도 태반이다. 그럼에도 하토버스는 우직하게 밀고 나갔다. 저가 과당경쟁이 아니라 다양한 상품라인업을 구비, 자신만의 길을 묵묵히 걸어갔다. 〈니혼게이자이〉는 "불황 속에 싸고安 가깝고近 짧은短 여행을 선호하는 흐름에도 불구하고 하토버스의 기발하고 다양한 기획력과 만족스러운 고객서비스가 인기기반이 됐다"고 평가했다.

≫ '잘 살아왔다. 이젠 즐기자!'는 슬로건

하토버스가 주목한 잠재고객은 은퇴세대다. '시간+건강+금전'을 겸비한 은퇴고객을 향해 "잘 살아왔으니 이젠 즐겨보자"는 설득이 먹혀들었다. 까다로운 눈높이에 맞춰 원하는 코스를 개발해 다양화한 건 물론이다. 즉 다종상품이 고객만족으로 이어졌다. 고객이 원하는 투어상품을 그때그때 구성한 것이다. 홈페이지엔 기발한 코스상품이 많다. 투어코스는 정기관광 200여 개에 기획관광이 600여 개에 육박한다. 독특하고 재미난 기획은 대거 쏟아진다. 고객만족을 위해 도쿄환락가에서 음주접대를 받는 코스까지 나왔다. 유력고객이 자아실현 욕구를 실현할 경제력을 갖춘 은퇴세대란 점에서 가능했다.

욕구실현에 부응하면 기꺼이 지갑을 여는 은퇴인구의 소비능력은 몇 가지 대표코스에서 잘 증명됐다. 2009년 창립 60주년을 기념해 내놓은 '쇼와 명가이드와 가는 도쿄 반일코스'가 대표적이다. 지금까지도 참신한 성공기획으로 손꼽힌다. 퇴직한 50대 이상 여성가이드들의 안내로 창립기념일 하루에 한정, 당시 요금(250엔만) 받는 상품이었다. 대성공이었다. 600명 정원에 5만명 넘게 신청해 화제를 모았다. 저가 이벤트성이 컸지만 수면 밑에 가려진 새로운 잠재수요를 확인하는 성과를 얻어냈다.

코스 이름은 좀 달라졌지만 유사상품인 '그리운 쇼와낭만기행' 코스는 여전히 스테디셀러로 팔려나간다. 1인당 7,600엔의 단기코스지만 워낙 유명해 추억반추를 원하는 고령고객의 신청이 계속된다.

또 하나의 히트상품은 '여행+노래'를 연결한 은퇴세대의 추억코스다. '이 노래 저 노래 도쿄드라이브'라는 코스로 역시 과거회상의 잠재수요를 반영, 추억명소를 고른 뒤 어울리는 노래를 함께 온 여행자와 터놓고 부르자는 기획이었다. 고도성장기 농촌에서 상경해 집단취업의 추억을 가진 이들이 함께 모여 당시 오갔던 명소를 찾아 옛날노래를 부르는 식이다. 반영은 예상외였다. 발매 30분 만에 매진됐다. 남남이었지만 추억과 노래를 공유하며 눈물로 헤어지는 사람들도 적잖았다는 후문이다. 원래 기간한정이었는데 일반상품으로 고정되기도 했다(2016년 현재 판매종료).

2016년 봄 코스상품 중에는 '도쿄역사를 방문하는 철도유적 여행' 등 역사에 관심이 많은 은퇴인구를 대상으로 한 코스가 인기다. '좀체 없는 기회'라는 슬로건처럼 기간한정의 코스지만 문의가 잇따른다. 귀빈여행이란 별칭이 붙은, 3열 24석의 넓은 공간에 화장실까지 갖춘 특별버스로 부유한 액티브시니어를 유혹하는 코스도 화제다. 1박 2일에 1인당 6만9,000~8만엔대의 고가지만 부자노인 사이에선 입소문이 났다. 최고급 차량제공은 물론 고가온천 등 최강서비스는 불문가지다.

≫ 고령자를 위한 다양한 투어 기획들

그뿐만 아니다. 고령고객을 위한 투어기획은 브레인스토밍의 상시화로 안착했다. 전담부서는 물론 사내 전체와 고객제안까지 반영된다. 단계별 불편·불만·불안사항은 적극적인 해소노력으로 대처했다. 먼저 팸플릿을 교체했다. 빡빡한 시간표처럼 온갖 정보를 넣은 무미건조한 팸플릿 대신 사진과 이미지로 고령인구를 배려한다. 내용도 잡지처럼 꾸민다. 재미있게 읽으며 여행코스의 특징과 매력을 알 수 있게 했다. 두께는 두꺼워졌다. 예전엔 많아야 10페이지를 넘지 않았는데 지금은 40~50페이지까지 늘어났다.

고령특유의 불편해소를 위해 투어의 필수인 차량·가이드 수준은 업그레이드했다. 특히 가이드의 고객만족도는 업계 최고수준이다. 정확하고 재미난 설명은 물론 필요하면 관광지 근처에서 관련노래까지 불러주도록 사규로 정해뒀다. 차량품질은 명성이 높다. 고객만족을 위해 차량자체를 타사와 차별화했다. 좌석수를 줄이고 높이를 높인 고급차량이 그렇다. 좌석에 안마기를 설치하고 공기청정용 부대시설과 외장디자인까지 손본 차량(피아니시모)은 이렇게 나왔다. 진화는 계속된다. 안락함과 음식서비스를 한층 강화한(포르테시모) 데 이어 오픈버스(오솔레미오)까지 도입했다.

이로써 하토버스의 여행상품은 일본 시니어마켓의 대표적인 성공사례로 부각된다. 똑같은 내수침체의 위기였지만 적극적이고 발본적인 고객창출 노력을 통해 수면아래의 잠재고객을 단골고객으로 만들어냈기 때문이다. 은퇴인구가 원하고 즐기고픈 정확한 욕구를 읽어내고, 이를 다양한 루트개발·연계상품으로 완성한 것이다. 덕분에 국내여행을 계획하는 고령고객에게 하토버스는 일종의 통과의례일 정도다. 고령그룹 특유의 입소문까지 힘입어 희망실현을 도와주는 든든한 우군으로 평가된다.

2
이동편의 : 자동차로 만끽하는 이동의 자유

젊은층의 탈자동차화 현상

고령사회는 '신모델New Normal'을 요구한다. 인구보너스Bonus의 대량생산·대량소비 체계가 끝나고, 인구오너스Onus의 저출산·고령화가 새로운 맞춤수요를 요구한다. 과거잣대로는 미래시장에 대응할 수 없다. 고령사회에서 세이의 법칙(공급→수요)은 구문舊聞이다. 돈값을 없애도 소비수요는 없고(유동성 함정) 불확실성만 커진다. 시장과 기업대응이 한층 주도면밀해야 하는 이유다. 그간의 경험법칙에 근거한 안이하고 섣부른 대응은 경계대상이다. 지속가능을 위한 인식전환이 필요하다.

자동차가 대표적인 사례일 수 있다. 일본은 자동차 왕국이다. 고도성장을 리드한 효자품목이었다. 2만개 부품의 전후방 연관효과는 대단했다. 그러나 더는 아니다. 적어도 내수시장만 봤을 때 '탈脫자동차화'가 심각하다. 핵심이유는 인구변화에서 찾아진다. '남성+청년'의 주력고객 기반침하다. 당장 보유대수가 줄었다. 2014년 내수판매는 550만대로, 호황이던 1990년(780만)보다 꽤 떨어졌다. 그나마 사정이 좋아진 결과다. 2008~10년은 500만대 이하였다. 감세·보조금 조치 덕이다.

탈자동차화의 이유는 복합적이다. 가계소득이 정체된 게 컸다. 차량가격·주차비·보험료 등 보유비용도 크다. 고용불안의 직장인에겐 부담스럽다. 자동차 잠재고객은 2030세대다. 취업·결혼·육아 등 라이프사이클과 마이카 대열이 맞아서다. 다만 줄어든 가처분소득이 자동차를 멀리하게 했다. 청년인구에게 자동차는 비용대비 효용이 낮은 사치재와 같다. 20대 소비순위를 보면 저축·여행·패션이 상위권이고, 자동차는 10위권 밖이다. 20대 도쿄청년 자동차 보유비율은 2000년 24%에서 10%까지 떨어졌다. "페라리조차 모르는 2030세대가 늘었다"는 식의 비유도 많다.

고령자용 자동차가 마켓을 달군다

새 술은 새 부대에 담는 법. 달라진 소비시장을 확인한 메이커는 새로운 전략을 세운다. 활로모색의 우선순위는 돈을 쥔 고령세대의 공략이다. 실제 젊음의 상징이던 날렵하고 값비싼 스포츠카 주인들은 5060세대의 베이비부머. 1,700조엔의 가계 금융자산 중 60~70%를 소유한 이들 집단에 주목한다. 베이비부머로서도 왕년의 자아실현 차원에서 고가차량 구매의욕이 높다. 베이비부머에 집중된 스포츠카 구매와 보유현상이 2030세대의 상대적 박탈감과 양극화의 심화사례로 염려될 정도다.

다만 스포츠카는 일부고객의 특수시장이다. 범용재로 확산시킬 수 있는 광의의 고객확보가 절실하고 시급하다. 이때 부각되는 잠재고객이 요컨대 중·고령 여성그룹이다. 고령화를 헤집어보면 그중에서도 거대집단이 목격되는데 이들이 중·고령여성이다. 2,000만에 육박하는 65세 이상 여성인구의 파워다. 동년배 남성보다 500만 이상 많은 절대비중이다. 평균수명마저 길어 '고령사회=여인천하'를 완성한다. 이들의 잠재력은 불황 20년에서도 검증됐다. 특유의 소비환경 탓이다.

이들이 원하는 인생 2막의 우선취미가 여행이다. 설문조사를 종합하면 은퇴여성의 1순위 취미가 국내(50%)·해외(40%)여행이다(2012년). 남성 1위인 산책(57%)과 비교하면 차별적이다. 자동차업계는 여기에 주목한다. 과거처럼 깃발 따라가는 단체여행보다 직접 운전해 여행하는 수요가 늘어날 것이란 기대다. 운전여행은 여행풍미를 배가한다. 그래서 만족도가 높다. 먼저 동선이 확대된다. 대중교통이면 철도노선·역사주변에 한정될 게 자동차라면 반경이 커진다. 편리한 발이 있으니 어디든 갈 수 있다. 땀을 흘릴 필요는 줄어든다. 차량수납이 가능하고 골프·바비큐 등 관련도구도 실을 수 있어 적극적인 여행이 가능해진다. 게다가 최근의 중·고령여성은 대부분 스마트폰·SNS에 능해 여행정보를 손쉽게 입수·발신해가며 세세한 여행거리를 즐긴다. 탑승인원이 허락하는 한 맘이 맞는 친구·지인을 결합한 동반여행이 가능하니 결과적으로는 경비절감에도 좋다. 예정에 없던 들를 거리도 묘미다.

일상생활에서의 여성운전도 늘었다. 1951~55년생 중 주 1회 이상 운전하는 여성이 절반이상이다. 사실상 여가생활의 범위확대다. 운전면허 보유율을 보자. 2000~2010년 여성면허는 확연하게 고령화됐다. 10년간

▶ 여성의 연령별 면허 보유자수

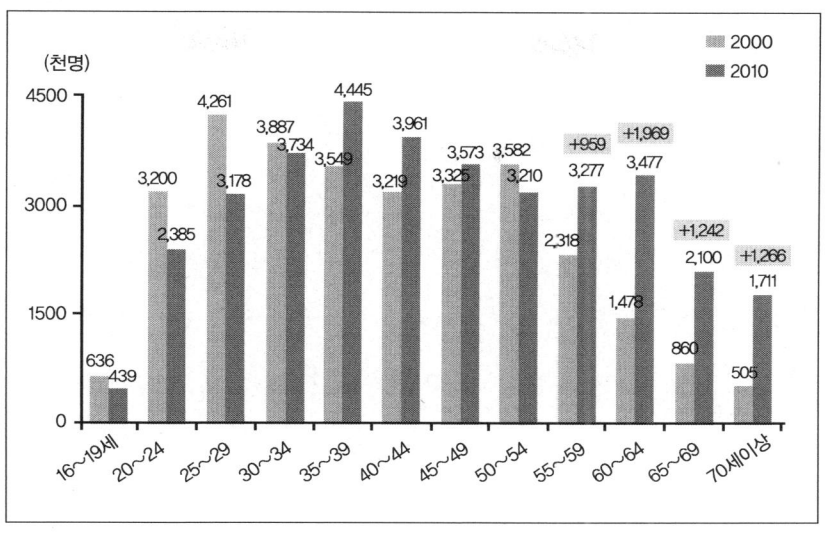

– 자료: 경시청

55~59세(232만명→328만명), 60~64세(147만명→345만명), 65~69세(86만명→210만명) 등 하나같이 늘었다. 반면 34세 이하 여성면허 규모는 줄었다(경시청). 면허보유율은 10년간 60~64세(37%→67%), 65~69세(23%→49%)에서 2배나 뛰었다. 남성은 비중변화가 거의 없다.

생활반경에서의 중·고령 여성운전자가 늘어났다는 것은 자아실현적인 여행욕구와 함께 대형할인점으로의 이동이 가능함을 뜻한다. 고령사회의 핫이슈인 생필품 구매난민으로의 전락우려를 상쇄하는 것이다. 주택가의 소매유통망 붕괴조류에서 비켜서 원할 때 운전해 필요한 걸 쇼핑할 수 있다는 의미이기 때문이다.

실제 고령자의 이동권리는 장수사회의 중대이슈다. 늙고 힘들면 움직이기 힘든 이동제한이 보편적이다. 일본의 구매난민은 그 수만 600만

~800만에 달한다. 노인 5명 중 1명이다. 특히 지방노인 쪽이 열악하다. 지하철 위주의 대도시는 사각지대를 커버하는 노선버스가 아직 있지만 지방은 예외다. 경영악화로 폐쇄된 버스라인이 많다. 추세를 보건대 노인의 이동권리는 뜨거운 감자일 수밖에 없다.

고객변화와 상황전환은 자동차업계에 새로운 모델출시를 요구한다. 대표적인 게 은퇴세대의 이동권리를 확보해줄 신차출시의 정합성이다. 그중 하나가 신규콘셉트인 '초소형차'다. 이는 경차보다 작다. 1~2인승이 고작이다. 시제품은 대략 전장 2.3m에 폭 1.2m 정도다. 배기량은 125cc가량이다. 경차660cc보다 오토바이에 가깝다. 약간의 적재공간도 허용된다. 도요타의 1인승 차량 '코무스'가 대표적이다. 충돌 때 안정성이 떨어져 도로주행을 허가하지 않던 일본정부도 방침을 바꿨다. 주행허가는 업계숙원이자 규제완화 차원으로 업계행보에 힘을 실어준 조치다. 법적인 이동수단으로의 승격이다.

▼ 초소형차의 정의와 용도

정의	- 1~2인승 정도 - 기존자동차보다 소형으로 소회전 가능 - 원칙적으로 전기자동차(낮은 환경부담)
용도	- 5km 이내의 근거리 이동 - 고령자의 생활권역 이동수단 - 지방도시·산촌지역 이동수단 - 관광지에서의 이동수단 등

– 자료: 국토교통성 '가이드라인'

초소형차에 주목한 건 일본정부다. 교통약자인 고령자를 비롯해 관광지의 단거리 이동수단 등을 내세워 확대방침을 세웠다. 새로운 시장탄생이란 효과도 있었다. 조용하고 승차감이 좋으며 저탄소형의 환경친화성이 강점이다. 2011년 제안된 '2인승 전기자동차EV'의 제안이 시발점이다.

부제는 '고령자에게 좋은 자동차'다. 근거리 이용전제, 고속도로 이용불가, 길이제한(전장 2.5m), 경차대비 소형 등의 조건이 붙으며 사실상 신규장르의 차량으로 이해된다. 국토교통성이 가이드라인을 제시하면서 종전의 5대 차종분류에 새로운 카테고리가 추가된 셈이다. 명목상으론 50년 만의 신규시장이다. 시황악화로 고전 중인 업계로선 정부가 도와주니 반대할 리 없다.

고령자의 자유로운 이동, 어디까지 가능할까?

물론 기대처럼 성장할지는 미지수다. 당장 자동차메이커의 반응이 미지근하다. 아이디어나 방향은 좋은데 먹혀들지 의심스러워서다. 정부주도로 진행돼 시장성도 걱정거리다. 즉 수요예측에 부정적이다. 구매수요를 알 수 없어 경차를 능가하는 시장이 될지 미지수인 것이다. 가능성이 있다면 업계가 알아서 제품화할 텐데 현재로선 상품성이 없잖냐는 속내다. 연구개발 의지도 그리 크지는 않다.

넘어야 할 산은 또 있다. 이용법의 한계가 그렇다. 노인운전자를 의식해 최고속도를 50km로 설정했는데 이는 정체원인이 된다. 작아서 사고유발 확률도 높다. 결국 주행차선이 문제다. 고령자를 위시해 관광객·점포관계자 위주로 설정된 것도 부담거리다. 가격도 걸림돌인데 70만엔을 넘기면 경차를 사는 게 낫다. 채산성과 확대보급을 위해 40만엔대 이하로 묶어야 하는데, 그러자면 연간 수십만 대의 수요확인이 필수다. 업계로선 채산성이 낮은 것이다. 해외개척에 가용자원을 총동원 중인 업계로선 여유가 없다.

그럼에도 미래는 어둡지 않다. 고령인구 증가와 이동권리 약화가 사업모델로 연결될 확률이 충분하다. 업계로서도 일부한계만 제거되면 또 다른 유력시장을 얻는 셈이니 크게 나쁘지 않다. 업계 한편에선 사업화를 위한 본격검토도 구체적이다. 도요타는 초소형 EV차량인 '코무스' 이후 추가적인 1~2인승 개발에 들어갔고, 닛산은 '뉴모빌리티콘셉트'로 시승실험 중인 것으로 알려졌다. 최종적인 상품화엔 시간이 필요하다. 안전성, 운용성, 가격성 등 장벽해소 때문이다. 일본정부도 기존자동차와의 공생해법이 필요하다는 입장하에 한계제거에 순차적으로 나설 계획이다.

자가운전을 통해 이동권리를 스스로 확보한다면 그래도 다행이다. 문제는 나이가 들수록 운전여력이 만만찮아진다는 점이다. 벌써부터 고령운전에 따른 사고유발 등 관련문제가 사회문제로까지 부각된다. 고령운전자가 200만명에 달하는 한국은 2015년 교통사고가 2010년보다 61%나 늘었다. 면허갱신의 수속강화를 비롯해 표지판의 크기확대 등 노인특성을 반영한 대책마련이 시급한 상태다.

고령운전 문제는 일본에서도 심각한 상황이다. 기본권인 이동권리를 보장하는 건 당연해도 사고유발이 사회비용으로 전가될 경우 부담과 반발이 적잖다. 그렇다고 집 안에만 머물러라 강요할 수도 없다. 늙었어도 개인별로 이동용무가 있는 데다 반드시 외출해야 할 상황은 발생하기 때문이다. 이때 대중교통은 대안이 되기 어렵다. 몸이 불편할수록 더욱 그렇다. 이동권과 관련된 틈새사업은 이럴 때 발생한다.

원스톱으로 출발·도착지를 연결해주는 사업모델이다. 선두주자는 택시업계다. 'Door to Door' 서비스다. Km홀딩스그룹의 '안젠Anzen' 택시를 보자. 도쿄에서 약 600대를 운영 중인 중견업체로, 악화일로의 공급과잉을 타개하고자 노인수요에 방점을 찍었다. 콜센터로 운영되는 '도와주는 서비스(人を手助けする新サービス)'가 그 생존전략이다. 고령고객의 외출수요를 상황별로 정리해 구매대행, 참배동행, 자녀송영, 약품수령 등의 맞춤형 서비스를 개시하기 시작했는데, 의외로 고객반응이 뜨거웠다.

지금은 국토교통성의 인가까지 받아 운전수의 외도(?)를 공식으로 인정받았다. 가령 혼자서는 외출이 힘든 고객이 묘지참배를 요청하면 택시요금을 포함해 시간당 4,550엔에 동행해준다. 이후 30분마다 2,050엔이 붙는다. 전세나 마찬가지다. 몸이 불편한 참배객을 배려해 묘지청소까지 서비스에 포함된다. 고객감소로 1시간 평균매출이 3,000엔대에 불과한 운전수로서는 가욋돈이다. 손님 없이 시간을 보내는 것보단 수입이 안정된다.

3
여행욕구 :
원하는 곳으로
훌쩍 떠나고 싶다

시니어의 소망 1순위, 여행

　　은퇴는 슬프다. 사용가치가 다한 것처럼 느껴지기 일쑤다. 불필요한 잉여존재로서의 상실감과 박탈감이 상존한다. 역으로 더 늦기 전에 본인을 찾는 절호의 찬스이기도 하다. 적어도 생존조건을 갖춘, 피파세대의 1~4단계 소비욕구를 두루 충족한 경우라면 희망확인을 통해 적극적인 자아에 다가서려는 수요도 그만큼 커진다. 진정 본인이 원하는 것을 성취하고자 꿈을 좇을 최후단계인 까닭이다.

　　열심히 달렸으니 쉴 때다. 은퇴세대라면 누구나 떠올리는 욕구다. 냉정한 노후밥벌이 탓에 한가하게 들릴지언정 그나마 건강할 때 하고픈 걸 해두자는 현실론은 설득적이다. 급격히 악화되는 건강상황을 감안컨대 미루면 후회로 남을 수밖에 없다. 금전걱정만 없다면 고령세대의 최대고민은 뭘 할지에 달렸다. 65세 시점 잔존시간(수면·식사시간 제외)만

평균 10만 시간(남 9만, 여 12만)일 정도다. 사회참여든 취미활동이든 움직여야 덜 늙는다는 점에서 절대여유는 중요한 해결과제다.

자아실현의 방법은 많다. 다만 아쉽게도 빡빡한 현역숙제에 시달리다 등 떠밀리듯 환갑 이후 자아모색의 방법과 지향을 고민한다는 건 쉽잖다. 방전된 에너지를 충전하기 전에 잉여존재로 전락하는 삶이 반복될 따름이다. 불확실성으로 점철된 은퇴 이후의 현실적인 생활문제와 관계설정도 당면과제다. 때문에 은퇴세대의 자아실현은 일부의 전유물에 가깝다. 실천력을 겸비한 건강하고 부유한 액티브시니어의 한정이슈일 수 있다.

실제 은퇴세대의 자아실현은 발현할 의지도, 실천할 대상도 별로 없다. 수요욕구 자체가 적은 데다 실현할 수 있는 대상품목도 꽤 제한된다. 그러니 어렵게 "이걸 했으면 좋겠다!"는 실현희망이 제기돼도 무시·사장되는 경우가 아직은 더 일반적이다. 그럼에도 시니어마켓의 건강한 성장을 위해서는 자아실현을 중대화두로 설정할 필요가 있다. 까다로운 미시수요지만 만족감만 확인되면 인생말년의 수요확장을 기대할 수 있어서다. 다종다양의 소품종 소량공급이 완성되면 경험소비를 통한 자아실현은 거대시장이 될 수 있다.

아쉽게도 한일 양국 모두 고령인구의 자아실현은 사실상 여행욕구로 집약된다. 은퇴 이후 뭘 하고 싶은지 물으면 십중팔구 여행이 1순위에 오른다. 취미활동으로 범위를 넓혀 물어도 여행은 단골답변이다. 일본노인의 설문조사에서 장기간 1위에 랭크된 것도 국내·해외여행 수요다. 이런 점에서 여행수요는 선호도가 월등한 시니어마켓의 관심영역이다.

이로써 역발상적인 노인대상의 1인 여행부터 초호화 열차크루즈까지 업계대응도 세분화된다. 이때 성공첩경은 고정관념의 파기다.

시니어를 겨냥한 여행 상품들이 쏟아진다

여행업계는 고령인구의 지갑을 열고자 맞춤상품을 속속 내놓는다. 강조되는 공략지점은 고객구성의 전환시도다. 부각되는 유력그룹은 앞서 설명과도 일맥상통하지만 '여성+맞춤+국내' 수요다. 주지하듯 숙박여행이든 당일치기든 은퇴인구 중 여행소비를 실천하는 쪽은 여성그룹이다. 모계사회의 타이틀답게 소비의욕과 금전능력마저 겸비, 동년배 남성고객보다 적극적인 여행의지를 표명한다. 그렇다고 해외여행은 부담스럽다. 저성장과 맞물려 선호되는 건 저부담의 국내여행이다.

역으로 패키지상품은 과거보다 선호되지는 않는 듯하다. 자가운전 등 이동능력이 확대되면서 스스로 원하는 지역·경험을 고르는 맞춤식 여행코스가 부각된다. 일본의 여행업계는 이 추세에 주목해 역발상을 떠올린다. 패키지상품이되 개별선호를 반영한 맞춤식 코스를 제안, 까다로운 고객입맛을 잡기 위함이다. 즉 자가운전만으로 커버하지 못하는 현지의 정보제공과 새로운 관광루트 발굴·연계 등이 그렇다. 이를 통해 잠자던 잠재수요를 일깨워 수요확대로 연결한다.

≫ 테마별 여행

먼저 1인 여행의 제안이다. 자아실현의 차원에서 고령인구의 시간소비를 유도하고자 단독여행에 주목한 경우다. 여행사 '클럽투어리즘'은 고령세대의 1인 여행객을 위한 맞춤형상품인 '라라여행'을 내놨다. 생각보다 중장년 1인 여행객이 많다는 시장조사에서 힌트를 얻었다. 독거노인의 여행수요라는 독특한 아이디어다. 특히 정월해맞이 등 특별시즌에 맞춘 2박·3박 상품이 인기다. 홀로 외롭게 집에서 맞는 새해맞이의 의기소침을 여행으로 풀어보자는 차원에서 기획됐다.

이는 파격적인 시도였다. 원래 은퇴연령대에 닻춰 기획된 여행상품은 대부분 부부·친구동반의 2인 이상 참가상품이 대부분이다. 틈새를 노린 이 여행상품은 홀로 떠났을 때의 낯섦과 불편을 해소하는 장치를 곳곳에 설치해 만족도를 높였다. 간단한 자기소개와 차내에서의 접객서비스 등이 그렇다. 60세 이상임을 감안해 하차 때 화장실 안내를 하거나 집합시간이 기재된 보드를 들어 재차 확인해주는 식이다. 따로 와서 사귄 후 다음에 같이 참가하는 반복여행자도 적잖다는 후문이다.

고령고객에 특화된 이 회사는 여행불안을 느끼는 고령고객을 전담하는 전용창구까지 개설했다. 계단이 없는 루트를 찾거나 휴식시간을 넉넉히 배치한 여행기획은 물론 전속해 돌봐주는 전문가를 배치한다. 질환상태나 희망사항 등 사전준비와 정보공유에 다소 시간이 걸리지만 고객만족도는 높은 편이다. 이 밖에 카메라동호회, 철도구락부 등 특정테마와 엮은 여행상품도 눈길을 끄는 주제다.

≫ 추억 여행

자아는 과거에서도 찾아진다. 현역압박에서의 시간·공간적 해소를 뜻하는 은퇴는 살아온 인생경로를 되짚어보고, 그 속에서 만족감과 행복감을 떠올리려는 수요로 연결된다. 인생을 함께해 왔거나 추억을 공유하는 이들과의 동반여행이 대표적이다. 가령 동창회 붐과 여행수요의 연결시도다. 여행사와 호텔이 제휴해 동창멤버가 편리하고 유쾌하게 여행을 즐기도록 제반의 부가서비스를 제공한다. 인연마케팅이다. 추억의 학창사진과 고향의 명물음식을 제공하거나 단체사진을 찍어주기까지 한다.

≫ 안전 여행

실제 '여행+간병'을 합한 안전여행은 고령사회의 유망한 사업아이템 중 하나다. 고령고객을 유인하자면 특화서비스가 첨부된 차별화된 여행제안이 필수인데, 이때 관심을 끄는 게 간병서비스의 특화여행이다. 여행은 신체건강이 대전제다. 다양한 교통수단이 붙지만 기본적으로는 건강한 고객에 한정된다. 아프면 여행을 하기란 사실상 불가능하다. 이걸 깬 것이 간병서비스 부가여행이다. 노인여행의 불편장벽을 해소한 것이다Barrier Free. 간병준비만 완료되면 여행걱정은 일정부분 덜 수 있기 때문이다.

간병전문가를 대동하는 여행은 일상적이다. 간병복지 혹은 간호자격을 갖춘 스태프가 동행해 원하는 곳을 방문하는 것으로 입소문이 대단하다. 교토의 '샤라쿠'라는 NPO법인은 신청접수 후 전화·방문조사로 건강상태와 희망조건을 확인해 적당한 간병 스태프를 선정한다. 사전에 여행현장을 방문해 동선과 필요서비스를 체크하는 건 필수다. 건강상태별로 요금은 다르지만 시간당 비용을 받는 구조다. 동행직원의 교통비와 숙박비는 별도경비가 붙는다.

간병걱정을 없앤 여행수요는 생활공간으로까지 확대된다. 여행수요

뿐 아니라 묘지참배, 친지결혼 등 동행요구가 새로운 수요로 확인된다. 필요하면 주치의로부터 진료정보를 받아 식사·음료까지 관리해준다. 간병서비스를 내세운 이들 여행수요는 시민단체의 사회공헌 차원에서 시작됐지만, 최근엔 대형여행사까지 출사표를 던진다.

여행수요의 확대를 위해 중간지원조직까지 운영된다. '일본배리어프리관광추진기구'는 간병서비스가 붙는 여행프로그램만 따로 확보, 18개 단체를 모아 정보취합과 필요내용을 일괄 소개한다. 여행상담, 회사정보 등 여행별로 가장 적합한 프로그램과 희망자를 연결해준다. 별도로 전국 2,000개소 관광·숙박시설의 휠체어 사용여부 등의 정보를 공개해 가족간병의 여행도 도와준다. 가령 고령부부의 온천여행에서 몸이 불편한 남편입욕을 도와줄 간병서비스가 가능한 시설 등의 알선이 그렇다.

≫ 럭셔리 여행

마지막 5단계의 소비지점인 적극적인 자아실현답게 고가상품을 내세운 부자타깃 여행아이템도 속출한다. 'JR큐슈'는 철도역사에 남을 초고액 침대열차 계획을 내놨다. 크루즈열차로 명명된 '별 일곱 in 큐슈(ななつ星in九州)'가 그렇다. 호화로운 침대열차에서의 3박 4일 큐슈일주 코스다. 2013년 가을에 시작됐는데 2인 1실에 1인당 최고 55만엔의 거액이다. 그랜드피아노에 댄스가능 라운지도 마련된다. 14개 방에 단 30명만 즐기는 프리미엄여행이다. 전속 프로젝트 팀까지 만들어 열차·여행설계에 매진 중이다.

타깃은 절약적인 노인부자Old Rich보다 중장년의 은퇴부자다. 경제력을 갖췄고 숫자가 많으며 새로운 체험의욕이 높아 기대된다. 때문에 쉽게 못 볼 미공개 지역탐방을 비롯해 원하면 도중하차까지 해줄 요량이다. 벤치마크는 스페인 북부를 1주일 도는 호화 침대열차다. 거액에도 불구, 단골고객까지 생겨났다는 점에서 안착하면 큐슈지역 대표 관광자원이 될 것으로 본다. 파급효과는 상당하다.

호화크루즈를 만끽하려는 시니어고객도 고액상품의 소비주도에 가세했다. 가격보다는 품질과 기능을 중시하려는 무드가 무르익었다. 요컨대 크루즈여행은 없어서 못 판다. 일례로 5박 6일로 나가사키와 부산을 오가는 'Voyager of the Seas'호를 보자. 적게는 10만8,000엔부터 제일 비싼 로열스위트는 60만엔의 고가지만 출시 직후엔 완판됐다. 4,000여명 수용인원에도 불구, 왕성한 소비수요를 갖춘 은퇴인구의 여행참가가 낳은 결과다. 업계는 일본에서도 장기크루즈 본격 붐이 예감된다며 반기는 추세다.

같은 맥락에서 〈이키이키(いきいき)〉가 내놓은 여행상품 '보스턴 1개월 여행Boston one Month Stay'은 발매 2주 만에 30명 정원을 다 채웠다. 여행사가 아닌 시니어여성 전문잡지가 구성했는데도 두고두고 입소문이다. 가격은 놀랍다. 1인당 120만엔의 초고가다. 비행기·호텔·식사·영어학원비 등 포함금액이다. 단순관광 대신 동경의 도시에서 1개월간 주민처럼 생활하며 영어를 배운다는 지식체험적인 아이디어가 먹혀든 덕분이다.

4
거주이전 :
마지막 삶, 어디서 보낼 것인가

인생의 마지막을 보낼 곳

'잔류 vs. 귀향'

은퇴 이후 마지막 삶은 공간선택의 고민에서 결정된다. 생산적 경제활동을 그만뒀기에 굳이 붐비고 빡빡한 도시생활을 고집할 이유는 줄어들기 때문이다. 귀경 후 서울생활을 했든 본래부터 서울사람이든 은퇴 이후의 거주선택은 중차대한 이슈일 수밖에 없다. 남자는 아내와 떠나자는 남편의 갈등은 일상다반사다. 건강 등의 사유로 서울을 떠난다면 몰라도 특별한 이유 없이 거주공간을 바꾸기란 그만큼 어렵다.

통계자료를 요약하면 70세를 전후해 은퇴인구의 도농선택은 흐름이 바뀐다. 은퇴 직후 70대까지는 서울이탈이 많은 반면 70세를 넘기고부터는 반대로 서울유입이 상대적으로 많다. 한국은 아직 이 흐름이 덜하지만 일본은 추세로 정착된 분위기다. 다소나마 젊을 때는 시골생활을,

독립생활이 힘들 때는 서울생활을 선택하는 분위기다. 이유는 바로 의료·간병수요다. 건강하면 시골생활이 낫고, 아파오면 도시생활이 편해서다. 고령그룹에서 확인되는 독특한 인구이동의 유형이다.

삶의 최종단계에서 거주지를 옮기는 선택은 분명 쉽잖다. 그럼에도 적극적인 자아실현을 시도하고 담보해줄 거주공간의 이동선택은 충분히 현실적이고 본능적인 욕구다. 더 좋고, 편안하고 만족스러운 거주공간이 행복수준을 높여줘서다. 평균수명이 앞으로 더 길어질 것을 감안한다면 60세 이후 거주공간을 옮겨도 20~30년 이상의 절대시간이 기다린다는 점에서도 시장창출의 잠재력은 구비했다.

도시 탈출, 안락한 보금자리를 찾아서

한국에 앞서 고령이슈를 선점한 많은 선진국에서 은퇴 이후의 거주이전은 더 이상 특이한 사례가 아니다. 모두가 옮기지는 않지만 적잖은 규모가 보다 안락한 노후공간을 확보하고자 현역 때의 거주지를 버리고 새로운 곳으로 이사한다. 이유를 종합하면 크게 2가지다. 경제력과 질환성의 문제다. 생활품질 대비 생존원가가 비싼 도시보다 저렴한 생활비로 만족스러운 소비지출이 완성되는 곳으로 옮기려는 수요와 불가피하게 노환에 따른 질환발생으로 요양차원에서 이동하는 욕구가 대표적이다.

장수대국 일본에서는 '도시탈출'이 화두다. 이유는 간단하다. 은퇴 이후 주거지로 도시보다 시골이 더 적합해서다. 가진 돈(투입) 대비 삶의 질

(효용)이 '도시 〈 시골'이란 의미다. 은퇴인구의 절대다수가 연금생활자(일본의 경우 80%)란 점에서 한정된 연금소득으로 노후생활을 버티자면 절약이 최선책인 까닭이다. 줄이지 않으면 적자수준은 커진다. 이미 일본노인 대부분은 적자가계부로 돌아선지 오래다. 이때 도시생활이면 방법은 허리띠 졸라매기, 절약지향의 축소생활뿐이다.

덜 쓰는 건 한계가 있다. 의식주의 기초생활비는 물론 고령특유의 의료·간병 등은 줄이기 힘들다. 비탄력적인 고령지출이다. 그래서 등장한 게 생활비는 줄이고 만족도는 높이는 양수겸장의 도심탈출 노림수다. 살인적인 고비용구조의 도심생활을 정리하고 지출대비 부가혜택이 많은 저비용·고효율 지역으로의 전입러시다. 복합불황이 시작된 1990년대부터 본격화, 지금은 보편적인 현상으로 해석된다. 갈수록 환경개선 및 취사선택의 기반이 정비돼 인기가 높아지고 있다. 준비부족 등 초기의 실패사례를 둘러싼 면밀한 반면교사 교훈도 도심탈출에 가속도를 붙인다.

은퇴인구를 모시려는 지방에서의 러브콜은 일상적이다. 지자체별로 시골거주를 위한 이주계획은 경쟁하듯 발표된다. 지방주최의 시골생활을 위한 체험모집은 봇물이 터진다. 지역의 과소·고령화를 막으려는 조치다. 인구감소를 막고 지역의 부활활력을 높이려는 아이디어다. 주선사업체는 셀 수 없이 많다. 2014년 인구이동에 따른 지방소멸 지자체명단이 발표되면서 과소지역의 인구유입이 절체절명의 과제로 부각된 게 계기다. 도심부 일극집중, 즉 극점極點사회를 회피하기 위해서다.

소멸리스트 발표 이후 일본정부는 다급해졌다. 과소지방을 구해내 재생활력을 높이기 위해 지역창생地方創生이라는 대형테마를 내걸었다. 도쿄의 일극집중에 브레이크를 걸고, 지역특성에 맞게 지역과제를 해결하는 것이다. 중앙은 지방공공단체를 위해 정보지원, 인적지원, 재정지원에 나선다. 즉 정보를 주고 인재를 파견하며, 교부금·상품권 등으로 지역상권을 살린다는 구상이다. 지자체의 '지역이전협력대'란 조직도 있다. 도시주민을 유입하고 지역에서의 각종활동을 지원하는 조직체다.

마케팅 등 민간전문가를 뽑는 지자체도 많다. 관광객뿐 아니라 귀농·귀향인구를 유치하기 위한 효과적인 방안마련을 위해서다. 동네증발을 막고 인구유입·지역부활·재정확보 등의 난제를 풀기 위함이다. 지역홍보를 위한 상징캐릭터를 만들어 친근감과 지명도를 높이려는 이벤트는 상시적이다. 지자체마다 지역특색을 반영한 독특하고 귀여운 인형캐릭터를 경쟁적으로 선뵌다. 구마모토현 영업부장으로 명명된 곰 캐릭터인 '구마몬'은 전국구 유명인사다. 지방취업을 위한 전직사이트도 활발하다. 수입이 줄지만 보람이 크고 경험을 되살릴 수 있다는 반응이 적잖다.

인구 유입을 위한 일본 소도시의 노력들

도시인구를 모시려는 노력은 경쟁적이다. 나가노長野현의 작은 시골마을 신코마치信更町를 보자. 인구 2,200명(2015년)의 흔하디흔한 과소농촌답게 인구유입에 사활을 걸었다. 전위부대는 2014년 설치한 '인구감소대책과'다. 기발하고 효과적인 기획으로 도심거주자 등 외부인구를 흡수코자 애쓴다. 정기개최의 시골생활체험회가 관심권에 든다. 이주결심 후 곧장 농촌생활은 물론 소득활동이 가능하도록 사과밭과 논 등을 준비해주기까지 한다. 전담조직으로 주민자치협의회에 '시골생활지원위원회'라는 별도조직까지 있다. 견학기회의 참석자는 꾸준히 증가세다. 200만~300만엔대의 저가주택 소개는 필수다. 농가수리를 위한 업자소개·흥정주선에도 개입한다.

민간에서는 맞춤형 거주공간을 적극적으로 제안한다. 가령 시골생활의 최대반대자인 아내눈높이에 맞춘 거주공간의 제공이다. 도심여성의 눈높이에 맞춘 시골스타일이 확산추세다. 편리함과 가사해방은 중요한 화두다. 귀농수요가 확인된 지방 소도시에 많은 집합주거 형태로, 가령 수도권 유명휴양지인 아타미熱海의 '라이프케어 미나구치水口'가 대표적이다. 1개월 식비로 4만2,000엔(1일 3식)을 내면 영양을 감안한 식사가 제공된다. 생활압박인 음식재료·메뉴선택 등으로부터의 자유다. 마작·당구 등 취미시설까지 구비했다.

이 밖에도 시골이전 후의 소외고립을 막기 위한 배려는 많다. 집값도 시세보다 싸다. 조망 좋은 층의 27m^2짜리 원룸 분양가가 300만엔에 불과하다. 건축연수가 오래된 아파트를 리모델링한 게 저가배경이다. 50대 여심을 잡고자 호텔 못잖게 편의시설을 갖춘 것도 700만엔이면 살 수 있다. 생활비는 저렴하다. 관리비와 식비·수선적립금을 합해 월 10만엔이면 된다. 이 정도면 연금생활자에게 제격이다.

'소득+시골'을 결합한 새로운 아이디어도 도시탈출을 원하는 은퇴세대의 고민을 덜어주는 유력한 탈출구다. 대표적인 게 이른바 6차 산업의 성공사례. 무작정 떠난 후 갈등만 키운 채 실패한 선배사례를 통해 추출한 학습효과가 6차 산업에의 결합수요로 연결된 것이다. 귀농인구를 모시려는 지방정부의 전담지원팀도 적잖아 우호적이다. 일부는 성공사례 발굴에 사활을 건다. 하락일로의 고향활력을 지켜내는 교두보라고 봐서다. 지자체의 경합은 뜨겁다. 빈집소개부터 자금지원까지 우호환경은 폭넓다. 컨설팅업계의 성공안착을 위한 정보·노하우 제공세미나도 일상적이다.

성공사례는 농촌권역인 홋카이도에 많다. 그래서 '홋카이도 농원모델'로도 불린다. 홋카이도 농원모델의 핵심은 '수동적 하청구조→자발적 부가가치'로의 방향선회다. 거대자본의 하청구조에서 벗어나 농작물에 새 부가가치를 얹어 기간산업화로 육성한 게 주효했다. 선두주자는 '진나이홈21'이다. 이곳에서는 여름과일 망고를 겨울에 수확한다. 망고의 계절성과 에너지효율을 역이용해 고가격의 희소한 겨울수확을 실현했다. 본토망고보다 2배 이상 비싸지만 인기다. 추위를 이용한 망고의 역발상 재배전략이 알려지면서 영농학교까지 만들어졌다. 덕분에 농장인근엔 인구가 늘었다. 3년 과정에 본토지원자가 몰려들자 동네는 젊어졌다. 설국이라는 지역특징을 농업생산의 메리트로 역전시킨 덕분이다.

홋카이도의 '하나바타케花畑목장'도 관심대상이다. 유명탤런트가 농장우유를 넣은 캐러멜을 파는데, 없어서 못 파는 최고히트작 중 하나다. 기존유통망을 깨고 생산·가공·상품화로 점포·인터넷 등에서 직판하는 모델이다. 2007년 이후엔 유사복제품이 범람할 정도로 인기다. 원래 가족경영이었던 교토의 농업생산법인 '고토교토(こと京都)'는 경영안정을 위해 직판·가공판매에 진출해 파만으로 연간 6억엔 매출달성에 성공했다. 365일 재배시스템을 갖춰 0.4헥타르였던 재배면적이 25헥타르로 늘어났다. 거농변신은 라면가게와의 직판계약이 도움이 됐다. 파를 절단·납품할 때 계절별로 굵기를 달리해(가공) 호응을 얻었다. 여세를 몰아 슈퍼남품까지 이뤄냈다.

해외로 떠나는 시니어들

마지막 삶을 위한 공간마련의 선택지가 반드시 국내일 필요는 없다. 본국을 떠나 저렴하고 따뜻한 외국에서 본인의 희망을 실현하려는 은퇴인구도 적잖다. 사시사철 온화한 동남아가 주요대상이다. 저렴한 물가가 가장 매력적이다. 빠듯한 연금이라도 잘만 준비하면 취미생활을 즐기며 행복한 삶을 즐길 수 있다. 본국의 소유주택을 매각한 후 외화예금으로 운용해 이자수입을 얻을 수도 있다. 선진국보다 금리가 높으니 매각대금만 맡겨도 생활비의 상당부분을 댈 수 있기 때문이다. 굳이 목돈이 없다면 무리하게 현지주택을 구입하지 않고 콘도임대로 거주할 수도 있다.

일본의 경우 특히 60세를 전후해 노후생활지로 해외카드를 선택하는 경우가 적잖다. 물론 음식재료와 의료시설 등 생활변화가 염려된다. 때문에 관련업계는 예비여행을 주선해 불안감을 경감한다. 일본인이 많은 지역엔 일본계 슈퍼·병원 등도 과거보다 대폭적으로 구비됐다. 일본현지처럼 식재료도 다양하다. 일본어 통역인원이 많아 생활불편은 줄어든다. 일본은퇴자를 잡으려는 해외정부의 지원의지는 높다. 외화획득 차원에서 이주세미나 등을 적극적으로 후원한다.

일본에 한정할 경우 해외거주지로는 말레이시아·싱가포르를 필두로 하와이, 태국, 호주, 캐나다 등이 많다. 싱가포르는 세금이 싼 데다 중국어·영어권이면서 일본인 지역사회가 구축됐다는 점이 긍정적이다. 엘리트서비스가 확충됐다는 점도 호재다. 말레이시아는 싱가포르 이전조건이 까다로워지면서 급부상했다. 한국도 미약하나마 후보국 중 하나다. 재일동포 등 국내기반을 구축하려는 경우가 적잖다. 이주가 부담스러우면 장기체재Long Stay가 유력선택지다. 이는 이주·영주와 다르다. 생활기반은 본국에 두고 세컨드라이프로 장기간 머무르는 타입이다. 1년에 3~6개월씩 원할 때 원하는 만큼 머문다.

도시로 회귀하는 시니어들

앞서 언급한 것처럼 은퇴 이후 시골생활은 간병·의료수요가 발생하기 이전까지 유효하다. 몸이 아프면 시골생활 및 해외거주는 설명력이 급격하게 떨어진다. 이때는 다시 도심으로 회귀할 수밖에 없다. 간병·의료서비스의 품질은 도시가 월등히 낫기 때문이다. 이를 고려해 아예 처음부터 시골카드를 포기하는 경우도 많다. 어차피 아프면 되돌아올 수밖에 없기에 거주이전의 리스크를 지지 않으려는 동기발현이다. 그도 그럴게 도심이탈은커녕 지방거주 노인인구의 도시유입마저 상당수에 이른다.

안전한 최후를 위한 지방노인의 도심유입은 반복된다. 일본의 경우 도쿄권역의 전입초과를 야기한 상당수가 고령인구다. 이들은 의료·간병을 이유로 대부분 '서비스부가고령자주택'을 선택한다. 어딜 가도 볼 수 있는 노인주거 전용주택이다. 다소 비싸지만 일정부분 관리가 이뤄져 우호적이다. 질환관리로 도심거주를 택했다면 제격이다. 병원퇴원 후 집으

▼ 서비스부가고령자주택 등록 건수 추이

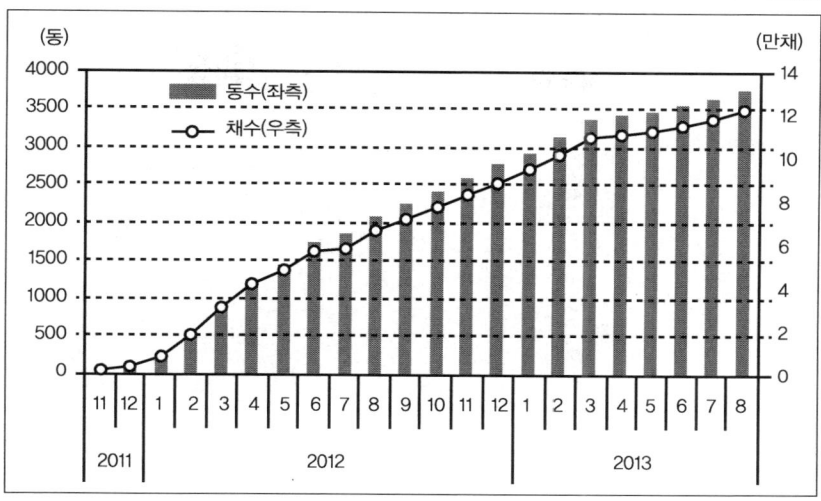

— 자료: 스미토미미츠이신탁은행

로 가지 않고 곧바로 들어오기도 한다. 지방으로 돌아간들 간병가족이 없고 병원시설마저 부족하면 도시에 남을 수밖에 없다. 시니어마켓 중 의료·간병수요와 관련돼 생활기반·간병중심의 민간공급이 증가하는 기본맥락이다.

의료·간병서비스를 찾아 도시로 몰려드는 고령인구가 폭증하자 정부는 그 흐름을 막고자 대안까지 내놨다. 재정압박의 원인인 데다 부담이 갈수록 확대되고, 각종 유발비용도 만만찮아졌기 때문이다. 지방권역에 간병·의료체제가 완비된 고령전용시설을 짓도록 유도하고, 정책에 찬성하면 거액의 교부금을 주기로 했다. 그럼에도 의료시설은 태부족이다. 결국 간병·의료가 동반된 최후공간은 도시든 지방이든 뜨거운 감자다. 수급불일치의 현장답게 이 불만·불안·불편을 해소한다면 시장선점의 메리트는 충분히 보장될 수 있다.

5
자산관리 :
돈 걱정 없는
노후를 위하여

길어진 수명, 자산 관리법이 달라진다

"원금은 지켜주되 조금만…"

한국의 시중금리가 사상최저치로 떨어졌다. 돈을 풀어도 경기가 그만 그만한 전형적인 디플레 상황이다. 부동산 등 생활형 체감물가로 치환하면 스태그플레이션까지 우려된다. 고질적인 불황함정에 빠진 게 아니냐는 우려가 적잖다. 시중금리가 낮아지면 근로소득이 단절된 은퇴세대로서는 죽을 맛이다. 공적이전·사적이전 등을 빼면 믿을 것이라고는 자산소득뿐인데 수익확보가 힘들어지기 때문이다.

고민은 행동으로 연결된다. 갈수록 증권사 객장에는 중·고령고객의 자산소득 확보방안을 묻는 문의가 늘어난다. 여유자산은 천차만별이지만 대부분 중산층 이상답게 시장금리를 이기는 묘책(?)을 원한다. 그렇다고 잃을 수 있는 위험자산은 별로다. 원금손실에 대한 저항은 공통적이다. 목표수익이 낮다. 원금손실 가능성이 낮으면서 약간의 수익이면 만족하는 분위기다. '시중금리+알파'다.

상황논리를 보건대 추세는 계속될 전망이다. 급격한 금리변동이 없는 한 안전하되 약간의 추가수익을 안겨주는 상품이 고령인구의 입맛에 맞아떨어져서다. 금융권도 이 요구에 발맞춰 관련자산 및 포트폴리오를 설계하는 데 열심이다. 무위험자산·절대수익추구 등의 상품인기가 이를 증명한다. 동시에 중간정도의 위험·수익을 추구하는 상품 혹은 위험자산 중에서도 안전성이 강화된 상품이 대세로 정착될 수 있다.

자산투자란 미래에 거는 위험행위다. 잃을 수 있으니 기본적으로는 매우 조심해야 할 선택항목이다. 뜻에서도 확인되듯 투자(投資)란 망망대해에 돈을 던지는 선택과 같다. 때문에 위험과 수익은 비례한다. 안전한 고수익상품은 존재하지 않는 법이다. 때문에 투자는 대개 청년인구와 결이 맞다. 잃어도 복구할 시간여유가 길고, 특유의 도전의식·향상심도 '청년인구=위험자산'을 뒷받침한다.

반면 늙어갈수록 상황은 정반대다. 남은 삶이 짧아 정리모드에 들어갈 타이밍인데 굳이 날릴 수도 있는 위험한 길을 고를 이유는 없다. 안전지향성의 강화다. 따라서 고령인구의 비중증가는 위험자산 회피경향으로 연결된다. 그런데 이제는 상황이 달라졌다. 평균수명을 보면 환갑 이후 삶이 20~30년으로 살아갈 날이 길어졌다. 몸도 건강하고 무엇보다 돈을 벌어야 할 목적이 더 간절해졌다. 추가수익을 통해 생활자금 확보는 물론 적극적인 자아실현을 위해서도 쌈짓돈은 필수다.

이런 이유로 일본에서는 환갑노인의 위험투자가 흔해졌다. 장수위험을 감안, 자산을 더 키우려는 강력한 동기욕구가 발휘된다. 즉 백세시대를 살아갈 환갑청년의 용감한 투자시장 출사표가 잇따른다. 물론 보통의 위험자산까지는 아니다. 유동성을 고려해 현금자산을 선호하되 배당금·분배금·이자 등 정기적인 '+알파' 정도면 만족한다. 사실상 금리가 존재하지 않는 시장이니 2~3%만으로도 족하다. 이와 관련해 금융기관의 노인고객 확보경쟁도 치열하다. 장수시대 시니어마켓의 유력한 금융상품으로 부각된다.

안전 자산 편향에서 위험 자산 선호로

현실은 왕왕 이론보다 파워풀하다. 진화결과다. 고령인구의 위험자산 선호현상은 금융이론과 배치되는 현상이다. 포트폴리오도 연령과 안전자산은 비례한다. 위험자산 보유비중을 '100-나이'로 권유하는 셈법도 그렇다. 라이프사이클펀드도 연령증가와 안전선호가 대전제다. 샘플사례가 주식이다. 생애주기 자산배분Lifetime Asset Allocation을 봐도 노인은 주식을 싫어한다. 고령화와 자산구성의 역U 자형 주식수요를 연구한 결과도 있다. 젊었을 적 주식비중이 낮다 40대 절정을 찍은 후 은퇴시점에 다시 줄어든다는 실증결과다. 자산시장 붕괴가설Asset Market Meltdown Hypothesis도 비슷하다. 위험 프리미엄 증가설도 있는데 노인일수록 안전자산을 챙긴다고 본다.

그런데 이젠 상황이 달라졌다. 기존이론이 과감히 깨지고 있다. 이유는 돈이다. 장수리스크를 위험자산으로 커버하려는 수요다. 수명연장에 따른 자금마련 필요압박이 투자교과서를 바꿀 만큼 거세진 결과다. 선행사례는 일본이다. 전체적인 국민성향은 확실히 단전자산 지향적인데 일본노인 중 일부는 기꺼이 위험자산을 편입한다. 고령가구의 주식비중은 전체평균보다 약 2배나 높다. 고령세대의 예비적 동기에 의한 저축 및 운용필요가 위험자산 선호로 연결된다는 얘기다.

≫ 주식 투자

금융자산 중 유가증권 보유비율은 은퇴가구가 압도적이다. 70대 이상(35%), 60대(37%)가 72%로 고령인구의 자산독점이 현격하다. 50대(18%)까지 합하면 90%다. 반대로 40대 이하는 10%에 불과하다(2014년). 다른 통계를 봐도 비슷하다. 금융자산 보유구조(자금순환통계)를 보면 일본주식·채권 및 펀드는 60대 이상이 60%를 보유한다. 해외주식도 57%가 은퇴세대 몫이다(2013년). 신흥국 투자자산을 편입하는 고배분펀드·해외부동산펀드 등 최근 관심을 끄는 상품의 유력고객도 은퇴인구로 요약된다.

특히 아베정권 출범 이후 은퇴인구의 자산운용은 보다 적극적으로 전환됐다. 20년 넘게 옹송그렸던 소비·소득감소의 그림자에서 벗어나 적극적인 '저축→투자'로의 항로전환을 기대할 수 있게 됐다. 비록 해외악재, 소비증세, 격차심화로 경기회복의 온기가 열도전체에 퍼진 건 아니지만 과거보다 분위기가 개선된 건 주지의 사실이다. 길게는 2020년 올림픽까지 기다린다. 인프라정비, 관광수요 등 직접효과는 물론 국민·기업의 소비·투자심리 향상 등 산업연관적인 간접효과가 구체적이다.

'+알파'를 찾으려는 분위기는 무르익었다. 연금소득만으로 은퇴생활을 버텨야 하는 고령가계의 동기부여가 적극적이다. 은퇴가계를 괴롭혔던 3~4만엔의 월 적자생활비를 충당할 기회가 늘어난 것도 고무적이다. 일본정부의 후생성 모델연금(40년 근속남편+가사아내)을 보면 '연금소득(23만엔)-세금·보험료(4만엔)=가처분소득(19만엔)'임에도 불구, 평균생활비(23만엔)가 더 많아 적자생활이 불가피하다.

이에 착안한 금융기관의 매월분배형(월지급식)펀드가 인기를 모은 배경이다. 계좌당 500만엔을 맡기면 월 2만엔의 분배금·원금을 지급해줘 2계좌면 적자생활비가 매워진다. 연금펀드나 라이프사이클펀드처럼 은퇴고객의 눈높이에 맞춘 상품이다. 이를 필두로 운용업계는 '+알파'를 위한 국내주식은 물론 해외펀드 등 다양한 자산카드를 속속 제시하고 있다. 자금력을 갖춘 은퇴가계 등을 중심으로 한 '안전자산→위험자산'으로의 대전환에 대한 기대감 덕분이다.

투자환경은 과거보다 확실히 좋아졌다. 주식시장의 개인비중도 20%대에서 최근 30%대를 훌쩍 넘어섰다. 주주환원의 강화로 배당액도 매년 증가하는 추세다. 일본정부는 분위기 쇄신차원에서 세계최대의 공적기금인 GPIF(연금적립금관리운용법인)까지 동원할 작정이다. 운용자산 140조엔(2016년)의 거대파워를 증시지탱에 투입, 지지하겠다는 계획이다. 비전통적인 금융완화에도 불구, 증시상승세가 기대보다 못하다는 판단에서다. 투자수익률을 위해서도 채권을 줄이고 주식을 늘릴 예정이다.

행복노후를 정부가 해결해주지 않는다는 극히 생존적인 상황타개를 위해서도 은퇴인구의 각자도생식 자산운용 의지는 높다. 행복과 희망을 스스로 준비하려는 은퇴세대의 절박함은 일상적이다. 사회보장대개혁이 고령인구의 생활품질을 떨어뜨릴 것이란 옆려도 있다. 실제 70~74세 은퇴자의 의료비 창구부담이 10%에서 20%로 늘어났다. 정년연장도 연금수급을 못 받을 5년의 크레바스(60세←65세)를 메우고자 단행됐지만 65세 이상은 적용제외다. 소득확대의 필요가 높아진 셈이다.

≫ 부동산 투자

부동산도 복합불황의 장기동면에서 깨어난 모습이다. 재정투입을 통해 건설경기가 개선되면서 착공·수주현황이 적잖이 개선됐다. 도심권 오피스시장은 공실률이 줄고 임대료도 오른다는 후문이다. 먼저 임대수입 배당상품인 리츠REIT가 주목된다. 한동안 끊겼던 신규상장이 계속되고 있으며 부동산투자법인의 자금조달 움직임도 구체적이다. 여기에는 리츠상품의 짭짤한 배당수익이 한몫했다. 노인전용주택을 포함해 일본정부가 10조엔대의 리츠시장을 2020년 2배로 키운다는 계획까지 발표됐다.

주도세력은 은퇴인구다. 금융자산의 절대비중이 고령인구에 집중, 사실상 은퇴세대는 자산시장의 풍향을 결정짓는 핵심세력이다. 또 노인인구의 금융자산 중 상당량이 현·예금(60%) 형태인데 계속해 묶어두기에는 장수위험이 크다. 경기회복의 움직임에 편승해 적극적인 형태의 자산운용에 대한 갈증이 심화될 수밖에 없다.

고령인구 대부분이 집주인으로 노후주택에 산다는 점도 고무적이다. 원래 일본의 노후화된 단독주책은 자산가치가 적은 데다 상시적인 사망위험 탓에 신규투자가 거의 없었다. 재건축의 포기다. 돈을 돌리고 투자를 확대하려는 일본정부는 여기에 주목해 재건축 관련제도를 완화해줬다. 주택을 개조하고 주택 일부를 3~4층으로 올려 임대아파트로 전용할수 있게끔 장벽을 낮춰준 것이다. 가치하락이 염려되는 보유저축을 꺼내 부동산으로 돌리자는 차원이다. 금융권의 적극적인 융자전략도 컸다.

현명한 돈 관리로 행복한 노후를!

　　　　은퇴가구의 자산운용은 시니어마켓의 유력한 축을 차지할 확률이 높다. 당위론이든 환경론이든, 생활자금이든 여유실현이든 추가적인 소득확보는 절체절명의 과제로 떠올랐다. 이 시장을 장악하려는 금융기관 등 유관업계의 경쟁은 그만큼 치열하다. 베이비부머를 필두로 은퇴시장의 방향모색을 위한 세미나·설명회 등은 봇물 터진 듯 개최된다. 안전성 위주의 은퇴자금 운영상식도 달라지는 추세다. 퇴직금·상속(증여) 이슈 등을 내세워 이들 자금을 흡수하려는 금융기관의 노력이 구체화될 기반정비는 끝났다.

　첫 출발로는 퇴직자에 대한 구애가 적극적이다. 이들을 위한 'On Demand'나 'Order Made'형 PB상품·서비스가 눈에 띄게 늘었다. 지금은 거액자산가용 패키지 형태지만 눈높이는 점차 낮아진다. 500만~1,000만엔만 맡겨도 회원가입이 가능할 정도다. 회원전용 데스크제공은 물론 금리우대·수수료인하는 기본이다. 유언·부동산중개 등 자산관리지원과 건강·간병·레저 및 관혼상제까지 커버하는 종합지향적인 전문회사까지 있다. 이종업계와의 제휴로 특별고객이면 집사역할까지 자임한다.

1947~49년의 베이비부머 중 막내인 1949년생이 70세로 접어드는 2020년 정도면 은퇴가구의 자산시장을 장악하려는 경쟁은 클라이맥스에 달할 전망이다. 사실상 근로현장에서 퇴장, 확실한 은퇴생활로 접어들 수밖에 없기에 이들의 추가적인 +알파를 위한 관심도 덩달아 높아질 확률이 높다. 거대한 퇴직금과 상속·증여금액, 회사정리 등이 맞물리면 천문학적인 은퇴시장이 개막될 여지도 충분하다. 요컨대 관련업계의 '단카이머니團塊Money' 쟁탈전이 뜨거운 이유다.

물론 획일화된 접근은 강조컨대 실패확률이 높다. 까다로운 입맛의 소유자들임을 인정, 다종다양의 욕구성향을 분석한 후 개별·복합·세분화된 전략으로 접근하는 것이 필수다. 결국 이 수요를 푸는 쪽이 승기를 잡는다. 그래서 '금융노년학Financial gerontology'이 주목된다. 고령인구의 제반심리에 정통, 유리한 조언·방향설정이 가능한 인재활약·환경조성을 뜻한다. 은퇴생활 전체에 관해 상담·실천함으로써 불안을 불식해주는 서비스다. 지향지점은 금융실무와 금융노년학의 융합인재에 있다.

❖ 당신은 언제나 옳습니다. 그대의 삶을 응원합니다. — **라의눈 출판그룹**

피파세대 소비심리를 읽는 힘

초판 1쇄 2016년 9월 22일
　2쇄 2020년 9월 2일

지은이 전영수
펴낸이 설응도　**편집주간** 안은주
영업책임 민경업

펴낸곳 라의눈

출판등록 2014 년 1 월 13일(제 2014-000011호)
주소 서울시 강남구 테헤란로 78 길 14-12(대치동) 동영빌딩 4층
전화 02-466-1283ᵡ **팩스** 02-466-1301

문의(e-mail)
편집 editor@eyeofra.co.kr
마케팅 marketing@eyeofra.co.kr
경영지원 management@eyeofra.co.kr

ISBN : 979-11-86039-64-9　13320

이 책의 저작권은 저자와 출판사에 있습니다.
저작권법에 따라 보호를 받는 저작물이므로 무단전재와 복제를 금합니다.
이 책 내용의 일부 또는 전부를 이용하려면 반드시 저작권자와 출판사의 서면 허락을 받아야 합니다.
잘못 만들어진 책은 구입처에서 교환해드립니다.